健康保险系列丛书

健康保险信息技术与管理

主编 王 欢 张畅郁

中国财经出版传媒集团
中国财政经济出版社

图书在版编目（CIP）数据

健康保险信息技术与管理/王欢　张畅郁主编 . —北京：中国财政经济出版社，2018.5

（健康保险系列丛书）

ISBN 978-7-5095-8157-5

Ⅰ. ①健… Ⅱ. ①王… Ⅲ. ①健康保险-信息管理-研究 Ⅳ. ①F840.625

中国版本图书馆 CIP 数据核字（2018）第 056359 号

责任编辑：郁东敏　　　　　　　责任校对：张　凡
封面设计：李运平

中国财政经济出版社 出版

URL：http：//www.cfeph.cn

E-mail：cfeph@cfeph.cn

（版权所有　翻印必究）

社址：北京市海淀区阜成路甲 28 号　邮政编码：100142
营销中心电话：010-88191537　北京财经书店电话：64033436　84041336
中煤（北京）印务有限公司印刷　各地新华书店经销
787×1092 毫米　16 开　24 印张　464 000 字
2018 年 4 月第 1 版　2018 年 4 月北京第 1 次印刷
定价：72.00 元
ISBN 978-7-5095-8157-5
（图书出现印装问题，本社负责调换）
本社质量投诉电话：010-88190744
打击盗版举报热线：010-88191661　QQ：2242791300

《健康保险系列丛书》编委会

主　　任：宋福兴

副 主 任：董清秀　冯祥英　高兴华　伍立平　胡占民

　　　　　黄本尧　李晓峰　徐伟成　陈龙清

学术顾问：（按姓氏笔画为序）

　　　　　于保荣　马海涛　王　欢　王国军　王绪瑾

　　　　　王　稳　朱恒鹏　朱铭来　朱俊生　孙祁祥

　　　　　孙　洁　李　玲　李保仁　李晓林　杨燕绥

　　　　　余　晖　张　晓　卓　志　郑　伟　赵尚梅

　　　　　郝演苏　庹国柱　董朝晖　魏华林

编务统筹：蔡皖伶　范娟娟

总　序

健康是人类永恒的追求，是人民幸福的起点，党中央、国务院高度重视人民健康事业。习近平总书记在党的十九大报告中指出："人民健康是民族昌盛和国家富强的重要标志。"没有全民健康，就没有完美意义上的全面小康。发达国家的成功经验表明，没有成熟的健康保险，全民的健康权就难以得到根本保障。

目前，健康保险在中国的实践与发展中尚处于重要的探索阶段，理论体系的构建和指引尤为迫切和重要。编著《健康保险系列丛书》的初衷就是要梳理近年来我国专家学者的理论探索，系统总结行业的实践经验，提炼健康保险的经营规律，从立足本土实际、借鉴国际经验、揭示运营规律、展望发展趋势等维度，努力构建健康保险行业的知识理论体系框架，更好地为我国健康保险业的有序发展提供坚实的理论支持。这套丛书可谓是皇皇巨著，由中国人民健康保险股份有限公司组织编著，凝聚了来自保险、财政税收、公共管理、社会保障、医疗卫生等领域近40位知名专家学者的心血与智慧。

改革开放以来，特别是近十余年来，健康保险业发展迅猛，众多跨领域的专家学者进行了一系列理论研究，流派纷呈，有力地推动了行业的快速发展。但应该看到，这些研究还不成体系，还相对分散，研究的广度和深度与当前行业发展的实际需求还不相适应。历史证明，科学系统的理论指引是保险事业健康发展的根本保证。从保险业的实践来看，什么时候有正确的保险理论指导，什么时候保险业发展的形势就比较好，对经济社会发展的贡献就比较大。

当前，中国特色社会主义已进入新时代，社会主要矛盾已经转化为人民日益增长的美好生活需要和不平衡不充分的发展之间的矛盾。人民群众对美好生活的需要呈现多样化、多层次、多方面的特点，其中，健康服务正在成为人民过上美好生活的一个基本要求。习近平总书记在党的十九大报告中指出："要完善国民健康政策，为人民群众提供全方位全周期健康服务。"按照党的十九大报告新的部署，完善国民健康政策，将促进健康与经济社会建设相互协调，促进"人口红利"转向"健康红利"，全社会对健康投资和消费需求将日趋旺盛，消费结构升级将为健康服务创造广阔的发展空间，包括商业健康保险在内的健康产业进入了重要战略机遇期。专业健康保险公司要在把握重大战略机遇中实现持续快速协调发展，完成"服务国家治理体系和治理能力现代化"这一历史角色的转变，不仅需要从国内外行业自身发展实践的优势与不足中总结经验教训，更需要探究并构建科学、系统的理论体系来指引改革发展的进程。

近几年，商业健康保险发展势头强劲，专业健康保险公司在多层次医疗保障体系建设中发挥了积极的市场机制优势，在满足人民群众日益增长的健康保障需求中的作用也日渐凸显。特别是近些年，健康保险人只争朝夕，真抓实干，成绩卓著。然而在有速度、有效度发展的同时，尚未及时把积累的发展经验总结出来，更没有形成相对完善的以学术研究为先导的理论体系构建。未来，随着新医改的加速推进，商业健康保险的服务链条将逐渐延伸到社会保障、医疗卫生、保健养生等多个领域，跨行业特性使风险控制更加复杂，经营管理难度更大，市场竞争更趋激烈。如果拥有了原创性的理论研究成果，就可以获取行业的理论话语主导权，就能引领未来发展的战略制高点，就能及时应对行业中出现的新变化和新挑战，就能在激烈的市场竞争中获取其他企业难以比拟的发展优势。

习近平总书记在党的十九大报告中强调："创新是引领发展的第一动力，是建设现代化经济体系的战略支撑。"企业应该成为创新的主体，而推动创新的根本力量是人才。专业健康保险公司的快速发展，关键是要建设一支规模宏大、结构合理、素质优良的创新人才队伍，要培养一大批熟悉市场运作、具备研究能力的专业技术人才。理论知识体系的研究和构建就可以培养和集结这样一批专门人才，使他们成为健康保险事业发展中的中坚力量。

《健康保险系列丛书》就是在这样的时代与文化需求的大背景下应运而生的。全套丛书分为理论基石类、实践操作类、探索提升类三类共计十六册。其中，理论基石类五册，意在建立统一规范的工作语言环境，普及专业基础知识，分别有：《健康保险学》（西南财经大学卓志教授主编）、

《健康保险医学基础》（东南大学张晓教授主编）、《健康保险辞典》（中央财经大学郝演苏教授主编）、《健康保险与健康管理》（辛丹博士主编）、《健康保险制度与规制》（对外经济贸易大学王国军教授主编）。

实践操作类八册，重在梳理总结相对成熟的经验规律，解决目前实践中的困惑，为行业提供现实借鉴和趋势分析，分别有：《健康保险公司风险管理》和《健康保险经营管理》（对外经济贸易大学王稳教授主编）、《健康保险营销管理》（西南财经大学卓志教授主编）、《健康保险产品创新》（北京工商大学王绪瑾教授主编）、《健康保险精算》（中央财经大学李晓林教授主编）、《健康保险财务管理》（中央财经大学马海涛教授主编）、《健康保险信息技术与管理》（北京邮电大学王欢教授主编）、《健康保险客户服务》（北京大学孙祁祥教授主编）。

探索提升类三册，旨在探索未来健康保险业发展之道，分别有：《健康保险与医疗体制改革》（清华大学杨燕绥教授主编）、《健康保险与大数据应用》（北京航空航天大学赵尚梅教授主编）、《护理保险在中国的探索》（南开大学朱铭来教授主编）。

为确保丛书编著的专业性和权威性，这些专家学者搜集整理了大量资料，梳理研究了国内外最新的理论知识和实践经验，进行了多次学术研讨，反复斟酌、精益求精，在编著工作中倾注了大量心力。我们希望本丛书能为健康保险行业的从业人员、健康保险相关专业领域的研究人员提供实际操作的范本和理论参考，为健康中国战略和国家多层次医疗保障体系建设提供必要的理论建构、学术前瞻与路径导向。

前　言

习近平总书记在党的十九大报告中提出，要实施"健康中国战略"，"人民健康是民族昌盛和国家富强的重要标志。要完善国民健康政策，为人民群众提供全方位全周期健康服务"。"健康中国战略"功在当代、利在千秋，同时也是一项艰巨、复杂的民生工程。发展健康保险行业是践行"健康中国战略"的重要举措，健康保险行业的发展迎来了发展的新时代机遇。

进入"互联网+"时代，健康保险如何充分运用移动互联网、大数据、云计算等信息技术，激发健康保险行业的发展活力已成为需要思考的重要命题。在"信息大爆炸"的今天，如何对如此海量的健康信息数据进行管理和利用，成为亟待思考的问题。作为一个新兴的发展领域和学科领域，无论是实践层面还是理论层面，对健康保险信息的管理都处于"摸着石头过河"的阶段。鉴于此种情况，中国人民健康保险股份有限公司与北京邮电大学经济管理学院的王欢教授项目团队合作，共同编写《健康保险信息技术与管理》教材，旨在为健康保险行业的从业人员和保险相关专业的在校生进行此领域的专业知识科普和理论参考。

本书在充分融合保险学、管理学、信息管理学、保险经营与管理和其他相关学科知识的基础上，搜集了大量的文字资料，在借鉴国内外优秀著作和案例基础上，汲取国内健康保险信息管理理论研究的最新成果。本书主要围绕健康保险信息技术和健康保险信息管理两个方面展开，主要分为五个部分：

第一章到第四章，从"健康保险概述""健康保险信息""健康保险信息管理""中国健康保险信息管理"四个方面，层层递进、由浅入深地诠释本教材设计的关键概念与相关内容。

第五章到第十一章，第一，从宏观层面介绍了中国健康保险信息系统的发展情况。第二，从健康保险信息管理的业务处理系统、健康保险信息管理的财务管理系统、健康保险信息管理的办公自动化系统、健康保险信息管理的决策支持系统、其他重要系统等方面，分别介绍和分析健康保险信息管理系统。第三，介绍健康保险业务和健康保险信息管理系统如何实现融合。

第十二章选取健康保险行业具有代表性的关键技术，分别进行介绍。包括基于SOA的社会保险系统中的EAI技术、数据挖掘技术、移动互联技术、数据复制技术的数据同步、JavaEE技术在健康保险信息系统中的应用等。

第十三章是健康保险信息管理的发展趋势及其面临的诸多挑战。

健康保险信息系统与技术应用案例则选取了健康保险行业具有代表性的11个案例，进行简单介绍，以此反映健康保险行业的发展全貌。

本教材的最大特点在于理论联系实践。健康保险信息管理是一门实践性很强的学科，光靠理论知识的介绍不能完全感知健康保险信息系统的运作，本书第五章至第十章通过截图等方式，展示健康保险系统的页面，通过到计算机上进行实践，尝试运用健康保险信息技术管理操作软件，获得更多的感性认识。

本教材不仅适用于高等院校保险、金融专业的本科生和研究生，使他们对健康保险信息管理的理论和实践有深入了解，也适用于健康保险行业的信息管理人员，使得他们能够更加全面深入了解健康保险信息管理的体系。

由于健康保险信息技术与管理的理论和实践处于不断发展的过程中，各种新事件、新问题层出不穷，本书难免一叶障目、以偏概全，存在的诸多问题，敬请各位读者和同仁批评指正。

编者

2018年3月

目 录

第一章 健康保险概述 　1

第一节　健康保险产生　1
　　一、恢复期（1982—1994 年）　2
　　二、初级发展期（1994—2001 年）　3
　　三、转型发展期（2001 年至今）　3
第二节　健康保险定义　4
　　一、健康保险的内涵　4
　　二、健康保险的功能　8
第三节　健康保险分类　12
　　一、按照保险责任划分　12
　　二、按给付方式划分　13

第二章 健康保险信息　17

第一节　健康保险数据类型　17
　　一、健康保险内部信息　17
　　二、健康保险外部信息（辅助业务开展的信息）　17
第二节　健康保险数据质量　19
　　一、健康保险数据质量的重要性　19
　　二、衡量健康保险数据质量的标准　21
　　三、提升健康保险数据质量的策略　23
第三节　健康保险信息监管　29
　　一、由谁监管：健康保险信息监管的主体　29
　　二、监管标准：健康保险信息监管的法律法规　34

三、监管什么：健康保险信息监管的内容　　　　　　　36
　　四、怎样监管：健康保险信息监管的策略　　　　　　　46
　　五、单独监管：健康保险监管的特殊要求　　　　　　　50

第三章
健康保险信息管理　　　　　　　　　　　　　　　　　　56

　第一节　健康保险信息管理的原则　　　　　　　　　　　56
　　一、系统原则　　　　　　　　　　　　　　　　　　　56
　　二、整序原则　　　　　　　　　　　　　　　　　　　57
　　三、激活原则　　　　　　　　　　　　　　　　　　　58
　　四、共享原则　　　　　　　　　　　　　　　　　　　60
　　五、搜索原则　　　　　　　　　　　　　　　　　　　61
　第二节　健康保险信息管理的内容　　　　　　　　　　　61
　　一、外部信息管理　　　　　　　　　　　　　　　　　61
　　二、业务信息管理　　　　　　　　　　　　　　　　　62
　　三、财务信息管理　　　　　　　　　　　　　　　　　63
　　四、人事信息管理　　　　　　　　　　　　　　　　　64
　第三节　健康保险信息管理的作用　　　　　　　　　　　64
　　一、计划职能　　　　　　　　　　　　　　　　　　　65
　　二、组织职能　　　　　　　　　　　　　　　　　　　65
　　三、领导职能　　　　　　　　　　　　　　　　　　　66
　　四、控制职能　　　　　　　　　　　　　　　　　　　66

第四章
中国健康保险信息管理　　　　　　　　　　　　　　　　70

　第一节　中国健康保险信息管理的产生　　　　　　　　　70
　第二节　中国健康保险信息管理的现状　　　　　　　　　73
　　一、健康保险行业发展概况　　　　　　　　　　　　　73
　　二、健康保险管理中存在的问题　　　　　　　　　　　75
　　三、健康保险信息管理存在的问题　　　　　　　　　　77
　第三节　中国健康保险信息管理的发展趋势　　　　　　　80
　　一、打造专业化的健康保险信息管理　　　　　　　　　81
　　二、打造全方位的健康保险信息管理　　　　　　　　　81
　　三、打造差异化的健康保险信息管理　　　　　　　　　82

第五章
中国健康保险信息管理系统　　　　　　　　　　　　　　86

第一节　中国健康保险信息系统的发展历程　　　　　　86
　　一、信息系统在现代社会中的地位和意义　　　　　87
　　二、健康保险决策部门制定政策、法规所必需　　　88
　　三、健康保险管理规范化和标准化所必需　　　　　89
　　四、健康保险管理实现准、高效、实时所必需　　　89
　　五、科学分析和预测所必需　　　　　　　　　　　89
　　六、保证健康保险实施过程中的有效监督所必需　　90
第二节　中国健康保险信息系统的发展现状　　　　　　90
第三节　中国健康保险信息系统建设的影响因素　　　　91
　　一、决策层的重视和参与是健康保险信息管理系统建设成功的
　　　　关键　　　　　　　　　　　　　　　　　　　92
　　二、技术培训是一项必不可少的工作　　　　　　　92
　　三、培养骨干队伍　　　　　　　　　　　　　　　92
　　四、健康保险信息管理系统建设应坚持"统一规划、统一标准、
　　　　城市建网、网络互联、分级使用、分步实施"的指导方针　93
　　五、多渠道筹集资金　　　　　　　　　　　　　　93
　　六、确保系统建设技术先进、可靠　　　　　　　　93
第四节　中国健康保险信息管理系统的评价　　　　　　94
　　一、评价指标设计原则　　　　　　　　　　　　　94
　　二、评价指标设计类型　　　　　　　　　　　　　95
　　三、健康保险信息系统评价指标体系　　　　　　　96
第五节　中国健康保险信息系统的建设思路　　　　　　99
　　一、系统建设目标　　　　　　　　　　　　　　　99
　　二、系统的建设原则　　　　　　　　　　　　　　100
第六节　国外健康保险信息系统的建设经验　　　　　　104
　　一、美国的健康保险信息管理系统　　　　　　　　104
　　二、澳大利亚健康保险信息管理系统的发展　　　　109
　　三、英国健康保险信息管理系统的发展　　　　　　109

第六章
健康保险行业信息管理的业务处理系统　　　　　　　　113

第一节　保险渠道整合营销系统　　　　　　　　　　　113

一、保险渠道整合营销系统概述　　113
　　二、保险渠道整合营销系统特征　　113
　　三、保险渠道整合营销系统技术优势　　113
　　四、保险渠道整合营销系统功能　　115
第二节　业务流程管理系统　　116
　　一、业务流程管理系统综合概述　　116
　　二、业务流程管理系统典型应用　　117
　　三、业务流程管理系统主要功能　　118
　　四、业务流程管理系统客户价值　　119
第三节　保险核心业务系统　　119
　　一、保险核心业务系统综合概述　　119
　　二、保险核心业务系统特性　　120
　　三、保险核心业务系统优势　　120
第四节　再保险核心业务系统　　123
　　一、再保险核心业务系统概述　　123
　　二、再保险核心业务系统特色　　123
　　三、再保险核心业务系统功能　　124
第五节　单证管理系统　　124
　　一、保险单证管理系统综合概述　　124
　　二、保险单证管理系统业务功能　　125
　　三、保险单证管理系统主要特点　　125
第六节　保险非现场审计系统　　127
　　一、系统概述　　127
　　二、应用价值　　127
第七节　保险直销系统　　131
　　一、系统概述　　131
　　二、系统应用架构　　131
　　三、系统逻辑结构　　132
　　四、系统特点　　133
第八节　网上代理人系统　　135
　　一、系统概述　　135
　　二、系统应用架构　　135
　　三、系统优势特点　　136
　　四、系统业务功能　　136
第九节　网上投保系统　　137

一、系统概述　　137
　　二、系统业务功能　　137

第七章
健康保险行业信息管理的财务管理系统　　141

第一节　银保系统　　141
　　一、银保系统综合概述　　141
　　二、银保系统典型应用　　142
　　三、银保系统主要特点　　142
　　四、银保系统主要功能　　143

第二节　企业年金账户管理系统　　144
　　一、企业年金核心系统综合概述　　144
　　二、企业年金核心系统销售支持（售前支持）　　144
　　三、企业年金核心系统账户管理（业务处理）　　145
　　四、企业年金核心系统受托管理（业务处理）　　146

第三节　保险预算管理系统　　147
　　一、系统概述　　147
　　二、业务功能　　148
　　三、主要特点　　149

第八章
健康保险行业信息管理的办公自动化系统　　152

第一节　影像处理系统　　152
　　一、综合概述　　152
　　二、典型应用　　153
　　三、主要功能　　154
　　四、主要特点　　155

第二节　电子商务系统　　157
　　一、营销理念　　157
　　二、典型应用　　157
　　三、主要功能　　159
　　四、优势分析　　159

第三节　电话直销系统　　160
　　一、综合概述　　160

  二、主要特点 160

第九章
健康保险行业信息管理的决策支持系统 164

  第一节 供应链管理系统 164
    一、系统概述 164
    二、业务功能 165
    三、系统特点 165
  第二节 保险 ODS 系统 166
    一、保险 ODS 系统方案概述 166
    二、保险 ODS 组件功能架构 166
    三、保险 ODS 组件功能架构 167
  第三节 保险 ECIF 系统 167
    一、保险 ECIF 系统概述 167
    二、保险 ECIF 逻辑架构 168
    三、保险 ECIF 模型架构 168
  第四节 保险客户关系管理系统 169
    一、应用背景 169
    二、总体目标 169
    三、业务模型 169
    四、主要功能 171
    五、总体架构 172

第十章
健康保险行业信息管理的其他系统 175

  第一节 保险投资管理系统 175
    一、系统应用架构 175
    二、系统业务逻辑 176
    三、系统功能 176
  第二节 保险估值系统 177
    一、系统概述 177
    二、系统逻辑结构 177
    三、系统优势 178

第十一章
健康保险业务和信息管理系统的融合 …………………………… 183

- 第一节　信息技术的战略地位 …………………………………… 183
  - 一、信息技术是企业的技术平台 …………………………… 183
  - 二、信息技术是企业的管理模式 …………………………… 184
  - 三、信息技术是企业的管理资源 …………………………… 184
  - 四、信息技术是企业的战略资源 …………………………… 185
- 第二节　不同发展阶段信息技术和业务的对应关系 …………… 185
  - 一、企业信息化第一阶段：一体化管理阶段 ……………… 185
  - 二、企业信息化第二阶段：实现精细化管理阶段 ………… 186
  - 三、企业信息化第三阶段：经营过程控制阶段 …………… 187
  - 四、企业信息化第四阶段：战略性经营管理阶段 ………… 187
- 第三节　信息技术战略与业务战略的匹配 ……………………… 187
- 第四节　信息技术流程与业务流程的匹配 ……………………… 189
- 第五节　信息技术与业务融合方法 ……………………………… 190
  - 一、战略实施 ………………………………………………… 190
  - 二、技术转换 ………………………………………………… 191
  - 三、竞争潜力 ………………………………………………… 192
  - 四、服务水平 ………………………………………………… 193

第十二章
健康保险信息系统运用的关键技术 …………………………… 196

- 第一节　基于面向服务架构的社会保险系统中的企业应用集成技术 … 196
  - 一、社会保险的企业应用集成问题 ………………………… 196
  - 二、企业应用集成技术研究 ………………………………… 200
  - 三、面向服务的架构 ………………………………………… 201
  - 四、利用SOA实现面向服务型社会保险EAI方案 ………… 204
- 第二节　数据挖掘技术在健康保险中应用 ……………………… 205
  - 一、数据挖掘系统的基本结构与实现过程 ………………… 205
  - 二、数据挖掘技术在保险行业中的应用领域分析 ………… 208
- 第三节　移动互联技术在健康保险中应用 ……………………… 211
  - 一、移动互联技术 …………………………………………… 211
  - 二、移动互联技术在保险服务中的运用 …………………… 213
- 第四节　光学字符识别技术的图像识别与后处理 ……………… 219

  一、光学字符识别技术 　　219

  二、光学字符识别技术在医疗保险信息系统中的应用 　　222

第五节 工作流技术在健康保险系统中的应用 　　228

  一、工作流技术 　　228

  二、基于工作流技术的系统业务流程实现 　　229

第六节 精算技术在健康保险中的应用 　　234

  一、健康保险的费率厘定和定价 　　235

  二、健康保险的准备金提取 　　236

  三、精算评估 　　236

  四、现金流测试 　　237

第十三章 健康保险信息管理的未来和挑战 　　240

第一节 基于云计算的健康保险信息管理系统 　　240

  一、健康管理与云计算 　　240

  二、云计算的主要优势和特点 　　242

  三、云计算技术在健康保险信息管理中的应用 　　243

  四、健康保险信息管理云平台设计 　　244

  五、云计算在健康保险业的应用前景 　　251

第二节 大数据在健康保险信息管理系统中的应用 　　253

  一、大数据在健康保险信息管理中的价值 　　253

  二、大数据在健康保险信息管理中的应用 　　255

  三、技术架构 　　258

  四、大数据健康保险发展路径 　　260

  五、大数据应用的未来展望 　　262

第三节 "健康中国"战略与保险业 　　263

  一、保险业践行"健康中国"战略职责 　　264

  二、"健康中国"背景下保险业发展措施 　　266

  三、"健康中国"战略中电子健康档案建设研究 　　269

第四节 风险社会下的健康保险 　　276

  一、风险社会与保险业 　　276

  二、健康保险中的风险因素分析 　　279

  三、健康保险风险控制的具体措施 　　284

第五节 隐私防护与数据安全 　　289

一、医疗健康信息的性质　　289
　　二、健康数据隐私保护　　292

附录
健康保险信息系统与技术应用案例　　302

　　案例1　A公司ERP成功案例　　302
　　案例2　B人寿保险实施Sybase IQ数据仓库应用案例　　305
　　案例3　C公司医疗保险管理信息系统解决方案　　307
　　案例4　D保险公司人身保险信息系统　　311
　　案例5　E人寿再保险公司数据存储成功案例　　313
　　案例6　F公司CRM系统寿险精确营销应用案例　　315
　　案例7　G公司：健康险的异军突起　　318
　　案例8　相互保险在医疗领域的发展前景　　320
　　案例9　保险行业移动信息化解决方案　　323
　　案例10　保险行业移动商务整体解决方案　　328

参考文献　　333

跋　　359

第一章

健康保险概述

第一节 健康保险产生

从人类社会诞生之日起，疾病的阴影就伴随着每个人的一生，对健康的不懈追求成为人类的永恒主题。

健康保险起源于19世纪的英国，迄今已有约150年的历史，产生于意外伤害保险。在19世纪中叶，以蒸汽机车为标志的英国工业革命使生产力水平得到长足发展，但是频繁发生的事故严重影响了铁路部门的运输。对此，1848年英国铁路运输部门成立"伦敦铁路旅客保险公司"，第一次对铁路运输意外伤害提供保险，其保单附在车票票根上，以保护在运输期间发生的严重伤害和意外死亡。随后这种方式很快从火车领域逐步扩展到所有的意外伤害部门。到1900年英国已有50家保险公司经营伤害保险业务。美国也受其影响相继开展了这样的保险业务。

在1890年前后才出现因若干疾病而不能工作时提供所得给付的契约，它是由若干互助会提供，并根据互助会的经验编制了最初的"疾病表"，用以计算适当的保险费。随后，商业性保险机构出现在疾病保险市场，但经营不太成功，直到20世纪30年代的经济大危机之后，美国健康保险才得到长足发展。

商业健康保险的发展随着社会经济的发展和人们对保险需求的变化而改变。进入20世纪，健康保险需求相对早期已经发生了较大改变，尤其是人口学方面的改变，例如计划生育和生活水平的提高导致人类寿命的增加，医疗保健的需求也随之增多，造成了保险计划的改变。

美国纽约州的优良意外保险公司把建立在年金基础上的意外伤害和疾病保险引进到英国，并且很快普及开来，这种保险尤其受到个体经营者的欢迎。后来，英国财产相互保险公司和十字军骑士保险股份有限公司成功推广了交保费形式的疾病和意外伤害保险，并由保险公司派代理人到保户家里收取保险费。到1915年英国伤害保险的医疗给付已包括住院、内外科治疗及看护费用①。在这一时期，健康保险并不是独立的险种，而是在人身保险中包含着某些医疗风险责任，实际上是一种附加性质的医疗保险。

20世纪30年代，商业健康保险开始独立出现。1929年，美国达拉斯市的贝勒大学医院为其1 500位大学教师预交了团体住院保险费，此举揭开了商业健康保险发展的新篇章，意味着商业健康保险开始作为一个独立的险种业务出现在保险市场上。20世纪40年代，团体医疗费用保险开始在美国流行；到第二次世界大战末期，美国团体健康保险保费收入已达7 000万美元。

1946年，美国民间创建了保险与医疗的结合体——健康维持组织（HMO），推动了美国商业医疗保险公司的迅速发展。二十世纪六七十年代，团体业务的日益壮大扩大了健康保险业务的经营范围和服务形式，带动了健康保险行业的飞速发展。美国的保险公司开始将癌症列入保险责任范畴，该举动赢得了美国、澳大利亚、英国、以色列等国保险消费者的欢迎。除此之外，住院医疗津贴给付、外科手术给付及因疾病住院后死亡给付也列入保险赔付责任范畴。

健康保险的出现虽然只有100多年的历史，但现在已实现了全世界的广泛普及。我国健康保险的发展同整个保险业发展历程基本一致，即随着1949年中国人民保险公司的成立而开始办理，随着1959年停办国内保险业务而销声匿迹，随着1982年恢复国内人身险业务而得以恢复。②此后的发展可以概括为三个时期。

一、恢复期（1982—1994年）

该阶段商业健康保险主要开办的是医疗费用保险。最早为1982年经上海市人民政府批准、1983年1月起正式实施的原中国人民保险公司上海市分公司试办的《上海市合作社职工医疗保险》。凡属独立核算、自负盈亏的合作社性质的集体企业单位均可申请参加，这是我国恢复保险业务后的第一个健康保险业务。1985年起在部分地区试办其他形式的医疗保险。1985年，中国人民保险公司在部分地区试办附加医疗保险和母婴安康保险。1987年1月，中国人民保险公司上海分公司与上海市卫生

---

①② 刘子操，陶阳著．健康保险［M］．中国金融出版社，2001：1．

局共同制定了《上海市郊区农民医疗保险》。1988年上海市分公司又开办了母婴安康保险、合资企业中国职工健康保险,其他分支机构也相继做了类似尝试。1990年,为配合计划生育基本国策,上海分公司又推出了人工流产安康保险,与之前的分娩节育保险、母婴安康保险共同形成了计划生育系列保险。

1990年以后,随着我国保险公司数目的增加和竞争格局的形成,各保险公司纷纷加大了市场开拓力度,相继推出中小学生平安保险附加医疗保险、节育手术平安保险、住院医疗保险、综合医疗保险、防癌保险等健康保险险种,大大满足了居民对医疗保险的需求。此外,保险公司还在部分地区为公费和劳保医疗提供第三方管理服务,有效促进了公费和劳保医疗制度的改革。

二、初级发展期(1994—2001年)

党的十四届三中全会通过了《关于建立社会主义经济体制若干问题的决定》,明确提出要建立起社会统筹和个人账户相结合的社会医疗保险制度。1994年,在江苏省镇江市和江西省九江市进行了"统账结合"城镇职工医疗保险制度的改革试点工作,并在此基础上于1996年将试点工作扩大到全国近40个城市。1998年12月25日,国务院正式颁布了《关于建立城镇职工基本医疗保险制度的决定》,全面推进社会基本医疗保险制度改革,确定了我国医疗保险制度改革的基本目标、基本原则和主要政策,要求在全国范围内建立与社会主义初级阶段生产力水平相适应、覆盖全体城镇职工、社会统筹和个人账户相结合的基本医疗保险制度,这标志着实施了40多年的公费、劳保医疗制度将被新型社会医疗保险制度所取代,此项改革也为我国商业健康保险带来良好的发展契机。

1999年以后,各寿险公司认识到参与到国家医疗改革的重要性,开始从战略高度重视商业医疗保险尤其是职工补充医疗保险业务的发展,逐步开发出一系列与社会基本医疗保险制度相衔接的高额医疗保险,以及包括住院和门诊医疗保障综合型医疗保险等产品,如住院安心保险、补充医疗保险、团体高额医疗保险、个人住院医疗保险、综合保险等。

与此同时(1995年),保险公司将重大疾病保险引入我国,险种也由最初的七大种类疾病扩展到20多种,极大地激发了市场需求,取得良好的经济效益和社会效益,也逐渐成为寿险公司的主营产品。

三、转型发展期(2001年至今)

加入世界贸易组织后的中国保险市场,主体多元化,竞争日趋激烈,激发了民族保险业的迅速发展。2001—2006年，商业健康保险保费收入年均增幅高达48.94%，远远高于同期人身保险总保费收入25.14%和寿险保费收入22.44%的增长率。2006年，商业健康保险累计保费收入376.9亿元，占人身保险总保费的9.1%，比2001年的4.3%增长了211.6%。2003年底，原中国保险监督管理委员会颁布《关于加快健康保险发展的指导意见》，鼓励保险公司推进健康险专业经营。2005年，人保健康、平安健康、昆仑健康和瑞福德健康四家专业健康保险公司的成立标志着我国的健康保险业务已经出现专业化经营的趋势。[1] 2006年8月，原中国保险监督管理委员会正式颁布《健康保险管理办法》。这是健康保险第一部专门化监管规章，该办法首次统一了保险公司在健康险业务经营上的监管标准。2012年，健康险原保险保费收入达到了862.76亿元，同比增长24.73%。2013年上半年，健康险增速再创新高，原保险保费收入达到了586.47亿元，同比增长25.80%，延续了2012年以来持续向好的增长态势。

改革开放以来，我国商业健康保险的业务规模快速增长，产品种类不断丰富，服务领域不断拓宽，人群覆盖面大幅提升，在参与社会民生工程和医疗保障体系建设中取得了长足进步。随着《"健康中国2030"规划纲要》的出台，全民健康作为一项重要的国家战略，将融入所有政策中，为健康保险这类具有广泛民众需求和极强政策属性的业务，提供了难得的发展机遇。商业机构在适应健康保险"供需关系分层、市场主体多元、产品种类丰富、技术创新普及、行业竞争隐性"等趋势的过程中，应找准自身定位，重点在提升风险管理基础能力上下功夫，通过积极介入医疗健康服务领域，建立健全健康产业链，实现规模与效益兼顾的平衡发展。

但是，相较于整个保险业的飞速发展，我国健康保险的前进步伐依旧过于缓慢，主要表现为险种少、规模小、人们对健康保险的需求无法得到充分满足。这既给保险公司开展健康保险提出了许多值得研究的课题，也给以后健康保险的发展留下了广阔的空间。

第二节　健康保险定义

一、健康保险的内涵

目前国内外保险理论界对于健康保险的定义和范畴尚未形成统一的认识。

---

[1] 郑春丽. 健康保险数据及数据管理系统研究［D］. 西南财经大学，2007.

美国的商业健康保险（Commercial Health Insurance）是覆盖医疗费用和失能收入损失的一类健康保险，可以根据续约规定和所提供的医疗责任予以分类，保单可以卖给个人或是作为团体计划中的一部分。其定义为"为被保险人的医疗服务需求提供经济补偿的保险，也包括为因疾病或意外事故导致工作能力丧失所引起的收入损失提供经济补偿的失能保险"，分为医疗费用保险、补充医疗保险、长期看护医疗保险、伤残失能保险和管理式医疗保险五类。

英国的商业健康保险（Private Health Care）指由私人机构提供、由公民直接购买或通过医疗保险支付的、与政府公共健康体系相补充的一类健康保险产品和服务，包括与医疗费用相关的保险产品以及与医院护理、日间护理、护理中心护理、药物治疗相关的健康保障服务等。

德国的商业健康保险定义为"补偿因疾病和意外事故造成的经济损失保险，分为医疗费用保险、住院日额津贴保险和收入损失补偿保险（即伤残/失能保险）三类"。从补偿的性质上来看，前两类保险主要是补偿被保险人在接受治疗的过程中所需的直接医疗费用支出，而后者补偿的则是被保险人因健康受损带来的间接经济损失。由于医疗保障制度的构成实质上是对医疗服务融资模式的选择，诱导需求和道德风险的普遍存在要求商业健康保险必须借助政府力量进行筹资，而筹资模式不应成为判断政府主办还是商业运作的标准。

新加坡的商业健康保险（Private Health Insurance）指应对昂贵的医疗费用支出以及预防重大灾害性疾病和潜在的失能损失的健康保险，由政府和私人机构合作，提供更高质量的保障和服务形式。新加坡医疗保障除了政府的医疗津贴外，还创立了个人保健储蓄、社会医疗保险的途径，建立了以保健储蓄计划（Medisave）为基础，健保双全计划（Medishield）、保健基金计划（Medisfund）为补充的"3M"计划，由个人、社会和政府共同分担医疗保障费用。

日本的情况较为特殊，没有单独的健康保险的定义，而是用"第三领域"的概念将健康保险包含其中。日本《保险业法》中"第三领域"，指"约定对意外伤害和疾病给付一定金额的保险金，并对由此产生的该当事人受到的损害予以补偿，收取保险费的保险"。根据该定义，常规意义上的意外伤害保险和健康保险都被包含其中了，去除意外伤害保险部分的险种，健康保险共可分为门诊保险、住院保险、疾病医疗保险、护理保障保险和收入补偿保险五类。

20 世纪 90 年代以前，受政治制度、意识形态等方面的影响，医疗卫生、社会保障以及商业保险领域的理论和实务工作者很少提及健康保险的概念；90 年代后期，出于实验对照和国际研究的需要，中国农村健康保险项目实验组提出健康保险概念，将健康保险定义为"覆盖医疗费用和失能收入损失的一类保险，产品责任根据续约规定和所提供的医疗责任进一步分类，可以卖给个人或是作为团体计划出售"。可见，当时的设计符合健康保险集预防、诊疗、康复等于一体的"大健康"观，体现了管理式医疗（Managed Care）的思想。

随后很长一段时间，在社会保险盛行的大背景下，有研究人员提出健康保险即医疗服务保险，是提供针对减少痛苦和延长生命的医疗服务支付风险的保险；或健康保险就是社会医疗保险的观点，是按照有关法律规定，由个人、雇主或国家共同筹集资金，对参保人员患病引起的诊疗费、检查费、药费、住院费、手术和护理费等直接费用进行经济补偿的制度。

我国《保险知识读本》中定义健康保险为："以被保险人的身体为保险标的，保证被保险人在疾病或意外事故所致伤害时的费用或损失获得补偿的一种人身保险。"原中国保险监督管理委员会 2000 年所发的 42 号文则作了如下分类："按保险责任，健康保险分为疾病保险、医疗保险、收入保障保险。疾病保险指以疾病为给付条件的保险。医疗保险是指以约定的医疗费用为给付条件的保险。收入保障保险是指以因意外伤害、疾病导致收入中断或减少为给付保险金条件的保险。"

进入 21 世纪后，理论界对健康保险的定义逐渐分化为三类。

一是满足教学需要的定义，认为健康保险是以被保险人的身体为保险标的，使被保险人在疾病或意外事故所致伤害时发生的费用或损失获得补偿的一种保险。

二是满足经营需要的定义，认为健康保险是投保人与商业机构签订保险合同，在规定期间内，因为被保险人发生约定范畴内的保险事故，保险机构负责给付保险金或提供相应服务的一种保险制度，特指商业健康保险。

三是满足监管需要的定义，《健康保险管理办法》规定"健康保险是指保险公司通过疾病保险、医疗保险、失能收入损失保险和护理保险等方式对因健康原因导致的损失给付保险金的保险。"

最近几年，随着"人人享有基本医疗卫生服务"目标的提出，医疗保障制度转型成为全社会关注的焦点。有学者提出基本医疗保险全民享有（简称"全民医保"）的建议；在此基础上，部分学者提出全民享有健康保险（简称"全民健保"）的倡议，希望从公共健康和个体健康维护角度，扩大健康保险范畴，实现医疗保障制度向健康保障体系的过渡。[①]

健康保险作为人身保险业务中的一个重要组成部分，与人寿保险和意外伤害保险相比，除了保险责任完全不同外，其特征还体现在以下几个方面[②]：

（一）保险期限上的特征

虽然在个人健康保险中也有长期或终身型的健康保险合同，但总体来说，健康保

---

① 王治军，王沁. 健康保险概念辨析与理论综述 [J]. 中国卫生政策研究，2016，9（08）：55-60.
② 赖黎. 中国商业健康保险专业监管相关问题研究 [D]. 西南财经大学，2007.

险还是以一年期的短期合同为主，特别是医疗费用保险。由于医疗服务成本不断上涨，健康保险工作人员难以计算出一个长期适用的保险费率，也就难以出台长期合同；然而一般个人寿险合同则以稳定保险费率的长期合同为主。目前中国的商业健康保险市场仍处在开发初期，为减小经营风险，各保险公司推出的健康保险产品都是一年期产品，且鲜有保证续保的承诺，故上述特征在目前的中国更为突出。

（二）精算上的特征

健康保险特征还表现在精算技术的应用上，其中健康保险产品的定价基础和准备金计算与人身保险业务，特别是寿险业务相比有较大的不同。人寿保险在制定费率时主要考虑死亡率、费用率和利息率，而健康保险在确定保险费率时主要考虑疾病率、伤残效率和疾病（伤残）持续时间。所以，健康保险精算属于非寿险精算的范畴。此外，健康保险合同中规定的等待期、免责期、免赔额、共付比例和给付方式、给付额限制等也会影响最终的费率。与人寿保险相比，健康保险的责任准备金也有自己的特色。未到期责任准备金是健康保险合同中最重要的准备金形式，但健康保险责任准备金的计算和提取也不能简单地比照财产保险执行，因为健康保险的未决赔款准备金与财产保险和其他责任保险相比有较大的差别。此外，在长期性的健康保险合同中也有类似寿险责任准备金的年龄准备金。

（三）给付上的特征

目前我国的健康保险产品中，虽有大量定额给付（Valued Basis）的健康保险合同，但真正意义上的健康保险合同主要是补偿性的给付（Reimbursement Basis）。人寿保险在被保险人因疾病原因死亡后给付死亡保险金，人身意外伤害保险也会因被保险人遭遇意外伤害所致的死亡或残疾而给付死亡或残疾保险金，但人寿和意外伤害保险都是在被保险人遭遇上述保险事故时给付约定的保险金。而健康保险则强调对被保险人因伤病所致的医疗花费或收入损失提供补偿，这种损失补偿的特征是人寿和意外伤害保险所不具备的。

（四）经营风险上的特征

健康保险的经营对象是伤病发生的风险，而该风险的影响因素较人寿保险更复杂。尤其是健康保险的逆选择和道德风险都较寿险严重。为了降低逆选择风险，健康保险的核保要比人寿和意外伤害保险严格得多，同时道德风险导致的索赔欺诈也给健康保险的理赔工作提出了更高的要求。此外，健康保险的业务管理涉及不少专业的医学技术问题，精算专业人员在进行危险评估及保险费计算时，除了要依据以往的统计资料外，还要寻求医学专家的帮助。最后，在健康保险的风险控制中，有不少外部因素难以控制。因为医疗服务是由保险公司和被保险人以外的医疗机构提供，医疗服务的数量和价格在很大程度上是由他们决定，所以要真正做好健康保险经营风险的控制工作，保险公司必须与医疗机构进行更为密切协调的合作，这些都与人寿保险和意外伤害保险的经营有显著不同。

（五）合同条款中的特征

个人健康保险合同的被保险人和受益人经常是同一个人。健康保险合同的一般条款虽然与寿险合同基本相同，但实质上健康保险合同比人寿保险合同要复杂得多。因为在保单有效期内可能会出现超过一次的理赔，保险金的索赔额差异也较大，且理赔认定带有一定的主观性。因此，健康保险合同中有较多的名词定义，有关保险责任部分的条款也显得比较复杂。但是健康保险合同中有些条款与寿险是一致的，如保险合同构成条款、宽限期条款、复效条款、不可抗辩条款、理赔支付条款等；有些条款与寿险相似但不完全一致，如续保条款；还有一些条款是健康保险合同所特有的，包括体格检查和尸体解剖条款、法律行为条款、既往症除外条款、免赔额条款、共保条款和重复投保及保险金的协调给付条款等。此外，在健康保险合同中还常有等待期条款，在等待期间不管是一般疾病治疗还是住院治疗等，都不能获得保险公司的赔偿。

（六）风险原因上的特征

健康风险的原因复杂多变，且很难预测。第一，自然原因。如雨、雪、地震、洪水等灾害导致难以规避的健康损害。第二，社会原因。随着社会的发展，大量的环境污染导致人们身体健康受损；加之随着交通工具的发展，人口流动出现大量、高频的特征，使得社会蔓延性更为突出，如传染病的蔓延速度和范围逐渐扩大。第三，人类自身的原因。随着年龄的增长人的身体机能逐渐衰退，不可避免地会发生病变；同时，人吃五谷杂粮难免会生病，再加上现代人工作压力过大、生活节奏过快，不仅影响人们的身体健康也增加了他们的精神负担，这种较差的精神状态也增加了意外事故发生的可能。此外，由于人类疾病谱的变化、电磁辐射等原因，健康风险更为复杂多变。

二、健康保险的功能

（一）健康保险的一般功能

健康保险是人们生活中不可或缺的部分。人们对于疾病是怀有害怕心理的，轻者损财误工，重者使人丧生；它以平等的裁决分配给每一个活着的人，不管是百万富翁还是穷困潦倒者，不管是达官贵人还是普通百姓。

买健康保险是人们合理避税的一种方式。一个人收入的增加会使他进入到新的纳税级别中，从而缴纳更多的个人所得税，这就促使人们在合理合法的范围内寻求既提高收入又免征所得税的方法，购买健康保险就是其中之一。

健康保险是家庭的保障。健康是关系千家万户的大事，没有健康的身体，就无法完成工作，无法坚持学习，更谈不上家庭幸福。人们都希望安居乐业，但疾病却无时不刻在威胁着人们。当癌细胞吞噬健康的肌体时，即使有钢铁般的意志也必然被疾病所击垮，即使是小康之家也难以承受巨大的医疗费用支出。因此，购买健康保险，以暂时少量的保费支出换取长久的医疗保障和残疾收入损失保障，是实现家庭生活安定幸福的有效途径。

健康保险是维护人性尊严的武器，尊严是人们生活的基本需求，健康保险就是保障当疾病或伤残不幸降临到我们身上时，家庭不会因此而陷入困境，也避免自己陷入不安和自责之中。

健康保险是员工福利的重要组成部分，并日益成为企业吸引人才、留住人才、增强凝聚力、保持经营活力的重要手段。面对激烈的市场竞争，人才资源成为企业永续发展的固本之基。为此，企业应为员工，尤其是高层管理人员提供包括健康保险在内的福利，使之成为连接企业与职工长期经济关系的纽带。同时，健康保险是企业高福利、低成本、广节税的基本要素。因为企业也可以通过工资、奖金的增加等提供物质利益的手段留住人才，但由于奖金税和个人所得税的制约，员工会更乐于从企业谋求更多的福利而不是增加现金收入。而企业投保个人残疾收入保险，能在一定程度上保证雇员工资及其他管理费用的支付。①

（二）健康保险的核心功能

健康保险是应对健康风险的有效工具，在世界卫生组织所倡导的现代健康观中扮演着重要角色，尤其在国家制度层面，通过提供健康保险来维护公民健康权利应成为制度建设的核心。

政治视角看，健康权是与生存权同等重要的基本人权，是公民与国家关系中最基础的政治关系之一，应作为宪法赋予的权利得到保护。用于减少疾病风险的社会和经济政策，避免将健康权利的维护视为简单的经济发展手段。我国直到2009年在针对新医方案的讨论中，才明确提出这个概念。

目前，"健康中国""人人享有健康"已成为"十三五"期间卫生发展的主要指导思想，成为政府倡导的价值目标。随着我国法治建设的逐步健全，维护公民健康理应成为一项政治任务；通过健康保险制度的实施，来保护每一个人的健康权利，显然

---

① 刘子操，陶阳著. 健康保险［M］. 中国金融出版社，2001年，第10页.

是完成这项政治任务值得探索和尝试的方案。

从经济视角看,经济学家早已把健康视为耐用消费品和投资品。按照有关学者的观点,改善公共医疗卫生制度(健康保险制度)会改变公民的消费预期和消费倾向,从而影响经济增长与社会发展。新古典经济理论认为,从投资角度,健康投资的直接结果是形成或增加健康资本(Health Capital);健康保险制度的建立与完善,不仅在微观层面对人群的职业选择、劳动力市场表现和参与方式产生影响,而且在宏观层面直接影响国民经济的增长。各国与健康相关的市场需求巨大,维护健康权有助于保持公民良好的健康状态,促进健康消费市场的繁荣;同时,健康也是人力资本的基本条件,是构成生产要素的重要内容。通过健康保险制度维护公民的健康权益,应成为政府、社会、个人共同的责任和义务。

从社会视角看,作为现代功能主义健康观的代表人物,帕森斯(Talcott Parsons)的观点极具代表性。他从社会价值观和社会结构角度分析健康与疾病,强调人的社会属性,认为即便是个体健康,也不是完全孤立的事件,而是指其完成社会角色和任务的能力处于最适当的状态;与健康相反的病态,则是一种社会偏离行为的表现。与个人健康相比,群体健康则会强化人们保持健康的动机和健康行为。因此,从社会学角度,健康保险制度理应更加关注群体的健康;而人们主动采取的健康教育、预防保健等防止健康问题出现的行为,作为维护健康的必要手段,也应当视为基本权利受到保护。

从健康风险管理的视角看,健康保险制度对健康及健康风险的关注,使得健康保险从原本就较为复杂的医学与保险学的交叉学科,发展到健康经济学、信息经济学、制度经济学等经济学衍生学科;而对政治、经济、社会等相关问题的讨论,又使得健康保险从经济学跨越到管理学、伦理学、哲学等领域,表现出很强的学科融合倾向。就健康风险而言,传统保险理论所指的风险管理,主要针对可保风险,虽然在商业机构得到广泛应用,但风险选择手段极为严格,并不能满足健康风险管理的实际需要。因为在现实社会中,大量需要应对的健康风险(如传染病、流行病、空气污染等)是非可保风险。因此,社会保险在处理健康风险时的做法有所不同,它不对风险来源做区分,而是设定一个"合理且必须"的标准,并根据筹资能力、管理能力和财务承受能力来处理风险。在某种意义上,面对人群的健康风险管理需求,社会保险的做法要优于商业保险;但本质上,两者都是将健康风险问题转换成经济问题,通过建立可承受的经济制度,来应对医疗卫生服务的费用损失风险。但是医疗卫生服务的特殊性,却使得这样单纯通过经济手段来应对健康风险的举措存在较大挑战。[①]

(三)健康保险的社会功能

健康保险是我国多层次医疗保障体系的重要组成部分,在保障人民健康、改善民

---

① 王治军,王沁. 健康保险概念辨析与理论综述[J]. 中国卫生政策研究,2016,9(08):55-60.

生、维护社会公平、促进和谐社会建设等方面都具有重要作用，最能体现保险的社会管理功能。健康保险发挥着社会稳定器的功能，促进着社会和谐发展。以"广覆盖，低水平"为标志的新型医改制度自1998年12月进入实际操作阶段以来，我国每年都有大量人群从中受益，但这里的"广覆盖"并非指覆盖全民。据统计，截止到2013年第五次国家卫生服务调查，城镇职工医保、城镇居民医保和新农合覆盖人口占比为95.1%。然而，与此相对，医疗费用却在每年上涨，"小病扛，大病拖""因病致贫""因病返贫"的实例在全国屡见不鲜。因此，切实解决和保障广大人民的健康问题不仅是当务之急，更是关系到社会长期和谐稳定发展的重大问题。显然，若要做好这一点，单靠政府的力量已然不能满足，也不符合市场经济的发展规律，所以借助商业健康保险就成为必由之路。

1. 创新政府公共服务管理，提高基本医疗保障服务质量

新医改方案明确提出："在确保基金安全和有效监管的前提下，积极提倡以政府购买医疗保障服务的方式，探索委托具有资质的商业保险机构经办各类医疗保障管理服务。"商业健康保险参与基本医疗保障经办管理，是贯彻落实新医改方案精神、创新政府公共服务提供和管理方式的必然要求。一方面，可以推进建立医疗保障"征、管、办"相分离的运行机制，实现政府、保险公司和医疗机构的相互监督与制衡，提高社会管理的科学化水平，确保医疗保障基金的安全有效运转。另一方面，可以充分发挥健康保险在理赔服务、风险管控、信息技术等方面的专业优势，简化理赔手续，强化对不合理医疗行为的监控，防止医保基金"跑、冒、滴、漏"，进一步提高基本医疗保障体系的运行效率和服务水平，有效缓解"看病难、看病贵"问题。

2. 提升参保人的医疗保障水平，更好地满足社会多样化、多层次的健康保障需求

基本医疗保障体系建设遵循"广覆盖、保基本、可持续"的原则，主要是保障居民的基本医疗需求，与我国经济社会发展水平和财政承受能力相适应，保障水平和保障范围也相对有限。2010年，我国参加城镇职工、城镇居民、新农合基本医保的参保群众，在政策范围内的住院费用报销比例平均仅为65%，仍有高达35%的住院费用需要由参保群众个人负担。其中，新农合由个人自付的比例更高，部分地区超过50%。健康保险作为一种市场化、专业化的风险转移机制和社会互助机制，具有保障领域全面、保障方式灵活的特点，对基本医疗保障能够起到重要的补充作用。一方面，通过大力发展与国家医疗保障政策配套、受政府委托的补充医疗保险业务，弥补基本医保在保障程度和保障范围等方面的不足；另一方面，通过开发适应不同需要的产品和服务，满足参保群众在医疗、护理、重大疾病、失能等方面的高层次、多元化的保险保障需求。

3. 提供全方位的健康管理服务，进一步提升国民健康水平

健康保险通过打造"健康保障+健康管理"的特色服务模式，除了为客户提供

医疗费用补偿外，还能进一步延伸健康保障服务链条，为客户制定个性化的健康促进计划。通过提供"病前"健康教育、评估和维护，"病中"就医服务和诊疗监控，"病后"康复指导和护理的全流程健康管理服务，健康保险能有效提高广大参保群众的健康意识和自我保健能力，促进养成健康生活方式，减少疾病的发生，在提高整个国民健康水平方面发挥积极作用。

第三节　健康保险分类

健康保险可以根据性质的不同加以分类，如根据保费计算方法的不同，可以分为风险相关保费的健康保险、社区保费的健康保险和收入相关保费的健康保险；根据保险期限长短的不同，可以分为短期健康保险、长期健康保险和终身健康保险；根据筹资方式和资金来源的不同，可以分为公营健康保险和私营健康保险；根据制度实施有无强制性，分为法定健康保险和自愿健康保险[①]。目前，最常见的分类方法是按照保险责任和给付方式来区分。

一、按照保险责任划分

健康保险按照保险责任可以划分为医疗保险、疾病保险、收入保障保险等。

构成健康保险所指定的疾病必须有以下三个条件：第一，必须是由于明显的非外来原因造成；第二，必须是非先天性的原因所造成；第三，必须是由于非长存的原因所造成。

（一）医疗保险

医疗保险是指以约定的医疗费用为给付保险金条件的保险，即提供医疗费用保障的保险，它是健康保险的主要内容之一。医疗费用是病人为了治病而产生的各种费用，不仅包括医生的医疗费和手术费用，还包括住院、护理、医院设备等的费用。而医疗保险就是医疗费用保险的简称，主要类型有普通医疗保险、住院保险、手术保险、综合医疗保险。

（二）疾病保险及重大疾病保险

疾病保险是指以疾病为给付保险金条件的保险。通常这种保单的保险金额比较

---

① 郑春丽. 健康保险数据及数据管理系统研究［D］. 西南财经大学，2007.

大，给付方式一般是在确诊为特种疾病后，立即一次性支付保险金额。重大疾病保险保障的疾病一般有心肌梗塞、冠状动脉绕道手术、癌症、脑中风、尿毒症、严重烧伤、暴发性肝炎、瘫痪和重要器官移植手术、主动脉手术等。

（三）收入保障保险

收入保障保险是指提供被保险人在残废、疾病或意外受伤后不能继续工作时所发生的收入损失补偿的保险。它一般可分为两种：一种是补偿因伤害而致残废的收入损失；另一种是补偿因疾病造成的残废而致的收入损失。

二、按给付方式划分

健康保险按给付方式划分，一般可分为给付型、报销型和津贴型三种。

给付型，保险公司在被保险人患保险合同约定的疾病或发生合同约定的情况时，按照合同规定向被保险人给付保险金。保险金的数目是确定的，一旦确诊，保险公司按合同所载的保险金额一次性给付保险金。各保险公司的重大疾病保险就属于给付型。

报销型，保险公司依照被保险人实际支出的各项医疗费用按保险合同约定的比例报销。如住院医疗保险、意外伤害医疗保险就属于报销型。

津贴型，保险公司依照被保险人实际住院天数及手术项目赔付保险金。保险金一般按天计算，保险金的总数依住院天数及手术项目的不同而不同。如住院医疗补贴保险、住院安心保险等就属于津贴型。

传统的商业健康保险主要包括长期健康险和短期健康险业务。长期健康险主要包括疾病保险、医疗保险、护理保险和失能收入损失保险，是我国健康险业务的主力险种，其中重大疾病保险占总体健康险保费收入的比值接近70%；短期健康保险主要包括各类医疗费用和津贴保险、政府购买服务、社保补充医疗险、企业自保方案，面向中低收入人群的互助医疗以及针对高端客户群体的综合医疗保险等。

近年来，随着保险标的从医疗风险向健康风险的转变，健康保险的内涵更加宽泛和合理，新型健康保险产品和服务也随之产生，主要包括管理式医疗、团体健康保险方案以及个人健康维护计划三类。

管理式医疗（Management Care），其核心是将医疗服务的提供与提供医疗服务所需的资金结合起来，合理控制医疗费用增长、获得更优质的服务。

团体健康保险方案，是在社保经办项目之外，针对团体被保险人提供的保险保障。包括业务流程外包服务（Business Process Outsourcing，BPO），是指保险公司利用自身的信息技术和专业资源优势，承接企事业单位的健康档案管理、保单录入及信息管理、基金动态管理、数据监测及预警、反欺诈调查等工作；管理服务方案（Administration Service Only，ASO），是指保险公司不承担保险风险，仅提供保险咨询和风险管理方案，进行账单审核和理赔，提供教育培训、健康讲座等服务项目；第三方管理（Third Party Administration Service，TPAs），是指保险公司利用自身优势为企业采购适合的医疗服务，或提供保险咨询与健康服务项目建议；员工自助计划（Employee Assistance Program，EAP），通常是保险公司在已经承办该企业项目的基础上，为员工提供的个性化服务，如企业购买基本项目后，员工可以优惠价格购买其他附加项目。

个人健康维护计划，由于该计划的核心思想是基于细分人群的碎片化需求进行设计和整合，因此产品差异性大、复杂程度高，对健康相关数据信息的依赖度强。①

本章小结

1. 健康保险起源于19世纪英国工业革命，它的发展随着社会经济的发展和人们对保险需求的变化而改变。进入20世纪，健康保险需求相对早期已经发生了较大改变，尤其是人口学方面的改变，例如计划生育和生活水平的提高导致人类寿命的增加，医疗保健的需求也随之增多。20世纪30年代，商业健康保险开始独立出现，1929年，美国达拉斯市的贝勒大学医院为其1500位大学教师预交了团体住院保险费，从此，商业健康保险开始作为一个独立的险种业务出现在保险市场上。

2. 目前国内外保险理论界对于健康保险的定义和范畴尚未形成统一的认识，理论界对健康保险的定义逐渐分化为三类。一是满足教学需要的定义：认为健康保险是以被保险人的身体为保险标的，使被保险人在疾病或意外事故所致伤害时发生的费用或损失获得补偿的一种保险。二是满足经营需要的定义：认为健康保险是投保人与商业机构签订保险合同，在规定期间内，因为被保险人发生约定范畴内的保险事故，保险机构负责给付保险金或提供相应服务的一种保险制度，特指商业健康保险。三是满足监管需要的定义：《健康保险管理办法》规定，健康保险是指保险公司通过疾病保险、医疗保险、失能收入损失保险和护理保险等方式对因健康原因导致的损失给付保险金的保险。

3. 我国健康保险的发展同整个保险业发展历程基本一致，即随着1949年中国人民保险公司的成立而开始办理，随着1959年停办国内保险业务而销声匿迹，随着1982年恢复国内人身险业务而得以恢复。党的十四届三中全会通过了《关于建立社

---

① 王沁，王治军. 我国商业健康保险的发展现状及趋势分析［J］. 中国医疗保险，2017（1）：63-66.

会主义经济体制若干问题的决定》，明确提出要建立起社会统筹和个人账户相结合的社会医疗保险制度，1998年国务院正式颁布了《关于建立城镇职工基本医疗保险制度的决定》，给商业保险的发展带来了契机。2003年底，中国保监会颁布《关于加快健康保险发展的指导意见》，鼓励保险公司推进健康险专业经营；2006年，保监会正式颁布《健康保险管理办法》，推进健康保险业务监管的专门化和标准化。

4. 健康保险是家庭的保障，购买健康保险，以暂时少量的保费支出换取长久的医疗保障和残疾收入损失保障，是实现家庭生活安定幸福的有效途径。健康保险是我国多层次医疗保障体系的重要组成部分，在保障人民健康、改善民生、维护社会公平、促进和谐社会建设等方面都具有重要作用，最能体现保险的社会管理功能。健康保险发挥着社会稳定器的功能，促进着社会和谐发展。

5. 健康保险可以根据性质的不同加以分类，目前，最常见的分类方法是按照保险责任和给付方式来区分。健康保险按照保险责任可以划分为医疗保险、疾病保险、收入保障保险等。健康保险按给付方式划分，一般可分为给付型、报销型和津贴型三种。

专业术语

1. 健康保险：以被保险人的身体为保险标的，保证被保险人在疾病或意外事故所致伤害时的费用或损失获得补偿的一种人身保险。

2. 管理式医疗：管理式医疗的根本原则是要负责管理病人所需要的各种服务，并将这些服务结合起来。基本的目标是通过促进恰当有效地使用医疗服务来降低医疗费用。

3. 定额给付性保险：是指保险责任的承担不以实际损失的发生为条件，只要合同中约定的条件成立，不论存在几份合同，每份合同中的保险人都应当按合同中的约定，承担起各自的保险责任；不论是否有第三人对被保险人已经履行了赔偿责任，也不论是否有其他保险人对被保险人支付了保险赔偿。

4. 健康中国：人们常把健康比作1，事业、家庭、名誉、财富等就是1后面的0，人生圆满全系于1的稳固。

5. 健康风险管理：相对于一般所说的健康管理，健康风险管理更强调群体健康的整体提升。针对人群各个健康状态的风险因素，以及发病率高、危害大，且医疗费用较大的一些慢性非传染性疾病进行风险评估及干预，以期维持或改善人群的健康水平，降低慢性非传染性疾病的发生率、恶化率和并发症发生率，并合理控制人群医疗费用维持在适度范围。

7. 健康资本：是一种重要的人力资本。由于人力资本与人的不可分割性，因此人的体能、精力及健康状况与生命长短将会直接影响一个人的人力资本投资效率和收益率，以及人力资本生产效率的发挥。

8. 基本医疗保障制度：既是社会保障体系的重要组成部分，是民众的安全网、社会的稳定器；又作为医疗费用的主要支付方，是医药卫生体系的重要组成部分，因而也是医改的重要领域之一。

思考题

1. 什么是健康保险？健康保险的分类有哪些？
2. 我国健康保险的发展经历了哪几个阶段？
3. 健康保险与其他险种相比有哪些特征？
4. 健康保险对于我国基本医疗保障体系产生了哪些作用？

第二章

健康保险信息

第一节 健康保险数据类型

一、健康保险内部信息

健康保险内部信息是指通过业务获得的信息（包括用户填写的信息、行政信息等）。主要为保险公司自身的经验数据，包括公司内部反映各地区、各部门和各类健康保险业务经营状况的资料，如各类健康保险业务的承保、理赔及经营效益的各种数据，以及保险公司在经营健康险业务时在保险产品销售、核保、理赔和合同管理等多个经营环节中获取的数据[①]。

二、健康保险外部信息（辅助业务开展的信息）

（一）来自再保险公司的数据

我国保险公司在进行健康保险新产品开发时，费率计算所需要的经验数据可以向

[①] 郑春丽. 健康保险数据及数据管理系统研究 [D]. 西南财经大学, 2007.

再保险公司，特别是国外较大的再保险公司寻求帮助。再保险公司有着强大的数据基础，具有数据信息全面、综合性强的特点。虽然国外市场上的经验数据不一定完全符合我国的情况，但有时也不失为一种较好的选择。

（二）从医疗机构等卫生部门获取的数据

保险公司可以从医疗机构获得许多数据资料，如医疗机构向保险公司提供的有关疾病发生率、各类疾病的平均治疗费用和平均住院天数等资料，保险公司向医院调查得到的索赔人详细的疾病发生情况、住院天数和住院费用等具体数据。这些数据的积累可以帮助保险公司形成完整的健康保险数据库，以更好地确定被保险人的住院天数、住院费用等数据的大致区间。

（三）公开发表的数据及其他来源

保险公司可以从各级（卫生）统计部门公开发表的统计资料中获取相关的数据，如从国家卫生部门组织的几次国家卫生服务总调查中得到的有关一般城乡居民伤病发生以及利用医疗服务的各类数据。虽然这类数据大多是面向整个人群的横断面调查资料，无法真实地反映被保险人群疾病发生率和持续时间的某些特征，但是对经营健康保险业务，特别是在健康保险业务经营的初期具有一定借鉴意义。另外，社保机构的社会医疗保险数据和卫生行政部门的农村合作医疗服务数据都能为经营健康保险业务提供参考。

从上述健康保险数据的来源可以看出，在健康保险数据中很大一块是医疗服务数据。医疗服务数据包括病人基本数据、入出转数据、电子病历、诊疗数据、医学影像数据、医学管理数据和经济数据等，它们围绕着病人这个信息中心，组成了医疗信息的主要来源。

1. 病人基本数据：发生于住院登记过程，记录了病人的性别、年龄、来源、职业等信息。

2. 入出转数据：产生于病区护士工作站，主要记录了病人与入院、转科、院以及床位等属性相关的数据。

3. 电子病历：是通过建立结构化病历、开发文体编辑器、在线帮助知识、实时监控技术、打印控制技术和功能扩展技术来实现数字化的病人全部医疗信息的有机集合。它除了包括纸张病历的所有静态信息外，其重要性在于数字化带来的各种功能的扩展和相关服务。

4. 诊疗数据：发生于病人门诊和住院期间，主要记录疾病诊断、转轨、手术、医嘱、处方、各类检验检查报告等各种临床及相关数据，以上大部分信息浓缩体现在病案首页上。

5. 护理数据：发生于护理过程中的各种数据，主要包括护理等级、护理天数等信息。

6. 医学影像数据：近几年新兴的 PACS（Picture Archiving & Communication System，医学影像存档与通信系统），用于传输和记录病人诊断的医学影像数据。

7. 医学管理数据和经济数据：伴随着病人门诊、住院入出转的过程，还会产生一系列相关的管理数据和经济数据，如医用器材的管理、床位费、手术费等。

上述几种数据围绕着病人这个信息中心，构成基本的医疗服务数据。作为医疗信息的来源，其质量的好坏对健康保险影响极其深远。

第二节 健康保险数据质量

一、健康保险数据质量的重要性

统计数据质量对于企业发展繁荣具有重要意义。数据是各公司、甚至是行业的宝贵财富，也是提高经营管理水平的重要依据。企业的数据质量与业务绩效之间存在着直接联系，高质量的数据可以使公司保持竞争优势并在经济动荡时期立于不败之地，保证了普遍深入的数据质量，企业就可以在任何时候都信任满足所有需求的所有数据。[1]

健康保险统计数据质量对健康保险业务的开展和运行具有重要意义。在健康保险的经营和发展中，准确完整地统计数据可以帮助正确地了解健康保险业务发展的状况，帮助完善条款，修订费率，为进一步开展业务制定正确的决策。准确完整的保险统计数据还是开展保险统计分析、进行保险业务研究的依据和先决条件，只有依据准确、完整、系统的统计数据才能保证统计分析的质量，更好地为领导和有关部门制定方针、政策和措施服务。[2]

健康保险信息的质量还直接关系到决策的成败。准确的信息，可以帮助领导者作出正确的决策。决策失之毫厘，结果则差之千里。[3] 不真实的数据分析结果将导致决策的失误，继而导致经营结果的偏失，只有正确的数据分析才能为决策提供坚实的基础。

---

[1] 郭雪莹. 论保险公司数据质量管理 [J]. 科技信息，2011（21）：370–371.
[2] 诚海. 应重视提高保险统计数据质量 [J]. 金融理论与实践，1992（6）：79–80.
[3] 刘志春. 保险信息学 [M]. 中国经济出版社，1994年3月第1版，第54页.

具体来说,健康保险数据质量的重要性体现在以下四个方面:

(一) 大数法则[①]

保险公司经营的最根本的基础就是大数法则,大数法则的基础就是大量的真实、可靠、及时、规范、一致的业务数据。满足这些条件的大量数据积累,会成为行业乃至国家的重要宝贵财富,对国家的防灾、减灾,经济建设提供权威、全面的技术、数据支持与保障。

(二) 保险费厘定

任何一种保险产品的定价,都离不开对现有保险数据的挖掘、分析。保险数据是第一手资料,是数据分析的基础。这些数据的收集是一项长期的工作,需要历史的积累,更需要长期的数据的定义规则的一致。

(三) 经营决策

正确的决策来源于准确的信息,通过数据分析,暴露亏损业务,浮现盈利业务,从而使企业转变发展策略,改善投资结构,规避风险,扬长避短,做出正确的经营决策。

(四) 保险监管的依据

任何违规事项,在操作中都有蛛丝马迹,严格规范数据质量对违规操作是一种约束,同时也能清晰反映出操作的轨迹,有利于发现违规的痕迹,保证监管过程中可挖掘的深度,同时可以加大监管的力度。保险稽核系统在各级保险监管机构的广泛运行,充分说明了数据中发现监管信息的可行性、有效性。

由此可以看出,数据是风险管理的基础,是健康保险企业数据中心的重要资产,是健康保险专业化经营的依托,没有强大有效的数据库,健康保险专业化就难以取得实效,所以在当前情况下为了更好地经营健康保险业务、管理健康保险风险,获取并维护高质量数据对健康保险的意义无疑是重大的。[②] 低劣的数据质量是保险企业数据仓库和商业智能项目中一个常见的缺陷。越来越多的保险企业都希望借助客户关系管理(Customer Relationship Management,CRM)系统或者商业智能(Business Intelligence,BI)系统来提高客户的满意度和忠诚度,为企业带来竞争优势。但一些企业客户关系管理系统和商业智能系统实施的成效却不尽人意,其中一个最主要的影响因

[①] 郭雪莹. 论保险公司数据质量管理 [J]. 科技信息,2011 (21): 370 – 371.
[②] 郑春丽. 健康保险数据及数据管理系统研究 [D]. 西南财经大学,2007.

素就是数据质量问题。① 由于这些基础数据的数据质量较差,不能从中找出对管理、经营、监督有启发性、指导性、规律性的信息,可以说是行业的一大遗憾。

现在,许多保险机构都面临着数据交换及数据质量等方面的问题。在业务发展过程中产生的大量历史数据缺乏数据精炼和沉淀机制,导致大部分数据无法得以有效利用,不能为企业的运营分析和新业务拓展提供有力的数据支持。而业务高速成长产生的海量数据和历史数据遗留问题的存在,则加剧了保险机构在数据质量领域的矛盾状态。

当前,健康保险事业的发展对健康保险业务经办管理水平提出了更高的要求,最关键的一点就是要求业务数据必须准确完整,这是保证基金安全、维护职工利益、促进科学决策的重要前提。任何一项业务数据出错,都将造成参保人员保险待遇计算错误,造成基金的资本流失。因此,必须高度重视业务数据整理,全面提高业务数据的准确性和完整性。业务数据库存在的数据空项、错项以及逻辑性错误等问题直接影响健康保险统计、分析和预测工作质量,降低信息系统辅助决策功能的有效性。因此,必须重视健康保险业务数据整理工作,充分发挥信息系统功效,切实提升信息系统应用水平。

二、衡量健康保险数据质量的标准

数据是组织最具价值的资产之一。数据的高质量表现为数据的完整性、准确性、真实性、匹配性、一致性、规范性与及时性七大要素上。

(一) 完整性

完整性(Completeness),用于度量数据是否丢失或者是否可用。②完整性要求数据必须是完备充分的,与用户需求有关的所有相关数据都没有被遗漏。

(二) 准确性

准确性(Accuracy),用于度量数据的正确性和时效性。③正确性是指数据信息要符合业务、财务规范要求,如案件的估损金额为零或与实际损失偏差过大、案件的赔付金额为零或大于保险金额的情况就不符合正确性的要求。④ 时效性是指保险信息有效利用期限或者说有效利用时间限度的特性。保险信息的时效性由其所反映客观事实发展到一定程度或者产生结果的时限决定。其客观事实变化越快,保险信息的时效性

---

① ② ③ 杨进玉. 保险企业数据质量管理技术及其应用 [J]. 中国金融电脑, 2014 (2): 48-54.
④ 郭雪莹. 论保险公司数据质量管理 [J]. 科技信息, 2011 (21): 370-371.

就越强。因为每一条保险信息无论是否能够得到有效处理,其时效性总是客观存在的。保险信息的时效性越强,信息工作部门就越要抓紧时间,加速传递,保证决策者在有效的利用时间内实施决策,使每一条保险信息得到应有的利用。①

(三) 真实性

真实性(Authenticity),指保险信息对客观事物要如实反映,做到完全符合事物的本来面目,不允许弄虚作假。保险信息的真实性主要体现在以下几个方面:

1. 所反映事件的时间、地点、经过必须真实可靠;
2. 各种数字、引语、资料来源等必须准确无误;
3. 使用的语言要清楚明白,不能含糊其辞。

保险信息的真实、准确非常重要,是保险信息的生命。保险信息具有很强的利用价值,一旦传播出去,必然被人们直接用来指导决策。如果信息失实,用失实的信息进行决策,决策必将失误,导致工作上的损失。因此,每一条保险信息都不能有丝毫差错。②

(四) 匹配性

匹配性(Integration),用于度量数据的可关联性。③ 数据并不是孤立隔断的,它们之间往往存在着各种各样的约束,这种约束描述了数据的关联关系,数据必须能够满足这种关联关系,而不能够相互矛盾。④

(五) 一致性⑤

一致性(Consistency),是指相同的数据记录在不同系统之间的重要明细信息要一致。如业务系统的保费与收付费的保费数据需一致;电子数据与纸质数据之间必须相符;系统数据必须有真实的业务相互匹配,如纸质案卷与数据库不一致、假保费、假赔案等现象就不符合数据真实性的要求。

(六) 规范性

规范性(Normative),是指数据需要符合标准工作流程进行数据操作。如代码不一致、日期的逻辑错误就是不符合数据规范性要求的情形。

---

① 刘志春. 保险信息学 [M]. 中国经济出版社, 1994 年 3 月第 1 版, 第 26 页.
② 刘志春. 保险信息学 [M]. 中国经济出版社, 1994 年 3 月第 1 版, 第 25 页.
③ 杨进玉. 保险企业数据质量管理技术及其应用 [J]. 中国金融电脑, 2014 (2): 48 – 54.
④ 吴胤歆, 林承桑, 杨勇鹏. 医疗保险数据库数据质量验证研究 [J]. 中国卫生信息管理杂志, 2010, 7 (6): 78 – 80.
⑤ 郭雪莹. 论保险公司数据质量管理 [J]. 科技信息, 2011 (21): 370 – 371.

（七）及时性

及时性（Timeliness），用于度量交易数据是否延时和有效。① 及时性是指要在规定的时间范围内完成数据操作。如直接业务补录要在签单后3个工作日内完成、报案后及时立案等。②

三、提升健康保险数据质量的策略

（一）明确数据质量的地位，从思想上高度重视数据质量

保险企业要把数据当作是企业的资产。只有当保险企业把数据当作企业资产看待时，才开始关心资产的质量的高低，制定更加详细的数据规格说明书，提出数据生产的环境要求，甚至要求信息供应商按照企业内部生产数据的流程生产数据，并实行监督和控制；还会像企业内部一样做数据质量检查，建立定期沟通的机制，以保障信息供应商的数据质量符合企业的要求。

要想做好数据质量管理工作，提高数据质量，首先要明白数据质量管理不是哪一个人的事情，不是哪一个部门的事情，它牵扯的人员、部门等环节众多，任何一个环节出现问题，都会引发数据质量问题。因此，做好数据质量管理工作是团队通力协作的结果，需要充分发挥团队的力量。结合公司数据质量管理实际，"凝聚力"是发挥团队协作的重要推动力。数据质量管理工作的重要性不言而喻，把数据质量管理工作作为"一把手"工程，可以让公司从上到下，更快形成"数据质量人人有责、数据质量神圣不可侵犯"的工作氛围，有效推动数据质量管理工作的升级，带来数据质量的提升，从而打造优质的数据资源库，实现数据对经营决策的有效支撑。同时，还要加强对数据质量工作的宣导，积极建立企业数据文化。③

（二）建立数据的标准，明确数据的定义

清晰的数据标准和数据定义是数据质量管理项目实施的前提。因此，需要从整个企业的角度出发，建立统一的数据标准和数据定义。

在数据质量重要性得到认可的总体形势下，在执行力度也得到有效加强的大前提下，应该如何提高数据质量？这时候"做什么"（WHAT）、"如何做"（HOW），成为亟待解决的问题。所以这时候，数据质量监控指标、监控标准、操作规范、具体操

---

① 杨进玉. 保险企业数据质量管理技术及其应用 [J]. 中国金融电脑，2014（2）：48-54.
②③ 郭雪莹. 论保险公司数据质量管理 [J]. 科技信息，2011（21）：370-371.

作要求等相关标准化文件的出现,无疑会解决"WHAT"和"HOW"的问题。接下来企业要通过《数据质量监控指标集》《数据质量操作规范》《基础数据录入规范》等一系列统一整理的标准化文件,让实际工作有据可依。标准制定好了,还要配以规范执行,才能充分发挥标准化约束带来的作用;否则,标准也只是一纸空文。试想把"数据质量"比作"一辆汽车",那数据质量的一些标准化文件就相当于汽车修理、发动机构造等相关知识的书籍。汽车出现故障可以到书籍中查找解决办法;同理,数据质量出现问题,可以依据相关标准化文件查找原因。汽车在一档上,加大油门开到一定速度,但长期来看,对汽车的损害程度巨大;数据质量不按照标准化操作,短期看可能没问题,但从长远看,必然带来数据质量的下降。车是越开越顺手,越跑越快;数据质量管理也是越管越顺手,数据质量也会越来越好。

(三) 做好数据统计工作

保险统计数据要做到"实事、求是",保险统计数据的真实性是健康保险事业的"生命线"。保险统计要更好地服务于健康保险事业,首要任务是力求保险统计数据"实事、求是"。

1. 夯实基层保险统计工作基础

首先各参保单位必须选好配强保险统计力量,构建功能完善、运转协调、服务高效的统计体系。其次是不断提高保险统计人员素质。定期对上岗人员进行政治、业务和技术培训,并进行严格考核,逐步使从事保险统计工作的基层人员既具有较高的政治和业务理论水平,又具有一定的实际工作技能。

2. 保险统计调查方法改革要做到"适时、适需"

第一,适时、适需调整社保调查频率。首先要遵循统计调查原则,凡一次性统计调查能满足需要的不搞经常性调查,凡抽样调查、典型调查和科学推算能够满足需要的不搞全面调查,凡年度调查可以满足需要的不搞月、季、半年调查。其次,积极应对市场经济大环境下不断出现的新情况、新问题,根据不同的调查对象、不同的调查内容,区别对待,采取不同的调查频率,提高快速反应能力,以灵活多变的调查方法,跟踪观察复杂多变的统计对象,以满足多层次、多部门、多目标的统计信息需求。

第二,适时、适需调整调查手段。随着计算机、网络、管理信息系统等信息技术的迅猛发展,给统计调查手段提供了许多科学有效的方法和便利,保险统计在利用计算机技术和网络技术进行信息管理的同时,应积极研究运用计算机技术、网络技术等进行高效准确的数据采集和数据分析。[1]

3. 保证保险统计工作的严肃认真性

---

[1] 赵建华. 提高社会保险统计数据质量的思考 [J]. 才智, 2011 (7): 230-231.

在保险系统内应加强《统计法》的普及宣传工作，组织进行统计执法情况检查，对严重违犯《统计法》和《保险统计制度》的单位和个人严肃处理；对忠于职守，敢于抵制不正之风的统计人员进行表彰和奖励，使各级领导和基层公司充分认识到统计工作的重要性和统计数字的严肃性。①

（四）加强数据质量管理

数据质量管理是指对数据在获取、存储、数据质量评估、维护、应用、消亡生命周期的每个阶段里可能引发的各类数据质量问题进行识别、度量、监控等一系列的管控活动。数据质量管理是循环管理的过程，其目标是通过可靠的数据提升其在经营管理中的价值，并最终为企业赢得经济效益。数据质量管理，不仅仅对问题数据和垃圾数据进行探查、清理、补充和完善，更是对数据质量和组织管理技术的改善。在健康保险业领域，针对数据的改善和管理，主要包括数据探查、数据评估、数据清洗、数据监控、数据稽核、错误预警等内容。

数据质量管理技术是围绕着提高和改善数据质量进行的。数据质量的改善必须作为一个持续的周期进行处理。第一，进行数据探查，这是界定整个数据质量方案的关键元素。它能够确定高度复杂的数据的内容、结构和质量，以及发现数据源和目标应用程序之间隐藏的不一致和不兼容之处。第二，在实施数据管理项目之前，有必要结合业务部门评定数据质量工作的成果，使其真正成为商业智能方案的一部分；或者将数据质量管理的项目作为商业智能项目部署的前奏，因为从长远来讲，数据质量管理在信息系统中最终的受益者仍是与商业智能相关的项目。第三，设计数据准入规则、数据校验规则、数据质量规则等，帮助定义和衡量数据质量的目标和标准。高效的数据准入规则，既不会过滤太多有效的数据，也不会让那些劣质数据进入系统，影响最终的决策。严谨而客观的数据校验检查规则将准确地对问题数据（有效数据）进行评估和考量，以提供数据修复的最佳策略。第四，确定数据评估方案、数据修复方法，并对修复前后的数据建立评估和考核的指标，通过循环持续的控制和改善，就离最终数据质量管理的目标愈加接近。这样，通过集成数据准入规则、数据校验规则等流程来形成数据质量管理平台。②

（五）建立并优化保险统计数据运作体系

当前，健康保险机构统计数据运作体系还不规范，从本机构取得的统计数据还不尽完善，还没有统一的数据核对和凭证传递程序规定。因此，建立一套集科学化、规

---

① 诚海. 应重视提高保险统计数据质量 [J]. 金融理论与实践，1992（6）：79 - 80.
② 杨进玉. 保险企业数据质量管理技术及其应用 [J]. 中国金融电脑，2014（2）：48 - 54.

范化于一体的健康保险统计数据运作体系势在必行。[①]

1. 建立一个可重复的数据收集、数据修改和数据维护流程

数据质量管理面临两个主要挑战：企业本身的复杂性和客户信息的不断变化。因此，企业在制定数据质量的保障措施和数据质量指标体系时必须确保这些措施和指标能够不断重复使用。

2. 对流程不断进行改善和优化

数据质量的改进和提高是一个持续过程。正确的办法是通过一个不断改进的流程，持续不断地排除错误，对数据进行整合和标准化，最后达到流程的自动化，从而降低数据质量保障计划的总体开销。

商业智能系统应与核心业务系统等生产型系统形成良好的互动。一方面，核心业务系统等生产型系统是商业智能系统的数据源；另一方面，商业智能系统暴露出的数据质量问题应能反馈到生产型系统中去，促进生产型系统流程的改进，提升数据质量。数据质量的提升是一个长期过程，应贯穿商业智能系统建设的始终。数据质量是数据的生命，只有高质量的数据才能发挥其应有价值。低质量的数据不能真实反映业务情况，会影响系统的推广使用，并导致管理者做出错误的决策。数据质量问题的解决涉及多层面的因素而不仅仅只是技术层面，对数据质量的改善仅通过技术是有一定的局限性的。在技术层面，只能通过数据探查规则发现数据质量问题，对数据质量的偏离程度进行评估、展示、修复等操作，并不能从根本上解决数据质量的根源问题，而业务流程的规范、数据标准的统一制定和完善对数据质量的影响却举足轻重。健康保险企业通过数据质量管理，使数据的质量得以提升，使数据不论是从产生到消亡的整个生命周期还是数据的应用或是数据呈现在企业管理者面前的表达质量，都能得到保障。[②]

（六）强化数据质量考核，落实责任

"不依规矩，不成方圆。"做好数据质量管理工作还需加大考核力度。考核的最终目的应该是激励，具体表现形式应该是制定考核办法。首先，要做好计划考核工作。计划分配做到有依有据，切实可行，目标考核奖惩兑现。不能盲目按数字比例机械增加，层层加码。如何让考核成为数据质量提升的催化剂？落实其实是一种执行力，执行出现偏差和失误，甚至"上有政策，下有对策"，执行力也就缺乏有效保障。因此，要使数据质量得到有效提升，就要领会贯彻执行上级公司战略意图。同时，结合公司实际，制定切实可行的《数据质量考核办法》，实现有效激励，然后细

---

① 黄先武. 社会保险统计数据质量的思考［J］. 中国社会保障，1999（11）：21-22.
② 杨进玉. 保险企业数据质量管理技术及其应用［J］. 中国金融电脑，2014（2）：48-54.

化责任，逐级推动，层层落实，确保执行。实行严格的数据质量责任追究制度，对哪级出现的问题追究哪级的责任。这样，才能有力保障数据质量管理工作经久不衰，数据质量持续向好。

（七）防患未然，源头控制

做好数据质量管理工作，不能把重点放在"出现问题如何快速修正"上，而应放在"如何更加有效地防止问题出现"上，做到防患未然，实现问题源头控制。实现问题的源头控制，主要需要做好以下几点：

1. 要严把数据录入关口，明确责任

加大数据录入人员考核力度，提高其责任心，避免人为疏忽出现问题数据；同时，在提交审核（复核）前，录入人员对单证关键要素进行复查，将错误率减少到最低。具体做法表现在：

第一，在数据整理过程中，要严格按照数据标准整合数据库，要对数据库基础项目及其数据进行认真核对，确保数据质量。可将数据库基础项目进行分解，每月实行量化统计分析通报，对于分析出来的问题要查找原因，及时纠正，逐个清理。在数据整理过程中一定要重视"垃圾"数据的处理，归并有效数据，剔除无效数据，保证数据的唯一性和准确性。要认真分析"垃圾"数据产生的原因，积极寻找有效的处理办法。

第二，分析数据库基础项目，针对其特点，分类采取数据整理方式，从而达到对数据的清理、补齐，保证数据质量。对数据库基础项目进行分析，根据其各个项目的特点，可以将业务数据分成三大类：一是不断更新的数据，如个人账户数据等。这类数据的特点是动态的，可通过建立规范的业务流程，对业务处理完全实现计算机化，尽量避免手工操作，由此将数据的整理工作与数据的日常维护结合起来开展。二是固定的一般数据，如民族等。这类数据具有唯一和固定的特点，对业务经办没有太大影响，可通过参保单位补充报送方式予以整理。三是历史的主要数据，如视同缴费年限、历史缴费记录等。这类数据是业务经办工作不可或缺的重要数据，是数据整理的核心所在，必须作为业务数据整理的重点。这类数据同样具有唯一和固定的特点，但是由于涉及待遇计算等业务经办工作，因此必须通过审核职工档案等原始资料逐一严格认定。

2. 要严把数据审核（复核）关口

挑选责任心强、对业务管理规定熟悉的人员进行数据审核（复核），进一步减少问题数据的产生。严格数据审核把关，实行严格的数据审核把关制度，是在保险数据统计的各个环节设置必要的数据质量保护屏障，避免数据不实，杜绝弄虚作假行为的发生。

一是对增减幅度异常的指标数据，在要求基层参保单位做出书面说明的同时，还须有重点地抽查验证。

二是所有专业人员要从依法行政的高度，看待提高数据质量的重要性、严肃性，从平衡关系、逻辑关系、对比关系、衔接关系等多方面进行科学评估，确保社保统计数据质量。

三是要加大源头数据录入和审核（复核）人员的培训力度，提高其综合业务素质。

四是要加强学习，包括加强对系统、条款、实务规定、监管规定等变动内容的学习，不断充实自己，加强对新知识、新事物的涉入，不能老是以老方法处理新问题，要转变思维方式，更新观念。源头管理是数据管理工作的重要环节，各级人员需共同努力，才能有效保证数据的真实、准确。

（八）加强协作

确保统计数据质量是各部门各业务环节共同的责任。因此，必须综合治理、常抓不懈。高效审核系统论的思想是：决定一个事物兴衰存亡的因素不是最为关注的快变化因素，而是慢变化因素。数据质量不是一个人的事情，需要团队协作，需要一个组织各个局部与个体之间相互支持、相互配合、协调运行、形成合力。"1+1>2"才能形成组织的强大合力，这是提高审核效率的人为控制因素。同时，还有信息技术因素。信息技术的发展日新月异，信息技术知识呈爆炸式更新。随着公司信息技术化的逐步推进，利用信息技术手段来提高工作效率的方法，越来越成为一种趋势。首先，可以从系统中加以控制，避免人为操作失误，提高成功率。其次，要加强程序升级、系统变化的测试，避免系统错误数据的产生。

（九）事后监控，及时整改

"人非圣贤，孰能无过。"有些问题防不胜防，尽管一再强调，还是会不可避免地出现。对待这种情况，就需要建立行之有效的事后监控机制，以便及时发现问题。在问题数据出现，还没造成更坏的影响之前，及时通过正确的方式将问题数据进行修正。监控要做到日监控、月考评，数据整改要有时限，因未及时整改而导致出现问题的要给予处罚。同时，要做好事后监控，还需要做好以下几点：一是要加大开发创新力度，对新出现的监控指标，及时利用信息技术手段，开发相应事后监控程序，保持事后监控数据是最新的，避免问题数据的遗漏。二是要指定专人，每日登录查看监控数据，以便及时发现问题数据，做好数据的修正工作。三是对于事后出现的问题数据，要明确问题出现的原因，制定相应的避免措施，以免同类问题再次出现。

（十）加强培训，打造队伍专业力

只有精心培育专业力，公司才能形成竞争优势。为了提升专业力，公司大力倡导"专家治司、技能制胜"的理念。一方面，力求通过平台构建、资源整合和"服务年"活动，打造强大的专业力；另一方面，强大的专业力离不开一流的数据质量队伍，而一流的数据质量队伍需要一流的教育培训。众多国内外优秀企业取得成功的重要经验之一，就是始终将教育培训作为企业发展的保证，教育培训强则企业的竞争能力强。公司多年的实践经验也证明，在公司发展过程中，引进一定数量的人才是必要的，但立足现有队伍培养自己的人才更是必需的。教育培训是队伍建设的决定性因素，只有创建一流的基于学习型组织的教育培训体系，才能建设一流的队伍，为公司发展提供坚强有力的人才保证和智力支持。因此，公司要高度重视教育培训工作，加大对培训的投入和保障力度，提升运用专业知识来解决竞争中动态复杂问题的能力。

同时，要进一步完善考核评价体系，提升整个数据质量队伍的凝聚力和执行力。要精神奖励和物质奖励相结合，加大对优秀数据质量管理人员和责任人的奖励力度。要特别鼓励在数据质量管理工作上，能创新思考、高效管理、有效提升数据质量的人员，将其先进做法进行推广，并给予表彰奖励。总之，数据质量是百年大计，是所有保险公司领导层都应该给予高度重视，日常工作中给予重点关注的一项重要工作，只有这样，数据质量才会逐步提高，保险公司对社会的补偿作用才能更充分地发挥出来。[1]

第三节 健康保险信息监管

一、由谁监管：健康保险信息监管的主体

从广义的监管定义来说，对健康保险业的监管可以分为三个层次：第一层次是指保险的政府监管，即宏观监管，是由国家保险监管机关根据保险业发展的需要，通过法律和行政的手段，对保险企业、保险市场实施监督管理；第二层次是指保险行业组织通过制定行业规章，对保险人在市场中的行为加以监督与管理，简称行业自律，即

---

[1] 郭雪莹. 论保险公司数据质量管理 [J]. 科技信息，2011（21）：370 - 371.

中观监管；第三层次是指保险企业通过内部的稽核和审计制度及其他内控措施而进行的自我监管，即微观监管。这三个层次的监管互相联系，互相补充，共同构成完整的保险监管体系。对照这三个层次的划分，可以从宏观、中观、微观三个层次来分析我国商业健康保险的监管和规范发展情况。①

（一）政府监管

健康保险行业政府监管的机制主要是在三个层次上得以进行：立法监管、司法监管和行政监管。②

1. 立法监管

立法监管是指立法机关以立法手段以及对法律的解释来对保险进行监管。针对健康保险，监管内容主要包括：健康保险公司的资质和经营许可证、健康保险产品费率和销售的管理、保单等格式的要求、健康保险公司的财务要求、公司的整顿和清算以及税收等方面。

2. 司法监管

司法监管主要是由法院来执行的，其主要任务是解决保险活动中各方的争议，保证相关法律的顺利贯彻，维护健康保险的正常运行。

3. 行政监管

行政监管机构是国家负责监管的主要机构，通常享有广泛的行政权、准立法权和准司法权。我国在1998年11月18日成立了专门的保险监管机构——原中国保险监督管理委员会（简称"原中国保监会"），替代了中国人民银行执行保险监管职能，经国务院授权履行行政管理职能，依照法律、法规统一监督管理全国保险市场，维护保险业的合法、稳健运行。原中国保监会在全国各省、直辖市、自治区、计划单列市设有35个派出机构，负责监管当地的保险市场情况。经过改革，原中国保监会内设15个职能机构，其中，财务会计部、人身保险监管部和法规部对商业健康保险的影响比较大。

目前，我国国家保险监管机构负责所有商业性质保险的监管，自然也包括对商业健康保险的监管。今后保险监管机构要积极根据市场变化情况和时代潮流进行改革，应参考各界人士对商业健康保险的重视程度和各种看法，建立一个有效的政府监管机制。③

政府在商业健康保险监管中的职责大致可以分为以下四点：

第一，制定商业健康保险的政策。健康保险是医疗保障体系的重要组成部分，关

---

①③ 史梦秋. 我国商业健康保险监管及规范发展研究 [D]. 西南财经大学, 2008.
② 任泽华. 商业健康保险的专业化监管及政府职责 [J]. 上海金融学院学报, 2007 (04): 51-57. [2017-08-23]. DOI: 10.13230/j.cnki.jrsh.2007.04.00.

系到广大居民的生活和健康。因此，任何与健康保险相关的政策出台都必须慎之又慎，政府必须在均衡各方利益后作出较为稳妥的科学决策，包括行业定位、产业发展政策、财政支持和税收政策等，既要利于商业健康保险的健康发展，又要保护好投保人和被保险人以及相关实体的权益。

第二，做好协调工作。商业健康保险工作涉及的利益方非常多，任何个人和团体都不能独立承担，必须动员所有有关参与方的力量积极参与，这就需要政府出面协调各方关系，保证健康保险工作的顺利实施。

第三，承担监督工作。对商业健康保险参与各方（包括保险方、医疗供给方、医疗需求方）的行为、健康保险基金的使用以及投保人的基本医疗保障等情况，政府都有责任进行监督和管理。

第四，制定关于商业健康保险的法律规范。发达国家发展健康保险制度的成功经验之一是建立健康保险法律制度，依托法律的强制力来保证健康保险的顺利实施。因此，建立健康保险法律制度以及与时俱进地对健康保险法律制度进行完善是政府对商业健康保险监管的重要职责。

（二）行业监管

健康保险行业监管的主体还包括保险行业自律组织，即行业协会。保险行业协会是保险人或保险中介机构（代理人、经纪人、公估人）自发成立的社团组织，其内部制定的行业条例对会员有很大的制约作用，既可以避免政府的过分干预，影响市场的正常发展，又能很好地协调与政府的关系，促进各方交流与合作，维护市场秩序。

由于健康保险涉及医疗服务提供者，所以健康保险公司要积极参与医疗保险学会、卫生学会、医药学会等组织，加强与各方的交流和沟通，甚至当专业健康保险公司数量增多、实力成熟时，可以组建自己的健康保险学会和行业协会等组织，促进健康保险的可持续发展。我国于2003年7月16日成立的中国保险行业协会寿险工作委员会健康保险工作部（以下简称"健康保险工作部"），一直致力于我国健康险的发展，积累了一定的经验数据引导健康险按法律和市场经济规律要求的方向正确发展，充分发挥了行业自律和行业协调的作用。[①]

保险行业自律，即保险行业自我监管，是指通过建立行业工会等行业组织形式，在遵守国家关于保险业的法律、法规的前提下，进行内部协作、调节与约束，实行自我管理、自我监督，以解决保险组织内部之间的问题，并协调保险组织与国家保险监管机构的关系，协调保险业与其他行业的关系。保险行业自律是非官方、非强制的监

---

① 任泽华. 商业健康保险的专业化监管及政府职责 [J]. 上海金融学院学报, 2007 (04): 51 – 57. [2017 – 08 – 23]. DOI: 10.13230/j.cnki.jrsh.2007.04.00.

控手段,尊崇行业职业道德规范,是法律手段和政府监控的必要补充,可以弥补政府宏观监管的不足,有利于协调各保险企业的活动,促进全行业的发展。

商业健康保险的行业自律主要在市场行为监管、经营行为监管、合同条款的监管等方面发挥积极作用。通过运用行业规章这一约束手段,保险自律组织对违反规章的行为虽然不能进行法律制裁,但可采用一定的制裁措施(如劝告、警告、开除会籍等)。行业自律监管的是健康保险业务具体的经营活动,为避免过度竞争带来的恶性后果,其基本目标是维护商业健康保险市场合理的价格和公平的保险条件,保证商业健康保险的平稳发展。

(三) 企业自我监管

商业健康保险的内控制度是保险管理层为了保证经营目标的实现而制定并组织实施的,对内部部门和人员从事的健康保险业务活动进行风险控制、制度管理和相互制约的制度、措施、程序和方法,主要目的是为了规范保险人的经营行为。

保险的内控制度可以分为两大部分:一是对从业人员素质的控制;二是对保险业务活动的控制。对商业健康保险业务活动的内控是对经营健康保险的保险人业务活动各个环节的控制,以此来保证保险人的偿付能力,规避经营风险,避免违规违法行为的产生。

(四) 社会监督

健康保险行业的社会监督主要包括:保险信用评级机构、独立审计机构以及社会媒体。[①]

1. 保险信用评级机构

保险评级是由独立的信用评级机构采用一定的评级方法,把保险公司复杂的业务与财务信息转变为容易理解的反映其经济实力的不同级别,供社会各界参考。虽然该机构处于第三方的位置,但一些世界著名的评级机构所做的结果越来越被人们重视,越来越影响着人们的保险行为。一些大型的评级机构实力雄厚,技术发达,也正是它所处于第三方,与监管的主客体都没有明显的利益关系,因而作出的评级还是比较客观准确的,对保险行业的各方发挥着不可替代的作用。

2. 独立审计机构

独立审计机构是指依法接受委托、对保险公司的会计报表及相关资料进行独立审计并发表审计意见的注册会计师事务所和审计事务所。由于独立审计可以达到客观公

---

① 任泽华. 商业健康保险的专业化监管及政府职责 [J]. 上海金融学院学报,2007 (04):51 - 57. [2017 - 08 - 23]. DOI:10. 13230/j. cnki. jrsh. 2007. 04. 00.

允性,世界许多发达国家保险监管机关往往对一个企业进行评估时,比较重视独立审计部门的意见。

3. 社会媒体

媒体对保险公司的相关报道,将会以非常快的速度在消费群体中流传,直接或间接地影响消费者的判断,引起监管者的注意,间接对保险业的发展发挥作用。

(五) 独立监管机构

在国外,健康保险信息监管的主体还包含独立监管机构。以澳大利亚为例,澳大利亚私人健康保险管理委员会(PHIAC)是监督管理澳大利亚私人健康保险市场的独立法定管理部门。1989年,PHIAC根据《1953年国民健康法》相关规定设立,2007年7月1日起实施的《2007私人健康保险法》又赋予了PHIAC更加丰富的监管职能。根据该法,PHIAC要在培育效率与竞争兼顾的健康保险行业、保护消费者权益以及确保私人健康保险安全稳健经营之间达到一种完美的平衡。一方面,PHIAC要针对私人健康保险人的财政经营提供及时、准确、有价值的信息和建议,具体包括收集能评估行业、消费者以及政府相关政策的信息,对保险人提交的费率变动申请进行审议,及时处理行业危机,管理风险平衡信托基金保证风险在私人健康保险基金间的公平分配等,以确保私人健康保险基金持续健康发展;另一方面,PHIAC要及时向联邦政府、行业以及消费者报告保险人的保险覆盖人群、赔付情况、风险平衡情况、医疗费用缺口弥补情况等财务和相关经营行为。[①] 具体而言,现阶段PHIAC的日常工作主要包括以下几方面:

一是根据相关法律、法规审核私人健康保险基金的设立、变更(非营利性基金变更为营利性基金)、股份制改造、合并以及收购等。

二是对保险人资本金、投资、流动性等关键风险领域的经营行为进行审核,并在随后向社会公布有关信息,这项工作的开展有助于PHIAC更深入细致地了解保险人风险管理状况。

三是负责统一编制行业数据、报表,PHIAC要求私人健康保险基金按月度、季度、年度报送各项基础数据,并据此编制行业季度和年度报告。报告类型非常全面,包括住院和普通治疗保险保费收入统计、被保险人数据统计、赔付情况统计、住院及一般性治疗数据分析、季度医疗费用缺口补偿及医疗费用赔付数据分析等。报告数据也非常翔实,涉及保单种类、医疗服务的赔付金额、服务数量、不同年龄或性别的赔付金额、医疗费用缺口等。

四是代表澳大利亚联邦政府管理风险平衡信托基金。在澳大利亚,健康保险产品

---

① 范娟娟. 澳大利亚私人健康保险的监管环境及启示 [J]. 保险研究, 2010 (2): 117-123.

的定价基础是公定费率（Community Rating），即忽略被保险人年龄、性别、健康状况等个体差异的统一产品费率。采用公定费率为定价基础，目的是减少或消除私人健康保险基金挑选低风险被保险人的行为，使消费者都有同等机会购买私人健康保险。如此一来，也带来了私人健康保险基金间的风险不平衡。为确保私人健康保险市场竞争环境的公平性，政府根据《健康保险法》设立了风险平衡信托基金，为特定类型的高额赔付提供再保险，以平均分散风险。如，对65岁住院病人和住院35天以上的病人的大部分医疗费用进行再保险。

五是承担对行业内各基金管理层的培训职能。仅2009年，PHIAC就举办了两项行业高层的专题培训。

六是危机管理。目前，PHIAC已经建立了危机模拟环境用于培训应对危机的能力。[1]

二、监管标准：健康保险信息监管的法律法规

中国保险业与国际保险业主动接轨，于2002年修订了《中华人民共和国保险法》，允许财产保险公司经营短期健康保险。此后，我国健康保险市场供给主体迅速增加到50多个，许多有着国际背景的合资寿险公司全面渗入我国保险市场，健康保险市场竞争日益加剧。

为了规范健康保险的有序发展，2002年12月16日，原中国保监会专门下发了《关于加快健康保险发展的指导意见》，提出了加快发展健康保险业务、加强健康保险专业化经营和管理、建立适应国情的健康保险发展模式等方面的原则要求。

2004年原中国保监会批准并筹建了5家专业健康保险公司，标志着市场主体的进一步完善。商业健康保险业务增长的同时，产品增多达千种，保障类型呈多样化，涉及险种也在原来传统的费用补偿和费用津贴型保险的基础上，进一步开发出带有失能收入损失责任和长期护理责任的保险。

2006年9月1日，原中国保监会颁布了我国第一部专门规范商业健康保险业务的部门规章——《健康保险管理办法》。[2]

《健康保险管理办法》对健康保险业务经营做出全面而系统的规范，从产品类型、经营条件、产品设计、产品销售、精算和再保险等方面确立了我国健康保险经营的基本制度，极大地提高了我国健康保险经营的规范化和标准化程度。

《健康保险管理办法》凸显了专业化经营理念，强化了保险公司在健康保险产品

---

[1] 范娟娟. 澳大利亚私人健康保险的监管环境及启示［J］. 保险研究，2010（2）：117-123.
[2] 翁小丹著. 人身意外伤害和健康保险［M］. 中国财政经济出版社，2007.12，第13页.

设计和销售等方面的责任，突出了对消费者权益的保护，也有利于产品创新，统一了包括专业健康保险公司、寿险公司、财险公司等健康保险业务的监管尺度，加强了保险公司与医疗服务机构和健康管理服务机构的合作，注重商业健康保险与社会基本医疗保险的衔接，有利于改善健康保险的经营环境。

在促进健康保险专业化经营方面，《健康保险管理办法》制定了一些具体举措：一是规范了健康保险专业化经营的基本条件，包括作为专业化经营前提的业务独立核算制度、作为风险管理能力保障的精算制度和核保理赔制度、作为核心竞争力的数据管理制度和电脑系统等。二是进一步推进了产品专业化，规定医疗保险产品和疾病保险产品不得包含生存给付责任，长期健康保险中的疾病保险产品可以包含死亡保险责任，但死亡给付金额不得高于疾病最高给付金额。三是进一步推动健康保险专业化队伍的建设。要求经营健康保险应当配备具有相关专业知识的精算人员、核保人员和核赔人员。

在促进产品创新方面，《健康保险管理办法》提出了一些具体要求：一是增加市场潜力巨大、在国外早已存在的护理保险，完善产品形态；二是突出体现健康保险的地域性、个性化要求，支持保险公司通过产品创新更好地满足客户需求；三是突出医疗保险产品的创新，要求保险公司设计费用补偿型医疗保险产品，必须区分被保险人是否拥有公费医疗、社会医疗保险的不同情况，在保险条款、费率以及赔付金额等方面予以区别对待。

关于保险公司与医疗机构的合作问题，《健康保险管理办法》指出，医疗保险很容易在医疗机构的诱导和病人的无限需求下，增加不必要、不合理的医疗费用，使保险公司实际赔付率将大大提高。可以说，医疗费用控制风险是健康保险最主要的风险点。为了解决这个问题，《健康保险管理办法》主要提出了三项措施：一是在经营条件上，要求保险公司具备相对独立的健康保险信息管理系统，配备具有相关专业知识的核保人员和核赔人员。二是在服务网络上，保险公司可以建立指定医疗服务机构网络。三是在医疗服务管理方面，保险公司应当加强与医疗服务机构和健康管理服务机构的合作，加强对医疗服务成本的管理。《健康保险管理办法》还在产品设计、销售管理等方面突出了对消费者的保护：一是强化了对保险公司销售健康保险产品时的保单信息披露义务，要求保险公司书面告知投保条件、保险责任、责任免除、定点医院、费率调整等内容，并用清晰易懂的语言，解释投保人关于保险、医疗和疾病专业术语的询问。二是规定了保险公司应当尊重被保险人接受合理医疗服务的权利，不得在产品条款中设置不合理的或者违背一般医学标准的要求，并将其作为给付保险金的条件。保险公司在健康保险产品条款中约定的疾病诊断标准应当符合通行的医学诊断标准，并考虑到医疗技术条件发展的趋势。三是规定保险公司不得诱导被保险人重复购买保障功能相同或者类似的费用补偿型医疗保险产品。四是规定保险公司不得在医疗机构场所内销售健康保险产品，也不得委托医疗机构或者医护人员销售健康保险产品，以避免投保人受医疗机构场所或者医护人员不正当行为的影响，而购买自己并不需要的健康保险产品。五是规定保险公司指定的医疗服务机构网络应当符合方便被保险人、合理管理医疗成本的原则。六是规定保险公司以附加险形式销售无保证续保条款的健康保险产品时，附加健康保险的保险期限不得小于主险保险期限。七是要求保险公司在销售费用补偿型个人医疗保险产品时实行100%回访率，并明确告知投保人拥有在犹豫期内解除保险合同的权利。

重大疾病保险经过十多年的发展，已成为健康保险市场上重要的保障型产品。为规范、统一行业内重大疾病保险使用的疾病定义，2007年中国保险行业协会与中国医师协会合作完成了我国首个保险行业统一的重大疾病保险的疾病定义的制定工作，推出了我国第一个重大疾病保险的行业规范性操作指南——《重大疾病保险的疾病定义使用规范》（以下简称《使用规范》），主要对重疾险产品中最常见的25种疾病的表述进行了统一和规范，且规定以"重大疾病保险"命名的产品，其保障范围必须包括25种疾病中发生率最高的6种疾病。

我国是继英国、新加坡、马来西亚之后第四个制定并使用行业统一的重疾定义的国家。在进行这项工作中，我国率先采取了保险行业与医疗行业共同制定的工作方式。使用行业统一的重疾定义及《使用规范》，一方面，有利于消费者比较和选购重疾险产品，保护消费者权益；另一方面，有利于我国自行积累重疾险的经验数据，着手解决长期困扰我国健康保险发展的数据难题，促进健康保险产品自主创新。①

三、监管什么：健康保险信息监管的内容

从监管全面性来说，商业健康保险监管包括对机构设立的监管、保险市场行为监管、保险公司经营行为监管、再保险监管、对医疗机构的监督以及相关公共卫生政策问题等等。按照健康保险的参与方来划分健康保险监管的领域，可以分为对健康保险公司的监管、对健康保险中介的监管、对医疗服务提供者的监管以及对保险产品消费者的监管。

（一）对健康保险公司的监管

对健康保险公司的监管主要是对保险公司的市场进入和退出机制、健康保险公司的组织形式、产品方面的管理、健康险费率、保险条款和保单的格式、偿付能力以及核保理赔等市场行为进行监管。

---

① 翁小丹著. 人身意外伤害和健康保险［M］. 中国财政经济出版社，2007.12，第14页.

对保险公司的监管，现在主要集中在公司治理结构、偿付能力和市场行为上，以期构建以三者为支柱的现代保险监管制度。针对我国现今健康保险市场的特点，为使监管有针对性和有效性，我国采取了市场行为监管和偿付能力监管并重的方式，即不仅要监管保险公司的偿付能力，还要对保险公司的市场行为、产品及费率等进行监管，并逐步向偿付能力监管为主过渡，构建一套成熟的评估办法，引入风险基础资本制度（Risk Based Capital，RBC），正确评估保险公司的资信状况，完善市场退出机制，应对资信状况出现问题的保险公司面临破产或重组给市场和消费者带来的不利影响。

中国银行保险监督管理委员会还应积极推进保险公司的治理结构，但要掌握好"度"，以防因干涉太多而影响保险公司的正常营运。另外，中国银行保险监督管理委员会还要积极探索有效的外资保险企业的监管方法。因为庞大的健康保险市场势必会吸引许多的海外投资，我国应该尽早研究能够吸引投资者的监管体系，做好外资健康保险等相关准备工作。

1. 商业健康保险合同监管

（1）条款监管。保险条款是保险人与投保人关于保险权利与义务的约定，是保险合同的核心内容。对于保险条款的规范，各国一般通过保险合同法来进行。随着保险合同法和合同法的完善，保险条款标准化速度越来越快，标准化程度也越来越高。由于保险业是一个专业性较强的行业，没有受过专业训练的人士很少能对保险业有足够的了解；同时，由于保险合同是一种定式合同，在保险人与投保人协商之前，保险条款一般已由保险人拟就，投保人一般只能通过对保险条款说"是"或"否"，来表达其同意或不同意签订保险合同意愿。基于这些特点，各国保险监督管理部门对于保险条款进行比较严格的监管。对保险条款的监管，首先是对保险条款内容的监管。一般各国保险监督管理部门要求保险条款必须包括以下几方面：保险标的、保险法律责任、责任和争议处理。

（2）法定给付。个人和团体健康险保单应提供法定给付。法定给付除了其他保险保障以外还应当包括新生儿、酗酒与戒毒治疗，专业医师提供的服务保险，以及特定诊断检查保险所规定的给付。

2. 商业健康保险精算监管

（1）偿付能力监管。首先，对健康保险偿付能力监管要有整体思路并设计合理步骤。健康保险偿付能力监管是一项系统工程，应贯穿于健康保险经营活动的每一个环节，健康保险费率和准备金监管都是保证偿付能力要求的基础。监管机构在进行健康保险偿付能力监管时，主要采用考察其是否满足一定的偿付能力的方法，偿付能力额度指标具体的监管步骤是首先考虑健康保险经营面临的主要风险，然后根据这些风险的特征建立资产和负债的评估规则，在此基础上计算出实际的偿付能力额度，最后考察此额度或"缓冲"能否以最充足的概率保证保险公司的健康保险业务不出现财务不健康的状况。当然，从更广义的角度讲，健康保险偿付能力监管还应考虑健康保险业务的动态变化，这样才能对公司的生存能力、承保新业务的能力和持续谨慎性要求的遵守情况作出一个合理的判断。

其次，健康保险偿付能力监管要有明确的具体方式。健康保险偿付能力监管的首要方式是指与健康保险业务有关的负债和资产的谨慎评估，为保证相应的偿付能力，监管机构一般都会颁布比较严格的负债和资产的评估标准，负债的谨慎评估实际就是健康保险准备金的谨慎估计。目前对健康保险有关的资产评估还没有专门的规定，也没有专门针对健康保险业务的偿付能力要求。但对于专门的健康保险公司，在现有的监管框架下，除了要满足以上的要求外，保险公司的偿付能力额度（Solvency Margin）不得低于监管部门规定的最低标准，即保险公司的实际资产减去实际负债的差额不得低于保险监督管理机构规定的数额，低于规定数额的应当增加资本金，补足差额。

再次，要不断提高健康保险偿付能力监管标准的专业化程度。当前，虽然健康保险的专业化经营已经得到了各方面的一致认同，国内健康保险的经营管理水平离专业化要求还有很长一段距离，而健康保险偿付能力标准的建立就是其中标志性的指标。随着健康保险偿付能力标准的空白开始阻碍健康保险事业的发展，尽快建立适合我国国情的健康保险偿付能力标准迫在眉睫。

(2) 准备金监管。对于健康保险准备金，各个国家都是通过立法严格控制。此外，监管中一般都规定了责任准备金评估的标准方法，甚至对评估所使用的精算假设有具体的要求，因为数据基础的不同会对计算结果产生很大的影响，不完整、不准确的数据会导致各类健康保险责任准备金计算结果产生偏差。在进行健康责任保险准备金评估时，应使用保守估计值。如果使用最佳估计值，应在最佳估计值的基础上应增加风险溢额，从而使对未来保险责任的偿付充足程度达到75%以上。大部分国家对健康保险准备金的提取额都有一定要求，称为准备金及最低要求。除了以上一系列法定准备金要求外，对健康保险准备金的监管主要是关注各类健康保险准备金的充足性，即当监管机构对准备金的充足性存在疑问时，精算师必须进行准备金充足性测试并将结果报告监管部门。

对健康保险准备金进行监管，除了一系列法定准备金要求外，主要是要求精算师对各类健康保险准备金的充足性进行定期测试，实践中常用毛保费评估的方法。经毛保费评估得出的毛现值为正，则无需对评估日所持有的准备金水平进行调整；如果毛现值为负值，则应被视为保费准备金不足，需要在法定准备金之外再建立保费不足准备金。从发达国家的情况看，保险公司在对外披露财务信息或向监管机构上报偿付能力报表时，健康保险责任准备金精算报告都是必不可少的文件之一。因此，除上述各项要求外，由监管部门认可的精算师签字的健康保险准备金精算报告成为监管机构对健康保险准备金进行监管的主要工具。

（3）费率监管。世界上不少国家和地区把费率监管列为健康保险专业监管的重要内容之一。如美国私营健康保险产品的费率就受到严格监督，而其他一些国家，如英国，健康保险产品的费率主要通过市场来形成，保险监管部门不对费率的制定进行监管。健康保险费率监管模式上的差异，既有历史和保险市场本身的原因，但主要还是商业健康保险在不同国家和地区所起的作用不同所决定的，在商业健康保险有可能作为社会健康保险或其他公营健康保险的替代品时，严格的费率监管都是必需的。具体的监管内容包括：

第一，费率充足性监管。健康保险费率充足性监管是指健康保险费率应该高至足以抵补一切可能发生的给付或有关费用。如果健康保险费率不足，就会导致保险公司偿付能力不足，从而可能会使被保险人的利益受到损害。在竞争激烈的保险市场中，为了提高自己产品的竞争力，保险公司常常不惜降低保险费率以招揽顾客，这种费率恶性竞争可能会影响保险公司的财务稳定性和偿付能力。为了贯彻保费充足原则，避免过度的费率竞争，许多国家都对健康保险费率进行一定程度的管制，以保证保险公司的偿付能力。

第二，费率合理性监管。健康保险费率的合理性监管是指费率不能过高，以使保险人不至于因为保费过高而获得太多的非正常经营性利润，进而保护被保险人的利益。费率合理性监管要求保险公司对纯保险费的厘定必须以损失概率为依据，收取的保费应该与其承担的风险责任相当，制定附加费率时对业务管理成本和预期利润的估算要适当。对那些利用商业健康保险作为社会健康保险替代者而言，应使他们能够承受。费率水平对短期健康保险来说，费率合理性监管还包括费率调整限制。当然，长期健康保险平准费率的调整也应受到相应监管。

第三，定价假设监管。对健康保险定价假设进行监管既是费率监管的体现，也是费率监管的重要内容。定价假设监管是指对各类健康保险产品定价时采用的疾病率和其他精算假定数据进行严格控制与监管，以保证健康保险费率满足充足性及理性要求。

第四，费率公平性监管。健康保险费率的公平性监管是指应使保险人对被保险人所承担的责任与投保人所缴纳的保费对等。在商业健康保险中，费率的公平性监管有两方面的内容：一是个人健康保险应该采用风险费率；二是团体健康保险的费率也应该与其理赔经验一致。此外，相同风险分类不得有差别费率，费率调整只能针对风险分类进行整体调整，不能针对个人。

需要注意的是，对健康保险来讲，有关该类业务财务健康和稳定性方面的要求并不只依靠所谓的费率监管，健康保险业务的财务稳定性必须来源于更严格的，视野更宽广的经营风险控制计划。

3. 商业健康保险财务监管

健康保险和人寿保险具有相同的保单要素，整体结构也基本相同。然而，健康保险合同要比寿险合同更加复杂。这是因为，健康保险的保险期间内可能不止一次发生损失，损失的类型可能多种多样，而且导致损失的原因也各不相同。所以，针对健康保险进行会计的确认、计量和报告或披露等会计程序时，有和寿险一致的方面，也有其特殊的方面。

（1）保费收入的确认。保费应从保单持有人或签单人那里收取时，以毛保费的形式确认（毛保费是指向保单持有人或签单人收取的保费，但不包括和健康护理服务相关的比例分摊保费和其他保费）。保单和合同中包含的残疾条款下放弃的保费，并以残疾给付反映的保费，将包含于保费收入中。另外，保费收入会由于对简易保单的持有人返还保费和对直接支付保费给予的折让而减少。

第一，对于短期健康险合同，保费收入通常在合同期内与提供的保险保护成比例地确认为收入。

第二，对于长期健康保险合同，在合同规定的保费支付期内，保费应当在取得收取保费的权利或应向投保人收取保费时确认为收入。

（2）准备金的确认。个人和团体意外及健康保险合同的保单准备金应当包括未满期保费准备金、某些保险费固定的不可撤销的或保证续保合同的追加准备金。保单准备金反映了当前理赔成本与费用之外的未来负债。具体包括：未满期保费准备金和追加准备金。当预计理赔额或发生的成本，理赔调整费用以及管理费用超过剩余保险期间的应收保险费时，就应该确认保费不足，并相应记录一项负债和经营费用。为了确定保费不足准备金，保险合同应以其推广、服务、计量方式分组，在出现保费不足时，针对每一组应确认一项负债。不足部分不应冲抵其他保单的预期利润。对于任何存在保费不足的合同，即使合同期未开始，也应计提该准备金。赔款准备金是对未来给付现值，或者在报告日还未给付但是预计会在报告日之前发生的保险事故导致的赔款的现值度量。

考虑到健康保险赔付的频率及有时呈现的长期性特点，赔款准备金在健康保险中尤为重要。赔款准备金包括残疾赔款准备金和失能收入保单之外的一些其他赔款准备金。除此之外，保险合同还会提供一些附加利益。附加利益包括意外死亡保险金、保费弃权保险金等。如果合同提供这些利益，还需要计提适当的准备金。

由评估基础原则变化（评估基础原则的变化是指如利息率、死亡率和疾病率假设或者估价方法的变化，或其他影响保险准备金的计算的因素的变化），引起的精算准备金的增长或减少，应直接记为盈余，而不是在经营汇总表中确认为部分准备金的变更。对盈余的影响以年初时分别用新旧的方法计算的准备金之间的差额为基础核算。该差额不应随时间的推移改变，除非美国保险监督官协会（NAIC）采纳的精算指导方针规定了一种新方法或允许改变的一种特定变更。

（3）成本、费用和负债的确认。保险合同的相关未付理赔成本负债应当在投保事件发生时预记，包括未付赔款负债和理赔清算费用负债。在未付赔款负债预记时，并不用考虑投保事件是否已经报告。也即是说，这项负债包括应付未付赔款负债、已报未决赔款负债和已发生未报告赔款负债。

未付赔款负债应当以估计的最终理赔成本为基础（包括通货膨胀和其他社会经济因素的影响），并运用过去的经验加以调整，这些过去的经验是按目前趋势和其他一些将会修正过去经验的因素调整后的经验。

与长期健康保险合同相关的未来保单给付负债，应当在确认保费收入时预记。具体应该包括：死亡率、疾病率和伤残率、投资收益、终止、费用和逆向偏离风险。对于短期健康保险合同，如果以某个百分比为基础，来决定短期保险合同的购置成本（该百分比是指合同签发和续签时的一段特定期间内发生的保费和成本的百分比关系），那么，一旦确定了该百分比关系合同续签的期间，在合同整个期间内都可以将其运用于适用的未赚取保费。

（4）税收规定。税是对保险费征收的。自健康计划不缴付保险费，因此也不支付保费税。雇主可以将其为雇员缴付的团体健康险保费作为经营费用扣除。雇员一般不为雇主已代其缴付的保费，或者为雇主资助所提供的医疗费用给付缴税。作为一般原则，如果保费由雇主所付，则残疾收入给付应被视为雇员的应税收入。

4. 健康保险中介监管

健康保险中介是健康保险市场的重要组成部分，它的建设和完善可以有效地促进健康保险业的发展。要想使健康保险中介市场健康发展，必须建立一套严格的政府监管与行业自律监管相结合的管理体制，如建立严格的资格认定制度和等级考核制度，建立严格的执业保证金制度或职业责任保险制度，制定严格的健康保险中介行为准则，建立独立账户管理制度及常规审计制度，建立保险中介佣金或经纪费管理制度，建立保险中介人持续培训制度，建立保险中介资信披露制度，建立保险代理人的授权制度等。

（1）建立严格的资格认定制度和等级考核制度。《健康保险管理办法》第九条规定："保险公司应当对从事健康保险的核保、理赔以及销售等工作的从业人员进行健康保险专业培训。"健康保险中介人的素质是健康保险中介机构赖以生存和发展的基础。严格健康保险中介人的资格认定是确保健康保险中介人素质的基本保证，是维护健康保险市场健康有序发展的保证。因此，有必要建立严格的资格认定和考核制度，如从业技术服务、保险信息沟通、风险管理咨询、风险方案设计等。这种特殊的专业技术优势，使保险中介公司在保险市场中处于不可替代的位置。而健康保险中介人的素质是其在健康保险运作中发挥特殊优势的根本保障。

由于不同的健康保险中介人从事的业务、销售的保险产品性质、面对的客户群、销售方式和手段与其他业务不同，因此，传统单一的资格认定不能满足消费者的对健康保险需求。所以，对健康保险中介人应实行分级考核，即实行初级中介人资格和高级中介人资格考核制度。对健康保险中介人实行分级考核，有利于促进健康保险中介人整体素质的提高。因为，健康保险经纪人经营的实际上就是自己的技术和服务，技术水平和服务水平的高低是健康保险中介人最具实力的竞争手段。

通过不同级别的考试，取得不同的资格，才能为客户提供不同水平、不同质量的保险服务。一般来讲，初级资格保险中介人，可以受企业或客户的委托，根据客户实际情况和需求，进行产品询价，定做保险方案，为客户提供合适的产品和服务；高级资格健康保险中介人，还可以针对企业和客户的特点，提供"一揽子"全方位的风险保障计划和服务，甚至还可以为企业提供风险评估与风险管理控制计划。

（2）建立严格的执业保证金制度和职业责任保险制度。健康保险中介人是健康保险人与投保人之间重要的信息沟通和传递者。但保险中介人在销售保单时，可能会对保险单的条款解释不当，或者任意夸大承保范围，提供给客户错误的信息，使客户误解保单保障的内容。当事故已经发生，客户向保险人索赔时，才了解到该事故原因不属保单承保责任范围。对于该类损失，客户有可能要求健康保险中介人承担其因疏忽、过失责任赔偿其损失。为了保障被保险人的合法利益，控制因保险中介人的疏忽、过失带来的风险，有必要建立严格的执业保证金制度和职业责任保险制度。

（3）建立保险中介人持续培训制度。健康保险中介人除了要具备健康保险中介行业的准入资格外，还必须每年参加一定课时的培训，以保证其业务知识和法律、法规知识以及文化知识能随时得到更新，适应健康保险市场发展的需要。建立持续培训制度的根本目的，就是要保证健康保险中介人的整体水平得到不断提高，从而促进健康保险中介市场以及整个健康保险市场的健康、持续、快速发展。

（4）建立健康保险中介人的授权制度。从事健康保险业务的保险公司必须承担健康保险中介人在授权范围内的行为所带来的相应责任，因此，保险公司有必要通过保险代理合同加强对健康保险中介人的管理。建立健康保险中介人授权制度，一方面可以控制健康保险中介人由于其素质或经营水平的局限给保险公司造成的责任风险，另一方面可以以此推动健康保险中介人素质的提高。[①] 为了满足日益发展的健康保险市场的需要，有必要实行针对健康保险的特殊考核制度。对健康保险中介人而言，有必要实行专业健康保险的考核。对健康保险中介人实行针对性的考核，还可以减少因中介人素质不高而产生的消费误导。

---

① 赖黎. 中国商业健康保险专业监管相关问题研究［D］. 西南财经大学，2007.

（二）对医疗服务提供者的监管

监管部门汇同卫生部门、工商和药监局等部门，对医疗体系进行定时检查和突击检查，设立专门的举报电话，并参与制定就医指南，进一步规范医疗服务提供者的行为。尤其是在引入管理式医疗以及改变医疗支付方式以后，对医疗服务质量的监管显得异常重要。对医疗服务提供者监管的具体措施，应该构建包括事前的谈判机制、事中的支付机制以及事后的考核评价机制的系统、全面的机制体系，以平衡各方利益关系。

1. 事前谈判机制

在谈判机制构建过程中，一方面首先要明确谈判主体的角色定位。保险经办机构和医疗服务提供者应以平等的购买方和提供方的身份进行谈判。由于保险的谈判机制主要涉及的是价格问题，鉴于目前的价格管制机制，有必要让各地政府的物价管理部门参与谈判。物价部门可以作为中立的中介者参与谈判的整个过程。不仅可以扮演协调者，而且可以积极主动地推动价格管理体制的改革。另一方面，要明确谈判的主要内容。谈判一是围绕医疗服务支付方式、价格以及服务质量来进行，既包括单项支付价格，也包括医疗服务整体的支付方式与价格，更重要的还包括医疗服务范围和质量，以及对医疗服务的评价标准。二是具体的分担机制，保险机构的拒付标准以及拒付依据的监测方法，均是保险机构与医疗机构谈判的内容，而且都应该载入协议。

2. 事后支付机制

保险费用支付方式是指作为付款方的保险机构，代替被保险人支付因接受医疗服务所花去的医疗费用，并对医疗机构因提供医疗服务所消耗的经济资源进行一定补偿的支付方式。当前国际通行的医保支付方式主要有：项目付费、总额预付、按人头付费、按病种付费以及按服务单元付费等。由于各支付方式利弊不同，国内外均表现出单一支付方式向多元化混合支付发展的趋势。而究竟选择哪些方式并如何加以组合，才能有效地调动医疗机构的积极性，引导医生的诊疗行为，促进其合理诊疗，使之一方面控制成本，减少不必要的服务或遏制过度医疗。另一方面，确保医疗服务的基本品质，正是保险机构的专业服务内容。具体到哪种类型的医药服务应该选择哪些付费模式的组合，则需要医疗机构与保险机构的反复博弈并谈判才能最终确定。

支付方式的核心是在协商谈判、科学测定的基础上，通过经济杠杆的调节功能，达到促进医院加强内部管理并合理配置资源的目的。其顺利推进可以引导转变医疗机构和医务人员的不正当趋利行为。实际上每一种付费方式都有其利弊，必须因地制宜，综合采用。实践已证明，如果保险机构采用"按项目付费"方式主导，必然会导致供方诱导过度消费的概率大增。但项目付费也有其优势，对于一些费用较高的特殊医疗服务，医保机构可以依照其开支项目逐项进行审查。而如果采取单一的总额预付制,虽然管理成本低、控费效果明显,但由于总额预付在实现控费的基础上,并没有进一步形成其对医疗机构长效的激励机制,医疗机构迫于控费压力,在其保险基金剩余不足的情况下,容易出现推诿患者的现象。当前,国际上保险支付制度正在改革,主要将预期付费支付方式尤其是总额预算制结合按病种分组付费作为改革取向。我国各地也在探索改变单一的按项目付费的模式,拟尝试采用总额预付制、按人头付费、按病种付费、按服务单元付费等多种支付方式并存的全新付费模式来支付医药费用。其中最主要的是:一是采取"预付制"(Prospective Payment System);二是采取集团购买、打包付费的机制,打包的标准可以如按人头付费、按病种付费等。这两种付费方式各有不同的优劣,其正常运行也需要不同的支撑条件,适用于不同类型的医疗服务。两者的共同点在于均是针对某一类人群,为医疗机构提供一笔协商好的费用,医疗机构超支自理,结余归己。总的来说,当前支付机制改革的方向是通过不同支付方式的科学组合,建立激励与制约机制,引导医疗机构向参保者提供高成本效益比的医疗服务。

3. 评价机制的建立

由于缺乏专业知识,参保人员很难对医疗服务提供方提供的医疗服务进行评价,医疗服务提供方也难以对自身进行客观评价。而健康保险行业则可以凭借其信息、规模、专业优势建立对医疗服务提供方的考核评价机制,发挥健康保险制度的监督功能,引导医疗服务供给方提供合理诊疗,从而达到控制医疗保险费用,并保证服务质量的目的。

评价机制的建立可从以下几个方面着手:一是建立考核评价指标及标准。具体可包括医疗服务质量的评价指标、控制医疗费用的评价指标及参保人满意度评价指标等。二是建立定点机构医疗保险信用等级制度。定点机构医疗保险信用等级制度的核心在于通过长效激励约束机制赋予医院自我管理的空间,促进医院间的良性竞争,以达到促进医疗服务质量提高,控制医疗费用不合理增长的目标。它依据考核指标标准,对定点机构遵守健康保险政策和执行谈判协议的情况进行考核与评估,再将定点机构划分为不同等级进行分类管理。相关研究证明,健康保险信用等级制度的实施对于不同信用等级医院的经济收益和社会声望均具有显著影响,并能达到费用控制的目的。三是建立定点机构的奖惩机制。对于合格的定点机构,可采取提高其信用等级、延长合同期限、经济奖励等措施进行鼓励;而对不合格的定点机构,可降低其信用等级,甚至取消其定点资格。

另外,健康保险行业对医疗服务的制衡监管不能仅仅停留在医疗机构,还应该延伸到医疗服务人员。健康保险行业不能决定医生的行医资格和行为,但健康保险行业可以从"是否及如何付费"的角度对医生的服务行为和质量进行监管。由此,健康保险行业应该能做到引导医生的医疗行为,促进其合理检查、合理用药以及合理治疗。2012年4月，国务院印发《深化医药卫生体制改革2012年主要工作安排》，已正式提出要"逐步将保险对医疗机构服务的监管延伸到对医务人员医疗服务行为的监管"。目前已有8个省、57个统筹地区探索建立"医保医生"管理制度，许多地方采取实名制、实时监控医生医疗行为，这样就不会因为个别医生行为而处罚整个科室乃至医院，一定程度上缓解了健康保险机构和医院的关系紧张态势。这说明健康保险管理部门不仅有将监管延伸到医师的理念，更要有监管医疗行为的能力和经验。而要真正达到对医生行为的有效监管，实现费用和质量的双重控制，必须明确各管理部门的职责分工，使卫生部门、社保部门以及物价部门协同工作；对医生行为评估体系建立起具体考核标准，落实医生信用管理的有效性；建立信息化监测手段，引入社会力量参与监管，全方位监测医生的医疗行为等。

最后，健康保险行业有关部门要加快完善健康保险的信息系统建设，因为健康保险精细化管理是实现医疗保险对医疗服务的制衡与监管的技术支撑。必须有一个能够支持全天候的、对就医数据进行大规模和全面处理的、能够进行医疗费用控制和财务管理等的信息系统为依托，才能使健康保险行业在保费结算、支付监控等方面发挥重要作用。[①]

4. 对消费者的监督

消费者的违规行为主要表现在带病投保、故意要求加大医疗、冒名顶替、挂床住院、分解住院等违规行为。另外，还要注意在实施全科医生制度过程中，消费者可能瞒过全科医生，去寻求专科医生，骗取保费的行为。现在对这类行为的监督主要是由保险公司自己来进行和完成的，但是由于医疗行为的复杂性，以后应探索与医疗等部门合作进行共同监管。

关于对健康保险参与各方进行监督的指标，根据所指对象可分为业务指标、资金运用指标、财务状况指标、医疗指标等。前三者和其他保险的监管差异不是很大，健康保险虽属人身险，但由于与卫生统计、卫生经济和卫生管理密切相关，具体来说发病门诊率、住院率、年人均门诊次数、年人均住院次数、次均住院天数、次均门诊费用和次均住院费用等因素，都会极大地影响健康保险的定价和盈利水平，而这些因素却极难被完整、准确地测量。

为了使监管机关能够更好地识别公司的风险和经营业绩，可以参考这些指标，建立健康保险公司的风险预警指标体系，推进信息化建设，提升信息的传输能力和速度，提高信息的分析能力。一方面，可以降低监管成本，帮助监管当局提前发现有问

[①] 申曙光，魏珍. 论医疗保险对医疗服务的制衡与监管 [J]. 湖南师范大学社会科学学报，2014，43（4）：78-83.

题的公司；另一方面，可以使消费者选择信用良好、实力雄厚、经营安全的保险公司。[①]

四、怎样监管：健康保险信息监管的策略

健康保险业在我国是一个朝阳行业，具有巨大的发展潜力。未来10～20年，仍然是我国保险业发展的重要战略机遇期。保险业要有所作为，就要在复杂多变的形势中捕捉和把握机遇，在改革创新中创造发展条件，促进行业持续健康发展。

推动保险业科学发展，要加强和改进保险监管，坚决守住风险底线，维护行业安全稳健运行。跟踪分析和准确把握宏观经济形势及其对保险行业的影响，时刻绷紧防范风险这根弦，有效应对形势的新变化，把防范化解风险放在监管工作更加突出的位置。要更好地落实"抓服务、严监管、防风险、促发展"的工作要求，推进中国特色现代保险监管体系建设。

推动保险业科学发展，就要找准监管着力点，推进监管现代化建设。努力建设以风险为导向、符合我国国情、适应新兴保险市场特点的新一代偿付能力监管体系。管住管好该管的，完善监管处罚制度，提高制度执行力。坚持偿付能力监管"一个核心"、中国特色发展道路和现代保险发展方向"两个原则"，资本充足要求、风险管理要求、信息披露要求"三个支柱"，抓服务、抓法人、抓高管、抓内控"四个抓手"，不断提升监管工作现代化水平。党的十八大确定了全面建成小康社会和全面深化改革开放的宏伟目标，奠定和强化了保险业发展的经济、制度等动力基础。保险业应抓住机遇，进一步解放思想，加大改革创新力度，加快推进转型发展，不断增强保险业的综合实力和竞争能力，推动全行业持续健康发展。

（一）牢牢守住不发生系统性区域性风险的底线

对于健康保险的监管应重点关注寿险满期给付和退保风险、资金运用风险、偿付能力不达标风险、非寿险投资型业务风险、案件风险，以及综合经营中的风险传递。

一是加强风险动态监测和预警。加强非现场监管，利用退保月度监测、现金流压力测试、偿付能力分析等手段及时发现风险苗头，做到风险关口前移。建立健全系统性风险监测、评估、预警体系，加强对跨行业、跨市场风险的监测评估。

二是研究加强宏观审慎监管。跟踪分析宏观经济、金融市场的运行情况和发展趋势，以及其他可能影响保险市场的环境因素，及时调整或制定相应的监管政策。探索

[①] 任泽华. 商业健康保险的专业化监管及政府职责[J]. 上海金融学院学报, 2007 (04): 51 - 57. [2017 - 08 - 23]. DOI: 10.13230/j.cnki.jrsh.2007.04.00.

解决保险业在内部风险评估、准备金提取、公允价值计量和偿付能力标准等方面的顺周期问题，逐步建立符合我国保险市场实际的宏观审慎监管机制。

三是增强风险应急处置能力。健全风险防范应急预案体系，定期开展应急预案的培训和演练，形成应对风险的快速决策和反应机制。研究制定《保险案件风险监管考核办法》，推动保监局全面掌握案件风险情况，提升案件风险管控水平。

四是加强监管合作。完善与有关部委及其他金融监管部门的监管合作机制，防范风险跨领域传递，形成防范风险的合力。加强与地方政府的协调，及时处置各种风险苗头。

（二）进一步加大消费者权益保护工作力度

健康保险行业中消费者的地位依然处于弱势，因此对消费者的权益保护尤为重要。对于消费者权益保护工作包括以下四个方面：

一是继续推进解决销售误导和理赔难问题。建立寿险投保资料真实性管理制度，推进寿险产品标准化、通俗化工作。完善对寿险服务监管的制度和手段，规范最低服务标准。研究制定针对车险理赔难的处罚实施办法，对车险理赔开展专项检查。建立清理财产保险积压未决赔案长效工作机制，解决保险公司拖赔、惜赔问题。

二是健全保险纠纷调处机制。督促保险公司积极参与调处机制，服从并履行调解协议。逐步推动地市建立纠纷调解机构，扩大纠纷调解机构覆盖面。组织开展保险纠纷"诉调对接"机制试点工作，建立行业与审判机关沟通协调渠道和信息共享机制。

三是促进保险公司提高服务质量和水平。指导保险公司继续做好服务承诺公开工作，加大承诺履行的监督力度。加强投诉处理，开展考核评价，强化工作责任。

四是开展形式多样的保险知识普及工作。要持之以恒地抓好保险知识宣传普及工作，建设好现有网上教育平台，充分发挥网络的信息传播和互动优势。拓展保险消费者教育渠道，创新教育形式，推动保险公司服务体系的建立。

（三）继续推进改革创新

目前我国保险监管体系制度仍不完善，要继续推进保险监管改革创新。具体要求是做到以下四点：

一是制定监管体系顶层设计的具体实施方案。在前期研究的基础上制定具体的实施方案，明确提出保险监管改革的总体方案、路线图和时间表。进一步明确机关各部门职能，修改派出机构监管职责规定，理顺机关部门与保监局的职责分工。

二是建立保险经营和保险机构服务评价体系。保险机构经营评价体系包括业务指标、财务指标、偿付能力指标、资金运用指标和案件合规指标。保险机构服务评价体系包括车险、寿险和中介服务评价体系，以及消费者满意度测评。

三是建立从业人员分级分类管理制度。针对保险从业人员管理粗放、管理标准"一刀切"等问题，全面推行保险从业人员分级分类管理制度，细化相关标准，促进从业人员整体素质的提升。强化保险公司对营销员的管控责任，减少销售误导等违法违规行为。加强资格考试组织管理，实施营销人员素质持续改善计划。建立规范的保险营销激励制度。积极推进兼业代理专业化、专业中介规模化。

四是推进行业共享信息平台建设。通过信息平台，建立新型的产业互联网，提升全行业的信息化和数据化能力，重塑监管方式，升级作业模式，深入推进互联网保险，增强整体竞争能力，是大数据和"互联网＋"时代保险业共同应对外部产业竞争的必由之路。信息平台建设是完善保险市场信息要素的基础工程，带有要素市场建设的诸多特征，完善保险市场体系是监管部门的重要职责。从这个意义上说，监管部门的角色不能只围绕监管应用而存在，应全方位参与整个信息平台建设中，承担起组织、规划和推动平台建设等方面的职能。

（四）力争在规范市场秩序方面取得新成效

健康保险涉及人民群众健康切身利益，必须要进行严格的监管，为行业打造健康有序、公平公正的市场秩序。规范市场秩序的具体要求是做到以下四点：

一是抓住突出问题。主要是查处虚列手续费、虚挂应收、虚假批退保费、虚假理赔、不严格执行报批报备的条款费率，以及不真实提取准备金等违法违规问题。继续开展寿险销售误导综合治理，整治违规承诺高收益等非理性竞争行为。以车商和邮政保险代理为重点，开展兼业代理市场清理整顿工作。同时，加强综合性检查，重点关注股东行为、资金安全、偿付能力以及准备金评估的合理性。

二是抓住重点领域和重点公司。加强现场检查的统筹规划，防止出现多头检查、重复检查。重点抓好商业车险、交强险、农业保险和大病保险业务的监管，加强银邮兼业机构监管。将问题较多和业务规模较大公司列为重点监管对象。深入治理保险领域商业贿赂，认真落实中央纪委转发保监会《关于严厉打击利用保险业务从事商业贿赂行为的通知》，坚决纠正不正当交易行为。

三是依法严格及时处罚违法违规行为。制定保险违法违规行为处罚办法，逐步规范查处标准，做到全国一盘棋。对涉嫌犯罪的，坚决移送司法机关。

四是强化对高管人员和上级机构的责任追究。坚持查处机构与处罚人员并重，继续强化案件问责，把违法违规问题与高管人员的法律责任及其任职资格挂钩，与公司的机构、产品审批挂钩，提高市场行为监管的针对性和有效性。

（五）加强对保险法人机构的监管

随着健康保险市场的快速发展，健康保险主体不断增加，为适应保险市场发展需要，提高市场行为监管效能，更好地维护市场秩序稳定，加强对保险法人机构的监管十分必要。具体要求是做到以下四点：

一是加强偿付能力监管。对偿付能力不达标、资本金不符合监管规定的公司，坚决采取责令增加资本金、限业务、限机构、限薪酬和费用等监管措施。继续推进第二代偿付能力监管体系建设，全面启动各项监管标准制定工作。

二是加强公司治理监管。狠抓制度落实，切实推动保险公司治理从"形式规范"向"治理实效"转变。对保险公司内部审计的合规性、全面性、有效性开展专项检查，推动公司提高自我管控水平。探索建立独立董事干预机制。加强对保险公司股东最终控制人的审查和监管，开展股权和关联交易检查。完善信息披露制度，提高保险经营透明度，强化社会监督。

三是加强资金运用监管。全面梳理资金运用各项新政策的主要内容和风险点，根据行业的反馈意见进行完善。稳步推进基础设施及不动产债权计划等产品发行制度的市场化改革。引导和支持行业进行产品创新和机制创新。设立中国银行保险监督管理委员会资产负债匹配监管委员会，强化资产负债管理的硬约束，相对弱化比例监管。督促公司加强负债管理，提高资产负债匹配水平。参照国际通行标准，研究制定保险资产管理内控标准和风险责任人制度。研究建立贯穿保险资金运用全过程的偿付能力约束体系。四是推进市场准入和退出机制建设。提高市场准入和退出工作的透明度，建立审核委员会制度。抓紧出台并实施保险公司经营范围分级分类管理制度和分支机构准入制度。引入新型投资者，研究私募股权投资基金等新型资本投资的监管办法。加强对市场化兼并重组的研究，完善风险处置机制。

（六）加强保险监管干部队伍建设

面对严峻的形势及繁重的监管任务，保险监管系统必须加强队伍建设，不断强化作风建设，深入推进党风廉政建设。加强保险监管干部队伍建设，为保险监管事业发展提供有力的人才支撑和坚强的组织保障。具体要求是做到以下五点：

一是抓好"一把手"工程建设和领导班子建设。适时对机关、保监局领导干部和领导班子进行调整、交流和充实，进一步优化班子结构，特别是注重加强一把手建设，选好配强一把手。

二是继续深化干部人事制度改革。加大竞争性方式选拔干部力度，拓宽和优化人员录用渠道，研究探索面向公务员系统选拔录用监管干部。

三是加强监管干部的锻炼培养。加大干部培训力度，创造更多参加中央和国家级院校及境外培训的机会，构筑领导干部培训、业务专题培训、专业人才培训以及党校培训相结合的培训体系。

四是加大干部考核监督力度。建立健全保险监管评价体系，完善机关部门、保监局领导班子和领导干部综合考核评价机制,探索开展对局级领导干部的全方位量化年度考核。

五是深入推进保险监管文化建设。开展形式多样的监管核心价值理念宣传推广活动,使之逐步成为广大监管干部共同的价值追求和行动标准,奠定监管文化建设的思想、舆论和制度基础。[①]

(七) 加强立法

推动成立更高层次的立法,营造良好的外部政策环境。商业健康保险业务范围广、管理环节多、业务处理量大、服务内容繁杂,其经营除保险人、被保险人外,还涉及医疗服务机构和政府社保部门,参与主体较多,对其进行监管需要多部门的协调配合。商业健康保险在我国多层次医疗保障体系中处于补充的作用,其经营受社保政策、医疗卫生政策和体制环境的影响较大,因此监管部门在加大对保险公司的监管力度、引导保险公司规范经营的同时,要积极与卫生、社保等部门沟通合作,为健康保险的发展营造良好的外部环境。此外,要争取更高层次的立法以及政策的支持,如通过完善《社会保险法》《卫生法》等,对基本医疗保险、医疗服务、医疗药品、商业健康保险作出详细的定位,确立在合作过程中的权利义务关系,为今后大健康产业的管理提供法律依据。加快修订《健康险管理办法》,强化消费者权益保护。监管机构需重视消费者权益保护,加强对损害消费者权益行为的监管力度,尤其是对目前的通过互联网渠道销售的保险公司以及境外保险公司变相销售的保险产品出台专门的监管方案。

五、单独监管:健康保险监管的特殊要求

(一) 健康保险实施单独监管的必要性

健康保险具有特殊的经营特点和经营规律,运营管理模式与财险、寿险有明显区别,具体体现在以下六个方面:

第一,定价基础不同,人均保费较低。寿险以生命表、财险以财产损失发生率为定价基础;而健康保险以与人的健康状况密切相关的疾病发生率和医疗费用数据为定价基础,复杂性和技术性都比寿险高。同时,相对于寿险和财险而言,健康保险的人均保费较低,经营成本相对较高。

---

① 杨杏. 坚持"稳中求进" 重点防范风险力促改革创新 促进保险业持续健康发展——2013 年全国保险监管工作会议在京召开 [J]. 中国保险, 2013 (02): 8-11. [2017-08-21].

第二，业务性质特殊，具有准公共产品属性。健康问题不仅事关社会个体的生活质量，而且事关整体的国民素质和人文环境，因此健康保险问题具有很强的社会性。特别是与国家医疗保障制度配套、受政府委托的城镇职工、城镇居民等补充性业务关系密切，其覆盖人群广，事关整个社会的民生健康保障，具有很强的政策性特征。

第三，服务链条长，涉及领域宽。健康保险在为客户提供健康风险保障服务的同时，需要加强与医疗服务机构和健康管理服务机构的合作，或直接投资与健康保险业务紧密相关的医疗、体检、养老、康复和护理等机构，进一步延伸健康保险产业链，为客户提供健康教育、评估、维护、就医服务、康复指导和护理等全流程健康管理服务。

第四，参与主体多，风险影响因素复杂。普通人身保险和财产保险的主体主要包括保险人和被保险人；而健康保险除涉及保险人、被保险人外，还涉及医疗服务机构和政府社保部门，参与主体多。同时，受国家医疗卫生政策和体制环境的影响较大，信息不对称以及由此产生的逆选择和道德风险问题更为突出，不合理赔付风险较高，经营难度较大。

第五，理赔发生频繁，初期投入大，运营成本较高。随着经济社会的进步，广大人民群众对健康问题更加关注，看病就医更加频繁。2010年，全国总诊疗人次同比增加3.5亿人次，人均诊疗次数高达4.34次。这决定了健康保险理赔发生频繁，决定了健康保险的服务质量和服务成本具有"双高"的特性。统计数据显示，我国医疗保险的理赔发生率为6%~8%，远远高于寿险0.3%~0.4%的水平。

第六，专业健康保险公司初期投入大，盈亏平衡周期较长。从寿险经营规律看，一般情况下寿险公司经过7~9年的时间就可以实现盈利。专业健康保险公司初期投入更大，医疗风险管控难，运营成本高，经营管理复杂，盈亏平衡周期比寿险公司更长，一般需要8~10年才能实现盈利。健康保险特殊的经营特点和经营规律，客观上决定了必须将健康保险作为与财险、寿险并列的第三领域，建立单独的监管制度和体系，实施单独监管。

（二）单独监管的内容

实施健康保险单独监管，其基本内容应包括两个方面，除了建立专门的组织机构、专门从事健康保险的监管以外，还可以根据健康保险的经营特点，建立涵盖健康保险行业准入、统计精算、偿付能力评估、承保理赔、信息技术、第三方管理等方面的专业化的经营标准和监管制度。

在行业准入方面，由于健康保险不仅事关国计民生、受到党和政府以及社会各界的广泛关注，而且经营管理复杂、风险管理难度大，对经营主体的专业能力要求很高，因而需要建立更为严格的行业准入制度，确保经营主体具备良好的经营资质和专业能力，确保健康保险在良性发展的前提下满足社会需要。

在统计精算和信息技术建设方面，由于健康保险的定价基础与产险、寿险不同，需要根据疾病发生率和医疗费用数据建立单独的统计精算制度，正确识别和评估业务风险，为产品定价和风险控制提供有效的技术支持。同时，由于健康保险的经营涉及医疗服务机构和政府社保部门，参与主体多，需要搭建与医疗服务机构和政府社保部门互联互通的信息技术系统，建立直接结算平台，实现医疗数据的实时共享，有效防范医疗风险，方便客户费用结算。

在偿付能力监管方面，既要考虑健康保险业务发展对资本金的一般性要求，也要考虑健康保险业务的特殊性。如政府委托业务根据各地社保政策的不同，承保条件的差异很大，往往通过设定起付线和止损线等方式与政府建立风险共担、利益共享的机制，这种偿付机制既不同于一般的寿险业务，也不同于普通的商业健康保险业务，对政府委托业务就需要建立单独的政府委托业务偿付能力监管制度。此外，还要考虑医疗费用自然上涨的长期趋势对健康保险，尤其是长期健康保险偿付能力的严格要求，建立规范的偿付能力监管标准。

在承保理赔方面，由于被保险人的健康风险影响因素复杂，逆选择和道德风险问题比较突出，对承保理赔的专业技术要求较高，这就需要监管部门站在行业的高度，制定健康标准认定、不同类型疾病的临床路径等行业技术标准，提高承保理赔管理制度的规范化和标准化水平。

在第三方管理方面，由于第三方管理通过整合客户资源、统一处理理赔案件和维护医疗网络，可以提高对医疗服务机构的议价能力和话语权，从而能够在确保被保险人获得适宜医疗服务的同时，较好地控制医疗成本，提高服务效率和经营效益。在西方国家，第三方管理已经成为商业健康保险机构的重要业务领域。监管部门需要将第三方管理作为新兴领域加以培育，明确相应的经营标准，积极鼓励经营主体开展第三方管理业务。

（三）建立健康保险单独监管体系的相关政策建议

第一，确立专业化的监管理念对健康保险实施单独监管，需要坚持"理念先行"的原则，立足我国实际，积极学习借鉴国际先进经验，进一步深化对健康保险经营特点和经营规律的认识，以及对健康保险社会管理功能的认识和对新医改方案政策精神的认识。转变沿用寿险的方式和方法指导健康保险发展的思维，以健康保险的专业化经营要求为指导，树立专业化的监管理念。站在服务我国多层次医疗保障体系建设的高度，加强顶层设计，将健康保险作为与产险、寿险并列的第三领域进行培育，科学谋划和加快推动我国健康保险发展，更好地履行保险业在我国深化医药卫生体制改革、构建社会主义和谐社会进程中的责任和使命。

第二，建立专业化的监管组织体系。在中国银行保险监督管理委员会内部及下属的各派出机构内部设立专门的健康保险监管部门，负责制定和监督实施与健康保险发展相适应的准则和规范，进一步加强对各经营主体的指导和监督，提升健康保险经营的专业化水平。同时，加强与相关政府部门的沟通协调，为健康保险的发展争取更加有力的政策支持。

第三，完善专业化的监管制度框架。一是制定和完善准入制度。制定和完善健康保险的市场准入制度，提高经营门槛，规范准入程序，鼓励和吸纳更多的社会资本兴办专业健康保险公司。制定《商业健康保险经办医疗保障管理服务办法》，明确界定商业健康保险机构经办医疗保障管理服务的专业资质、准入条件、操作规范和监督办法等，优先鼓励专业健康保险公司参与医疗保障体系建设。积极创造条件，逐步实现健康保险业务由专业保险公司专属经营。二是细化经营标准。制定统一疾病发生率表和损失率表，完善健康保险的统计精算制度，提高产品定价和风险控制的科学化水平。充分考虑政府委托业务的经营特点，制定单独的政府委托业务偿付能力监管制度，采取逐单计提准备金的方式，提高偿付能力监管的针对性和有效性。完善财务核算制度，对健康保险实施独立的财务核算和业绩考核，提高经营的透明度。建立适应健康保险专业化经营要求的销售、承保、理赔管理制度，规范市场行为，提高专业服务水平。推广应用保险公司与定点医院、社保部门互联互通的"医保通""社保通"信息系统，改变传统的医疗费用支付模式，有效防范医疗风险，方便客户费用结算，提高市场竞争力。制定第三方管理业务的经营标准，鼓励专业健康保险公司积极开展第三方管理服务，发挥第三方管理机制在控制医疗服务成本、提高医疗服务质量方面的积极作用。三是拓宽服务领域。将健康管理服务纳入专业健康保险公司的经营范围，制定相应的服务标准和核算制度。出台实施细则，优先支持专业健康保险公司参与公立医院重组改制，投资医疗、养老、康复和护理机构，进一步延伸健康保险产业链，完善"健康保障＋健康管理"的特色经营模式，提高专业化经营水平。允许专业健康保险公司经营分红型护理保险产品，鼓励探索以护理服务为主要内容的护理保险产品，更好地满足社会日益增长的护理保障和养老需求；允许专业健康保险公司经营医疗责任险，从多种途径探索建立医疗服务机构和保险机构"风险共担、利益共享"的合作机制。

本章小结

1. 健康保险数据类型有健康保险内部信息和健康保险外部信息。健康保险内部信息是指通过业务获得的信息（包括用户填写的信息、行政信息等）。健康保险外部信息包括来自再保险公司的数据、从医疗机构等卫生部门获取的数据、公开发表的数据及其他来源。

2. 数据是组织最具价值的资产之一，数据的高质量表现为数据的完整性、准确性、真实性、匹配性、一致性、规范性与及时性七大要素上。

3. 提升健康保险数据质量需要从以下几方面入手：一是明确数据质量的地位，从思想上高度重视数据质量；二是建立数据的标准，明确数据的定义；三是做好数据统计工作；四是加强数据质量管理；五是建立并优化保险统计数据运作体系；六是强化数据质量考核，落实责任；七是防患未然，源头控制；八是加强协作；九是事后监控，及时整改；十是加强培训，打造队伍专业力。

4. 对健康保险业的监管可以分为三个层次。第一层次是指保险的政府监管，即宏观监管，是由国家保险监管机关根据保险业发展的需要，通过法律和行政的手段，对保险企业、保险市场实施监督管理。第二层次是指保险行业组织通过制定行业规章，对保险人在市场中的行为加以监督与管理，简称行业自律，即中观监管。第三层次是指保险企业通过内部的稽核和审计制度及其他内控措施而进行的自我监管，即微观监管。这三个层次的监管互相联系，互相补充，共同构成完整的保险监管体系。

5. 推动保险业科学发展，要加强和改进保险监管，要做到：（1）牢牢守住不发生系统性区域性风险的底线。(2) 进一步加大消费者权益保护工作力度。(3) 继续推进改革创新。(4) 力争在规范市场秩序方面取得新成效。(5) 加强对保险法人机构的监管。(6) 加强保险监管干部队伍建设。(7) 加强立法。

6. 健康保险特殊的经营特点和经营规律，客观上决定了必须将健康保险作为与财险、寿险并列的第三领域，建立单独的监管制度和体系，实施单独监管。实施健康保险单独监管，其基本内容应包括两个方面，除了建立专门的组织机构，专门从事健康保险的监管以外，还可以根据健康保险的经营特点，建立涵盖健康保险行业准入、统计精算、偿付能力评估、承保理赔、信息技术、第三方管理等方面的专业化的经营标准和监管制度。

专业术语

1. 医疗服务数据：包括病人基本数据、入出转数据、电子病历、诊疗数据、医学影像数据、医学管理数据和经济数据等。

2. 数据质量管理：是指对数据在获取、存储、数据质量评估、维护、应用、消亡生命周期的每个阶段里可能引发的各类数据质量问题进行识别、度量、监控等一系列的管控活动。

3. 政府监管：即宏观监管，是由国家保险监管机关根据保险业发展的需要，通过法律和行政的手段，对保险企业、保险市场实施监督管理。

4. 立法监管是指立法机关以立法手段以及对法律的解释来对保险进行监管。

5. 保险行业自律：即保险行业自我监管，是指通过建立行业工会等行业组织形式，在遵守国家关于保险业的法律、法规的前提下，进行内部协作、调节与约束，实行自我管理、自我监督，以解决保险组织内部之间的问题，并协调保险组织与国家保险监管机构的关系，协调保险业与其他行业的关系。

6. 偿付能力：是指保险人可以偿还债务的能力，是衡量保险公司财务状况时必须考虑的基本指标。

7. 单独监管：其基本内容应包括两个方面，除了建立专门的组织机构、专门从事健康保险的监管以外，还可以根据健康保险的经营特点，建立涵盖健康保险行业准入、统计精算、偿付能力评估、承保理赔、信息技术、第三方管理等方面的专业化经营标准和监管制度。

思考题

1. 健康保险数据有哪些来源？
2. 保险公司为什么要重视保险数据的质量？
3. 如何来衡量健康保险数据的质量？
4. 保险公司应该如何提高健康保险数据的质量？
5. 政府、保险行业以及企业如何对健康保险业务进行监管？
6. 健康保险行业为什么要实施单独监管？如何进行单独监管？

第三章

健康保险信息管理

第一节 健康保险信息管理的原则

一、系统原则[①]

保险信息管理的系统原则是指以系统的观念和方法,立足整体,统筹全局地认识管理客体,以求满意结果的管理思想。

保险信息管理之所以要遵守系统原则,一是因为保险信息管理的客体对象保险公司本身就是一个系统。二是因为保险信息系统是保险公司信息流的通道,是保险公司信息功能得以实现的前提和基础。要管理保险公司信息和保险公司信息活动,就离不开对保险公司信息通道(系统)的使用和管理。三是由于保险信息系统是对保险公司信息和保险公司信息活动进行管理的重要工具,任何保险公司信息管理的意图最后都是通过系统实现的。离开了保险信息系统,保险信息管理很难获得成功。

系统原则的内容包括整体性、历史性和满意化三个理念。

---

① 粟芳编著.新世纪高校保险学专业系列教材保险信息管理[M].上海财经大学出版社,2007年3月第1版,第20页.

（一）整体性理念

整体性理念是指保险公司管理者在管理中应该把管理客体作为一个有规律的、由若干部分组成的有机整体来认识。因为系统本来就是一个整体，要认识系统，管理好系统，首先就应该把握系统的整体性质，按整体规律去处理问题。同时，系统内各个部分之间、系统与系统外其他系统之间是相互作用和相互制约的。因此，整体性理念要求人们把管理客体作为一个整体来认识，从整体和部分的相互关系上揭示管理客体的运动规律。

整体性理念还有一层含义，就是管理者需要具有在整体和局部之间关系的辩证处理的思想。在管理实践中，有时候，在整体来看是必要的，可是在局部看来却可能是不利的；在局部看来是必需的事，从整体来看却是不可行的。而整体性原则要求，在前者情况下，即使对于局部不利，局部也必须去做；在后者情况下，即使对局部十分有利，局部也不能做。

（二）历史性理念

历史性理念是指保险公司管理者在管理中必须注重管理客体的产生、发展过程及发展趋势。客体是随时间推移而变化的系统，应该把管理客体当作是一个随时间推移而变化的系统来考察，根据管理客体在形成过程中的规律来认识客体。这是整体性理念在时间维度上的体现，它要求保险公司管理者在纵的方向上来认识系统的整体性特征。

（三）满意化理念

满意化理念是指保险公司管理者在管理中必须对管理客体进行优化处理，从整体观念出发，调整整体与局部的关系，拟订若干供选择的方案，然后根据本系统的需要和条件，选择满意度高的方案。它包括两方面含义：其一是决策方案的选择标准是"满意"而不是"最优"；其二是决策的满意化方案，可以通过调整保险信息系统的结构来实现。保险信息系统本身可以通过人为调整、进行优化处理。

二、整序原则

保险信息管理的整序原则是指对所获得的保险信息按照某种特征进行排序的管理思想。

保险信息管理之所以要遵守整序原则，首先是因为保险信息量庞大，如果不给予有序排列，查找起来会非常困难，甚至发生已经采集到的信息，会因一时无法找到，而贻误时机的情况。其次，因为整序之后，其他保险公司的信息归并一起，就可以显现出这一类信息总体的内涵和外延，也能够发现所采集信息的冗余和漏缺，以指导下一步的检索。未经整序、分散排列的信息只能反映单条信息的内容，不能显示信息整体的内容。第三，因为同一组信息，所取的特征不同，得到的序列也不相同。保险公司管理者可以根据需要选择信息的特征进行整序，以便获得自己需要的信息序列。整序原则中有分类整序、主题整序、客户整序、号码整序、时间整序、地区整序、部门整序等方法。

分类整序是以信息内容的某一特征为信息标志，以该特征固有的层次结构体系为顺序的整序方法。分类整序可以用于保险公司的图书室、资料室、文书档案室所藏信息。若是文献性信息，应严格按照学科来分类；若是数据型或是事实型信息，则可按实际拥有的信息，自定分类特征，按分类规则进行分类。不论哪种方法，都要考虑到使用的方便性。

主题整序是以代表信息单元主题的词语为信息标志，再按词语的字顺为序的整序方法。根据词语的选词原则、组配方式、规范措施、编制方法和使用规则，主题整序法可分为四种：一是标题法，是用规范化的标题词表中的词语来标引信息资料主题，并按字序排列标志的方法；二是单元词法，是使用规范化的单元词来表示信息资料主题的方法；三是叙词法，是以叙词作为标识符号，标引组织信息资料的方法；四是关键词法，是指从信息资料的标题或内容中抽出的、能表征信息资料主题内容的、具有实质意义的语词。

除此之外，还有其他的整序方法，例如按客户的名字为序的客户整序；按信息单元的固有序号为序的号码整序；按信息单元发表的时间或数据、事实发生的时间为序的时间整序；按保险公司区划名称字顺为序的地区整序；按部门名称字顺为序的部门整序等。

三、激活原则

激活原则是对所获得的保险公司信息进行分析和转换，使信息活化，为我所用的管理思想。

保险公司信息管理之所以要遵守激活原则，是因为信息不会自动地为管理者服务，未经激活的信息没有任何用处，只有被激活之后才会产生效用。信息激活能力是保险公司管理者信息管理能力的核心。所有的保险公司管理者都应该学会自己激活信息，还要学会利用"外脑"激活信息，即学会请社会上的信息咨询企业为自己激活信息。信息咨询企业是专门为用户做"激活"信息服务的。

信息激活，按照行为主体来划分，有"个体激活"和"群体激活"两种。

(一) 个体激活

"个体激活"指的是保险公司管理者个人的信息激活行为,具体方法有综合激活法、推导激活法和联想激活法。

1. 综合激活法

综合激活法是通过对已经拥有的众多相关信息,进行深入分析和理解,根据需要将它们逻辑地组合起来或加以转换,以求获得新信息的方法。它又分为简单综合和辩证综合两种。简单综合是"部分相加等于整体"的综合或"$1+1=2$"的综合,是将已有的众多信息简单地合并在一起,以求获得新信息的方法。辩证综合是"部分相加大于整体"的综合或"$1+1>2$"的综合。就是通过对已有信息的多侧面综合,并加以推演和发展,以求获得新信息的方法。它可以是综合后的深化,也可以是由简单综合出复杂,还可以是从信息群中发现具有共同点的综合。

2. 推导激活法

推导激活法是从已知的保险公司信息出发,根据已知的定理、定律或事物之间的某些联系,进行逻辑推理或合理推导,以求获得新信息的方法。推导激活法又分为因果推导、关联推导、辐射推导和逆向推导四种。

3. 联想激活法

联想激活法是从已知信息联想到另外一条信息或几条信息,以求获得新信息的方法。经过联想获得的信息,可能是管理者所需要的,或者可以用它们综合成新信息,或者可以从中得到启发,产生新的信息。联想和推导不同,联想并不像推导那样经过逻辑推理或者合理推导,而是由此(已知信息)直接想到彼,有时是非逻辑的思维过程,或者是仅仅因为此(已知信息)而得到的启示。联想激活法又分为相似联想、接近联想、比较联想三种。

(二) 群体激活

"群体激活"指的是企业管理者群体的信息激活行为。群体激活是三种个体激活方法的综合运用,具体方法有头脑风暴激活法、德尔菲激活法、对演激活法等。

个体激活方法是保险公司管理者个人使用的激活信息的方法。但是,在保险公司管理实践中,人们明显地感到,重大问题的决策越来越多地依赖于一种智力的协作,即依赖于"自然人的脑组合"。这就是"群体激活"。群体激活有两大类:一类是设置参谋部、政策研究室,建立顾问团,配备高级秘书或助手等,是实现这种联机加工信息的脑组合的正式组织形式;另一类是流动性的、不固定的专家队伍,属于非正式组织的形式。无论是哪一种形式,使用"脑组合"加工信息的方法是一样的,最常用的就是头脑风暴法、德尔菲法和对演法等(见表 3.1)。

表 3.1　　　　　　　　　　信息激活方法的体系

个体激活	综合激活法	简单综合	纵向综合
			横向综合
			外观综合
			方面综合
			综合结合的综合
		辨证综合	兼容综合
			扬弃综合
			典型综合
	推导激活		因果推导
			关联推导
			辐射推导
			逆向推导
	联想激活		相似联想
			接近联想
			比较联想
群体激活	头脑风暴		
	德尔菲法		
	对演法		

四、共享原则

共享原则是指在保险信息管理活动中，为充分发挥保险信息的潜在价值，力求最大限度地利用保险信息的管理思想。一个信息为一个人占有、使用，只发挥了一份作用；为两个人使用，其作用就增加了 1 倍；为 100 个人使用，其作用就增加了 99 倍。这 99 倍的作用就是一种潜在的价值。所以，信息的共享可以在保险公司内相互弥补、相互增强，尤其是可以相互激活，挖掘出信息和信息活动的潜在价值。

但是由于条件的限制或信息的机密性，我们并不能把信息为所有人共享。所以，共享原则的实现是有条件的，它只可能在有限的范围内实行，而且必须是具有某种共同利益的范围。它必须在这有限的范围内，既要求范围内的成员贡献自己的信息，又要防范范围之外的人占有本范围的信息。通常，我们把前者叫"贡献原则"，把后者叫"防范原则"。

贡献原则是指保险公司管理者要善于最大限度地将公司和全体员工所拥有的信息都贡献出来，供公司和全体员工使用。贡献原则是实现信息共享的前提，它包括以下内容：动员全体员工把信息贡献给保险公司；把保险公司内各自独立的信息系统联成局域网；保险公司及时地向员工公布应该公布的信息；利用社会公益信息系统和信息市场共享保险公司外的信息；让员工和管理者都建立起"共享"他人信息的意识。

正因为信息是可以共享的，保险公司的竞争对手也可能共享我们公司内部的信息，由此产生了严峻的信息安全问题，要求保险公司管理者严加防范，这就是信息管理的防范原则，也叫安全原则。保险公司信息安全问题如何防范？就是要进行保险公司信息保护工作。保险公司信息保护工作就是通常所说的保密工作，防止失密、泄密、窃密。例如，我们可以通过保密制度保护保险公司信息，通过技术手段保护保险公司信息，或者通过法律手段保护保险公司的信息。

五、搜索原则

搜索原则是保险公司管理者在管理过程中，千方百计地寻求有用信息的管理思想。搜索原则，具体来说，包括强烈的搜索意识、明确的搜索范围和有效的搜索方法。

搜索意识对于保险公司管理者至关重要，它是管理者及时、有效获取信息的前提。因为任何信息不会自动来到管理者面前，学习"信息检索法"，只是解决了搜索范围和方法问题，但有了范围和方法不等于就一定能搜索到有用的信息，还在于掌握方法的人会不会及时、恰当地使用该方法。也就是说，最根本的是在于保险公司管理者时时处处都要有一种强烈的搜索欲望和搜索动机，这就是搜索意识。它是最重要的保险公司信息管理意识之一。搜索原则包括以下四种搜索意识：凡事先查，有意搜索；随意获取，抓住不放；确立目标，刻意搜索；遇到困难，咨询解决。

第二节 健康保险信息管理的内容

一、外部信息管理[①]

我们应该利用信息系统收集保险公司的宏观环境信息、微观环境信息和投保人信

---

① 粟芳编著．新世纪高校保险学专业系列教材保险信息管理［M］．上海财经大学出版社，2007年3月第1版，第24页．

息，分析自身所处的经济环境、市场营销环境，认识人们的投保需求，进而预测保险公司的发展方向和规模，使保险公司能够抓住市场机遇，发展自己（见表3.2）。

表 3.2　　　　　　　　　　保险公司的经济环境信息

	内容	对保险公司的影响举例
宏观环境	经济环境因素	经济环境的变化对保险需求有影响
	政策法律	税收政策、金融机构监管政策对保险公司的影响
	社会环境	人口特征、价值观对保险产品创新的影响
	自然环境	产品设计时要考虑不同的自然环境有不同的自然灾害风险
微观环境	技术环境	技术进步增强保险人防灾防损能力，也使风险性质发生变化
	竞争对手	竞争对手的新产品、营销方式
	投保人	投保人有哪些需求，支付能力如何

二、业务信息管理

（一）营销信息管理

对于传统的直销、代理人推销、经纪人推销方式，信息系统使代理人、经纪人通过自己的手持终端（如笔记本电脑）直接从系统中调出符合客户需求的保险产品，并向顾客展现产品的特点、收益保障分析，从而保证了服务质量。同时，保险公司也可以利用网络，与代理人、经纪人进行交流，从而大大提高传统营销方式的效率。

除了支持传统的营销方式外，信息系统还开辟了新的营销方式——电子商务网站。保险公司可以通过电子商务网站进行公司宣传、产品推荐、保险知识讲解。不仅如此，客户还可以通过电子商务网站直接购买保险，直接在网上"签单"。

（二）保险产品信息管理

保险产品信息管理主要指的是新险种的开发管理。精算部门可以通过信息系统调用整个公司资源，比如营销部门收集的客户需求信息、投资部门的投资收益率信息、法律部门的相关法律规定的信息等等，使保险公司在更短的时间内创造出更好的保险产品。保险产品信息管理也包括对已有产品的管理，代理人和经纪人可以方便地调出有关产品的信息。

（三）承保信息管理

保险公司的承保程序包括制定承保方针、获取和评价承保信息、审核验险、做出承保决策、缮制保单等步骤。承保信息管理也是按照这些环节进行的,其中寿险和财险的具体步骤有一些区别。

(四) 保险合同信息管理

保险合同信息管理是对保险合同信息的管理。保险合同的信息含量很大,而且在整个投保、承保、保单维护、核赔过程中,财务部门中都要用到,所以保险合同信息管理必须注意使信息易于调取。由于涉及不同部门、不同权力层,所以信息的调取需要分级授权进入,没有权限的人不得察看或修改其中的内容。

(五) 收付费信息管理

收付费信息是保险公司与保单持有人经济来往的记录。保险公司要根据保单持有人的付费信息来判断自己的应付款项。而且,在保险公司内部,收付费信息是连接保险业务信息和财务信息的纽带。

(六) 理赔信息管理

人寿保险的理赔信息管理比较简单,需要确定发生保险事故的是被保险人,发生事故的原因在保险责任范围内,并且人身保险中受益人有受益权,再按保险合同计算并给付保险金额。相对来说,财产保险中的理赔信息管理较复杂。

(七) 再保险信息管理

再保险的管理,保险公司首先进行风险损失的分析评估,然后确定再保险的选择方式(即决定使用临时再保险、合约再保险或预约再保险的安排),确定自留额,选择再保险人,商订再保险合同。

三、财务信息管理

保险行业的财务核算有其独特之处。例如,保险业务实行按会计年度结算损益和按业务年度结算损益两种方法;不同保险业务分开经营,分别进行会计核算;在财产保险、人身保险和再保险三大类保险公司业务中,各类业务记账结算所使用的币种不同。此外,保险行业的营业利润构成和年度核算重点均不同于普通企业,保险公司年度决算的重点在于估算负债,而一般企业年度决算的重点在于盘点资产。因此,保险行业的财务信息系统就与普通企业不同。

四、人事信息管理

保险公司人事信息管理主要包括以下几方面：

通过规划、组织、调配、招聘等方式，保证公司拥有一定质量和数量的各种专业技术人才和一般员工，以满足保险公司的发展需要。

运用各种方式有计划地加强对公司员工和代理人的教育培训，不断提高他们的职业道德水平和业务技术水平。

根据每个职工的具体职业生涯、发展目标，搞好对职工的选拔、使用、考核和奖励工作，真正起到发现人才、合理使用人才、充分发挥人才潜能的作用。

采取各种激励机制，激发员工的工作积极性、创造性以及对公司的忠诚度。

根据现代公司制度的要求，做好工资、福利等工作，协调劳资关系。

第三节 健康保险信息管理的作用

信息技术的快速发展对企业的竞争战略的影响是广泛而深远的。著名的战略管理大师迈克尔·波特在其新著《竞争论》中系统论述了信息技术对企业的价值链、产品结构产生的深刻影响，进而改变产业结构、创造竞争优势、孕育新的产业。企业在价值链上的各种活动都有实体流程和信息流程两种要素。对不同性质的活动，信息所起的作用是不一样的。如采购活动，信息的作用在于提供货源清单和供应商的信用记录；生产活动信息的作用在于起到监控生产、改进生产效率的作用；财务活动中提供更准确的信息，对整个企业的活动进行财务评价。在高层决策中，信息的作用因决策者的不同决策习惯而异。但不可否认，随着信息量的剧增，对企业内外信息的良好驾驭和掌握能力已成为企业的一个核心竞争能力，信息对科学决策起到重要的辅助作用。信息作为企业一种重要的新资源，正广泛影响着企业的各种活动，这就是信息的价值所在。

保险的发展对于信息具有高度的依赖性。从保险人的角度来看，依据大数法则，保险所能够承担的是投保人转移出来的危险的不确定性，是可保危险。但根据信息经济的研究，由于信息的不对称性，在保险市场中，逆向选择和道德危机广泛存在，致使保险人承担了大量的确定危险，影响了保险人的生存与发展。为解决这一问题，保险人一方面需要通过设置适当的条款，激励被保险人如实告知和适当尽责；另一方面则需要运用先进的技术尽可能采集丰富的信息，以便细分危险，提高经营管理水平。

从发达国家保险市场的经验来看，信息管理能力是保险公司核心竞争力的重要组成部分。

美国信息资源管理学家霍顿和马钱德等人早就指出：信息资源与人力、物力和财力等自然资源一样，都是保险公司的重要资源，因此，应该像管理其他资源那样管理信息资源。

在对人、财、物的管理过程中，处处有信息和信息流动存在，也就存在着相应的信息管理工作。而保险信息管理是在商务活动中对保险信息资源和信息活动的管理，它是保险服务业务、服务过程以及服务手段电子化、信息化和网络化的必然产物。其管理过程包括计划、组织、领导和控制等职能，但是它又有自己更特殊和更具体的内容。

一、计划职能

保险信息管理的计划职能，是围绕保险公司的整个管理流程，通过调查研究并进行预测，根据保险公司战略规划所确定的总体目标，分解出各个阶段的任务，并规定实现这些目标的途径和方法，制定各种信息管理计划，从而指引整个公司的行动。

保险信息管理的计划职能包括保险信息资源计划和保险信息系统建设计划。保险信息管理计划包括战略计划和常规管理计划。战略计划包括保险信息管理的行动纲领，规定保险信息管理的目标、方法和原则；常规管理计划包括保险信息收集、加工、存储、利用和维护计划等，是对资源管理战略计划的具体落实。保险信息系统建设计划包括保险信息系统建设的工作范围、对人财物和信息等资源的需求、系统建设的成本估算、工作进度安排和相关的专题计划等。

二、组织职能

保险信息管理的组织职能包括保险信息系统研发与管理、信息系统运行维护管理、资源管理以及服务和提高保险公司管理的有效性四个方面。提高保险公司管理的有效性即通过对保险信息系统的改进与变革，从而使保险公司以较低的成本满足利益相关者的要求。具体来讲就是满足股东财务收益性最大化的要求，实现公司成员较高工资待遇，提供给债权人可靠的信用，为公司管理者提供好的信息服务。公司管理者方便地使用信息系统，就可以为其决策提供良好的支持，为客户提供关于保险产品和服务的真实信息，让监管机构得到保险公司遵守法律法规的可靠信息，以使其便于其监管。

三、领导职能

保险信息管理的领导职能是指信息管理者对保险公司内所有成员的信息行为进行指导或引导和施加影响，使其成员能够自觉为实现信息管理目标而工作，它贯穿于信息管理的整个过程。具体包括：参与高层管理决策，提供解决全局性问题的信息与建议；负责制定信息政策和信息基础标准；对于已经建立的信息系统，要负责领导系统的维护、设备维修和管理工作；对于未建立的信息系统，要负责制定信息系统建设战略规划，决定外包开发还是自主开发信息系统，考虑如何在保险公司内推广应用信息系统以及信息系统投运后的维护和管理等；负责协调和监督保险公司各部门的信息工作；负责收集、提供和管理内部活动信息、外部相关信息和未来预测信息。

四、控制职能

保险信息管理的控制职能是指为了确保信息管理目标以及为此而制定的计划能顺利实现，管理者根据事先确定的标准或因发展需要而重新确定的标准，对信息工作进行衡量、测量和评价，并在出现偏差时纠正；或者根据内外环境的变化和发展的需要，在信息管理计划的执行过程中，对原计划进行修订或制定新的计划，并调整信息管理工作的部署。只有做好控制工作，才能保证公司信息获取的质量和信息的成功利用。

保险信息管理的引入促成了信息系统的优化，促进了创新，使保险公司的业绩不断提高。信息管理职能的导入，使其与传统的管理职能构成一种相互依存、相互促进的职能系统，为传统管理职能的发挥提供了全方位、全过程的信息；反过来，传统的管理职能又促进信息管理职能去充分开发和有效利用信息资源。

本章小结

1. 健康保险信息管理的系统性原则包括整体性、历史性和满意化三个理念。整体性理念是指保险公司管理者在管理中应该把管理客体作为一个有规律的、由若干部分组成的有机整体来认识；历史性理念是指保险公司管理者在管理中必须注重管理客体的产生、发展过程及发展趋势；满意化理念是指保险公司管理者在管理中必须对管理客体进行优化处理，从整体观念出发，调整整体与局部的关系，拟订若干供选择的方案，然后根据本系统的需要和条件，选择满意度高的方案。

2. 保险信息管理的整序原则是指对所获得的保险信息按照某种特征进行排序的管理思想。保险公司管理者可以根据需要选择信息的特征进行整序，以便获得自己需要的信息序列。整序原则中有分类整序、主题整序、客户整序、号码整序、时间整序、地区整序、部门整序等方法。激活原则是对所获得的保险公司信息进行分析和转换，使信息活化并为我所用的管理思想。

3. 健康保险信息管理的内容可分为外部信息管理、业务信息管理、财务信息管理和人事信息管理四大部分。外部信息管理包括宏观环境和微观环境两部分。从宏观环境看，外部信息管理影响因素包括经济环境、政策法律、社会环境、自然环境和技术环境；从微观环境看，影响因素包括竞争对手和投保人。业务信息管理由营销信息管理、保险产品信息管理、承保信息管理、保险合同信息管理、收付费信息管理、理赔信息管理和再保险信息管理等几部分构成。在财务信息管理方面，保险行业的财务核算有其独特之处，与普通企业存在较大差异。最后，保险公司人事信息管理主要包括招聘、培训员工、选拔考核人才、激励员工和协调劳资关系几个步骤。

4. 随着信息量的剧增，企业内外信息的良好驾驭和掌握能力已成为企业的一个核心竞争提升的必要保证。信息对科学决策起到重要的辅助作用，信息作为企业一种重要的新资源，广泛影响着企业的各种活动。健康保险信息管理过程通过计划、组织、领导和控制四个方面发挥作用，保险信息管理的计划职能包括保险信息资源计划和保险信息系统建设计划。保险信息管理计划包括战略计划和常规管理计划。战略计划包括保险信息管理的行动纲领，规定保险信息管理的目标、方法和原则。常规管理计划包括保险信息收集、加工、存储、利用和维护计划等，是对资源管理战略计划的具体落实。保险信息管理的组织职能包括保险信息系统研发与管理、信息系统运行维护管理、资源管理以及服务和提高保险公司管理的有效性四个方面。保险信息管理的领导职能是指信息管理者对保险公司内所有成员的信息行为进行指导或引导和施加影响，使其成员能够自觉为实现信息管理目标而工作，它贯穿于信息管理的整个过程。保险信息管理的控制职能是指为了确保信息管理目标以及为此而制定的计划能顺利实现，管理者根据事先确定的标准或因发展需要而重新确定的标准对信息工作进行衡量、测量和评价的过程。

专业术语

1. 系统原则：是指以系统的观念和方法，立足整体，统筹全局地认识管理客体，以求满意结果的管理思想。

2. 整序原则：是指对所获得的保险信息按照某种特征进行排序的管理思想。

3. 激活原则：是对所获得的保险公司信息进行分析和转换，使信息活化，为我所用的管理思想。

4. 信息激活方法：按照行为主体来划分，有个体激活和群体激活两种。个体激活包括综合激活法、推导激活法、联想激活法，群体激活包括头脑风暴激活法、德尔菲激活法、对演激活法等。

5. 共享原则：是指在保险信息管理活动中，为充分发挥保险信息的潜在价值，力求最大限度地利用保险信息的管理思想。

6. 搜索原则：是指保险公司管理者在管理过程中，千方百计地寻求有用信息的管理思想。

7. 外部信息管理：系统收集保险公司的宏观环境信息、微观环境信息和投保人信息，分析自身所处的经济环境和市场营销环境，认识人们的投保需求，进而预测保险公司的发展方向和规模的管理过程。

8. 业务信息管理：包括营销信息管理、保险产品信息管理、承保信息管理、保险合同信息管理、收付费信息管理、理赔信息管理、再保险信息管理七大部分。

9. 财务信息管理：是国家综合经济管理部门和金融企业经营者为提高决策水平和管理效率，运用现代信息技术和管理手段，对金融企业财务信息进行收集、整理、分析、预测和监督的活动。保险行业的财务核算有其独特之处。

10. 人事信息管理系统：是一种典型的管理信息系统，在强调管理、强调信息的现代社会中越来越普及。保险公司人事信息管理主要包括五个方面。

11. 企业价值链：是以企业内部价值活动为核心所形成的价值链体系。企业的价值活动可以分为基本活动和辅助活动两类，共九项一般的活动类型。基本活动是那些涉及产品实物形态的生产、营销和向买方的支付，以及产品支持和售后服务等。辅助活动指的是那些对企业基本活动有辅助作用的投入和基础设施。

12. 科学决策：科学决策过程是决策领导、专家与实际工作者互动的过程，具有程序性、创造性、择优性、指导性。在这个过程中，参与决策的主体相互配合，形成一个决策过程。科学决策的思维路径有7步。

13. 信息管理能力：随着信息量的剧增，企业内外信息的良好驾驭和掌握能力已成为企业核心竞争力提升的必要保证，信息对科学决策起到重要辅助作用。信息作为企业一种重要的新资源，广泛影响着企业的各种活动。

思考题

1. 保险公司信息管理为什么要遵循激活原则?
2. 简要解释保险公司信息共享的"贡献原则"。
3. 保险公司人事信息管理主要包括哪几方面?
4. 保险信息管理的控制职能如何发挥作用?

第四章

中国健康保险信息管理

随着网络在人们的生活中发挥越来越重要的作用，人们生活的方方面面都离不开网络和信息，人们生活中的时时刻刻都在生产和创造各种各样的信息，而这些信息对个人的生活、工作等都会产生重要影响。作为与人们生存与生活密切相关的健康保险，在互联网时代，其信息管理显得越来越重要，无论是客户信息，还是内容的行政管理信息等，都关乎一个企业的成长与发展，关乎社会的发展。所以，本章通过对中国健康保险信息管理的现状进行全面剖析，研究其重要性与必要性，以及其在中国的发展现状。

第一节 中国健康保险信息管理的产生

目前中国健康保险市场由政府主导，以广覆盖、低保障为原则，已建立起以城镇职工、城镇居民、新型农村合作医疗为主体的三大基本医疗保险制度，覆盖90%以上的人口。各类医疗保险是主体，商业健康保险是重要补充，社会救助起到重要的托底功能。

中国的商业健康保险是伴随着整个商业保险的发展历程而发展的，从改革开放开始，大体分为三个阶段：一是1978年改革开放至1990年，经营主体很少，产品较少，主要是简单的职工医疗保险；二是1990年初至21世纪初，经营主体不断增加、产品开始丰富，专业化经营有所体现，开始出现疾病保险概念；三是21世纪初至今，开始作为寿险的一个险种，发展成专门的领域，有专门的商业健康保险管理办法。

第四章
中国健康保险信息管理

商业健康保险是目前中国健康保险行业发展过程中的重点业务。中国的商业健康保险是伴随着城镇职工医疗保险制度的改革而发展起来的，20世纪80年代初，随着各类人身保险业务的恢复，原中国人民保险公司开始在国内试办商业健康保险业务，目前国内已有几十家人寿和财产保险公司经营健康保险业务。2005年，人保健康、平安健康、昆仑健康和瑞福德健康四家专业健康保险公司的成立标志着我国的健康保险业务已经出现专业化经营的趋势。与此同时，我们也要清醒地认识到虽然国内的健康保险业务已经有不小的规模，但与群众对健康保险的强烈需求相比，各保险公司能够提供的产品和服务还远远不能满足；与巨大的市场潜力相比，目前的市场开发程度还很不够；与先进的管理制度相比，目前的健康保险管理方法还比较落后。所以针对保险行业的信息管理，最早源于"保险行业信息化"概念的提出。

"信息化"概念最早在劳动保障系统的提出，是国家要建立"统账结合"的社会保险制度，建立统筹和个人基金账户。如果不使用计算机系统，业务很难操作，管理很难到位。大量集中的社会保险信息数据、基金实行社会统筹管理和调配的模式，从客观上加速了社会保险信息化建设。由于疾病风险的不确定性和人们对基本医疗和健康需求的特殊性，使得健康保险信息化建设更加迫切。2000年5月25日原国家劳动和社会保障部相继推出了"社会保险管理信息系统核心平台"、印发了《关于城镇职工基本医疗保险管理信息系统建设指导意见》《劳动和社会保险管理信息系统信息结构通则》、社会保障卡建设总体规划、劳动和社会保障系统"政府上网工程"等一系列加快劳动和社会保障信息化建设的政策和措施，从而推动了健康保险信息化的理论研究和工作进展。

2002年12月出台《关于印发加快健康保险发展的指导意见的通知》（保监发[2002] 130号），要求要加强健康保险的专业化经营和管理，建立专业管理机构、专门的核保核赔体系、专业的精算、信息管理体系、实行单独核算。2006年原中国保监会整合行业力量，深入调查研究，广泛征求意见，用将近两年的时间制定了《健康保险管理办法》（保监会令2006年第8号），进一步健全监管措施，为健康保险的经营创造了良好的法制和监管环境，力促健康保险市场做细做大，做专做强。2013年9月28日《国务院关于促进健康服务业发展的若干意见》中指出，"力争到2020年，基本建立覆盖全生命周期、内涵丰富、结构合理的健康服务业体系，健康服务业总规模达到8万亿元以上"。2014年8月10日《国务院关于加快发展现代保险服务业的若干意见》提出，要"鼓励保险公司大力开发各类医疗、疾病保险和失能收入损失保险等商业健康保险产品，并与基本医疗保险相衔接。发展商业性长期护理保险。支持保险机构参与健康服务业产业链整合，探索运用股权投资、战略合作等方式，设立医疗机构和参与公立医院改制"。2014年11月17日国务院《关于加快发展商业健康保险的若干意见》出台，鼓励商业保险机构参与人口健康数据应用业务平台建设，支持商业健康保险信息系统与基本医疗保险信息系统、医疗机构信息系统进行必要的信息共享；同时要统一医疗信息系统，形成县与县之间、市与市之间、省与省之间有一个标准接口后，方便老百姓转诊就医。

传统的商业健康保险主要包括长期健康险和短期健康险业务。长期健康险主要包括疾病保险、医疗保险、护理保险和失能收入损失保险，是我国健康险业务的主力险种，其中重大疾病保险占总体健康险保费收入的比值接近70%；短期健康保险主要包括各类医疗费用和津贴保险、政府购买服务、社保补充医疗险、企业自保方案、面向中低收入人群的互助医疗以及针对高端客户群体的综合医疗保险等。

近年来，随着保险标的从医疗风险向健康风险转变，健康保险的内涵更加宽泛和合理，新型健康保险产品和服务也随之产生，主要包括管理式医疗、团体健康保险方案以及个人健康维护计划三类。一是管理式医疗，其核心是将医疗服务的提供与提供医疗服务所需的资金结合起来，以合理控制医疗费用增长，获得更优质的服务。二是团体健康保险方案，是在社保经办项目之外，针对团体被保险人提供的保险保障，包括业务流程外包服务、管理服务方案、第三方管理和员工自助计划。业务流程外包服务是保险公司利用自身的信息技术和专业资源优势，承接企事业单位的健康档案管理、保单录入及信息管理、基金动态管理、数据监测及预警、反欺诈调查等；管理服务方案是保险公司不承担保险风险，仅提供保险咨询和风险管理方案，进行账单审核和理赔，提供教育培训、健康讲座等服务项目；第三方管理是保险公司利用自身优势为企业采购适合的医疗服务，或提供保险咨询与健康服务项目建议；员工自助计划通常是保险公司在已经承办该企业项目的基础上，为员工提供的个性化服务，如企业购买基本项目后，员工可以优惠价格购买其他附加项目。三是个人健康维护计划，由于个人健康维护计划的核心思想是基于细分人群的碎片化需求进行设计和整合，因此，产品差异性大、复杂程度高，对健康相关数据信息的依赖度强。

对于健康保险而言，信息化与信息管理工作显得尤为重要的，健康保险可以分为三个类基本业务：社保业务中的健康险、商业健康保险和健康管理，其中最为重要的一块业务为商业健康保险，这里的大部分工作是由企业和个人共同完成的，且建立在个人自愿的基础上。由于企业对于个人信息无法了解得最全面，主要还是通过一些人工调查和个人提供的资料来判断的，这对于保险公司来说存在较大的风险，不利于整个健康保险行业的全面发展。另外，从健康管理的角度来看，加强对相关信息，包括投保者、保险公司、医院、银行等各个方面信息的管理，可以以最快的速度、最全面的内容和最准确的资料来掌握。

健康保险信息化，不但需要足够的资金、雄厚的技术力量，而且还要面对传统观念、机构体制和工作程序的改革。为什么要实施医疗保险信息化，这是在规划医疗保险信息化系统前必须首要考虑的问题。医疗保险信息化的意义可以从多方面去讨论，如从社会保障行业特点看，医疗保险的信息化是整个社会保障信息化的重要组成部分，而社会保障信息化是整个国家信息化的重要基础之一。在这里，我们主要从医疗保险本身的需求去讨论其信息化的必要性。

医疗保险信息化是信息系统在医疗保险运作机制上的具体实现，医疗保险信息化的实施是通过对整个医疗保险运作中的信息采集、传输和处理等，为管理者提供决策支持，为医疗保险经办机构提供高效的工作手段，为定点医疗机构和参保职工提供便捷的信息服务。医疗保险管理和业务操作本身的复杂性，决定了医疗保险管理和业务实施信息化的必要性和紧迫性。

第二节 中国健康保险信息管理的现状

一、健康保险行业发展概况

在西方国家保险行业的发展历史中，早在健康管理概念还没有正式提出前，就有健康保险经营机构应用健康管理思路为客户提供健康服务。1929 年，美国蓝十字和蓝盾保险公司对工人和教师提供了基本医疗保健服务，随后所提供的健康服务主要作为完善服务内容的手段。20 世纪 50 年代后，健康保险赔付率快速上涨，使健康保险业不得不寻求除提高费率和兼并重组以外，可以从根本上降低赔付风险、保障经营效益的途径。

随着预防医学、信息技术和管理科学快速发展应运而生的健康管理，成为健康保险公司能采用的重要风险控制手段。此后，健康保险行业始终是健康风险评估、人群分类干预和指导、疾病管理项目、康复管理项目等健康管理技术发展的主要促进力量和运用渠道。目前，健康管理已经成为以健康保险为核心的健康产业中不可或缺的组成部分，许多市场主体同时提供健康保险产品、诊疗服务计划和健康管理计划。

国内健康保险业发展早期，部分健康保险机构即为客户提供健康教育讲座、健康期刊发送等健康服务，主要作为附加值服务，用于提高客户的满意度，并没有关注健康服务在健康诊疗风险控制方面的作用。直至 2003 年，原卫生部、原劳动和社会保障部与原中国保险监督管理委员会三大部委联合举办的"健康管理与健康保险高层论坛"，将健康管理理念正式引入保险行业，提倡通过应用健康管理技术、提供健康管理服务的方式，为参保客户提供更加完善的健康保障与健康服务计划，提升对医疗服务成本的管控能力。

当前，健康保险机构已采取多种方式与健康管理机构合作，如购买健康管理服务、共同开发服务产品等，并与健康保险产品进行有机结合。已经开展的健康管理服务，依托合作医院网络、专家医师队伍、咨询信息库、电话热线、网站、电子邮件、短信平台和专题讲座等，涉及健康咨询、健康维护、就诊服务和诊疗保障等多个范畴，并以健康管理服务计划的创新形式推向市场。

在健康保险行业中，健康管理的核心任务就是健康指导与诊疗干预，即延伸与扩展为客户提供的健康服务，以及实施面向各个健康诊疗环节的事中风险管控。

第一，搭建服务支持平台，确保健康服务与风险管控的顺利实施，如合作医院、医师队伍、其他服务机构、服务与管理技术、标准化体系等。服务平台搭建方面的要求为实现健康服务体系与风险控制模式的顺利运转和有机结合，需要在以下三个方面完成基础平台建设工作。一是医疗网络平台，是指需要搭建能够满足不同需求，提供技术支持、进行服务实施以及配合诊疗管理的医疗网络平台，包括不同等级医疗机构、不同层次医师队伍、各类专业健康管理机构以及其他卫生行业组织。二是信息技术平台，是指建立可以收集、统计、分析客户健康信息和风险分析结果的个人健康档案管理系统，构建包含医疗、诊疗和卫生资源信息的医疗卫生资源信息库，开发可以支持服务实施操作、服务状况监控和服务质量管理的信息系统。三是技术管理平台，是指由医疗网络平台提供诊疗服务和健康管理的技术标准与操作办法，提供用于专业和一般服务人员的培训教材与方案，通过信息技术平台提供参保人员的健康信息和服务实施反馈情况。

第二，建立完善的服务体系，涉及健康、疾病、诊疗、康复全过程，包括咨询、指导、评估、干预等多种形式，有机组合形成完整的服务流程与服务计划。服务体系建设方面的要求是建立服务体系和选择服务项目，应该从多个分类角度出发，全面涵盖各个领域，如：个体健康状况所处的不同时期，即健康、疾病、诊疗和康复；保险业务发生的不同阶段，即投保前、投保后、保险事故发生时和保险事故发生后；健康管理服务的不同类型，即健康咨询、健康指导、就诊服务和诊疗保障等。

第三，建立健康诊疗风险控制模式，从疾病发生风险、就诊行为风险和诊疗措施风险等方面，进行健康诊疗信息收集、风险分级评估和高危对象筛选，采取疾病管理、案例管理、第二诊断意见等手段，有针对性地实施风险防范与干预。风险控制模式方面的要求健康保险行业引入健康管理服务与技术的最终目的是实现有效的医疗成本控制，增加公司经营收益。量化分析健康管理实施成本与医疗成本控制效果之间的关系，在个体和团体层面上计算成本效益比，建立信息完备、技术成熟、应用性强的健康风险控制模型。一是客户健康档案系统。客户的健康信息将在整个健康风险控制模式中发挥重要的基础作用，包括反映客户健康状况、提供健康监测数据、进行风险评估与分析、为健康指导和健康干预提供参考等。除健康管理实施过程中的相关信息外，客户健康信息还包括健康告知、核保体检和理赔资料等。二是风险预测和干预技术模型。另外，可以对收集的客户健康信息进行分析，得出评估结果或筛选高危对象，并指导健康诊疗干预方案的制定。在整个风险控制模型中，健康诊疗干预方案的选择，包括疾病管理、第二诊断意见、案例管理等，将决定最终医疗成本控制效果，而风险预测与干预模型则发挥了决定作用。因此，参数设置得当、统计方案设计合理、基础数据库样本选择科学、运行方式成熟稳定等，将对风险控制的效果起到核心作用。

通过以上对健康保险管理的内涵、产生过程、存在必要性与可行性进行分析可知，健康保险行业的信息管理是基于一个国家的经济发展水平、信息化建设水平而不断发展的，任何一个方面没有满足，一个国家的健康保险行业信息管理将发展缓慢甚至不复存在。所以通过总结发现，健康保险信息管理最早起源于以美国为代表的西方国家，因为这些国家的整体信息化水平、经济发展水平等相较于中国而言较高，而且它们的社会保障政策基本上是以市场为导向、面向所有国家的全民医疗保险和健康保险政策，所以整个国家的健康保险行业发展较快，直接推动了健康保险信息管理的发展。对于中国而言，社会保障政策和社会保险行业也是近年来才发展起来的，商业保险也处于发展的初级阶段，导致整个中国健康保险行业的信息管理也仅仅处于起步阶段，没有太快发展。所以，从以上分析可以看出，中国健康保险行业处于初步发展阶段，还有较大的发展空间，但是从管理体制、政策、人员、系统建设、人员配备等方面都存在较大问题，这些也是未来中国健康保险行业在发展过程必须面临和克服的问题。

二、健康保险管理中存在的问题

目前我国商业健康险还处于发展的初级阶段，无论是业务发展的规模，还是健康保险在管理过程中都存在较多的问题，尤其是在健康保险的信息管理方面。

（一）业务规模和覆盖人群少，未摆脱"补充"角色

我国商业健康保险的费用支出仅占全国医疗费用总支出的6%左右，占国民生产总值0.17%，由商业健康保险覆盖的人群仅占全国总人口的3%。无论从业务规模还是从所覆盖人群来看，我国商业健康保险与欧美发达国家都相距甚远。

（二）专业化程度不高，有效供给不足

健康保险在风险性质、保险事故特点、风险控制理念和方法、精算原理等方面均不同于寿险业务，因此必须专业化经营。但由于现阶段健康保险精算人才匮乏，精算

技术标准体系尚未健全，相关基础数据不充分，市场上的多数做法大都是沿用寿险业务的经验。表现在各保险公司推出的险种虽然已达数百种，但产品的同质率达到90%，主要为重大疾病定额给付保险、住院费用补偿性保险和住院定额津贴等几类保险，综合医疗保险以及专项医疗服务保险基本上仍是空白。

(三) 管理意识与制度的缺乏，尤其是基础数据

基础数据缺乏是制约专业化健康险产品上市的重要因素之一。由于健康保险是一个涉及范围广、风险含量高、内容复杂的产品，既往经营健康险的寿险公司没有建立起一套比较完备的医疗保险信息系统，作为定价基础的精算数据无法得到，使得产品开发的速度远低于寿险产品。

(四) 专业人才缺乏，经营管理人员少

由于经营健康保险所面临的风险较大，它的经营和管理活动要求其从业人员在风险管理、医疗服务管理、条款设计、费率厘定、准备金提取、业务监督等方面具有特殊的专业水平，这就需要一批从事风险分析、风险选择和风险鉴别的专业人员，但从目前的情况看，国内保险业在这方面的专业人才仍很欠缺，无法满足商业健康保险快速发展的需求。

(五) 缺乏系统的健康保险经营体系

在营销体制上，健康保险在一个较长的时期内一直处于不被重视的地位。寿险公司没有把健康保险作为一个主要市场，寿险公司没有独立的健康保险销售部门与队伍，没有专业化的市场营销手段，健康保险仅作为一种附带险种推销，或作为推销其他产品的促销手段，健康保险在寿险公司一般是以附加险的形式出现。在经营过程中，寿险公司与医疗机构只是一种简单的合作关系，双方缺乏有效的信息交流与共享，在调查被保险人相关资料时，往往得不到医疗机构的支持，真实性很难得到保障。而健康险公司虽然在营销、与医疗机构合作方面进行了一些突破性尝试，但对整个健康险市场来讲，尚未建立起规模化的经营体系。

(六) 健康保险信息管理的信息不对称问题

博弈论研究表明，当买方和卖方具有非对称信息时进行市场运作，信息的不对称会带来两种问题——隐藏信息与隐藏行动。在交易过程中隐藏信息会导致逆向选择，而在交易过程结束后隐藏行动会带来道德风险。健康险业务经营管理过程中的信息不对称性表现在两个方面：一是承保前的逆选择；二是承保后的道德风险。健康险与寿险、意外险不同，寿险、意外险在大数法则上依赖于死亡率和意外发生率。对于投保

人或被保险人而言，死亡和意外事故是比较难以进行人为控制的一种纯粹风险；而健康险尤其是医疗费用型险种并不仅仅是依据疾病发生率，对保险人而言更为重要的是"就医行为"的发生，包括是否需要就医、就医时间的长短和医疗费用的高低。医疗行为和医疗消费需要通过作为第三方的医疗服务提供者即医疗机构方才能发生，其发生与否和医疗服务提供者密切相关。同时，被保险人带病投保、冒名顶替、夸大病情甚至串通医生伪造和修改病史、开假诊断证明等情况时常发生，而保险公司不具备法律赋予的可参与医疗服务定价及对医疗卫生资源的有效利用实施监控的权利，无法了解在医疗活动各环节执行价格政策及对被保险人治疗的真实情况，在定价、控制资源浪费、保证患者治疗的真实性等方面难以作为。同时，要取得被保险人既往病史、诊治记录和医疗费用等资料也非常困难，无法掌握被保险人投保时的真实健康状况。保险人在实际运作中往往只是纯粹作为事后支付保险金的一方。由于保险人、被保险人、医疗机构三方在医疗市场中信息不对称、保险人居于弱势地位，使得健康险的经营风险主要受控于医疗机构和被保险人两方。

三、健康保险信息管理存在的问题

健康保险信息对于整个健康保险行业来说至关重要，虽然国家有相关政策在进一步加快健康保险行业信息化建设和健康保险信息管理工作，但是我国健康保险的信息管理工作却发展仍驻步不前，发展较为缓慢，进而影响了整个健康医疗行业的发展。它存在的问题主要集中在以下几个方面：

（一）基础管理不扎实，战略管理不到位和综合管理不系统，IT 仅能"勉强支持"业务

基础管理不扎实，是指在医疗保险的计划、规划、决策及业务操作上离制度化、规范化、科学化有相当大距离，人为的因素和主观因素较大。针对健康保险信息的战略管理不到位是由于对目前公民个人的健康需求状况以及本地区的医疗卫生资源的状况不是很了解，对医疗保险供需双方的变化趋势不能很好地把握，所以不管是在基金的筹资还是健康医疗消费的引导等方面的重大决策面前都带有主观性的因素或者是从众的心理，尤其是信息量不够的时候，决策往往容易盲从。同一统筹地区内政府各职能部门、劳动保障部门之间，大量的基础信息不共享、不集成，沟通严重缺乏，结果使大量的信息是孤岛式的、滞后的，甚至是虚假的和部门利益化了的，管理的依据失真。如职工工资问题，统计部门一个口径，财政劳资部门一个尺度，社会保障部门又是一种情况，而职工实际可支配的工资几乎又不同于这些数字。

（二）业务系统反应慢，操作非常繁琐

在管理不规范化的条件下建立的信息化，往往由于管理基础太差，管理不到位，导致半途而废或即使建立起来了也达不到预期效果。尽管有很多地方在医疗保险信息化方面投入了不少资金，购置了计算机，建立起了计算机局域网甚至城市广域网和数据库，开发出了应用软件系统，但并没有很好地使用起来或即使使用了也没有达到预定的目标。可以说目前健康保险信息管理存在较大问题或者不成功的主要原因大多并不在技术方面，主要是因为在现代化管理观念、健康保险常规管理和业务操作人员素质和计算机信息管理机制方面存在大量问题所致，整个业务系统反应太慢，系统操作过于繁琐，导致信息管理的发展进程非常缓慢，没有取得太大成效，或者在健康保险行业发展与具体工作中发挥的作用也较小。

（三）需求无法满足或者耗费时间过长

许多地区所设计的健康保险信息管理系统大部分是由系统集成开发商提供的，虽然系统集成开发商也征求医疗保险有关人员的意见或吸收健康保险有关人员或部门参加方案的制定，但他们往往对当地的实际情况了解不透，对公众的健康保险的真正需求不甚了解，对千差万别的情况弄不清，所以设计出的系统解决方案表面看起来是好的，技术是先进的，但有可能同本地的实际相脱节，这就会使健康保险信息化建设一开始就蒙上了概念模糊的阴影。如果不能及时修正和完善，其成效则可想而知。要想成功建立健康保险信息系统，一定要把系统需求搞清楚、弄明白，系统的需求首先应搞清用计算机做什么？怎样去做？计算机系统应具有哪些功能？哪些工作应由人去做？哪些事情必须交给计算机处理？具体的每一个业务细节中都有哪些处理过程？每一个过程都需要什么数据？又保存什么数据？网络上交换什么数据……从根源上来看，健康保险信息管理的理念与制度贯彻落实的慢、相关政策的无法有效实现，最为主要的原因是系统的建立无法满足健康保险企业的需求，无论是系统的建立，还是系统的维护、运营及其在管理过程中，都存在较大的漏洞，无法有效满足企业和公众的需求，同时耗费的时间也较长。

（四）电子商务、移动支持方面的创新做法远远落后

健康保险信息管理的过程不仅要保证硬件建设一次性投资，还要考虑到软件建设和系统维护、设备更新的需要。一次性投入资金把系统网络建立起来并不难，难的是如何获得充分的信息资源和不断更新这些资源，以满足健康保险系统各方面对信息的需求。切忌重硬件投入，轻维护更新；重设备购置，轻软件资源。但在实际中，往往是初始建设一次性投入有保证，后续的维护更新资金无着落。系统虽然建成了，可享

受的资源有限，加上软、硬件及信息技术发展变化快，几年甚至一两年内就需更新换代一次。如果由于种种原因建设周期拖得很长，甚至是项目尚未建成使用，技术就已经落后了。从头再来，就更得不偿失了。随着信息时代互联网的不断发展，新技术、新应用不断产生，比如微博、微信以及各类APP。这些应用如能够快速应用到健康保险行业的管理过程中，也能有效地提升服务效率。但是在目前的健康保险行业中，这些最新应用只能简单用于宣传，并没有深入运用到管理过程中，不利于整个健康保险行业或企业的信息管理发展及信息管理系统的建设与推行。

（五）没有专业化的队伍，系统运作不流畅

信息化是建立在计算机网络技术和大量信息的处理基础之上的，所以需要专业化的人才队伍来维护和保证系统的运行。健康保险信息专业人才的数量与质量直接决定健康保险信息化的水平。但目前在健康保险行业，存在着信息技术队伍不稳定，人才流失严重甚至导致信息化工作处于瘫痪的现象，把信息化片面理解为一项纯技术性工作是造成人才流失的重要原因之一。许多企业没有设立专门的健康保险信息管理机构，把信息技术人员挂靠在某个部门，或有些地方虽有机构，但也只有技术支持职能而没有管理职能，使各部门成了"电脑诸侯""信息孤岛"，信息部门成了维护中心。另外，信息机构人才单一，几乎是单纯的计算机专业人才，缺乏技术管理人才和信息经济人才的相互支持与合作。这些都严重阻碍信息化的建设，甚至导致信息管理系统建设陷入举步维艰的局面。有的企业将健康保险信息管理系统建设工作的很大一部分任务委托给了专业计算机信息技术公司去做。在开始建设阶段，充分利用社会上的资源无可非议。实际上，一个健康保险企业或部门也不可能花很大费用来支撑一支庞大的信息技术队伍。一般来说，专业技术公司的工作重点集中在网络的构建、软件的开发和系统的集成等任务上，而信息机构则承担系统分析设计、管理协调、组织实施和维护的全过程，如可行性分析，软件系统的需求分析，对开发商工作的配合、协调与管理，系统的运行维护与改进，数据的管理，信息的搜集、分析处理等。要想取得健康保险信息管理系统建设的成功，必须有组织上和人才上的保证。因此，有必要组建专门的信息管理机构，该机构应该成为一个独立的部门，既有技术支持职能，也有管理职能，否则很难开展工作。健康保险信息管理是一项比较特殊的工作，信息技术人才付出的劳动需要智力上的深度参与，所以应该有适应这种工作的特殊激励政策，例如在物资上奖励、精神上鼓励、创造舒适的工作环境、健康上的特殊保护、专业上的再教育和培训等。

（六）逆选择问题

所谓逆选择是指投保人或被保险人为获得保险金而故意隐瞒被保险人或投保人某

些具有高风险因素的情况逆向选择保险公司，而使保险公司遭受的风险。这些高风险的因素包括年龄身体健康状况、职业、工作环境等。例如：身体健康状况不佳的人愿意付出一定的保费而获得较高的保险保障，结果是使原先测定的理论上的费率由于赔付率的上升而无法在实践中维持。如果采取费率的供需杠杆调节作用，那么上调费率的结果则可能限制了那些身体健康、在原费率水平下愿意投保的客户，使优质客户流失，导致承保质量进一步下降，而费率不得不继续上调。如此循环的结果将是保险公司希望承保的优良客户不投保，而具有逆选择动机或道德风险的非优质客户仍旧会在获取保险赔款和所交付的保费之间较大差额利益的驱动下采取隐藏真实的健康信息投保，投保后隐置在医疗消费中弄虚作假，从而导致原精算厘定的健康险费率出现偏差，难以为继。

（七）道德风险

所谓道德风险是指被保险人或受益人为谋取保险金而有意识地制造事故，致使保险标的受到损害或在保险标的受损失时不采取减轻损失的有效措施，故意扩大保险标的损失程度的危险。道德风险在健康险中表现为已经签订了保险合同，并发生保险事故的人，在就诊过程中由于保险人无法掌握被保险人就医的真实信息，导致信息的不对称，客户可能会将本不属于保险赔偿疾病的就诊或药品、诊疗等费用通过私人关系或利用医院管理的空子，采取搭车开药、搭车检查或挂床住院、压床治疗以增大索赔金额，或者采取冒名顶替、移花接木的行为，对保险人所造成的结果同上。欺诈的存在严重损害了具有诚信的广大投保人的利益，同时给保险人的管理带来了需要研究的课题。由于健康险不同于其他保险的特点，同时在我国健康险基本是买方市场，对保险公司经营健康险而言，风险管理和控制非常重要。只有通过提高风险管理水平、加强风险控制措施才能产生经营效益。任何一种先进作业方式或管理方式的采用，都必须有政策上的扶持或制度上的保障。要制定一系列规章制度，如计算机管理维护制度、信息安全制度、计算机业务操作规程等，对不遵守规则者按规定进行惩罚。上述种种问题或多或少地在多数建立健康保险信息管理的地区存在，可以说他们是制约健康保险信息管理快速发展的主要原因。

第三节 中国健康保险信息管理的发展趋势

医疗保障社会化已经成为社会发展的必然趋势，我国社会保障体系将逐步建立起新型的社会保险、商业保险和社会救助"三位一体"的、政府职能和市场机制相统一的健康保险制度，商业健康保险将会在社会各阶层日渐得到重视。随着我国社会各方面的进步，科技、医疗、经济、人文等要素的变迁，人民健康观念的深入，医疗服务费用的上涨，"富贵病"发生率的上升，社会保险体系的局限使得社会对各类健康保险，尤其是商业健康的需求显著提高，以弥补社会医疗保险的给付不足，提高保险金额，扩大保障范围，满足民众不同层次的需求。一方面，社会医疗保险制度从根本上改变了福利性医疗制度的基本做法，城乡居民医疗费用由个人和国家共同承担，居民的医疗观念发生变化，参加商业医疗保险的人群逐渐增多，这为商业健康保险的发展提供了基础性条件；另一方面，随着我国加入世界贸易组织，保险市场全面开放，外资保险公司进入国内保险市场后，将会带来完善的风险控制制度及先进的经营理念、管理经验，促使国内保险公司提高健康保险管理能力和经营水平。

信息管理系统是健康险风险管控必不可少的重要手段。建立信息管理系统不仅要能处理全部健康险件的核保核赔管理，减轻核保、核赔业务人员压力，降低健康险费用，还要具备强大的统计分析功能，积累经验数据并从精算角度加以适时调整。通过信息技术平台建立疾病、手术、药品和检查等的收费标准数据库，对保险人所拥有的所有被保险人的医疗数据进行实时监控和统计分析，从中对不同险种、不同保险责任、不同被保险人、不同医疗机构、不同类型的医疗服务、不同发展水平的地区等的差异化健康险，采取有针对性的风险管控措施。

一、打造专业化的健康保险信息管理

健康保险走向专业化经营经过多年实践，在我国健康保险界已经形成一个共识，健康保险经营必须走专业化道路。从经营理念到业务模式，从产品体系到销售方式，从风险控制到特色服务，必须要采取一系列区别于以往寿险公司经营健康险业务的措施。

健康保险经营主体日益增多、竞争加剧，随着商业健康保险的迅速发展，国内健康保险市场将呈现全方位、多层次的竞争态势，将不再是单纯的市场份额和业务规模的竞争，更是战略决策、管理水平、服务形象、综合效益以及长远利益的竞争。许多国外资本正密切关注我国医疗卫生体制改革的形势下健康险市场的发展趋势。国外资本较为丰富的经营管理经验与应用技术，一旦参与其中，势必加剧市场竞争程度，对促进健康险市场规范发展将会起到积极作用。

二、打造全方位的健康保险信息管理

健康管理服务与技术应用以及医保合作关系深化，促进了商业健康保险市场的发展。在商业健康保险经营过程中，对医疗风险、患病风险的管控是关系到保险公司经营成败的关键问题，而缺少配套的管理体系与控制方法则已经成为制约商业健康保险整体发展的"瓶颈"。在未来的几年中，我国保险公司尤其是专业健康保险公司，将会积极借鉴国外的先进经验与管控方法，在健康保险的运营管理过程中，运用健康管理服务与技术，加大对医疗风险与患病风险的管理，使被保险人的医疗费用支出更趋合理，提高健康险业务的整体经营效益。

在商业健康保险公司进行健康管理、实施风险管控的过程中，医疗服务提供者的积极配合是关键因素。当前，专业健康险公司正在积极与医疗服务提供者建立新型的"利益共享、风险分担"合作关系，尝试解决商业健康保险发展过程中的风险管理难题，配合国家医疗卫生体制改革，为患者与投保人提供更好的健康与医疗保障服务。

此外，健康保险公司投资医疗机构，积极参与医疗行为过程的趋势也日益明显。随着商业健康保险公司与医疗服务提供者合作形式的多元化，合作程度的逐步深入，必将为利用健康管理技术与手段，开展更多形式的医疗风险管控措施，在疾病发病率和医疗费用方面积累更加准确、丰富的基础数据提供可能，从而为推出保障内容更丰富、保费设计更合理的专业健康险产品创造条件，从根本上解决当前国内健康保险市场的有效供给无法满足民众旺盛需求的矛盾。

三、打造差异化的健康保险信息管理

健康保险作为一种金融服务行业，除保险合同中约定的费用保障服务内容以外，即其他保险行业通常为参保人员提供的投保、理赔、保全等一般性服务，因健康险业务的特殊性，其服务内涵已经逐步延伸到与参保人员关系密切、专业性很强的医疗、预防、保健等服务范畴，这对树立企业服务形象、形成专业品牌优势、创造差异化竞争优势等都发挥着至关重要的作用。另一方面，由于现阶段国内医疗服务体系不健全以及健康维护方式与手段的缺乏，参保人员在选购健康保险产品时，其内在需求也已经超出了费用保障需求的范围，希望能够通过保险公司搭建的医疗服务网络与健康服务平台，获得更多、更好的预防保健和诊疗服务。

健康保险对数据信息的依赖程度将进一步提高，尤其是针对细分人群的健康危险因素，区分生理、心理、行为等风险要素，进行精细化定价和差异化开发的新型健康保险产品，除了需要满足群体统计特征的历史数据外，还需要海量、动态、及时的个人健康信息。目前，专业健康险公司推出的活力计划保险方案，寿险公司为客户提供的运动健身信息监控服务，财险公司提供的海外救援以及健康管理服务等业务模式将得到快速发展。同时，随着互联网科技和健康医疗技术的进步，既往制约健康保险创新的数据障碍逐渐被打破，新型健康保险将与各种可穿戴设备、移动互联工具、大数

据分析技术的普及一起,相互促进、共同推动医疗和保险行业向前发展。

我国商业健康保险的发展还处在初级阶段,虽然呈现出积极良好的势头,但仍然存在较多变数,这就要求商业机构"以快致胜",快速进入、全面尝试,以便总结摸索、形成模式,推动和引导行业标准的建立;同时,全民健康背景下的政策红利释放首先从转变政府职能开始,这就要求保险公司"抓住重点",从政府最需要和最迫切的需求入手,尽快做大业务规模。另外,健康保险的经营管理难度较大,需要打造专业平台,这就要求商业健康保险主体"基础扎实",以专业的视角和先进的理念,在数据管理、技术应用、风控体系上,加大投入、深耕细作,形成核心竞争优势。

在此过程中,有实力的保险公司应尝试集团化经营的"大健康"战略,将健康保险业务定位于社会责任与商业价值的共同塑造,兼顾规模与效益发展,建立保险与医疗健康产业的资本纽带关系,通过内外部协同,完善养老养生与医疗健康的产业布局,形成健康保险生态圈;同时,应借助国际市场的成熟经验和管理技术,强强联手,完善健康保险专业化经营管理体系,提供各种类型的健康保险和健康管理业务,走一条"整合与借势"的发展路径。

健康保险是一个复杂、庞大的工程,系统涉及的范围广,人数多,业务复杂,而且随着健康保险体制改革的不断深入,越来越多的人认识到了健康保险的重要性,纷纷投入到健康保险当中来,使近年来参保人数不断增多,健康保险种类也随之增加,生育医疗、大病医疗和工伤医疗等都已纳入其中,这些变化大大增加了健康保险系统建立、运营、管理的复杂性。面对如此大的信息量,仅靠手工操作和低水平的单机管理已变得越来越不实际,为了实现对健康保险业务进行高效、准确、快速的管理,提高健康保险业务管理的现代化水平,加强健康保险系统的安全性、准确性、实时性和可靠性,有必要将管理信息系统引入健康保险的管理中,建立起健康保险信息系统。

健康保险信息系统本身是一种资源,是当代健康保险得以确立、发展的基础。它通过对整个健康保险运作中的信息获取、传输、控制、处理等,向人们提供健康保险信息,同时也是健康保险公司进行管理和向参保人员提供服务的强大技术支撑。

健康保险信息系统的建设,有其社会意义。建设健康保险信息系统工程是建立和完善社会保障体系、实现"科学化、规范化、现代化"管理的重要内容,是加强健康保险医疗基金的有效监管、提高宏观决策水平的重要基础工作,是依法行政、转变管理职能的重要保证,是改进健康保险工作的管理方式、提高管理水平和工作效率的有效手段。加快健康保险信息系统工程建设对于实现健康保险工作管理服务社会化、建立公共服务体系、推动健康保险事业的新发展、更好地服务社会具有重大意义。

当今社会已进入信息化时代,尽快建立和不断提高完善健康保险信息系统已是当务之急。计算机和网络技术的飞速发展,将会极大地促进健康保险信息系统不断成熟,使我国经济和健康保险事业发展跃上一个新台阶。

本章小结

1. 商业健康保险是目前中国健康保险行业发展过程中的重点业务。国内的健康保险业务已经有不小的规模，但与群众对健康保险的强烈需求相比，各保险公司能够提供的产品和服务还远远不能满足；与巨大的市场潜力相比，目前的市场开发程度还很不够；与先进的管理制度相比，目前的健康保险管理方法还比较落后。

2. 随着保险标的从医疗风险向健康风险转变，新型健康保险产品和服务也随之产生，主要包括管理式医疗、团体健康保险方案以及个人健康维护计划三大类。

3. 健康保险可以分为三类基本业务：社保业务中的健康险、商业健康保险和健康管理，其中最为重要的一块业务为商业健康保险。这里的大部分工作是由企业和个人共同完成的，且建立在个人自愿的基础上。

4. 在健康保险行业中，健康管理的核心任务就是健康指导与诊疗干预，即延伸与扩展为客户提供的健康服务，以及实施面向各个健康诊疗环节的事中风险管控。

5. 健康保险行业的信息管理是基于一个国家的经济发展水平、信息化建设水平而不断发展的。任何一个方面没有满足，一个国家的健康保险行业信息管理将发展缓慢甚至不复存在。

6. 健康险业务经营管理过程中的信息不对称性表现在两个方面：一是承保前的逆选择，二是承保后的道德风险。

专业术语

1. 信息管理：是人类为了有效开发和利用信息资源，以现代信息技术为手段，对信息资源进行计划、组织、领导和控制的社会活动。

2. 信息不对称：指交易中买方和卖方拥有的信息不同。

3. 逆向选择：指投保人或被保险人为获得保险金而故意隐瞒被保险人或投保人某些具有高风险因素的情况逆向选择保险公司，而使保险公司遭受的风险。

4. 道德风险：指被保险人或受益人为谋取保险金而有意识地制造事故，致使保险标的受到损害，或在保险标的受损失时不采取减轻损失的有效措施，故意扩大保险标的损失程度的危险。

5. 医疗保险信息化：是信息系统在医疗保险运作机制上的具体实现，医疗保险信息化的实施是通过对整个医疗保险运作中的信息采集、传输和处理等，为管理者提供决策支持，为医疗保险经办机构提供高效的工作手段，为定点医疗机构和参保职工提供便捷的信息服务。

思考题

1. 健康保险的内涵与外延是什么？
2. 健康保险信息管理包括哪些内容？
3. 中国健康保险信息管理的发展现状？
4. 中国健康保险信息管理发展过程中存在的问题？
5. 结合健康中国的概念，分析中国健康保险信息管理的发展趋势与发展方向。

第五章
中国健康保险信息管理系统

1861年英国著名医学专家Dr. Horace. Dobell首先提出：定期的检查可以预防罹患疾病及死亡；同时强调，对于没有明显病症的市民，如果能够有受过良好教育的医生们来进行包括家族史、个人病史、生活环境、生活习惯的调查，对身体器官的状态、机能及体液、分泌物进行显微镜检查等，将检查结果以非口头的报告书来通知，并给予必需的建议的话，对于民众的健康是有益的。

医疗保险信息系统是医疗保险管理中不可缺少的支持系统，是一个以人为主导，运用计算机硬件、软件、网络通信等信息技术以及其他办公设备，依托公用信息平台进行信息的收集、传输、加工、储存、更新和维护，建立的统一医疗保险业务管理及服务体系。医疗保险信息系统包括医疗保险基金缴纳、记录、核算、支付及查询服务等业务功能，保障着基本医疗保险改革政策的顺利实施，支持高层决策、中层控制和基层运作，能够不断提高医疗保险管理效率及决策的科学性。除此以外，医保信息系统还可以利用过去及现在的数据预测未来，实测医疗保险运行过程中的各种功能情况，利用信息控制医疗保险的运行，帮助医疗保险机构实现其规划的目标。本章主要对国内外医疗保险信息系统的发展现状进行比较，并对我国医疗保险信息系统的建立背景、建设原则、功能与特性以及目前医保信息系统存在的问题进行相关的分析。

第一节 中国健康保险信息系统的发展历程

健康保险是一个复杂、庞大的工程，系统涉及的范围广，人数多，业务复杂，而且随着健康保险体制改革的不断深入，越来越多的人认识到了健康保险的重要性，纷纷投入到健康保险当中来，使近年来参保人数不断增多，健康保险种类也随之增加，这些变化大大增加了健康保险系统建立、运营、管理的复杂性。面对如此大的信息量，仅靠手工操作和低水平的单机管理已变得越来越不实际，为了实现对健康保险业务进行高效、准确、快速管理，提高健康保险业务管理的现代化水平，加强健康保险系统的安全性、准确性、实时性和可靠性，有必要将管理信息系统引入健康保险管理，建立起健康保险信息系统。

健康保险信息系统本身是一种资源，是当代健康保险得以确立、发展的基础。它通过对整个健康保险运作中的信息获取、传输、控制、处理等，向人们提供健康保险信息，同时也是健康保险公司进行管理和向参保人员提供服务的强大技术支撑。

健康保险信息系统的建设，也有其社会意义。建设健康保险信息系统工程是建立和完善社会保障体系、实现"科学化、规范化、现代化"管理的重要内容，是加强健康保险医疗基金的有效监管、提高宏观决策水平的重要基础工作，是依法行政、转变管理职能的重要保证，是改进健康保险工作的管理方式、提高管理水平和工作效率的有效手段。加快健康保险信息系统工程建设对于实现健康保险工作管理服务社会化，建立公共服务体系，推动健康保险事业的新发展，更好地服务社会具有重大意义。

当今社会已进入信息化时代，尽快建立和不断提高完善健康保险信息系统已是当务之急。计算机和网络技术的飞速发展，将会极大地促进健康保险信息管理系统的不断成熟，使我国经济和健康保险事业发展跃上一个新台阶。

中国的职工医疗保险主要覆盖1亿多城镇人口，农村合作医疗保险制度约覆盖1亿农村人口。城镇中公费医疗的管理是在市公费医疗办公室领导下，由各事业单位各自管理；企业劳保相比之下其筹资、补偿及其他管理具有更高的自主权，无统一的规范及要求，各单位之间也不存在协作共济；农村合作医疗（CMS）的管理多是在乡、村一级开展，其管理层次和水平都很低。如何提高我国医疗保健的管理水平和管理效率，在现实情况下，需要各保险部门实行规范化、科学化、政策化的管理，建立起高效、科学、实用的医疗保健管理信息系统（MIS）。随着社会经济的发展，计算机的发明和网络技术的应用使医疗保险管理信息系统（MIS）开发成为可能。在健康保险行业建立信息管理系统具有重要的作用与意义，同时也具有较强的可行性。

一、信息系统在现代社会中的地位和意义

信息是表征事物状态的信号、数据、指令、程序、消息和情报的统称。信息系统是现代信息技术对客观世界各类信息进行采集、识别、转换、存贮、传输、检索、模

拟、再生，并能向人们提供有用信息的系统。以现代信息技术为标志的信息革命，成为世界新科技革命的核心，信息系统全面改造着人类经济和社会活动的各个方面。现代经济的运行机制和社会生活的各个层面是建立在现代信息系统的高度技术性基础之上的，国际性社会或国际化城市仅仅考虑在经济法规和技术标准上的对接是不够的，还必须考虑整个社会的经济运作速度上的对接与一致。前者指的是经济活动中的静态特征，后者是指现代经济的动态特征。信息系统可以看成为生产特征转换和产业结构演进的动态过程，是现代社会和现代经济的中枢神经系统，是政府宏观经济调控及各行业微观决策的辅助手段。

健康保险管理信息系统是信息系统在健康保险运作机制上的具体体现，健康保险管理信息系统通过对整个健康保险运作中的信息获取、传输、控制、处理等，向企业提供有用的健康保险信息。健康保险信息主要包括参保信息（参保单位和个人信息、健康保险证件管理信息即制证、吊销、"黑名单"信息）、参保人就医信息（科别、疾病、检查、用药等信息）、健康保险服务及监督信息、保险基金投资（保值、增值）等信息。健康保险运作机制既具有宏观（社会）又具有微观（个体）之管理特点，个人账户的管理本身就有银行系统的某些特征。因此，传统的、低层次的信息处理势必给整个运作带来极大困难，而现代管理信息系统的建立是实现上述管理过程的必要条件。

二、健康保险决策部门制定政策、法规所必需

现代化管理包括管理方法和手段两个基本方面。管理方法是一种定量化的方法，即通过建立相应的数学模型表达或模拟现实活动的特征，运用数学方法计算出数学模型中的各个参数，反映参数间的相互关系及其作用大小，是科学决策的重要基础。经验式决策已成为过去，人们面对浩瀚无际的信息束手无策的时代也成为历史。现代计算机技术以及信息系统的建立能将大量而复杂的决策信息分析、综合，并加以模拟，产生出可供决策部门决策的若干选择，每个选择均以定量化的描述提供参考。健康保险的政策制订是一项系统而复杂的社会工程，任何一项政策的出台，涉及千家万户的利益。设计合理的信息系统可以提供给决策部门诸多的决策信息。随着市场经济的建立和企业制度的深化改革，健康保险事业必将向广度和深度发展。同时，对健康保险的管理也提出了更高的要求，从健康保险展业、参保、财务、监督、基金运作等诸方面，信息系统可以为健康保险决策部门提供许多有价值的信息，从而为作出正确的决策提供了保证。

三、健康保险管理规范化和标准化所必需

健康保险管理规范化和标准化是标志管理水平高低的一个重要指征。管理信息系统的建立使管理规范化和标准化成为现实。规范化和标准化有三个方面的含义。其一，整个健康保险运作过程中需要一定的管理规范和工作规范来统一协调各部门、各单位之间的行动。这种规范是政策指导下的规范，它要求人们按照统一的政策统一各自的行为。其二，信息系统的介入改变了人们传统的观念和习惯。信息系统建设伊始，就是以规范化的需求作为开发依据，反映了工作规范的方方面面。信息系统面向用户并通过用户来实现信息的采集和工作报表的制定，这种工作方式与传统的人工信息采集习惯产生了碰撞，这就要求用户改变传统的习惯，改变传统的思维观点，以达到工作的规范和标准化。其三，管理的规范化和标准化表现为对信息处理的标准化。传统的手工信息处理，具有主观随意性的特点，而信息系统对信息的处理具有标准化的特点，这样既提高了工作效率又避免了工作的随意性。

四、健康保险管理实现准确、高效、实时所必需

健康保险管理的准确性表现为信息系统贯穿于整个健康保险业务中，从信息的采集到结果的输出有一整套控制的手段。信息采集的规范化即将各类信息归类、编码，按统一的格式和界面录入，保证了数据采集的准确性。信息的处理过程表现为按照用户的需求制定相应的程序，系统自动进行处理。

健康保险管理的高效性表现为工作效率的大幅提高。高速度的输入既保证了工作效率的提高又保证了准确性，而且一次输入，多次输出，数据共享，避免了重复劳动。工作效率的提高还表现在对用户的查询及复杂的计算上。在实践过程中，经常需要查询某些信息，如同一个医疗证号下同一天的就诊次数及每次就诊费用的分布。如果通过手工查询可能需要数天才能完成，而信息系统查询可在数分钟内完成。

健康保险的管理实时性表现为信息系统在健康保险机构、约定医疗单位、银行之间的实时联网。实时联网的优点在于能实时跟踪参保人的医疗消费情况。缺点是投资过大，从投资与效益的比例来看是不合适的。因此，采用IC卡方案是目前比较可行的方法。该方案能达到一种实时联网的功效，同时又可进行各网点的脱机作业，能够满足健康保险运作上的基本需求。

五、科学分析和预测所必需

手工运作时代，科学分析和预测十分困难，健康保险信息管理系统的建立为健康

保险机构进行上述工作提供了物质基础。健康保险各个环节和总的预测工作是科学决策的基础，尤其是财务分析预测是健康保险业务的主要环节，可以根据系统提供的完整的健康保险信息资料，利用计算机进行预测分析，即首先根据现有的资料，建立相应的预测模型，确定模型中的各个主要参数，进行模拟实验，从而为科学分析与预测提供保证。

在健康保险财务分析中，经常面对着预测分析的工作，如根据健康保险基金的支出情况来预测明年的情况。方法是将信息系统中完整的资料，筛选出预测变量如就诊次数、就诊时间分布、就诊人数及年龄、性别分布以及历年的物价指数等等，建立相应的预测模型（线性的或者是非线性的），以预测下一年度基金的使用和支出情况，做到合理安排、适度调整政策，使决策者心中有数。

六、保证健康保险实施过程中的有效监督所必需

健康保险业务运作过程中的规范化和标准化，使得健康保险机构能够及时对医疗服务的供方和需方实施有力的监督。对供方的监督主要指对约定医疗单位行为的监督，具体体现为对大处方、人情方、分解处方的管理。管理信息系统可以提供给监督部门大量的线索和数据，例如处方的费用分布、每日就诊次数、人数等，根据这些信息检查医疗单位的行为。又如，有的医疗单位片面追求经济效益，分解处方、分解记账，通过电脑查询可以知道同一医疗证号下每日就诊次数、记账次数、每次就诊费用及记账类别，从中可以得出医院是否违规的结论。

可见，我国健康保险管理问题虽多，但绝大多数与农村合作医疗（CMS）的建设与实施有很大的关系。在许多已开发健康保险管理信息系统并严格实施该系统的单位，上述许多问题已不复存在。所以应积极组织开发并实施健康保险管理信息系统。系统的建成并实施将进一步促进健康保险改革，完善健康保险体制，规范健康保险业务与管理，提高工作效率和服务质量，并实现决策科学化。

第二节　中国健康保险信息系统的发展现状

在从前几年健康保险改革的先行试点到健康保险全面启动的整个过程中，几乎所有的健康保险业务的决策管理部门及经办机构都高度重视信息管理，配备专业人员，建立专门组织，配置计算机硬件，开发实用软件，形成了一套初级的健康保险信息管理系统。健康保险信息化是国家大力开展的建设项目，有非常大的市场空间和发展

前景。

随着信息技术的广泛应用，计算机已经深入社会生活的各个方面。管理信息系统作为计算机的一个主要应用领域，在我国已有十几年的历史。尤其是近年来管理信息系统在国民经济各个领域的作用日渐重要，特别是在如银行和证券等信息程度高的行业，管理信息系统更是不可或缺，而我国的医疗制度改革，更是为管理信息系统在健康保险领域提供了发挥作用的巨大空间。

然而，目前我国健康保险信息化模式的情况并不容乐观，和国外发达国家相比，还有很多的不足。第一，我国各大投保单位各自独立，加上采用的开发方法、模式和软件制作方面的不同，使软件各成一套，相互没有可通用的接口，导致彼此缺乏沟通。第二，软件开发成本巨大，维护人员的费用急剧增加。第三，健康保险系统涉及的部门过分单一，未能和其他社会部门产生联系，使得各部门之间的协作效率极其低下。所以，我国健康保险事业的发展可以说是还处于发展之中，必须大力进行健康保险事业的改革与建设。

然而，从微观层面来看，我国健康险的覆盖面还是很有限的，医疗费用支持与发达国家相差悬殊，保险市场上健康险的发展仍然存在着许多缺陷。近年来我国国民经济快速健康发展，人民生活水平不断提高，人们对健康越来越重视，商业健康保险市场的发展潜力巨大。健康保险本身具有"参保人数多、社会影响大、全天候服务、涉及面广、实时性强、业务比较复杂"等特点，保险种类除了有基本健康保险外，还有大病救助等补充保险，这就确定了健康保险信息系统是一个复杂而且庞大的系统。综观目前国内的健康保险市场，由于受多方面因素的制约，其发展速度、规模、质量与发达国家相比仍显落后。

第三节 中国健康保险信息系统建设的影响因素

影响我国健康保险主要有外部因素和内部因素。在外部因素方面，影响我国商业健康险发展主要与居民收入、人口老龄化、人口数量、道德风险、政策法规、居民的保险及风险意识有关。居民收入增加、政策法规完善、居民风险意识提高，商业健康险需求也就会增加。内部因素方面，目前我国健康险保险主体少，专业人才缺乏，且大多保险主体只是盲目追求自身规模发展及利润增加，忽视了产品设计、营销方法创新，导致市场上产品结构单一、恶性竞争严重，客户服务不能及时跟进，最终损害了消费者的利益。我国健康保险系统建设主要是利用管理信息系统对健康保险进行科学有效的管理，其中，健康保险信息系统的建设必须考虑影响我国健康保险的内外部因素，还需要做到以下几点：

一、决策层的重视和参与是健康保险信息管理系统建设成功的关键

决策层首先要有现代管理意识，充分认识健康保险信息管理系统对健康保险工作的重要性。诚然，要决策者事事参与也是不现实的，但决策者对健康保险信息管理系统建设工作的关心、支持和鼓励，无疑会使系统建设能够更顺利、更流畅地开展。

健康保险信息管理系统建设必须遵循"第一把手参与"的原则。因为建立健康保险信息管理系统是一个全局性很强的系统工程，开发时间长，资金投入大，设计范围广，是一个影响全局的大事。没有主要决策者的亲自参与，只靠一些技术人员是无法实现的。国内外计算机信息系统建设的成功与失败的经验或教训都显示：信息系统失败的主要原因是主要决策者当旁观者而不是参与者。"第一把手参与"原则的实质是要求决策者根据健康保险的整体活动，亲自负责制定建立计算机系统的方针，明确建立计算机系统的目的，确定计算机处理的业务范围和系统的预期效果以及计算机硬件配置的方案、购置时间、投资的预算等一系列重大方案的制定和实施。只有这样，才能保证和推进计算机应用系统的设计与实现落到实处。

二、技术培训是一项必不可少的工作

技术培训，无论是对各级决策者还是对参与信息系统建设与开发的技术人员以及相关的实施人员都是必不可少的。无论是前期的数据调查和分析阶段，还是系统的设计和实施，只有做好了培训工作，才能减少信息系实施及应用过程中的阻力或障碍，提高办事效率。

三、培养骨干队伍

要实施健康保险信息管理系统的建设工作，必须培养自己的技术骨干队伍。无论是在系统的可行性分析阶段，还是在数据采集、系统设计和实施等各个阶段，都要自己的技术人员参与其中。健康保险信息管理系统开发只是系统项目的一部分，系统运行后的维护和二次开发，仍然是一项很重要和复杂的工作。随着健康保险改革的深化和制度的不断完善，健康保险的管理模式、管理思想也将随之变化，信息管理系统建设的要求也会相应变化。因此，在信息管理系统建设过程中造就一支技术过硬的开发队伍对今后系统的维护很重要，从而保证健康保险信息管理系统建设的平稳正常运行。

四、健康保险信息管理系统建设应坚持"统一规划、统一标准、城市建网、网络互联、分级使用、分步实施"的指导方针

以健康保险业务为基础，按照社会保险一体化管理的要求和系统工程的理论、方法进行系统建设。一是各险种的信息系统建设要统一规划，分步实施。二是参保人员和参保单位的基本信息必须一致，并采用相同的信息标准。三是统一信息交换平台。对于各险种已经建在一起的信息系统，不提倡再按险种分开；对于已建成养老保险信息系统的地方，在建设健康保险信息系统时，要最大程度地利用现有人员、数据、设备资源，以避免系统重复建设带来的浪费；对先建设健康保险管理信息系统的地区，要充分考虑到社会保险业务发展的方向，为扩展其他险种留有余地，要防止各险种单独建立系统所增加的成本。要注意做好健康保险管理信息系统与银行管理信息系统、医院管理信息系统等系统的接口处理，并保持自身的独立性。

五、多渠道筹集资金

健康保险管理信息系统建设经费包括初期一次性投入和长期运行维护费用，健康保险信息系统建设经费应以企业投资为主，也可以多渠道筹集系统建设经费：一是由当地政府提供专项资金予以解决；二是由当地政府批准的其他渠道解决；三是本着谁投资谁受益和财政补贴相结合的原则，争取多方面的投资。系统的运行维护经费应纳入各级财政预算，由各级政府解决。

六、确保系统建设技术先进、可靠

一是坚持实用性和可靠性。系统建设要以满足健康保险工作的业务需求为首要目标，采用稳定可靠的成熟技术，保证系统长期安全运行。系统中的软硬件及信息资源要满足可靠性设计要求，建设方案以实际可接受能力为尺度，避免盲目追求新技术。二是坚持先进性和开放性。在实用可靠的前提下，尽可能跟踪国内外先进的计算机软硬件技术、信息技术及网络通信技术，使系统具有较高的性能价格比。技术上立足于长远发展，坚持选用开放性系统。采用先进的体系结构和技术发展的主流产品，保证整个系统高效运行。三是坚持安全标准。遵循有关信息安全标准，具有切实可行的安全保护和保密措施，以及对计算机犯罪和病毒的防范能力，确保数据永久安全。四是要实现可扩充、易维护、易操作。应充分考虑到联网用户的增加和业务的扩展，具备一定的扩充及接口能力。应用软件的模块化程度要高，对不同业务流程和管理方式的适应能力要强，软件维护要方便。贯彻面向最终用户的原则，建立友好的用户界面，既要使操作简单、直观、灵活，又要易于学习掌握。

第四节　中国健康保险信息管理系统的评价

一个地区的健康保险信息管理系统效果如何，是衡量和改善健康保险信息管理系统的重要依据，本节根据对健康保险信息管理系统的具体要求，以及健康保险信息管理系统所应达到的实际功能，设计一套评价健康保险信息管理系统的指标体系，并进行相应的实证分析。

一、评价指标设计原则

（一）导向性

指标选择应能体现政策取向，反映实践证明是成功的做法。评价目的不仅在于描述现状，更重要的是体现健康保险信息管理发展的层次和水平，有利于改进现状，保证健康保险信息管理沿着预期的方向健康发展。

（二）简洁性

评价指标宜简不宜繁，关键在于指标的效度。指标内容繁简适中，在保证评价结果客观的前提下，去掉一些对结果影响甚微的内容，尽可能简化。

（三）差异性

每个指标要内涵清晰、相对独立、具有明显的差异性。同级指标应尽量不重叠，相关度小，不存在因果关系。

（四）可行性

指标应符合健康保险信息管理的实际水平，有稳定的数据来源，易于操作，且具有可测量性，不涉及过多相关知识，应确保被选择的评价指标简单、实用，评价结果他人可以按照同样的标准验证。

（五）开放性

开放性又称为前瞻性或可扩充性，它要求既要考虑到目前的社会实践和技术水平，也要对未来的发展趋势有所预见，使指标体系能够根据科学技术的发展以及社会实践的变化而不断进行扩充和完善。

二、评价指标设计类型

（一）主观指标与客观指标

主观指标俗称"软指标"或"定性指标"，反映人们对评估对象的意见、看法、期望值和满意度，是心理量值的反映。由于对同样的事实，人们的心理需求、价值尺度、满意程度会有很大差异，因此，完全使用主观指标构建指标体系是不适宜的。

客观指标又称"硬指标"或"定量指标"，反映客观事实，有确定的数量属性，只要事实清楚，原始数据真实完整，指标统计结果就具有客观上的确定性，不同对象之间就具有明确的可比性。

由于健康保险信息管理系统的服务对象是社会公众，他们的需求、愿望和满意度都是非常重要的主观指标，人民群众的主观需求、愿望、动机是确定政府工作目标和重点任务的前提，也是政府评价健康保险信息管理系统的标准。因此，健康保险信息管理系统评估不可能完全使用客观指标，然而，由于主观指标具有模糊性、不确定性和缺乏可比性，因此在健康保险信息管理系统评估指标体系设计中，应当尽量使用客观指标，加大客观指标在总分结构中的权重，对主观指标可以相对"硬化"，即划分若干等级如满意、比较满意、不满意，并换算成相应分数。

（二）投入指标、过程指标与产出指标

如果把健康保险信息管理系统建设当作一项基础性的重点工程，就会形成投入指标、过程指标和产出指标。比如，将健康保险信息管理系统建设的人力财力投入视为投入指标，健康保险信息管理系统的进展状况即为过程指标，健康保险信息管理系统的实施实绩即为产出指标。一般来说，投入指标状况如何，是过程指标和产出指标状况的必要条件，但不能认为有了投入，就一定有立竿见影的产出。健康保险信息管理系统评估应当兼顾健康保险信息管理系统建设的投入指标、过程指标和产出指标。

（三）肯定型指标与否定型指标

肯定型指标又称"正指标"，反映健康保险信息管理系统的成绩和进步，比如社会公众对健康保险信息管理系统的满意度，统计数据越大说明成绩越显著；否定型指标又称"逆指标"，反映健康保险信息管理系统建设中存在的问题和消极面，如从未使用过电脑的人数，统计数据越小说明健康保险信息管理系统建设越有成效。健康保

险信息管理系统评估指标体系大多数是肯定型指标，但有必要设置一定数量的否定型指标，从正反两方面综合评估健康保险信息管理系统。

（四）感觉型指标和非感觉型指标

感觉型指标反映的是人们对客观现象的感受，它表现为心理状态、情绪、态度、意向、满意程度等。非感觉型指标只是客观地反映社会现象。前者的测量需要通过心理测量、态度量表等特殊方式。因此，要想正确地评价健康保险信息管理系统，不仅应当掌握非感觉型指标也要掌握感觉型指标，离开这些，单纯地凭借一些数据很难真实地反映公众对健康保险信息管理系统的满意度。

三、健康保险信息系统评价指标体系

根据金保工程的相关要求以及我国健康保险信息系统的最终目标，我们设计了《健康保险信息管理系统信息系统评价指标体系》，包括4个一级指标、7个二级指标、70个三级指标，涉及各地区健康保险信息管理系统的机房建设、数据库建设、网络管理、网络连接、网络互联、医保用卡、公共服务建设等方面。

（一）一级指标的确定

健康保险信息系统数据中心建设评估的一级指标设为：数据中心建设、网络建设、健康保险用卡、公共服务建设。这四部分构成了健康保险信息管理系统的全貌，只有这四部分成功实施才能够确保健康保险信息系统成功运作。

（二）二级指标的确定

1. 数据中心建设包括机房基础设施建设、数据库建设

机房基础设施的建设是最根本的硬件建设，只有性能出色的硬件才能够保障高效准确的业务处理，同时减少处理过程中发生的异常事件。机房的环境保障着机房的安全，只有在达到标准的环境下工作，机房中的各个设备才能在最优的状态下工作，并且降低发生事故的可能性。

数据库的建设对于拥有庞大数据源的社会保障领域来说非常重要，正是利用数据库对庞大复杂的信息进行管理才能使健康保险信息管理系统的各项业务顺利开展。

2. 网络建设包括网络管理、网络连接、网络互联

网络的建设为健康保险业务延伸的广度与深度提供了支撑，出色的网络质量可以保障健康保险业务"7×24"无休息地高效开展。

网络管理是指利用计算机技术对网络平台、信息平台进行管理、维护与升级。

网络连接是指把两个或多个网络互连起来,扩大网络规模,提高网络性能,方便网络应用。

网络互联,是指一个网络上的用户能访问其他网络上的资源,不同网络上的用户互相通信和交换信息。这不仅有利于资源共享,也可以从整体上提高网络的可靠性。这些均对健康保险信息管理系统的高效运行提出了更高的要求。

(三) 医疗保险用卡即为医疗保险用卡的发放和使用情况

医疗保险用卡的普及标志着一直由地方各自为政的社会保障体系有了全国统一性的基础,为今后所有社会成员享有统一的社保服务提供了可能。例如根据人社部的《关于印发"中华人民共和国社会保障卡"管理办法的通知》,某省要求建立全省统一发行的社会保障卡管理服务体系,加快发行和推广应用全国统一标准的社会保障卡,要求在"十二五"期间全省社会保障卡持卡人数达490万人,覆盖城镇人口的80%,乡村人口的40%。

(四) 公共服务建设

公共服务建设即为公共服务的内容及完善程度,推进网站作为公众平台的服务功能。具体指标体系的设计如表5.1所示。

表5.1　　　　　　　　健康保险信息管理系统评价指标体系

一级指标	二级指标	三级指标
数据中心建设	机房基础设施的建设	每日服务器工作时间
		机房管理员的台式计算机每日工作时间
		机房面积
		是否符合机房建设的相关规定
		应用服务器内存
		应用服务器CPU主频
		应用服务器支持最大并发数
		数据库服务器存储
		前置服务器作数据接口,支持业务的数据格式是否完全符合标准
		操作人员每天查询系统次数
		有无发生过异常情况,是否能自我保护
		本地的医保信息系统是否能满足业务扩展的需要(如医保覆盖范围增加、系统使用人员增加、实施异地就医、人员关系转续等)
		机房是否恒温

续表1

一级指标	二级指标	三级指标
数据中心建设	机房基础设施的建设	机房是否恒湿
		机房是否防尘
		机房是否防雷
		机房是否防静电
		机房是否防水
		机房是否有气体消防
		是否有双服务器
		是否设置了出入门禁系统
		是否有门禁系统的管理记录
	数据库的建设	每天服务器工作时间
		系统服务的医疗保险的参保人员数
		系统开发是基于何种数据库
		是否将医保信息系统进行五险合一，建立了统一的人力资源和劳动保障业务的资源数据库
		是否设立了生产（业务）、数据交换、宏观决策（管理）三个数据区
		数据中心是否涵盖本级和所有区县数据
		数据中心是否具有及时、在线的查询功能
		数据中心是否采取了安全防护措施
		是否建立了相应的容灾备份系统
		容灾备份系统的实时性如何
		目前的医保信息系统是否包含城镇居民医疗保险信息
		是否有将居民医保纳入医保信息系统的计划
		本地的医保信息系统是否包含了新农合保险信息
		是否知道某省有自己三大目录的数据库标准
		目前本地三大目录库的数据标准是什么
		目前与某省的数据库标准不一致的有哪些
		与某省数据库标准不一致的原因是什么
网络建设	网络管理	是否能对现有的管理流程进行监控和管理
		是否能对现有的业务使用情况进行审计
		是否建立了业务系统自我分析评价的功能（比如预警系统、专家评价模块等）
	网络连接情况	网络采取的拓扑结构
		业务系统的体系架构
		采用的网络运营商

续表2

一级指标	二级指标	三级指标
网络建设	网络连接情况	网络连接类型
		互联网络带宽
		是否需要在网络运营商处购买专网来专供医保信息系统使用
	网络互联	是否与上级数据中心建立了联网
		是否将联网工作纳入议事日程
		是否有实现的具体时间安排表
		是否能够进行数据上传
		数据上传的接口方式是什么
		已经实现联网的药店有多少家
		已经实现联网定点医疗机构有多少家
医疗保险用卡	医疗保险用卡的发放	是否发放了符合人社部标准和要求的IC卡
		IC卡的使用范围
		卡芯片类型
		如何设置个人身份识别
		在使用IC卡时，您认为最大的问题是什么
公共服务建设	公共服务建设	参保人员是否能在网站上查询到最新的相关缴费记录和其他信息
		参保人员是否能进行网上投诉与答复
		业务系统是否安装了防病毒软件
		业务系统是否定期升级更新病毒库
		业务统是否有安全防火墙
		业务系统是否有入侵检测系统
		业务系统是否有流量监测系统
		是否建设独立的局域网，进行物理阻断
		是否能够和其他网络相连接
		是否对个人隐私采取保密措施

第五节 中国健康保险信息系统的建设思路

一、系统建设目标

健康保险信息系统是一个信息量庞大，并具有连续、高速处理功能的大型管理信息系统。系统的目标是将现代化信息技术与健康险信息管理相结合，通过对信息录入、交换、处理和查询进行优化设计，实现健康保险公司与各投保人之间的资金流动和信息交换。由于健康保险涉及每个职工的切身利益，所以健康保险系统应该定位成一个准金融系统，系统建设应达到提高工作效率、提高服务质量、方便职工和患者、减少各种不合理开支等。通过系统的建设达到：

（1）促进健康保险事业的改革和发展，完善健康保险制度的建设。

（2）规范健康保险业务管理，提高工作效率的需要，推进健康保险业务科学化管理的进程，提高服务质量。

（3）形成全国统一的网络管理和信息服务体系，做到信息准确快速；实现政策宏观决策科学化的需要，对提高决策的科学性具有重要意义。

（4）收到良好的经济效益和社会效益。

由于健康保险业务系统较为复杂，涉及的部门较多，各部门业务处理或者信息交换接口复杂多样，因此，各地建设系统应该结合各地健康保险业务特点，本着实用可行的基本原则，采用先进的数据库技术、网络技术、多媒体技术、安全保密技术等，着眼未来发展长远规划的需要。具体包括以下几个方面：

（1）利用计算机及通讯技术，建立以城域网为主干，以大型数据库为中心的集中与分布式管理相结合的大型计算机管理信息系统。

（2）以健康保险业务处理过程为依据，将各处分散手工处理的大信息集中存储、分类检索、统计并生成各类报表。充分发挥计算机对信息深加工、快速处理的作用。

（3）对共享资源进行合理分布与管理，提高系统的可维护性与可靠性。

（4）业务处理计算机化。

（5）宏观决策科学化。

（6）提高工作效率和质量。

（7）遵守科学约束机制。

（8）方便参保对象，减少不必要的费用。

二、系统的建设原则

2010年10月28日，《中华人民共和国社会保险法》（以下简称《社会保险法》）经十一届全国人大常委会审议表决通过，这是我国第一部社会保险制度的综合性法律。它的颁行对于我国社会保险制度的改革具有重要意义，为社会医疗保险制度的完善提供了明确的法律依据，对健康保险管理信息系统的建设具有重要指导意义。

（一）整体性原则

传统的业务模式由于手段和条件限制，健康保险信息的收集、保存、处理均较为分散。管理信息系统的建设如果仅仅只是模拟手工作业的形式和流程，而不注重各级各类模块间的协同配合与整体性的流程优化，则必然会将传统模式中的信息冗余、效率低下等弊病带到新系统中，导致资源浪费影响系统运行效率。《社会保险法》明确提出了全国社会保险信息系统按照国家统一规划建设的要求。基于此，应当以系统原理为指导，坚持整体性原则，从系统的整体结构和整体功能上进行规划设计，以系统功能目标的一致性为标准，坚持整体把握、统一规划、统分结合、协调运作，落脚于系统功能和结构的整体优化，统筹系统建设资源，获得资源配置和系统整体的最优效应，避免传统业务模式弊病，最大限度地发挥管理信息系统的信息化和网络化优势。

（二）层次性原则

在我国现行的行政管理体系中，关于社会保险制度的具体实施和业务工作的开展从上到下分别由国家、省、市三级劳动和社会保障部门负责，各级保险经办机构的职责有着明确的划分和不同的要求。《社会保险法》明确规定，全国社会保险信息系统由县级以上人民政府按照分级原则共同建设。健康保险管理信息系统的建设也应坚持层次性原则，纵向分清系统建设责任，并尽可能提高系统建设的部署层级。劳动和社会保障部作为最上层的行政管理机构，负责制定软硬件建设全国统一的信息和技术标准以及规划设计的指导性文件。省级劳动和社会保障部门处于中层，负责贯彻系统建设过程中相关国家标准在本省的落实以及本省信息系统的技术规划与组织实施，对地市级社保机构的系统建设予以指导。位于基层的地市级社保机构，负责本地区系统的组织实施与运维管理。系统建设应着眼于部、省、市三级数据间双向交换机制的形成，推动数据按层级向上集中。

（三）标准化原则

系统设计应遵循应用性、可靠性、可扩充性、可维护性及各种兼容性的原则。系统要有友好的用户界面，便于用户使用，易于操作；软件资源要有安全保密措施，保证用户的程序和数据不被破坏和丢失。合理的系统设计应坚持统一化、规范化、标准化原则，做到软件统一化、结构模块化、程序结构化、数据格式化、代码统一化、各种文档资源规范化。

标准化原则是各类管理信息系统建设均十分重视的一个原则。健康保险业务涉及范围广泛、数据种类繁多，其信息系统建设对标准化要求更高。《社会保险法》规定由国家建立全国统一的个人社会保障号码，为标准化社会保障卡制作发行提供了法律依据；同时还规定了保险信息沟通共享机制，对民政、公安等部门相关信息提供提出了要求。系统建设的标准化是节约系统建设及运维成本并推动信息资源交换共享的关键。

系统建设标准化主要体现在硬件建设和软件开发两方面。在硬件建设方面，标准化有利于实施大规模硬件基础设施设备的集中采购，降低一次性采购成本减少预算支出，有利于系统机器设备的后续保养与维护更新，能够有效降低系统运营的硬件养护成本。软件开发层面的标准化表现形式更为多样，对系统影响也更大。数据转换的标准化能够极大地提高数据的采集与存储效率；信息处理的标准化有利于降低数据冗余提高信息利用效率，经过标准化处理的信息，也便于通过统一的中心信息交换平台或资源数据库实现信息共享，促进信息资源开发与利用；系统软件模块的标准化可提高系统的开放性和扩展能力，尤其是软件接口的标准化，对于社会医疗保险管理信息系统与外部其他横向业务关联系统的对接具有重要意义和深远影响。

（四）动态适应性原则

社会医疗保险制度的改革和完善，是我国社会保障体系发展的重要组成部分。随着改革的不断深入，不可避免地会涉及与社会医疗保险相关的业务流程、运营模式、保障策略、管理措施等诸多方面，也必将会对社会医疗保险管理信息系统的相应业务应用产生重要影响。按照《社会保险法》的规定，社会医疗保险基金将分阶段、分步骤实现省级统筹，医疗费用应当与相关机构单位直接结算，这都对社会医疗保险管理信息系统的动态适应性提出了更高要求。因此，系统建设一方面需要采用稳定可靠的成熟技术，满足社会医疗保险工作当前的业务需求；另一方面，更需要着眼长远，坚持开放性系统和模块化结构，紧跟管理信息系统技术发展趋势，保证系统的长期高效运行，尤其是要考虑对于社会医疗保险业务未来的发展和调整。当前系统所应当具有的开放性和超前性，留有充分余地以适应业务需求的不断变化，在坚持标准化原则的同时增强系统的动态适应性，使系统的建设进入良性循环。由于健康保险业务很不规范，政策互不相同，计算机管理水平的高低也不同，在各个地区都有自己的一些特点，为此必须充分考虑一些具体特点，充分注意实用性和可行性，针对以下情况给予充分的考虑：

(1) 现行的管理模式和管理水平；
(2) 各类实际操作人员计算机基础的素质；
(3) 各个科室的业务范围和权限的划分；
(4) 各个相关部门工作流程的关系。

（五）信息伦理规范化原则

信息伦理学研究在我国起步较晚，发展至今已在实践中逐渐起到了举足轻重的指导作用。信息伦理的概念国内外专家均有不同阐述，参考归纳如下：信息伦理是指涉及信息的开发、传播、管理、利用等方面的伦理要求、准则、规范，及在此基础上形成的新型伦理关系。健康保险管理信息系统因其业务领域特殊性，存储并管理着数量庞大的保险服务对象的个人信息及医疗服务提供者的服务信息，《社会保险法》专门就此类信息的保密作出了规定，并强化了违反相关法条的行为所应承担的法律责任。因健康保险管理信息系统的建设应注意信息伦理的规范化，从规划、设计伊始就应当重视信息的保密性需求，确保系统信息安全，尊重被保险人和医疗机构的隐私权。同时，还应加强对劳动和社会保障机构信息管理系统相关工作人员的职业信息伦理教育，促使他们树立正确的信息伦理观，从而通过法制和自律双管齐下推动信息伦理规范化的进程。

（六）从系统整体的观点出发，考虑未来发展的原则

针对保险业务和社会发展迅速的特点，系统设计必须考虑到未来的发展对整体系统的影响。特别是相关行业的计算机管理水平的提高，必须充分考虑系统信息的交换和接口；对于保险业务的自身发展，必须充分考虑将来业务发展的需要，充分考虑业务发展的需要，主要体现的以下几个方面：

（1）政策变化和业务险种拓宽的需要；
（2）与金融、税务部门的接口；
（3）与医院管理信息系统、企业前端管理系统的信息接口；
（4）实现省级统筹和更高层次的统筹问题；
（5）考虑社会保险机构本身的办公系统的结合策略；
（6）与重点大企业联网的考虑，对于小型单位考虑信息交换的多样性。

（七）系统设计遵守提高工作效率，优化工作流程的原则

作为一个大型业务处理系统的设计开发，首先必须对现有业务需求进行认真分析，考虑整个系统的工作流程，针对现行业务工作流程提出一些合理化的建议，对现有工作流程进行有优化。优化流程的目标主要是：

（1）为健康保险提供一个新的管理模式；
（2）规范健康保险管理行为，控制不合理开支，注重经济效益和社会效益；
（3）业务人员分工合理；
（4）减少重复工作环节；
（5）提高工作效率；
（6）建立良好的制约关系；
（7）使得领导对各个环节可以监控。

第六节　国外健康保险信息系统的建设经验

国际上很多国家在建设健康保险信息系统的长期实践中,积累了丰富的实践经验和理论成就,其开发应用呈现出信息化、跨地市、数据资源共享、业务应用综合的发展趋势,对完善和提高我国的健康保险信息系统管理,具有很好的借鉴意义。

一、美国的健康保险信息管理系统

在美国,保健方面的费用占国内生产总值的比例比任何一个国家都高,但却属于对公民提供普遍基本健康保险的极少数发达国家之一。美国的健康保健系统的主要特征是:在以竞争为基础的市场里,保健成本不断上涨,而保健的质量问题却越来越让人关注,数千万人无法获得健康保障。美国的健康保险主要来自以下五种主要的提供者:商业保险公司、Blue Cross and Blue Shield organizations、保健管理组织、自保计划、联邦或各州政府。作为对日益上涨的医疗费用的一种反映,美国的保险公司开始使用管理医疗保健系统来控制费用和收益。目前,美国约有80%的医疗保健服务遵循了管理医疗保健原则。

美国是最早颁布实施关于医疗卫生信息化的相关法律、法规和标准的国家。1987年美国组织研发了《卫生信息传输标准》(Health Level Seven,HL7),这一战略技术率先研究开发临床及检验、仪器与设备、医院管理,甚至保险、银行等与医疗相关各类信息系统的标准。HL7作为美国ANSI(American National Standards Institute)国家标准,到2001年,已经有80%的医疗机构和90%的医用仪器、设备制造商采用此标准。随着经济全球化和计算机网络技术的应用和发展,HL7的影响力已经波及全球,我国也于2000年初建立了HL7协作中心。

《健康保险改革:安全标准最终规则》法案是卫生计划、卫生信息交换中心以及卫生保健提供者等医疗保险或医疗服务相关机构,在利用电子方式传输或保存健康信息时,对于个人健康信息提供的安全保护的标准。《健康保险改革:安全标准最终规则》法案中既对数字化健康信息的安全保护程序作出了具体规定,使得各机构间信息安全防护程度能趋于一致;又考虑到各机构间的差异而提供了一定的弹性,使得多数机构不至于感到难以操作。

《健康保险改革:电子交流标准》法案则规定了可以用广域网来处理资料,医院、医生和病人都可以在网上传输医学资料,而且为了方便医生远程会诊,除了文字资料以外还有大量影像资料，真正纸张操作变为电子化操作。该标准也规范了医疗和电子商务标准条例，统一了编码等等。这个标准化仅准备工作就做了 6 年。而我国目前在这方面还是空白。

打造信息系统的核心竞争优势是联合健康在产业链布局方面的最大亮点。联合健康集团始终高度关注信息化建设，20 世纪 80 年代起即成立了 Ingenix 公司（OptumInsight 的前身）专注于公司核心系统建设和业务数据分析。OptumInsight 是一家专注于医疗行业内信息系统研发和运维的信息技术公司，旨在为医院、商业健康保险公司、政府医疗保健计划等行业主体提供信息系统、数据管理和咨询服务。通过多年的努力，OptumInsight 已经由一家局限于医药数据处理和分析、年收入不足 5 亿美元的信息技术公司，成长为一家服务领域覆盖整个医疗行业、年收入超过 26 亿美元的大型信息技术系统服务商。它不仅可以为医院设计临床诊疗路径，也可以帮助保险公司设计核心业务、财务系统，还能通过历史数据分析帮助政府优化医保方案，提升政府公共服务的效率和质量。

进入 21 世纪，联合健康集团将打造信息系统的核心竞争力摆在集团产业链延伸的首要位置。2009—2010 年，Ingenix 先后并购了一家数据挖掘公司和一家医院系统研发公司，并与原有业务一起整合为 OptumInsight 公司。目前，OptumInsight 的客户已经延伸至包括政府、医院、保险公司、药品福利公司在内的产业链各环节。强大的系统业已成为联合健康集团串联内部各板块、有效促进业务发展、防范业务风险和控制经营成本的坚实基础。

（一）各系统具体情况

1. 医疗补助统计信息系统

1972 年公法（Public Law 92 - 603）规定，每个州都必须建立医疗补助管理信息系统（Medicaid Management Information System，MMIS），以实现电子化的索赔处理和信息检索。1997 年出台平衡预算法案，到 1999 年所有州都将其医疗补助管理信息系统（MMIS）与美国医保局（CMS）的医疗补助统计信息系统（MSIS）联通，并按季度以标准化格式提交每个穷人医疗补助受益人的资格信息和每个经过裁决的索赔的小结信息。医疗补助统计信息系统通过州政府指定的唯一个人标识号来识别受益人。部分州采用社会保障号（Social Security Number，SSN），其他州则在每个受益人的有生之年为其分配一个永久的唯一 MSIS - IDo。医疗补助统计信息系统的数据应用领域包括：卫生保健研究和评估活动、计划应用和预算开支分析替代性政策应答国会咨询、匹配其他健康相关数据库识别骗保、浪费和滥用等。

2. 穷人医疗补助和儿童健康保险预算和支出系统

美国国会通过《社会保障法》（Social Security Act）和《平衡预算法案》

(Glanced Budget Act)授权卫生与人类服务部（HHS）部长为各州筹集年度穷人医疗补助（Medicaid）和儿童健康保险（CHIP）的补助金。为筹集足够的资金来保障这两个项目的有效运行，卫生与人类服务部（HHS）部长决定让各州在每个季度之前通过穷人医疗补助和儿童健康保险预算和支出系统（MBES/CBES）以电子化方式上报其季度支出和预算报表。该系统支持各州进行电子签名（Signature/Certification Form），并要求签过名的硬拷贝必须留在州里备案。

穷人医疗补助季度支出报表（CMS–64系列）和儿童健康保险季度支出报表（CMS–21系列）在每个索赔存档时立即自动生成，代表各州穷人医疗补助（Medicaid）和儿童健康保险（CHIP）项目实际发生的费用，包括项目福利成本（主要按服务类型分类统计）和行政管理费用。穷人医疗补助季度预算报表（CMS–37系列）和儿童健康保险季度预算报表（CMS–21 B系列）能提供各州在下一季度的资金需求及最近两个财政年的基本假设等信息，并确认必要的州和地方政府补助金的可及性。这些信息对美国医保局（CMS）确定穷人医疗补助和儿童健康保险的历史支出和估计费用趋势，起草和执行联邦政府对这两项保障制度的预算，准备联邦政府对各州的补助拨款，跟踪、监测和评估其受益情况，制定联邦医疗保障政策法规等至关重要。

3. 卫生保健集成总账会计系统

《联邦财务管理改进法案》（Federal Financial Management Improvement Act）要求每个机构都实施和维护符合联邦要求和会计标准的财务管理系统。为改进承包商的老年医疗保险（Medicare）会计和财务管理流程，促进美国医保局（CMS）对老年医疗保险（Medicare）支出的追踪及准确地对索赔进行支付，加强对承包商的财务监督，为决策和绩效评估提供更加准确、及时和一致的数据等，美国医保局（CMS）于2005年开始建设卫生保健集成总账会计系统（HIGLAS）。这是一个统一、集成、双向录入的会计系统，其三大主要任务为：与承包商的共享索赔处理系统联通；从承包商那里采集规范的老年医疗保险索赔会计数据，共同处理索赔账单信息、医疗服务提供者基本信息、受益人基本信息、支票对账信息、付款信息和其他索赔相关数据；处理穷人医疗补助和儿童健康保险的联邦补助金执行内部行政程序会计（Administrative Program Accounting，APA）。

2009年，有62.2%的美国医保局项目资金通过卫生保健集成总账会计系统（HIGLAS）核算。2012年，该系统集成了美国医保局的所有支付款项，包括老年医疗保险、穷人医疗补助、儿童健康保险和行政程序会计等。美国医保局应用该系统后，提高了老年医疗保险债务收集和转借的自动化程度，即创建了每一笔老年医疗保险交易/支付/索赔的审计追踪，提高了其财务审计能力，即能更加系统有效地收回经鉴定认为多支出的按服务收费（FFS）的老年医疗保险款项。

4. 电子医疗文件提交系统

美国老年医疗保险平均每天收到 480 万个索赔案件，美国医保局估计老年医疗保险和穷人医疗补助的按服务收费项目每年分别有 343 亿美元和 225 亿美元流失在不当支付上。美国医保局委托了几种审核承包商来评估、预防和纠正这些不当支付。为方便对不正当支付的审查和评估，美国医保局近年正在建设电子医疗文件传输系统，以便审查机构通过电子方式向医疗服务提供者发送审查请求，并接收医疗文件。截至 2012 年 5 月，已有 21 个审核承包商获准加入电子医疗文件传输系统，有 13 个健康信息处理组织（Health Information Handlers，HIHs）通过美国医保局的认证。美国医保局将认证更多的健康信息处理组织来处理医疗文件传输系统的交易。医疗服务提供者可自建网关，也可与健康信息处理组织签订信息服务合同。美国医保局不干涉健康信息处理组织与医疗服务提供者之间的通讯。

5. 集成数据仓库

美国医保局建设了不同的信息系统，这些信息系统间却难以进行数据共享，迫切需要一个由老年医疗保险、穷人医疗补助、儿童健康保险的受益人数据、医疗服务提供者数据、项目预算数据和医疗费用索赔数据共同组成的集成数据环境。美国医保局从 2006 年开始实施企业级数据仓库战略，集成数据仓库（Integrated Data Repository，CDR）是该战略的核心，目标是将分散的数据库转化成高度集成的企业级数据环境，以方便项目报告和分析，提供更广泛和容易获取的数据，增强的数据集成，增强信息安全与隐私保护，增强查询和分析能力。

（二）美国医疗保障信息隐私保护政策法规

侵犯隐私可能给个体带来严重危害，包括身份盗用或欺诈、增加被勒索的风险、暴露隐私信息导致羞耻感和自尊受损等。因此，保护政府拥有的可识别的个人信息（Personally Identifiable Information，PII）以防违法利用，对保持公众对政府的信任至关重要。为在医疗保障受益人和个体医师的隐私和信息安全得到切实保障的基础上，使可利用的数据最大化，美国医保局于 2007 年根据美国《隐私法》（Privacy Act of 1974）、《联邦信息安全管理法案》（Federal Information Security Management Act，FISMA）和《电子政务法》（E - Government Act）等政策法规制定了《医保局实施〈隐私法〉与违法通知政策》（CMS Policy for Privacy Act Implementation & Breach Notification）。该政策对个人信息采集与维护、披露与利用、数据使用协议（Data Use Agreement，DUA）、隐私影响评估（PIA）、安全保护以及个人权利与特权、侵权分析与通知、对违法者的刑事处罚和制裁等都做了较为详细的规定，并规定美国医保局企业主（集团董事或副集团董事）、项目官员、系统开发/维护人员、隐私官、隐私专家、受益人保密委员会、隐私委员会、首席信息官、首席信息安全官、高级隐私官、行政主管、雇员、承包商及其他数据使用者在医疗保障数据采集与利用中的责任。

（三）经验总结

1. 在国家层面采集每个参保者的基本信息和每个裁决过的索赔小结

参保者基本信息是了解医疗保障参保情况、受益面和参保人群特征的重要信息源。在国家层面采集每个参保者的基本信息，可准确了解不同医疗保障项目的真实参保人数、参保率、参保人员性别与年龄构成等，还有助于发现重复参保问题，以确定优先赔付项目，避免重复补偿。如美国联邦法律规定同时参加了老年医疗保险和穷人医疗补助的，应先通过老年医疗保险赔付，所以州政府在对医疗保障受益人就医赔付时，需先向美国医保局申请查询该病人是否同时参加了老年医疗保险。

索赔小结能综合反映参保人员疾病情况、医疗服务和药物利用情况、医疗服务和药物提供者、基金补偿额等。在国家层面采集每个裁决过的索赔小结，有助于准确了解医疗服务和受益情况及基金支出情况，并为制定和调整补偿方案等提供重要依据。同时，可与财务统计报表进行核对，以确保各州、各承包商财务报告和基金申请材料的真实性和准确性。另外，美国医保局正在尝试通过卫生保健集成总账会计系统（HIGLAS）每日从承包商索赔系统中采集老年医疗保险索赔小结，并直接在国家层面进行会计核算，从而有助于实现接近实时的基金监管，确保基金安全。

2. 通过基金刺激和政策立法保证采集全面、准确、可靠的基金管理信息

美国医保局能从各州医疗补助管理信息系统中采集全面、准确、可靠的财务信息，以支持基金监管和政策制定。一方面，因为穷人医疗补助和儿童健康保险的联邦拨款由卫生与人类服务部部长决定，各州为及时获得充分拨款，具有主动提交这两个项目支出和预算信息的内在动力；另一方面，1997年颁布的《平衡预算法》也对此有明确规定，因此有法律强制力的推动作用。

3. 通过配套政策法规建设加强个人隐私保护

美国政府充分认识到侵犯个人隐私可能带来的危害，为赢得和保持公众对政府的信任，出台了一系列对个人隐私保护的相关政策和法规。从1974年隐私法到2002年联邦信息管理法案和电子政务法，均对个人隐私保护作出了相关规定。美国医保局根据这些政策法规的要求，特别制定了平衡预算法，联邦政府保持个人信息的需求与保护医疗保障受益人及个体医师的可识别的个人信息不受无端侵犯政策。该政策强调个人信息安全保护和授权利用，并对非授权利用和披露行为规定了相应的处罚措施。

4. 应用数据使用协议追踪数据使用情况和追究违规使用责任

美国医保局为不同信息制定了不同的利用政策，州政府、研究者、医疗服务提供者等若需使用美国医保局的数据，需向其提交数据使用（Data Use Agreements，

DUA）申请，注明所要使用的数据、数据的特定用途、数据使用请求者/保管人、数据使用期限、批准数据使用的主管者等信息，并经请求机构、数据保管机构和美国医保局共同签字盖章。因此，美国医保局能利用数据使用协议追踪每项数据的使用情况，并在发现违规使用时将数据使用协议作为追究违规者责任的依据。

在我国现行的社会保险体系下，政府委托业务是健康保险公司生存和发展的根基。如何深化与政府的合作，并在合作中提升保险公司的话语权，归根结底在于保险公司能否更有效控制医疗费用增长，能否更高效地结算医院垫付费用，以及能否更便捷地提供客户后续服务。而这一切都离不开一套现代化的运营系统，这也恰恰是健康保险公司的专业所在。

二、澳大利亚健康保险信息管理系统的发展

澳大利亚是实行社会福利制度最早、最好的国家之一。该国从1910年开始建立社会福利制度，目前一个相当完善的社会福利网络已覆盖全国各地，社会福利种类多样而且齐全，公民从出生到死亡都可以享受名目繁多的福利津贴。在医疗福利方面，澳大利亚实行全民医疗保健制度，所有公民都必须参加医疗保险，并可免费在公立医疗机构获得基本医疗服务。这样高的医疗保障福利并没有阻碍澳大利亚商业健康保险的发展，有44.9%的澳大利亚人购买了商业健康保险。

澳大利亚商业健康保险覆盖人群超过1 100万人，参保率达到47%，保费收入超过200亿澳元，商业健康保险支出占全国卫生总费用支出8%，在发达国家中名列前茅。澳大利亚商业健康保险是该国医疗保障体系的重要组成部分，是私立医院的主要资金来源，促进了医疗保障体系和医疗卫生制度的发展。早在19世纪，澳大利亚就以行业为基础，发展相互保险协会，为会员提供医疗保障。澳大利亚目前大部分商业健康保险公司就起源于当地的相互保险协会。

近年来，在澳大利亚政府和澳大利亚健康保险委员会（Health Insurance Commission，HIC）的推动下，澳大利亚医疗机构建设了包括卫生信息网络架构、电子健康档案等多种医疗信息的应用系统。在医疗卫生领域，澳大利亚政府通过全民国民保健计划为全民实施免费医疗，并建设与之配套的公民健康信息系统，所有澳大利亚合法公民均可在健康保险委员会下设机构登记个人信息，并能获得各项医疗诊治的服务与安排。同时健康保险委员会也是澳大利亚国内医疗信息系统管理机构，负责制定卫生信息化领域的规划、政策法规和标准等工作。

三、英国健康保险信息管理系统的发展

英国国家卫生服务体系（National Health Service，NHS）建立于1948年，是全世

界最大的政府承办医疗卫生服务体系。2014年，英国国家卫生服务体系被评为世界第一的卫生体系。其中，广泛使用和高效运转的卫生信息化系统起到了关键作用。国家卫生服务范围涵盖了从预防到康复、从孕妇检查到临终护理、从头疼脑热到心脏搭桥等各类医疗保健服务，所有英国合法居民都有权享受近乎免费的英国国家卫生服务体系服务。所谓"近乎免费"，是指居民还需承担一部分不在免费范围内的、与医疗相关的费用，例如英国国家卫生服务体系的处方费、牙医费用、眼医费用和就医路费等。

英国健康保险市场中，商业健康保险的类型主要分为三类：一是普通的商业健康保险。该类保险对投保患者在私人医院诊断、手术以及住院的费用进行保障，免去了投保患者在英国国家卫生服务体系中可能面临的等候时间。与其他保险类型一样，保险费的拟定因人而异，主要根据投保患者的年龄、预期赔偿数额、家庭保障以及职业等因素。二是重大疾病保险。此类保险一般包括癌症、心脏病、中风、器官移植手术或者永久性残疾等。赔偿方式多为一次性支付，数额一般为数万英镑。三是永久性或长期医疗保险。这类保险用于保护失能患者的基本财产。保险公司负责确保患者在不需要变卖房产的情况下，为其支付全部或部分的私人护理费用。

1990—2012年，英国商业健康保险市场中投保人的数量长期保持在400万人以上，商业健康保险被保险人人群占英国总人数的比例维持在6%—7%。据Laing & Buisson统计，2010年，6.39%的英国人以个人或团体形式自主选择私人健康保险，且商业健康保险保障覆盖的人数达到720万（包括投保人的家属），约占人口总数的11%，而1979年这一数字仅为300万人。在当前社会经济历史发展进程中，保障体系既不会完全由政府大包大揽，也不适合完全市场化的自由竞争。商业健康保险市场势必会由政府和保险公司共同托举。

英国健康保险信息管理系统的应用领域包括基础医疗、全国医疗保健IT项目、辅助医疗系统及个人保健和移动医疗等领域。在基础医疗方面，如今英国国家卫生服务体系各全科诊所均已实现信息化。在全国医疗保健IT项目方面，英国自2005年4月开始，就建立了中枢系统、护理记录摘要、快速预约服务、电子处方和医学影像共享系统等一系列全国重点IT项目。其中，英国国家卫生服务体系的中枢系统每月要处理的数据交互超过1.5亿次，而电子处方体系的应用则使处方错误下降了60%。在辅助技术方面，英国国家卫生服务体系的辅助医疗系统如远程医疗，开始重点关注预防保健、个体需求及患者的独立能力等领域。目前，辅助医疗系统试点项目也已证实远程医疗的应用在改善临床转归方面成效显著。在个人保健和移动医疗方面，目前已创建的NHS Choice网站成为欧洲最大和访问最频繁的卫生信息网站，每年访问人次超过1亿。另一方面，为了更快地适应移动医疗的发展，英国国家卫生服务体系也已开发了一系列移动应用，其中包括保证临床安全的APP。

数据透明化和大数据将会驱动英国健康保险和整个医疗卫生行业的进步，个人医疗记录将会被广泛使用。同时，随着可穿戴式设备、移动医疗的应用，患者对自我保健将有更多的决定权。而在个体化保健方面，包括基因组学的影响也将改变今后的治疗方法。而这一政策在实施信息化管理过程中，中央应该制定方向、政策、标准和目标，但具体决策应由当地实施。

本章小结

1. 健康保险管理信息系统是信息系统在健康保险运作机制上的具体体现，健康保险管理信息系统通过对整个健康保险运作中的信息获取、传输、控制、处理等，向企业提供有用的健康保险信息。

2. 与国外发达国家相比，目前我国健康保险信息化模式还存在许多不足：各投保单位软件各成一套，缺乏彼此沟通；软件开发成本大，维护人员费用高；设计部门单一，造成部门间协调效率低；健康险覆盖面有限等。

3. 健康保险信息系统的建设必须考虑影响我国健康保险的内外部因素：决策者的重视和参与，技术培训，培养骨干队伍，坚持"统一规划、统一标准、城市建网、网络互联、分级使用、分步实施"的指导方针，多渠道筹集资金，系统建设技术先进可靠。

4. 《健康保险信息管理系统信息系统评价指标体系》包括4个一级指标、7个二级指标、70个三级指标，涉及各地区健康保险信息管理系统的机房建设、数据库建设、网络管理、网络连接、网络互联、医保用卡、公共服务建设等方面。

5. 我国健康保险信息系统的建设遵从整体性、层次性、标准化、动态适应性，信息伦理规范化，从系统整体的观点出发、考虑未来发展，系统设计遵守提高工作效率、优化工作流程的原则。

专业术语

1. 健康保险信息系统：通过对整个健康保险运作中的信息获取、传输、控制、处理等，向人们提供健康保险信息，同时也是健康保险公司进行管理和向参保人员提供服务的强大技术支持。

2. 信息系统：指现代信息技术对客观世界各类信息进行采集、识别、转换、存贮、传输、检索、模拟、再生，并能向人们提供有用信息的系统。

3. 第一把手参与：决策者根据健康保险的整体活动，亲自负责制定建立计算机系统的方针，明确建立计算机系统的目的，确定计算机处理的业务范围和系统的预期效果以及计算机硬件配置的方案、购置时间、投资的预算等一系列重大方案的制定和实施。

4. 主观指标：俗称"软指标"或"定性指标"，反映人们对评估对象的意见、看法、期望值和满意度，是心理量值的反映。

5. 客观指标：又称"硬指标"或"定量指标"，反映客观事实，有确定的数量属性。只要事实清楚，原始数据真实完整，指标统计结果就具有客观上的确定性，不同对象之间就具有明确的可比性。

6. 投入指标、过程指标、产出指标：如果把健康保险信息管理系统建设当作一项基础性的重点工程，就会形成投入指标、过程指标和产出指标。比如，将健康保险信息管理系统建设的人力财力投入视为投入指标，健康保险信息管理系统的进展状况即为过程指标，健康保险信息管理系统的实施实绩即为产出指标。

7. 肯定性指标：又称"正指标"，反映健康保险信息管理系统的成绩和进步。

8. 否定性指标：又称"逆指标"，反映健康保险信息管理系统建设中存在的问题和消极面。

9. 感觉型指标：反映人们对客观现象的感受的指标，它表现为心理状态、情绪、态度、意向、满意程度等。

10. 非感觉型指标：客观反映社会现象的指标。

11. 集成数据仓库：将分散的数据库转化成高度集成的企业级数据环境，以方便项目报告和分析，提供更广泛和获取容易的数据，增强的数据集成，增强信息安全与隐私保护，增强查询和分析能力。

思考题

1. 简述健康保险管理规范化和标准化的三大含义。
2. 同国外发达国家相比，我国目前的健康保险信息化模式还存在哪些不足？
3. 简述影响我国健康保险信息系统建设的内外部因素。
4. 简述健康保险信息管理系统指标体系的设计原则、类型。
5. 简述中国健康保险信息系统的建设原则。
6. 从美国、澳大利亚、英国健康保险信息管理系统的建立发展过程中，我国可以总结怎样的经验？

第六章

健康保险行业信息管理的业务处理系统

第一节 保险渠道整合营销系统

一、保险渠道整合营销系统概述

保险渠道整合营销系统包括保险展业支持系统和后台渠道管理两大部分。保险展业系统内置了算法引擎,实现了保险统一算法,使产寿险算法及全部保险公司险种用统一的算法实现,使系统能更快速地实现保险利益演算、更方便地进行险种组合。同时,借助 E@ ble InsWell 强大的管理功能,可以使得管理层轻松完成复杂的管理任务。

二、保险渠道整合营销系统特征(见图 6.1)

三、保险渠道整合营销系统技术优势

系统采用网络版和单机版方式提供两系统可分可合,并同步提供展业的支持和管理功能。

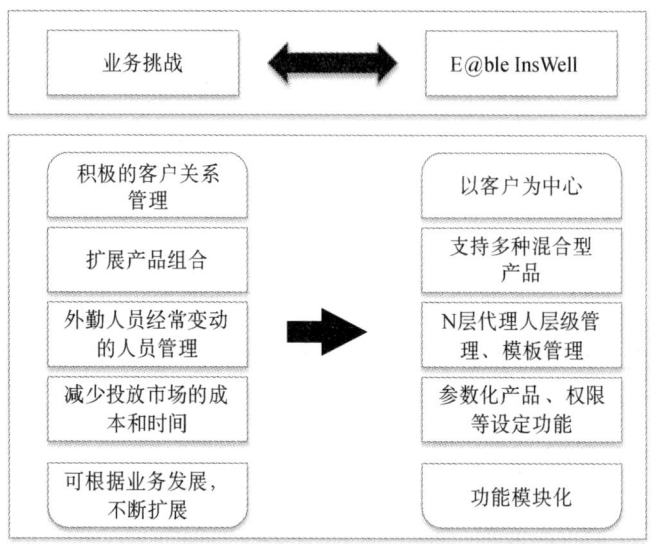

图 6.1 保险渠道整合营销系统特征

（一）产寿险合一的算法

采用产寿险合一的算法，对产寿险算法统一进行维护，通过后台简单配置完成算法的变更和扩展，适应展业算法灵活多变的特点，提升业务灵活性。

（二）计算引擎技术

系统通过计算引擎及算法适配器的设计模式等多种手段来实现新保险公司新产品及新计算规则的快速定义与部署，使之在业务量快速增加时能够支持线性扩展，并通过充分参数化与可配置性设计，应对金融保险行业供应商与产品的多样性及需求不确定性，满足需求变更后系统快速适应。

（三）网络版采用负载均衡，满足业务快速增长

随着业务量和数据访问量的增加，系统采用可扩展架构，能适应这种发展变化。

（四）网络版基于组件技术开发，支持业务服务发布

系统基于 IntelliPlate Form 平台开发，IntelliPlate Form 是采用基于组件的开发框架作为底层的脚手架基础，它归集常用的应用功能和测试功能，将它们以组件库的方式存储，以利于快速开发，并降低开发维护成本；在开发方式上通过接口规范来降低模块间的耦合度，同时在业务价值保留和提升方面，可利用开发平台提供的服务发布功

能简单快速地完成服务的统一管理，以适应功能扩展和变化。同时通过 Web Service 方式开放对外服务，方便其他系统的调用。

（五）参数化设计、系统可配置

参数化设计主要体现在产品的定义及产寿险算法的配置上。

（六）完善先进的数据同步功能

采用安全、完整、一致性、可维护的数据同步方案，完成数据同步工作。

（七）单机版采用 WPF 页面开发技术

单机版采用了 Windows 下一代显示技术 WPF，通过动态显示和三维视图给用户震撼视觉体验，是先进的 Windows 客户端应用开发技术。

四、保险渠道整合营销系统功能（见图 6.2 和图 6.3）

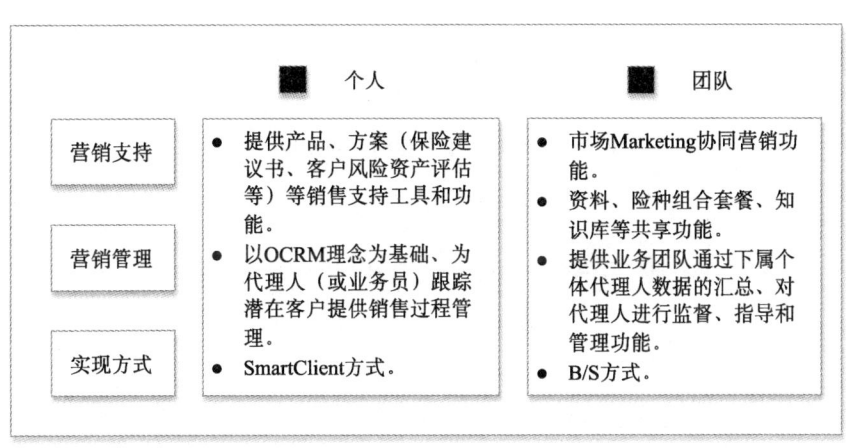

图 6.2　保险渠道整合营销系统功能（一）

图6.3 保险渠道整合营销系统功能（二）

第二节 业务流程管理系统

业务流程管理系统给产品提供强大图形化流程监控及分析工具。通过监控业务流程实例的执行情况，持续洞察、分析业务瓶颈问题，找出问题所在，然后通过图形化流程工具修改流程环节、分支走向以及重新分配各种资源等手段优化流程定义，并辅之流程模拟、流程监控、流程发布管理等工具完成流程优化，提升业务价值。

一、业务流程管理系统综合概述

业务流程管理平台是基于多年业务流程管理（BPM）研发及项目实施经验，在协助金融企业进行业务流程梳理和改造过程中逐渐沉淀出一套成熟的业务流程管理体系，开发出的一套适应于金融行业的成熟业务流程管理平台（见图6.4）。

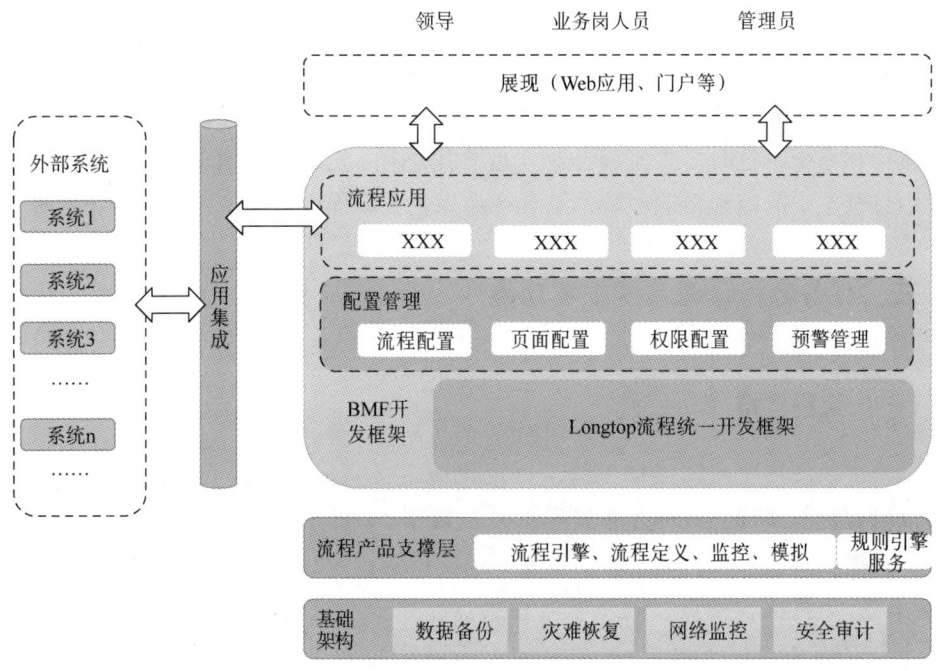

图 6.4　业务流程管理系统

二、业务流程管理系统典型应用

（一）业务整合

产品提供专业图形化流程设计及业务整合工具。首先，通过流程与业务快速剥离，协助客户降低系统复杂度，解决因复杂、欠灵活的信息技术基础设施所带来的业务流程问题。其次，在此基础上还能够快速装配已有服务创建新的业务流程流，帮助用户以现有的信息技术资源，解决日益复杂的业务需求以及公司策略变动所带来的业务流程问题，从而帮助用户将信息技术流程与商业目标保持一致。

（二）流程优化

产品提供强大图形化流程监控及分析工具。通过监控业务流程实例的执行情况，持续洞察、分析业务瓶颈问题，找出问题所在，然后通过图形化流程工具修改流程环节、分支走向以及重新分配各种资源等手段优化流程定义，并辅之流程模拟、流程监控、流程发布管理等工具完成流程优化，提升业务价值。

(三) 流程再造

当因企业并购、战略变化、业务转型等引起公司重大变革时，需要重新审视企业整体流程和系统，这时需要流程再造。通过引进国际先进管理理念，在多年项目实施过程中总结宝贵的流程再造经验，结合产品为企业流程再造提供咨询和落地服务。

三、业务流程管理系统主要功能

(一) 流程建模

系统提供图形化流程建模工具，可视化地定义完成业务流程所需要的活动和资源，以可视化方式建立各种业务流程模板。支持丰富的节点类型，除开始结点、结束结点、人工任务结点、自动任务结点外，还支持同步定时结点、异步定时结点、事件发送结点、事件接收结点、同步子流程结点、异步子流程结点、NOP 结点、AND – Split/Join 结点和 OR – Split/Join 等结点。完全支持 WFMC 规范中规定的四种基本逻辑：串行、并行、选择和循环。

(二) 流程编排控制

系统提供流程编排控制功能，使用户能够集成和协调企业内部和外部的网络服务操作。在流程配置控制台，系统提供了网络服务配置面板，通过在流程定义执行编排控制设置和管理可实现外部基于不同环境程序的编排控制。编排控制流程采用标准的请求 – 响应方法，从流程设计软件用户界面或外部客户端（比如一个 .NET 或 Java 网络服务框架）调用。

(三) 流程监控与管理

可实现流程实例运行情况进行监控。对已经执行过、正在执行、未执行过和出现异常的流程结点分别以不同的颜色标识出来，一目了然地从总体上把握流程的运行情况。Web 流程监控还可以在项目实施中方便地集成，只需简单几行调用代码就可使应用系统拥有完整的图形化流程监控功能。

(四) 控制台配置管理

提供一整套运行管理工具，包含了引擎管理、流程实例管理、日志管理、工作历管理、异常管理等。通过参数配置优化系统性能，管理控制台如图 6.5 所示：

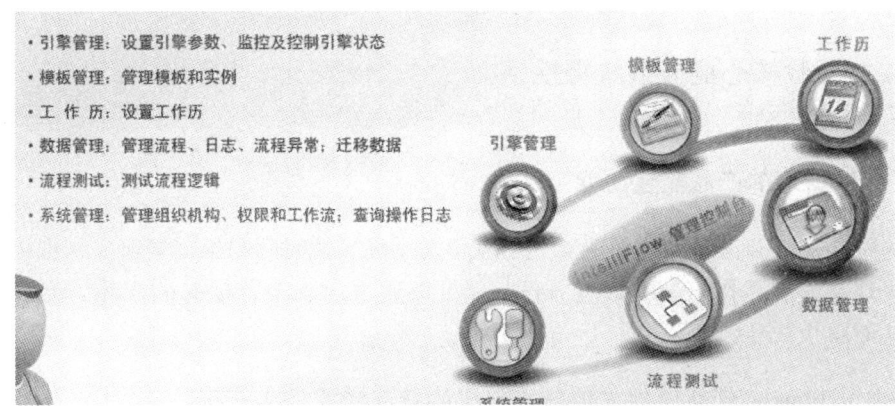

图 6.5　控制台配置管理

四、业务流程管理系统客户价值

信息技术系统的业务流程能够随业务变化快速调整，提升业务与信息技术系统的默契度，信息技术系统能更好地支持业务正常开展；降低业务系统升级甚至重新开发的开支，从降低人力物力资源投入、建设周期、业务风险各方面更好地支持；降低客户对开发商的过度依赖，建立业务流程灵活扩展的业务系统，通过配置而非推倒重来避免被原系统开发厂商绑定。

第三节　保险核心业务系统

保险核心业务系统，采用了最新面向服务的架构（SOA）软件设计理念，方便流程重组，采用了元数据模型，保持服务稳定性，采用了元数据模型，在应对差异化产品时，能够让用户通过配置来解决，从而保持了系统服务接口的稳定性。

一、保险核心业务系统综合概述

Pharos 是专门为保险公司开发的核心业务系统，包括保险公司的日常操作和关键的运营管理，也为管理者提供了决策时所需要的功能和工具。Pharos 的核心设计目标是满足现代保险公司的未来发展需要。Pharos 特别关注目前保险公司所面临的多重挑战和激烈竞争的市场环境。Pharos 的各项优点配合在一起使它成为市场上最具市场竞争力的解决方案。

二、保险核心业务系统特性

（一）快速的产品配置功能

这一功能将确保保险公司能够先于竞争对手在较短时间内推出新产品，也可以快速地对现有的产品作出版本改变。Pharos 可以通过包装组合现有的产品，变成新产品，从而减少产品数量。

（二）Pharos 创新性地支持所有现代的业务模式

包括业务流程外包（Business Process Outsourcing，BPO）、应用服务供应商（Application Service Provider，ASP）和多品牌包装销售。

（三）Pharos 是一个真正全球化的系统

一个单一的系统，却能支持世界范围内的主要保险业务和产品线，Pharos 是一个真正全球化的系统，它支持多货币、多语言、多分支公司等一系列复杂区域环境的需求。因此，它能够便捷、容易地本土化，从而适应不同市场的复杂需求。

（四）已经和 Pharos 融为一体的丰富业务经验降低了实施风险

Pharos 本身已经拥有了大量的、目前已被广泛使用的产品组成元素，并且 Pharos 具有丰富的功能和最现代的灵活设计，使得 Pharos 的实施过程比传统保险项目周期更短。

（五）Pharos 可以重构和优化现有的保险业务处理方式

采用更新和更有效的业务流程（包括让流程变得更加直接）。只有客户服务的提高，才能真正实现生产力的提高、成本的降低、客户保留度的提高。

（六）技术平台（硬件、操作系统和数据库）的开放性

提供了让保险公司选择适合其业务模型的先决条件，在保证质量位于行业领先地位的同时，使总成本降到最低。

三、保险核心业务系统优势

（一）Pharos 能满足过去和现在的业务所有需求

Pharos 为所有的产品提供了统一的数据模型，在设计过程中，并没有为特定的某

家公司制作任何客户化的设计，可以方便地支持原有系统业务和支持已经分散在多个产品系统中的业务。所以无论是过去还是现在的业务，都只需要在 Pharos 系统中直接定义，而不需要修改任何代码，从本质上极大地降低保险公司在项目实施时的风险，也为保险公司的数据延续性提供了强大的支持和保障。

（二）Pharos 能快速满足产品创新及企业变革的需要

Pharos 完全可以通过配置，支持保险公司业务发展的持续性和变化性。其设计的理念就是欢迎业务变革，使客户能够从容面对保险市场的更多变化与挑战。对于未来将要推出的多款新产品，均可以在已有产品数据基础上，通过对多个产品的（部分）责任/条款进行组合，包装成一个个新的产品套餐。利用 Pharos 提供的各项工具，用户可以灵活地从产品库中选择所需数据，快速地组合，实现在最短的时间内推出更多全新的产品套餐，从而赢得市场与消费者的需要。

（三）Pharos 支持国际化

在国际化的大环境下，保险公司可以通过使用 Pharos 提供的工具，特别是保险业务规则来轻松方便地定义不同国家、不同地区差异化的产品。Pharos 还提供了多语言、多时区、多币种、多金额格式的支持。

（四）Pharos 拥有强大的客户风险管理能力

一个保险业务系统，归根到底是对客户风险的控制，Pharos 提供了强有力的风险管理功能，主要体现在如下几个方面：统一客户风险管理，将所有客户在同一个地方集中管理，对客户信息的任何变化都能有效监控并得到及时业务触发，最后形成对保单的批改；灵活客户信息的自定义，客户信息在系统运行过程中灵活地由用户自己定义和扩展。Pharos 提供了功能强大灵活的再保/共保实时处理业务，能够使客户风险得到有效控制。在业务处理各个环节，都能实现再保/共保相关业务处理。

（五）Pharos 具有很强的集成能力

Pharos 减少了系统集成的概率。Pharos 是一个单一系统，在客观上减少了保险公司多个系统存在的必要性。采用了最新 SOA 软件设计理念，方便流程重组。采用了元数据模型，保持服务稳定性。采用了元数据模型，在应对差异化产品时，能够让用户通过配置来解决，从而保持了系统服务接口的稳定性。

（六）Pharos 具有合理的技术架构

采用主流的、标准的 JavaEE 平台，各个主流的厂商都支持这个标准。具有清晰的技术分层，系统从技术上划分为展现层、服务层和数据层。提供了服务控制器组件，使 Pharos 具有全面监控、管理服务的功能。Pharos 在设计上充分考虑大业务数据量的情况，解决系统可能面临的性能问题。根据业务处理特点，Pharos 在设计上充分使用 Cache、并发、异步、xml 和关系数据库存储等技术，以提高系统的性能。Pharos 系统在设计上，已经考虑系统通过部署方式来提高系统的吞吐能力。Pharos 支持集群部署、Web 和 EJB 分布部署、分模块部署、数据库分模块部署等方式，也支持它们的混合部署方式。这些分布部署方式为公司持续业务增长提供有力的技术保障。Pharos 是一个计算型的应用，解除了数据库的性能瓶颈。Pharos 彻底颠覆了传统系统的做法，采用元数据模型，从典型数据负载型应用转变为计算型的应用，对数据库的访问反而不是性能的瓶颈，系统性能瓶颈从数据库系统转移到了应用服务器。应用服务器端的性能通过集群，分布式部署等方法就可以很轻易地得到解决。

（七）Pharos 具有快速实施过程的敏捷性，风险低

Pharos 是一个具有较强商业性质的通用保险业务系统，实施过程将是业务人员占主导位置进行配置的过程，而不是一个开发过程，也不是传统意义上的客户化的系统定制过程（传统客户化的过程也是修改源代码的定制过程）。

Pharos 实施方式的优点：业务人员主导，防止业务失真。Pharos 实施过程是基于一套标准化的产品配置过程。实施过程中，业务人员完全可以独自完成产品配置，有效防止需求失真。实施人员在实施过程中，可采用边配置边测试的方式，实施路径非常短，见效快，实施过程中不会发生源代码的修改，周期短，风险低。

（八）Pharos 具有非常好的易用性

Pharos 系统界面是采用 Web 网页形式，但是它采用了 Ajax 的技术，所以在用户使用上，具有和传统 Windows 界面类似的友好体验效果。Pharos 是一个单一的系统，支持所有产品线，不同产品都使用相同的界面，只要用户学会了 Pharos 的单一界面，那么这个用户就可以操作所有的产品线，极大地减少了用户学习培训的成本。Pharos 不会因为增加新产品或者产品线，而增加用户学习培训的成本，为保险公司快速推出新产品，创造了良好的条件。

（九）Pharos 具有良好的可维护性

Pharos 维护过程只要求数据库 DBA 和操作系统管理员就足够了，不需要一个庞大的开发团队来长期修改代码。当保险市场有新的需求或者系统业务发生变化的时候，只需要在系统中重新配置，不会有源代码的修改，极大地减少了维护成本。Pharos 采用了主流的标准技术架构，面临软件升级时，都能得到广泛技术支持。

（十）Pharos 具有很好安全控制

Pharos 系统具有很高的安全设置能力，无论在界面层，还是在应用服务器端，都有非常好的安全支持。Pharos 对安全的控制，分为功能级别的安全控制、服务级别的安全控制、数据级别的安全控制。

第四节 再保险核心业务系统

再保险系统作为独立的系统，综合了多家寿险公司的业务需求，解决了再保业务功能不齐全、分保流程不完整、分保数据不可靠等诸多问题。

一、再保险核心业务系统概述

保险公司保费的快速增长，也带来了风险的过分集中和责任累积过大。再保险系统协助保险公司进行风险的有效分散，帮助保险公司扩大经营业绩和营运规模。其主要作用概括如下：
（1）分散风险，避免巨额损失；
（2）扩大承保能力；
（3）控制责任，稳定经营；
（4）降低营业费用，增加运用资金；
（5）有利于拓展新业务。

二、再保险核心业务系统特色

（1）满足寿险业务中，所有再保公司对分保业务的要求；
（2）完美的操作体验 – 操作简单、响应迅速；
（3）以合同为中心；
（4）自动批处理生成分保数据和分保账单；
（5）业务完整，自动化程度高。

三、再保险核心业务系统功能（见图6.6）

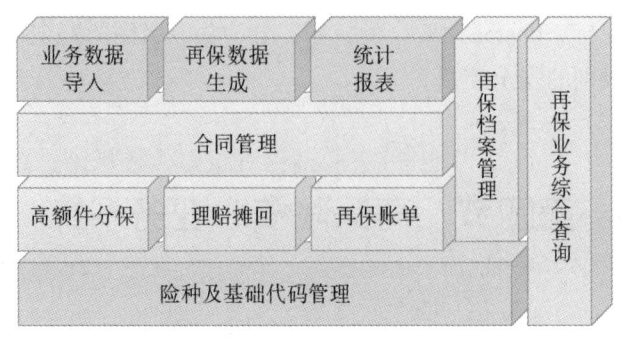

图6.6　再保险核心业务系统功能

第五节　单证管理系统

一、保险单证管理系统综合概述

业务单证是在保险业务办理过程中用以承载保险当事人双方信息和权利义务关系的凭证。办理保险业务均或多或少涉及业务单证的使用和管理，因此所有经手人员均有责任保证业务单证的正确使用，确保业务单证不被丢失和浪费，严守保密制度，杜绝泄漏业务单证所承载的信息，尤其是单证诞生、使用、废止、存档等各流程中的管理者更应明确职责、密切配合，以严明的制度、程序、科学的管理方法切实做好业务单证的管理。

单证管理系统对单证的整个生命周期进行双闭环管理，其中包括了单证需求、单证的印刷、单证的使用、单证的保管与销毁、单证备案和单证的监督和检查等等环节和流程（见图6.7）。

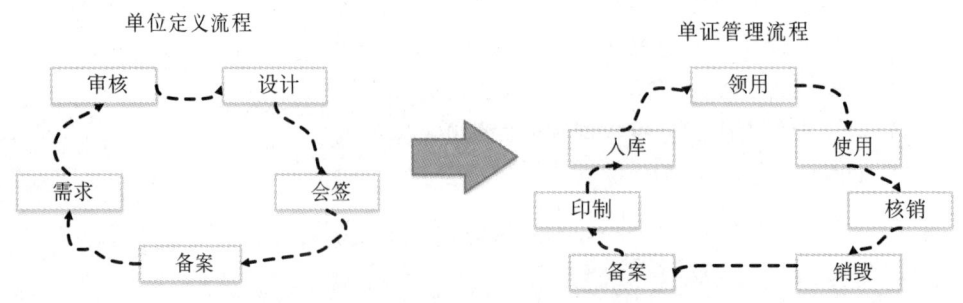

图6.7　保险单证管理系统流程

二、保险单证管理系统业务功能（见图6.8）

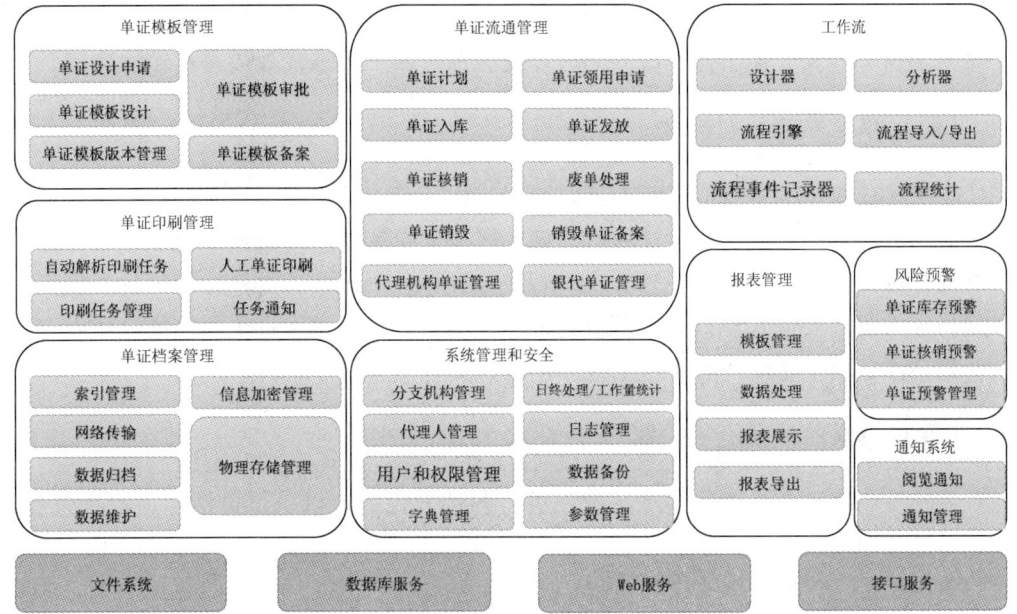

图6.8 保险单证管理系统业务功能

三、保险单证管理系统主要特点

（一）全生命周期管理

单证管理系统对保险公司各种单证类型单证的整个生命周期进行双闭环管理，其中包括单证需求、单证的印刷、单证的使用、单证的保管与销毁、单证备案和单证的监督和检查等等环节和流程。这其中包含总公司统一印刷及管理的单证；也包含总公司统一设计，分公司自行印刷及管理的单证。多个环节涉及审批、会签审批等等管理控制。单证在各个环节均可追踪。系统支持无号单证的管理，对无号单证进行数量控制；也支持有号单证的管理，可对有号单证根据单证号码进行精确管理。

（二）单证风险预警及控制

系统对监控对象如单证核销，单证库存进行实时监控，当达到预设预计值时系统会对相关人员进行预警信息提示，预警的渠道包含多种形式，如系统通知、E-mail、短信等方式。

（三）单证发放核销自动化

系统为提高系统业务办理效率，在业务操作的多个方面实现了系统自动化。系统引入了条码扫描方式发放有号码单证，单证条码扫描自动核销。以节省这些环节的手工录入工作，大大方便了操作员，同时也极大地提高了单证发放以及核销的速度。

（四）单证发放计划机制

系统不仅仅提供常规的发放方式，还提供由下至上的申请计划发放机制。各级业务员或操作员依据自身实际单证需求，向上级提交发放计划申请，上级或相关管理操作员确认计划后即可生效。生效后系统则按业务员各自提交的发放计划进行发放，该机制将大大提高发放管理效率以及节省管理成本，只需少量管理干预，便可完成庞大较为繁杂的各类单证的实际个性发放。

（五）灵活的单证流程控制

系统在诸多环节设置了管理控制，进行多种方式的审批，可灵活定义审批过程。如：单证需求阶段审批，单证模版样式多部门会签、领用审批等等。部门审批，指定用户审批，混合审批，多人会签审批，逐级审批。

（六）单证使用期限控制与管理

系统在添加设置单证类型时，可以对该单证的使用期限进行设置。单证入库以及发放时，操作员必须设定当前发放单证批次的使用时限，即开始时间（默认当前日期）和截止时间。

（七）人性化的操作界面

在各个细小环节体现人性化设计，注意操作习惯以及关联信息显示。

（八）银代单证管理

系统对银行代理单证进行有效管理。向银行发放单证时，需要登记相关信息，同时设置发放时效，即设置单证有效开始日期以及单证有效截止日期。银行将代理单证使用后进行回销，同时回销填写错误的废单。系统将此批次单证核销。在规定时间到达后，系统自动将未使用单据进行失效核销。在单证未完全使用且未过期失效情况下，系统将限制向该单位发放，在所有单证都核销完成后，方可进行新的发放。

（九）业务扩展性

系统在管理现有单证时，可以非常方便地加入新单证以及相关类型，并对该单证设置独立的发放策略等业务扩展操作，体现单证管理通用平台作用。

（十）系统容错机制

考虑到在大量单证业务操作过程中，难免会出现错发或错核销等各类情况，单证管理系统应运而生"反操作"概念，即：发放↔取消发放、核销↔取消核销。

（十一）完备的统计报表

系统提供了丰富的业务报表，以方便管理者、操作员、业务员，依据单证系统相关业务统计数据或图表进行决策、统计、分析、预警、考核、警示等。

第六节 保险非现场审计系统

保险非现场审计系统，对于监管机构和公司管理规定要求的专项审计可通过审计部门管理人员直接设立审计项目，系统按照任务驱动将审计任务分配给相应的审计人员进行专项的审计工作。

一、系统概述

AMS 系统在国内保险公司内部审计、合规部门工作要求的定位上，针对整个审计业务流程中的审计事项的事前准备阶段、事后问题的跟踪或称之为问题的回溯阶段等重要环节进行设计和开发。系统包含的功能模块，从业务层面上分析，比较全面地覆盖了整个公司内部审计的业务内容，也部分体现了内部审计任务描述中的三大重点——风险管理、控制以及业务流程的治理。平台分成三个大的层次——数据层、基础工具层、应用层（见图6.9）。

二、应用价值

（一）现场审计与非现场审计的有机结合

AMS 充分考虑到审计工作要采用现场审计与非现场审计结合的方式使审计工作系统化、信息化。非现场审计通过规则引擎和分析模型将审计人员日常进行的数据信息审计转化成审计规则和数据异常预警规则以及一些固化的分析模型，通过该模型完

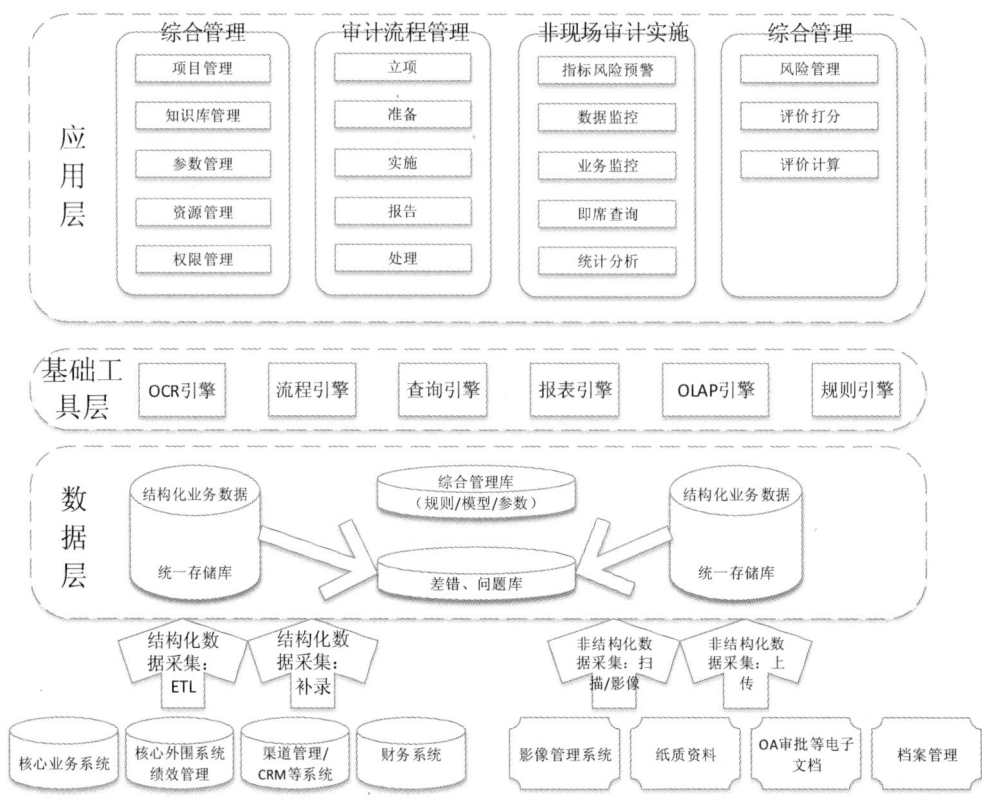

图 6.9　平台分层

成大量信息及其他结构化数据的异常审计及预警。

初步经过系统筛检的信息系统仅将异常数据信息提交审计部门人员进行审核,经过审核有必要立项进行现场审计的即可启动现场审计流程,非现场可完成的审计项目就可以提交审计报告。对于监管机构和公司管理规定要求的专项审计可通过审计部门管理人员直接设立审计项目,系统按照任务驱动将审计任务分配给相应的审计人员进行专项的审计工作(见图 6.10)。

(二) 专业完善的现场审计流程管理

AMS 的审计流程管理是按照行业监管机构对审计流程的要求,支持标准的审计流程的立项、准备、实施、报告、处理、记录等全流程管理。将审计人员在项目中工作的每一步都记录下来,帮助审计流程本身的优化管理,也对历史的审计报告进行电子化归档管理,便于查询和调阅(见图 6.11)。

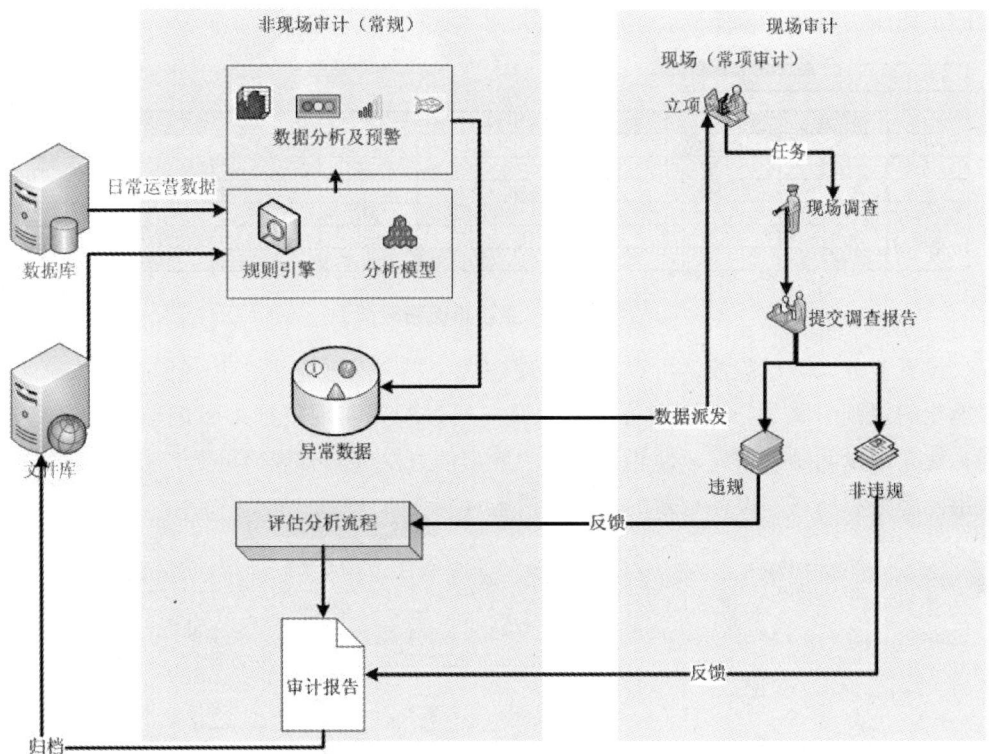

图 6.10 系统运行流程

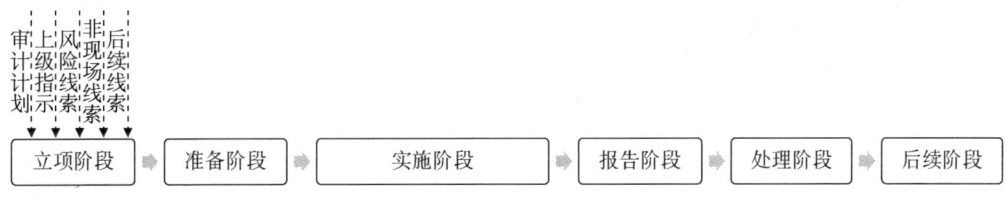

图 6.11 系统审计流程

主要功能如下：审计项目立项阶段的立项审批流程；审计项目准备阶段的任务分配、审计方案设计以及通知下发的流程；审计项目实施阶段的数据资料调阅、编制工作底稿等流程；审计项目报告阶段的生产选定模板的审计报告；审计项目处理阶段的审计报告审批及处理流程。

（三）基于优秀的数据分析平台实现强大的非现场审计能力

大量日常审计工作覆盖的范围非常广泛，为了有效提高审计人员的工作效率，非现场的审计实现了系统自动进行异常信息及数据的排查工作。其主要功能包括：风险指标的预警管理，将各类主要经营指标设置预警规则，帮助审计人员减轻日常审计工作的工作压力（见图6.12）。

机构	销售收入	毛利率（%）	三项费用率（%）	税前利率	净利润	期末存货	期末应收	现金流量
广州药厂	370,650.85	17.58	14.65	17,728.76	11,478.18	85,751.10	23,343.33	-1,085.95
制造业	99,677.42	52.56	37.30	14,764.88	9,966.76	24,552.67	23,343.33	-1,085.95
贸易业	270,973.43	4.71	5.83	4,274.07	2,821.62	61,198.43		
其他行业				-1,310.20	-1,310.20			
星群	14,449.09	41.47	23.31	2,517.17	1,686.51	3,227.33	3,584.13	3,946.48
中一	22,597.60	60.89	41.61	3,915.34	2,623.28	7,676.55	1,186.47	

图6.12　系统页面截图

设置业务风险点监控，可以及早发现违规交易，有效降低操作风险的损失概率；智能化的规则引擎与分析模型可以帮助客户通过配置实现更加细致的监控和预警功能；建立记录问题数据库，使积少成多的异常信息及数据有规律可循，方便管理人员找出问题根源所在，设计有效的方法和措施（见图6.13）。

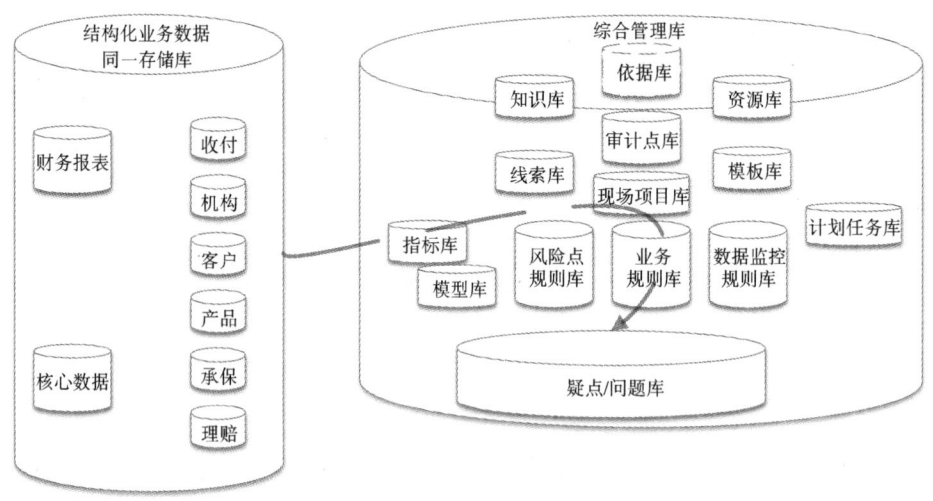

图6.13　系统管理

（四）建立风险评估体系

对于问题库的评价，利用发现的疑点、问题，进一步进行统计，从不同的角度发现内控薄弱环节（问题多发环节）。制定相应内控评价规则，实现评价指标计算的自动化；通过评分方式进行评价和持续改进保险公司内控监控管理体系。综上所述，AMS平台可以帮助保险公司的合规、审计等部门有效提高审计层次，提高审计资源利用率，大大缩小审计盲区，提高审计工作的全面性，同时节约审计成本，累计宝贵的审计知识，对审计人员提供即时帮助与培训，实现审计经验共享。

第七节 保险直销系统

一、系统概述

直销系统是保险公司或者保险资产管理公司直接销售投连险、分红险、万能险的业务系统。分为直销中心系统、直销柜台交易系统和 B/S 远程直销柜台交易系统三部分,是一个完整的、全方位的投连险销售平台。采用 B/S 远程柜台可以把销售柜台设到每个网点,甚至是移动柜台。柜台交易系统设在交易网点,受理账户、资金及交易的业务申请;中心系统包含与 TA 的接口处理、TA 下发数据的清算处理、资金管理、参数管理、权限管理等(见图 6.14)。

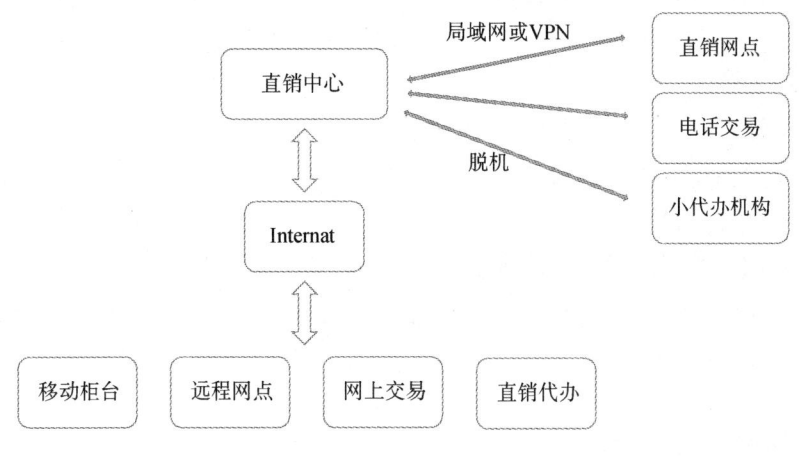

图 6.14 直销系统渠道

二、系统应用架构

系统使用三层结构,即前台客户端、应用服务器、数据库服务器。前台客户端运行在 Window 平台,使用 Delphi 开发。应用服务器为 AIX、Solaris、HPUX 环境,使用 Proc*C 语言开发。数据库服务器使用 Oracle 数据库。另外,有远程柜台模块,采用 JAVA 语言开发运行于 WEBLOGIC 平台,采用 MVC 架构(见图 6.15)。

该结构由于基于三层结构,具有以下优点:

(1)客户机,各种客户端只是一种业务通道,只需要实现简单的用户输入输出,系统的复杂性主要实现在应用层。

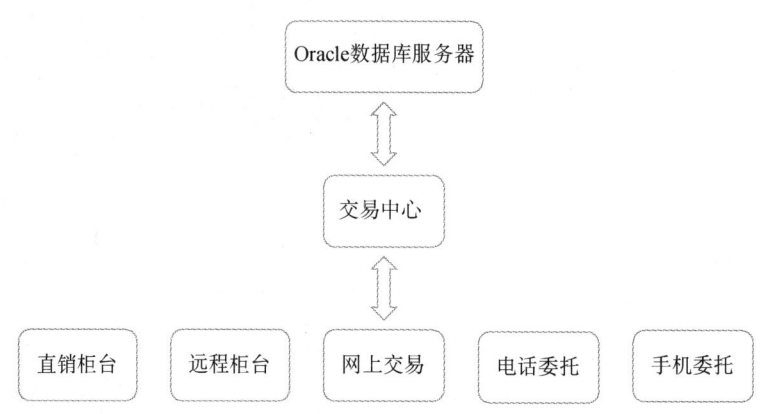

图 6.15 系统应用架构

（2）支持异构平台。直销与网上交易等系统的平台可以是不同数据库、不同操作系统。

（3）安全性提高。网上交易的 Web 服务器放在外网，应用服务器放在内网。

（4）提高系统的并发能力。业务应用逻辑及数据存储分为多个层次分散管理，逻辑或物理地将它们分开，可减轻系统压力，提高整体性能。中间层可以采取多机并行、相互备份的方式，保证系统的高可用性。

（5）易于维护。业务逻辑的变化，一般只需要修改应用服务器的程序，不需要修改每种客户的表示程序。

（6）应用服务器内建安全控制数据库，实现应用服务器与数据服务器的双重权限控制，对权限的划分更准确、灵活、严格。新系统在信息访问、传递和存储三个环节上均有严格的安全措施。

三、系统逻辑结构

（一）销售结构图：直销中心、分中心、网点（见图 6.16）

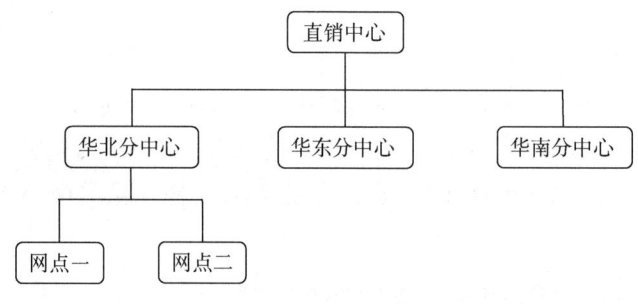

图 6.16 销售结构图

（二）业务处理流程（见图 6.17）

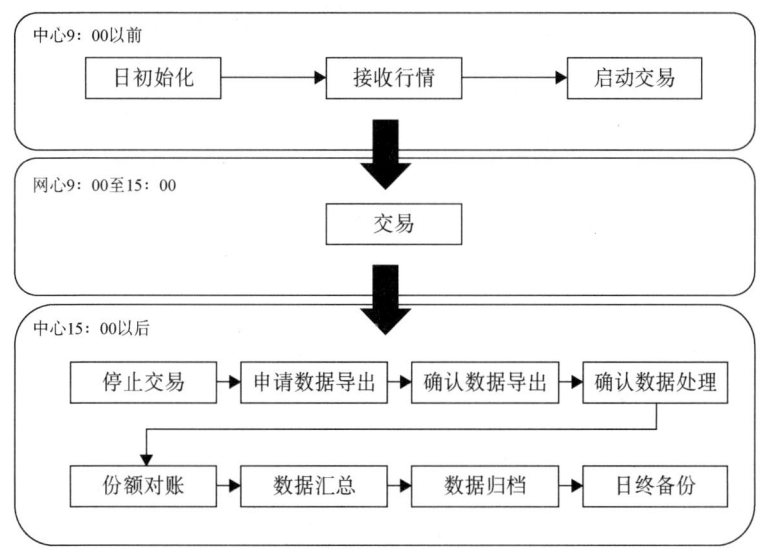

图 6.17　业务处理流程

四、系统特点

（一）灵活的业务模式

1. 账户类

（1）多层账户结构。一个投资者可以有多个投连险账号，一个投连险账号有多个交易账号。

（2）多种开户模式。开户时投连险账号的生成方式可以是：由 TA 系统 T+1 日确认时生成，由直销预分配投连险账号 T 日立即发放。

个人投资者允许由经办人代理交易，系统中保留个人经办人的资料。

（3）投资者费率折扣。投资者在开户时，可以与保险或者保险资产管理公司签订优惠协议，后续投资者所有交易费都可以按协议折扣打折，也可以在交易中另外指定。

2. 交易类

目前支持的投连险类型有：股票投连险、LOF 投连险、货币投连险、短债投连险、QDII 投连险。支持 7×24 小时网上、电话交易。

（1）定期定额申购/赎回。定期定额交易的交易周期、截止日期都可以灵活指定，交易允许顺延，也允许某些月份不连续。定期定额协议的金额、周期等信息都可以修改。

支持前端收费 A Share、后端收费 B Share、水平收费 C Share 等多种份额类别。

可以对某笔交易的费用打折，打折需要主管复核。

(2) 认购、申购交易有两种业务模式：

①客户先存入资金，再申购。

②客户先申购、认购，再存入资金，系统日终时，自动判断客户资金是否足够。如果资金足够，该申购有效；资金不足，则交易无效。

大额交易需要有主管复核。

计算投资者在直销交易的投资收益及浮动盈亏情况，为投资者理财提供帮助。

支持多种委托方式，可分别统计电话委托、网上委托等，对于传真委托即无密码交易，做传真委托的操作员必须要有传真委托权限。

设置分红方式时，支持对指定账户或指定投连险或指定份额类别的操作。

对于某些大投资者，系统可以返还一部分佣金。

下午 15：00 以后的交易可以作为当天申请，也可作为第二天申请。

交易成功后，直销系统可以通知短信系统发送短信。

3. 资金类

投资人在各个城市的资金可以通用，也可以各自独立。

(1) 普通方式。客户在保险或者保险资产管理公司指定的收款账户存入资金，保险或者保险资产管理公司通过查询自己账户资金，确定该笔资金是否到账。如果到账，则在直销系统存入资金。赎回款返回时，系统提供回款的明细报表或电子文件，通知直销清算会计。

客户可以先存钱再交易，也可以先交易再存钱。

(2) 电子清算方式。客户在保险或者保险资产管理公司指定的收款账户存入资金，保险或者保险资产管理公司直销主机与银行实时联网，银行发送消息给直销系统，在直销系统自动增加该笔资金。赎回款返回时，直销系统根据赎回确认的明细，发送消息给银行系统，将回款实时划拨到投资人的指定银行账号。

4. 经纪人管理

增加了经纪人业绩考核系统。记录每个投资者每笔交易与哪个经纪人有关，考核经纪人对管理费及投连险净值的贡献，并据此奖励经纪人。

对大客户可以单独计算尾随佣金提成，并能自动转成相应的投连险份额。

能够计算各个资金渠道的保有份额以及佣金提成。

5. 功能强大的查询和报表

查询可定制、排序、导出，可定制的报表。

6. 开放的业务接口

直销系统与 TA 系统接口可以灵活配置。直销系统向客服系统提供实时接口，客服系统可以通过 Tuxedo 中间件调用直销服务，发起交易申请及交易查询。接口具有平台无关性。与直销财务清算有数据接口。

7. 严格的安全控制功能

所有操作员的功能菜单权限都可以灵活设定，并可控制到某个操作员只能在某台机器上操作。操作员的所有功能菜单操作，都有详细的操作日志记录。对于主要信息参数的修改，系统自动进行详细的明细日志，日志内容包括修改数据库的表名、字段名等内容。对于重要的业务功能，实行授权操作管理对于业务数据，系统提供强大的稽核功能，对数据的平衡性、完整性进行稽核。

第八节 网上代理人系统

一、系统概述

网上代理人系统是保险公司为保险代理人员提供的网上服务平台。服务功能包括：展业支持、代理人主页、产品查询、投保建议书设计、网上承包、业务信息管理、在线培训、交流互动等。

二、系统应用架构（见图 6.18）

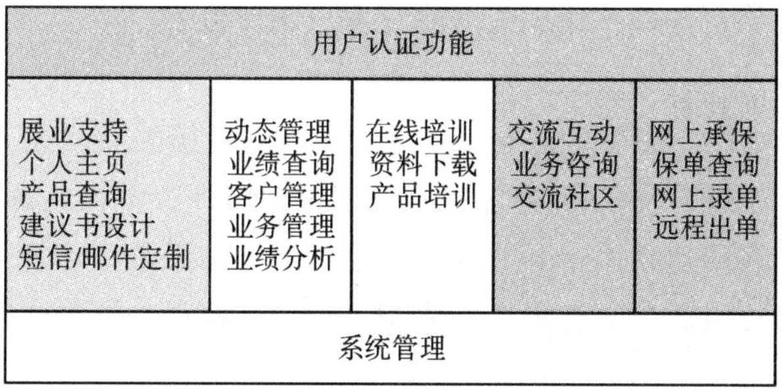

用户认证功能				
展业支持 个人主页 产品查询 建议书设计 短信/邮件定制	动态管理 业绩查询 客户管理 业务管理 业绩分析	在线培训 资料下载 产品培训	交流互动 业务咨询 交流社区	网上承保 保单查询 网上录单 远程出单
系统管理				

图 6.18 系统应用架构

三、系统优势特点

网上代理人系统采用 J2EE 的技术构架，利用组件技术构建整体系统。在业务逻辑设计中，结合保险业务进行了人性化设计，满足整体系统需求。系统采用健康保险公司多年积累的关键技术，包括"动态数据引擎""动态数据模板""统一接口""统一认证"等，并在技术设计中充分考虑了系统的可扩展性，采用"N层"系统结构、标准数据形式，从内到外保持了灵活的配置设计；同时，采用健康保险公司开发组件群设计，保证系统的功能可靠性及系统稳定性。

四、系统业务功能

（一）展业支持功能

代理人展业功能是为代理人开展业务提供网络渠道及系统工具。代理人借助本系统提供的各种工具，可以方便地开展各项保险推销业务。主要内容有：个人主页；代理人资质查询；查询及新产品介绍；手机短信/电子邮件定制；投保建议书设计及保费试算；经纪人展示窗口；经纪人投保意向填写……

（二）业务信息管理

代理人与业务管理人员通过业务信息管理功能模块查询自己或所管理人员的业绩情况，随时了解当前业绩。同时，提供在线查询代理费、应收保费等业务费用查询与管理；对代理人资质、统计报表提供查询功能。主要内容有：业绩查询及业务管理；代理费管理；应收保费管理；代理人资质管理；统计报表。

（三）在线培训功能

通过在线培训系统，可基于互联网组织学习、培训、考核、评测、调查、竞赛、交流等活动，帮助客户建立一个开放性的网络学习与知识分享环境。系统提供资源下载平台，代理人等可以通过下载平台获取相关的培训资料、产品资料等文件。

（四）社区论坛

论坛是网络交流互动的最重要的功能之一，是向会员提供信息交流、讨论、交换意见的平台，也可以收集会员的意见建议。网上代理人系统采用论坛方式开辟"产品咨询""业务咨询""业务交流"等栏目，为代理人等提供交流平台。

(五) 网上承保业务功能

为符合条件的代理（中介）人及公司提供保单查询、网上录保、远程出单的功能。系统同时提供代理人有关保户及保单信息的各种查询工具。查询功能包括：对新保单的查询功能、根据客户姓名保单号查询保单详细信息；保单续保信息；保单办理回执信息；约定变更信息，保单款项信息；理赔受理情况领款回执信息查询等。代理人也可以采用多条件查询，快速找到相应的保单信息，并进行处理。

第九节 网上投保系统

一、系统概述

对于保险企业，网上投保系统增加了保险的宣传、推广方式，建立完整电子商务保险营销方式，为更好推销保险产品提供了先进的互联网营销渠道。随着保险行业电子商务应用的普及，网上投保系统日益发挥重要营销作用。用户可以足不出户，方便快捷地在网上完成投保的过程，通过减少中间环节，用户可以获得更加低廉的保险价格，从而达到省钱、省时、省力的效果。

二、系统业务功能

(一) 信息收集流程

信息收集主要是对客户的有效基本信息进行汇总，使之成为客户的基本标识，并在后续的流程中形成客户投保意向分析、保单支付、查询管理等基础信息。

(二) 投保意向流程

通过对客户点击信息、浏览信息、在线交互信息的分析，结合其基本信息，在帮助浏览电子市场并完成电子交易的过程中，分析用户的投保意向，实时或通过后续服务流程，向客户推荐适合的个性化保险产品方案。以投保一项为目的的设计，涵盖了以往以交易支付为目的的流程，可以在电子市场中加入更多、更复杂的险种，提供给用户进行参考和了解，为电话和上门服务提供有效信息。

(三)客户服务流程

通过完善的客户管理体系,展现保险企业在品牌、市场、产品、网络、客户和服务等方面的优势和形象,并结合用户意向流程,二次开发新的业务。客户服务流程包括:险种信息和条款细节、在线帮助和电话支持、保单验真和查询管理。

(四)支付流程

支付流程包括网上在线支付、上门离线支付、保单自取支付。

本章小结

1. 保险渠道整合营销系统包括保险展业支持系统和后台渠道管理两大部分。首先,保险展业系统实现了保险统一算法,使系统能更快速地实现保险利益演算、更方便地进行险种组合。其次,借助 E@ bleInsWell 强大的管理功能,使得管理层轻松完成复杂的管理任务。

2. 业务流程管理系统给产品提供强大图形化流程监控及分析工具 通过监控业务流程实例的执行情况,持续洞察分析业务瓶颈问题找出问题所在然后通过图形化流程工具修改流程环节、分支走向以及重新分配各种资源等手段优化流程定义,并辅之流程模拟、流程监控、流程发布管理等工具完成流程优化,提升业务价值。

3. 保险核心业务系统,包括保险公司的日常操作和关键的运营管理,为管理者提供了决策时所需要的功能和工具。

4. 再保险系统作为独立的系统 综合了多家寿险公司的业务需求,解决了再保业务功能不齐全、分保流程不完整、分保数据不可靠等诸多问题 。

5. 业务单证是在保险业务办理过程中用以承载保险当事人双方信息和权利义务关系的凭证,办理保险业务均或多或少涉及业务单证的使用和管理,因此所有经手人员均有责任保证业务单证的正确使用,以严明的制度、程序、科学的管理方法切实做好业务单证的管理。

6. 保险非现场审计系统,对于监管机构和公司管理规定要求的专项审计可通过审计部门管理人员直接设立审计项目,系统按照任务驱动将审计任务分配给相应的审计人员进行专项的审计工作。

7. 直销系统是保险公司或者保险资产管理公司直接销售投连险、分红险、万能险的业务系统。分为直销中心系统 直销柜台交易系统和 B/S 远程直销柜台交易系统三部分,是一个完整的、全方位的投连险销售平台。提高了系统安全性,实现了应用服务器与数据服务器的双重权限控制,对权限的划分更准确、灵活、严格。

8. 网上代理人系统是保险公司为保险代理人员提供的网上服务平台。服务功能包括:展业支持、代理人主页、产品查询、网上承包、在线培训、交流互动等。

9. 网上投保系统增加了保险的宣传、推广方式,建立完整电子商务保险营销方式,用户可以足不出户,方便快捷地在网上完成投保的过程,为更好推销保险产品提供了先进的互联网营销渠道。

专业术语

1. 保险渠道整合营销系统:包括保险展业支持系统和后台渠道管理两大部分。保险展业系统内置了算法引擎,实现了保险统一算法,使产寿险算法及全部保险公司险种用统一的算法实现,使系统能更快速地实现保险利益演算、更方便地进行险种组合。同时,借助 E@ bleInsWell 强大的管理功能,使得管理层轻松完成复杂的管理任务。

2. 业务流程管理系统:业务流程管理平台是基于多年业务流程管理(BPM)研发及项目实施经验,在协助金融企业进行业务流程梳理和改造过程中逐渐沉淀出的一套成熟的业务流程管理体系,开发出的一套适用于金融行业的成熟业务流程管理平台。

3. 保险核心业务系统:包括保险公司的日常操作和关键的运营管理,也为管理者提供了决策时所需的功能和工具。

4. 业务流程外包:是指保险公司利用自身的信息技术和专业资源优势,承接企事业单位的健康档案管理、保单录入及信息管理、基金动态管理、数据监测及预警、反欺诈调查等工作。

5. 再保险系统作为独立的系统:综合了多家寿险公司的业务需求,协助保险公司进行风险的有效分散,帮助保险公司扩大经营业绩和运营规模,解决了再保业务功能不齐全、分保流程不完整、分保数据不可靠等诸多问题。

6. 单证管理系统:是对单证整个生命周期进行双闭环管理,其中包括单证需求、单证的印刷、单证的使用、单证的保管与销毁、单证备案和单证的监督和检查等等环节和流程。

7. 保险非现场审计系统:对于监管机构和公司管理规定要求的专项审计可通过审计部门管理人员直接设立审计项目,系统按照任务驱动将审计任务分配给相应的审计人员进行专项的审计工作。

8. 保险直销系统：是保险公司或者保险资产管理公司直接销售投连险、分红险、万能险的业务系统。分为直销中心系统、直销柜台交易系统和 B/S 远程直销柜台交易系统三部分，是一个完整的、全方位的投连险销售平台，提高了系统安全性，实现了应用服务器与数据服务器的双重权限控制，对权限的划分更准确、灵活、严格。

9. 网上代理人系统：是保险公司为保险代理人员提供的网上服务平台。服务功能包括：展业支持、代理人主页、产品查询、投保建议书设计、网上承包、业务信息管理、在线培训、交流互动等。

10. 网上投保系统：增加了保险的宣传、推广方式，建立了完整电子商务保险营销方式，为更好推销保险产品提供了先进的互联网营销渠道。随着保险行业电子商务应用的普及，投保系统日益发挥重要营销作用。用户可以足不出户，方便快捷地在网上完成投保的过程，为更好地推销保险产品提供了先进的互联网营销渠道。

思考题

1. 业务流程管理系统主要有哪些功能？
2. 再保险核心业务系统，其主要作用包括哪些？
3. 什么是保险非现场审计系统？
4. 网上承保业务功能属于哪个保险行业的哪个业务处理系统？

第七章

健康保险行业信息管理的财务管理系统

第一节 银保系统

银保系统，是一种用于在银行和保险公司之间进行实时联机交易的应用系统。银保业务是指通过银行的业务处理系统与保险公司系统的连接，实现投保人信息的及时传递，由银行柜面将保险公司予以承保的信息及时传递给客户，并在客户得到保险公司的承保后，在银行柜面及时打出保险单，从而为在银行办理保险业务的客户提供代理保险服务。

一、银保系统综合概述

伴随保险公司业务发展，为促进销售、打造品牌、发掘优质客户群、降低成本、提升服务、创造更大的利润空间，银行保险是保险公司最重要的拓展渠道之一。公司提供银保系统的目标在于通过银行为客户提供便利的保险服务，通过实现客户在银行柜面办理各项保险相关业务、银行与保险客户共享、资源共享，拓宽金融服务的广度、增强服务的深度，最终实现银保利润最大化。

二、银保系统典型应用

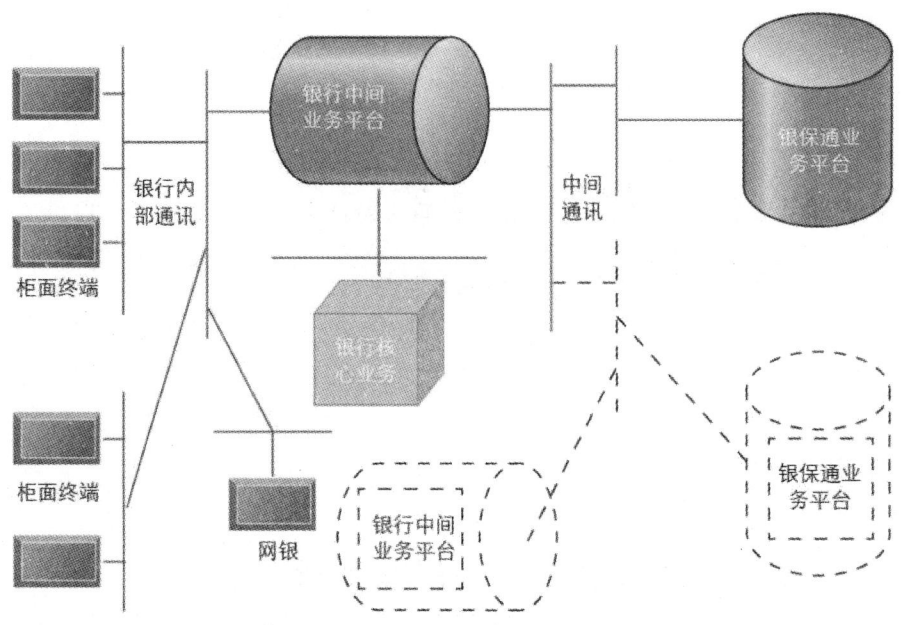

图 7.1　银保系统应用

银行柜面交互部分：完成柜面录入、选择、打印等。

网银：客户通过中间业务平台自助完成保险业务请求。

银行中间业务平台：负责与柜面和网银的交互、与保险方的交互、与保险核心业务平台的交互，处理并记录相关中间结果。

银行核心业务平台：从相关账户中转入转出费用。

中间通讯：负责银行与保险公司之间银保系统的通讯。

银保通业务平台（保险后台处理）：对银行端发起的业务请求进行实时处理并返回。

三、银保系统主要特点

（一）模块化的功能框架

功能模块化、低耦合设计，增强了系统的兼容性；渠道模块化，增强了系统扩展性。

（二）实时高效的业务处理

高效的出单系统、便捷的保全操作、现场的客服体系，均可通过银行柜面实时完成，能极大地提升保险公司的客服品牌。

（三）规范的流程控制

管理通过系统定制的业务处理流程，规范了单证管理、清算交易管理，提高了资金的归集效率，达到控制风险、节约成本的目的。

（四）严密的信息安全体系

通过与银行的专线连接，从物理层保障传输数据的安全性；数据加密、单证加密、身份认证等方法也极大地保证了数据资料的安全性。

（五）基于语义的信息交互

目前各家银行发送的数据没有标准的技术接口，银行将数据以业务描述的形式传送，保险公司在收到文本进行格式转换后，再将数据从语义层剥离（解析）后进行处理。这就使得数据交换这一关键动作从银行与保险公司各自的系统定义约束中独立出来。

（六）对业务管理的支持

通过系统的银行柜员管理接口，为保险公司加强对银行柜员的管理提供了支持，便于保险公司对银行柜面人员的绩效考核，使得保险公司对银行的合作力度能从最基层实施监控。

四、银保系统主要功能（见图7.2）

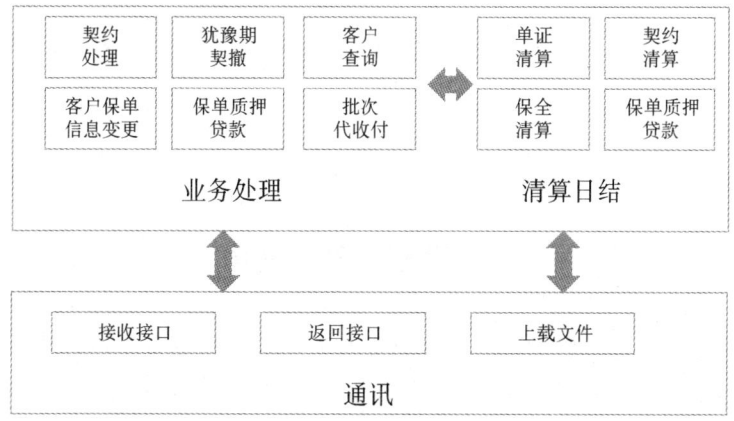

图7.2　银保系统功能

第二节　企业年金账户管理系统

企业年金账户管理系统对建立计划的企业采用以客户为中心的理念进行信息管理。不同的节点客户可以根据自己的需要定义账户、缴费规则、归属规则和投资组合，满足企业和个人的个性化服务需求。

一、企业年金核心系统综合概述

系统的设计完全符合国家相关政策法规，同时考虑到不同管理机构的特点，系统具备灵活定制和扩展性强的特点，以满足不同管理人的个性化需求。架构体系中涉及的系统既可以有机地融为一体，为管理机构提供全方位的服务，也可以单独作为管理机构业务系统架构体系中的一部分（见图7.3）。

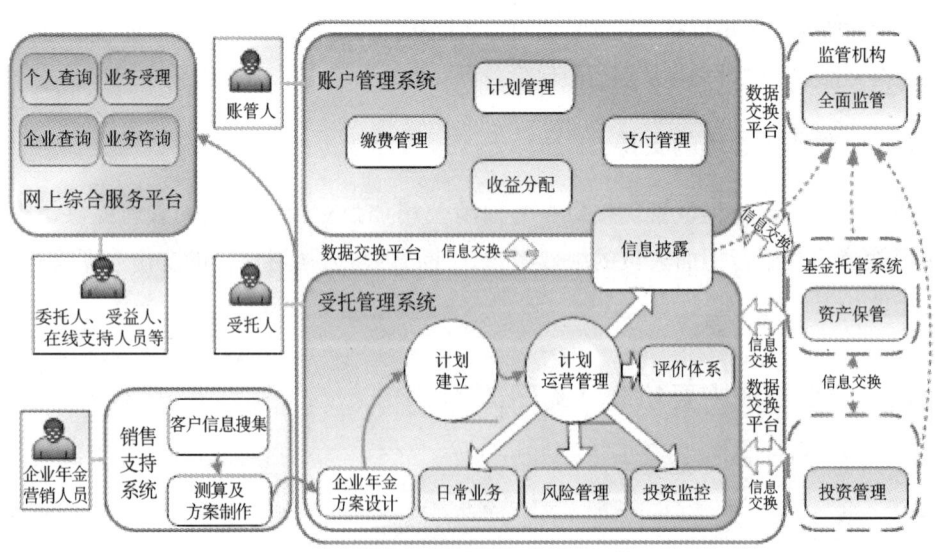

图 7.3　企业年金核心系统架构

二、企业年金核心系统销售支持（售前支持）

系统覆盖企业年金销售全程，帮助销售人员完成为企业客户进行企业年金方案测算，为客户展示缴费水平和领取利益，制作企业年金管理服务方案、投标书以及正式的公函信件；同时帮助销售人员对客户信息进行收集、分析和管理，形成客户资料库；逐步培养销售人员为客户提供整套养老保障计划设计的销售思维；规范销售人员行为，提升销售人员的销售技巧，从而最终达成提升公司业绩的目标（见图7.4）。

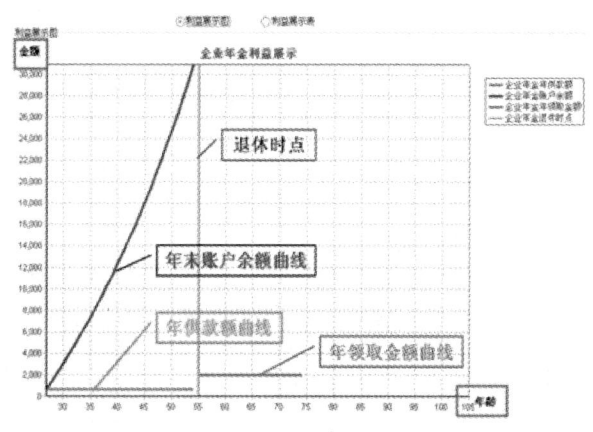

图7.4　企业年金销售曲线

三、企业年金核心系统账户管理（业务处理）

用于实现从年金计划建立、企业参加计划、个人参加计划、缴费、投资、支付等企业年金日常业务运营管理的系统。系统核心功能如图7.5。

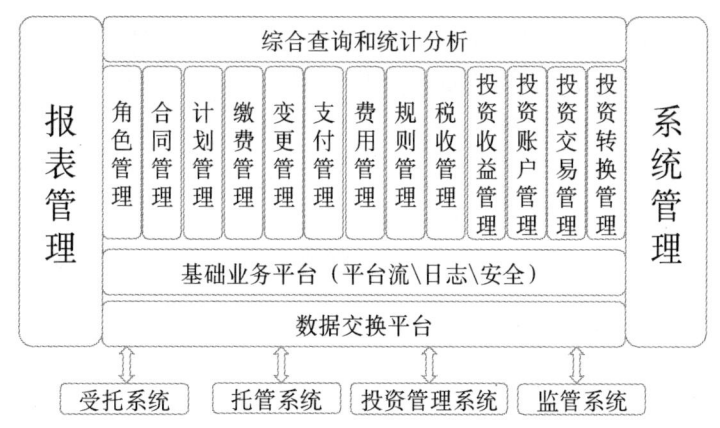

图7.5　企业年金核心系统功能

（一）以客户为中心的管理理念

企业年金账户管理系统对建立计划的企业采用以客户为中心的理念进行信息管理。不同的节点客户可以根据自己的需要定义账户、缴费规则、归属规则和投资组合，满足企业和个人的个性化服务需求。

（二）灵活的规则设置

企业年金账户管理系统在架构设计上，充分考虑到我国企业年金业务的发展，通过系统参数设置、规则定义、公式化定义等为企业和职工提供个性化服务，满足企业和个人的多元化要求，确保根据政策发展及客户需求进行灵活设置，不断扩展服务范围。

（三）强大的权限管理平台

根据账户管理人全国性大客户的特性，提高账户管理人的服务水平，提高账户管理人的市场竞争力。分级权限控制可以解决总分行异地的运行模式。

（四）完备的安全体系

企业年金个人账户是企业员工的养命钱，并具有长期缴费、延期享受的特点，所以，账户管理安全是系统建设的重中之重。系统安全体系，从登录时身份识别与认证、分级权限管理、关键数据的加密措施以及全程日志管理，实现了系统数据的安全可靠。

四、企业年金核心系统受托管理（业务处理）

实现企业年金受托管理日常基本业务的运作管理。系统所有功能围绕受托人的职责展开，遵循"全面管理、全程监督"的原则，采用以年金计划为主线的设计思想，贯穿系统各个功能点，对年金计划进行全方位的管理与全程监控，有效保护企业年金受益人利益（见图7.6—图7.8）。

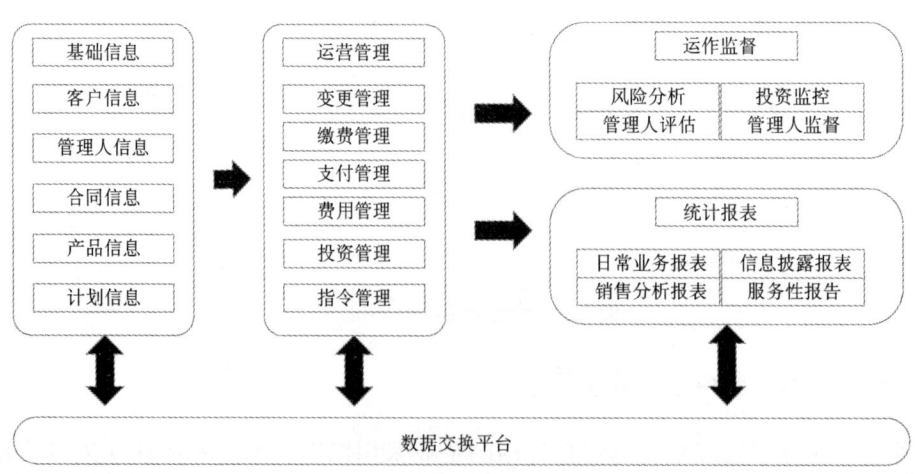

图7.6 企业年金核心系统受托管理流

第七章 健康保险行业信息管理的业务处理系统

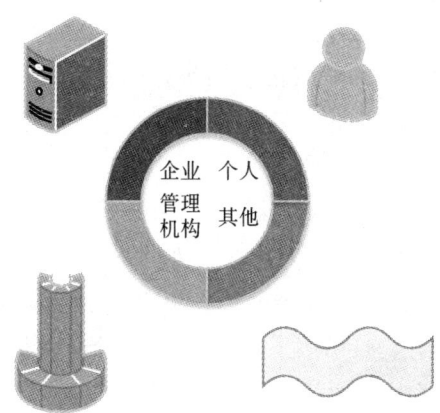

图 7.7　企业年金核心系统服务对象

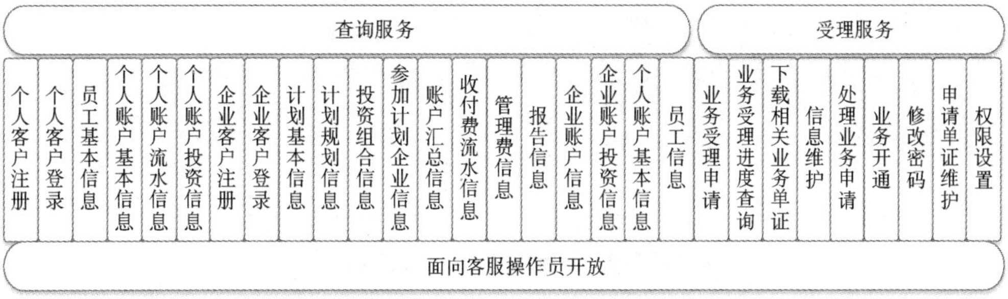

查询服务														受理服务						
个人客户注册	个人客户登录	员工基本信息	个人账户基本信息	个人账户流水信息	个人账户投资信息	企业客户注册	企业客户登录	计划基本信息	计划规划信息	投资组合信息	参加计划企业信息	账户汇总信息	收付费流水信息	管理费信息	报告信息	企业账户信息	企业账户投资信息	个人账户基本信息	员工信息	业务受理申请	业务受理进度查询	下载相关业务单证	处理业务申请	信息维护	业务开通	修改密码	申请单证维护	权限设置
面向客服操作员开放																				

图 7.8　企业年金核心系统功能

第三节　保险预算管理系统

保险预算管理系统主要特点是，引入预算管理的先进理念，侧重于事先的预测和计划；涵盖包括业务、管理、财务、执行控制、差异分析等各层面的全面预算体系；预算过程和业务过程无缝集成，实现预算、结算和核算的动态控制；支持多种预算编制方法等等。

一、系统概述

全面预算管理作为企业管理的重要工具，在保险企业管理工作中，占据着重要位置。根据在保险领域多年的行业经验，专门研发了针对保险企业特色的全面预算管理系统，以利润为核心，以保费收入、赔款、费用、现金流量为重点，将保险业务信息及时转化为财务核算信息,实现承保理赔、业务管理、精算、投资和财务系统的一体化无缝对接,保证数据统一性和集成化(见图7.9)。

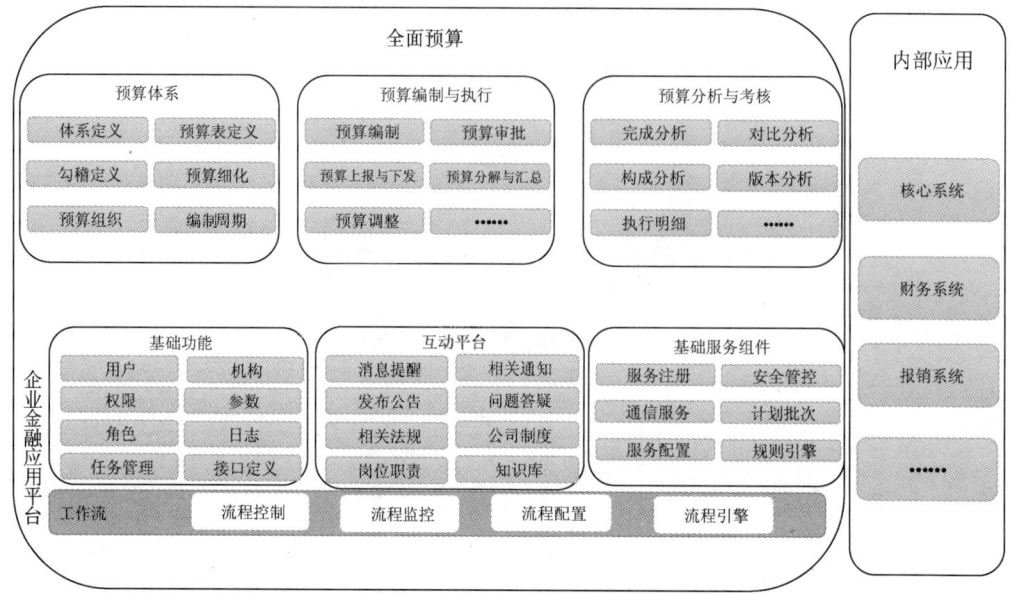

图 7.9 保险预算管理系统架构

二、业务功能

(一)预算体系

预算体系定义主要完成不同预算大类和体系的定义;预算组织定义主要完成整个集团预算组织的定义,预算组织可以采用多个维度进行定义,如:按照业务线或行政等;编制周期定义主要定义进行预算编制和控制的周期,可以进行灵活配置,如:年－季－月－旬、年－自然周;预算表定义完成各预算体系下预算表格的格式以及其他内容的定义,如编制周期和控制周期等;勾稽定义完成各预算表格的勾稽关系;预算细化主要完成各预算主体对预算表格指标的细化或扩展。

(二)预算编制与执行

预算编制主要完成预算表数据的填制、公式数据的自动生成以及数据勾稽关系校验等;预算上报完成向上级组织进行预算报送的工作;预算下发完成上级组织对审批并修改后的预算向下级组织下达的任务;预算分解完成对上级组织审批后的预算数据进行分拆到下级组织；预算汇总完成对本预算主体及下级组织预算数据进行汇总的任务；预算调整是在预算执行过程中进行预算数据调整，每次数据调整的过程都作为一个单独的版本进行保存。

（三）预算分析与考核

对比分析完成对所有预算主体预算及执行情况与历史时期的数据进行对比分析，如同比分析、环比分析等；构成分析主要是分析预算表中各预算指标在整体预算中的构成情况进行分析；版本分析是分析各预算主体在各预算期间多个预算版本之间的差异情况；执行明细主要是查询各个预算表实际执行情况以及执行的明细记录；单位分析是对同一预算表在各预算主体不同执行情况进行对比分析；预算进度表是生成按日或月的预算进度表，随时掌握预算的完成情况。

三、主要特点

引入预算管理的先进理念，侧重于事先的预测和计划；
涵盖包括业务、管理、财务、执行控制、差异分析等各层面的全面预算体系；
预算过程和业务过程无缝集成，实现预算、结算和核算的动态控制；
支持多种预算编制方法；
可配合企业业务需要作出实时预算调整，更好地适应企业的发展；
各级企业可以分别设置预算粒度以及预警规则；
基于图形化的绩效报告与预算差异分析；
良好的扩展性，易于与其他系统整合，构成企业全面管理的整体解决方案。

本章小结

1. 健康保险行业信息管理的财务管理系统包括银保系统、企业年金账户管理系统、保险预算管理系统。
2. 银保系统是一种用于在银行和保险公司之间进行实时联机交易的应用系统，具有模块化的功能框架、实时高效的业务处理、规范的流程控制、严密的信息安全体系、基于语义的信息交互、支持业务管理的特点。从而实现客户在银行柜面办理各项保险相关业务、银行与保险客户共享、资源共享，以拓宽金融服务的广度和深度。主要应用于银行柜面交互部分、银行中间业务平台、银行核心业务平台、中间通讯、银保通业务平台等。

3. 企业年金账户管理系统分为售前支持和业务处理两个模块，售前支持模块帮助销售人员完成为企业客户进行企业年金方案测算，为客户展示缴费水平和领取利益，制作企业年金管理服务方案、投标书以及正式的公函信件等。业务处理模块分为账户管理和受托管理。账户管理用于实现从年金计划建立、企业参加计划、个人参加计划、缴费、投资、支付等企业年金日常业务运营管理。受托管理用于实现企业年金受托管理日常基本业务的运作管理。采用以年金计划为主线的设计思想，贯穿系统各个功能点，对年金计划进行全方位的管理与全程监控，有效保护企业年金受益人利益。

4. 保险预算管理系统引入预算管理的先进理念，侧重于事先的预测和计划；涵盖包括业务、管理、财务、执行控制、差异分析等各层面的全面预算体系；预算过程和业务过程无缝集成，实现预算、结算和核算的动态控制，支持多种预算编制方法等。保险预算管理系统引以利润为核心，以保费收入、赔款、费用、现金流量为重点，将保险业务信息及时转化为财务核算信息，实现承保理赔、业务管理、精算、投资和财务系统的一体化无缝对接，保证数据统一性和集成化。有预算体系搭建、预算编制与执行、预算分析与考核三大功能模块。

专业术语

1. 银保系统：是一种在银行和保险公司之间进行实时联机交易的应用系统。
2. 企业年金账户管理系统：是建立计划的企业采用以客户为中心的理念，支撑企业年金日常业务运营管理的系统。
3. 全面预算管理：是利用预算对企业内部各部门、各单位的各种财务及非财务资源进行分配、考核、控制，以便有效地组织和协调企业的生产经营活动，完成既定的经营目标。
4. 预算体系定义：主要完成不同预算大类和体系的定义。
5. 预算组织定义：主要完成整个集团预算组织的定义。
6. 预算表定义：完成各预算体系下预算表格的格式以及其他内容的定义。
7. 勾稽定义：完成各预算表格的勾稽关系。
8. 预算细化：主要完成各预算主体对预算表格指标的细化或扩展。
9. 预算编制：主要完成预算表数据的填制、公式数据的自动生成以及数据勾稽关系校验等。

10. 构成分析：主要是分析预算表中各预算指标在整体预算中的构成情况。
11. 版本分析：分析各预算主体在各预算期间多个预算版本之间的差异情况。
12. 单位分析：就同一预算表在各预算主体不同执行情况进行对比分析。

思考题

1. 银保系统有哪些典型应用？
2. 企业年金核心系统的业务处理流程是怎样的？
3. 企业年金核心系统对保险各部分工作开展的影响是怎样的？
4. 简要阐释保险预算管理系统的系统架构。

第八章

健康保险行业信息管理的办公自动化系统

第一节　影像处理系统

影像处理系统支持影像分布部署、集中部署、半集中多种部署方式,公司可根据实际选择最适合的部署方式。尤其是半集中模式允许在影像总公司集中部署的情况下,通过灵活的 Cache 影像策略将影像缓存在各分公司,优化网络使用率,加速从远端获取影像。

一、综合概述

在保险的业务实践中,伴随着大量电子影像的产生,如何管理和利用好这些电子影像对提高业务环节的处理效率具有重要作用。研发的 E@ble IIS 影像处理平台不仅可以满足保险常规业务操作中的影像查阅的需求,还可以扩展到文档等非结构化文件的管理,满足新业务申请、核保核赔、客户服务以及财务管理等全业务的应用(见图 8.1)。

第八章
健康保险行业信息管理的办公自动化系统

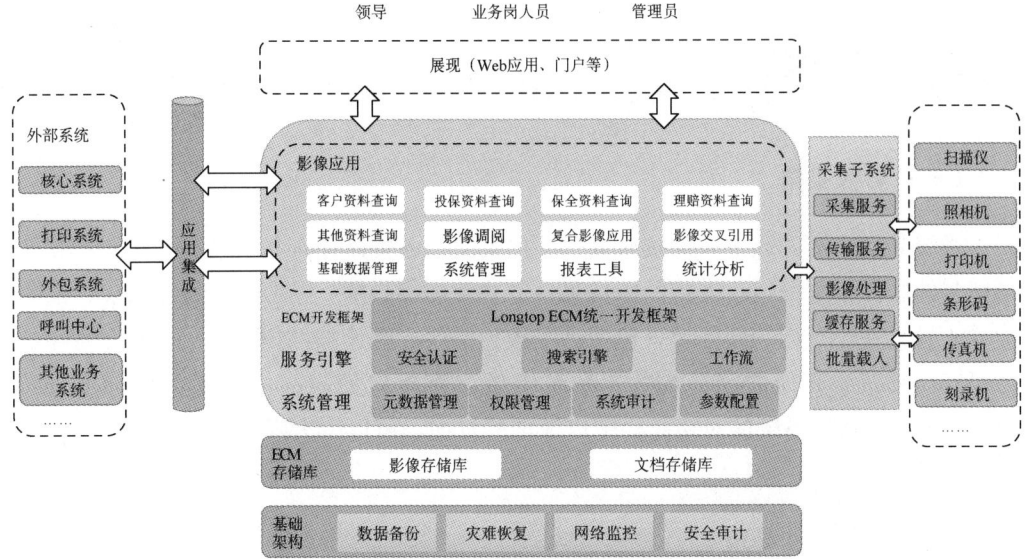

图 8.1　影像处理系统架构

二、典型应用（见图 8.2）

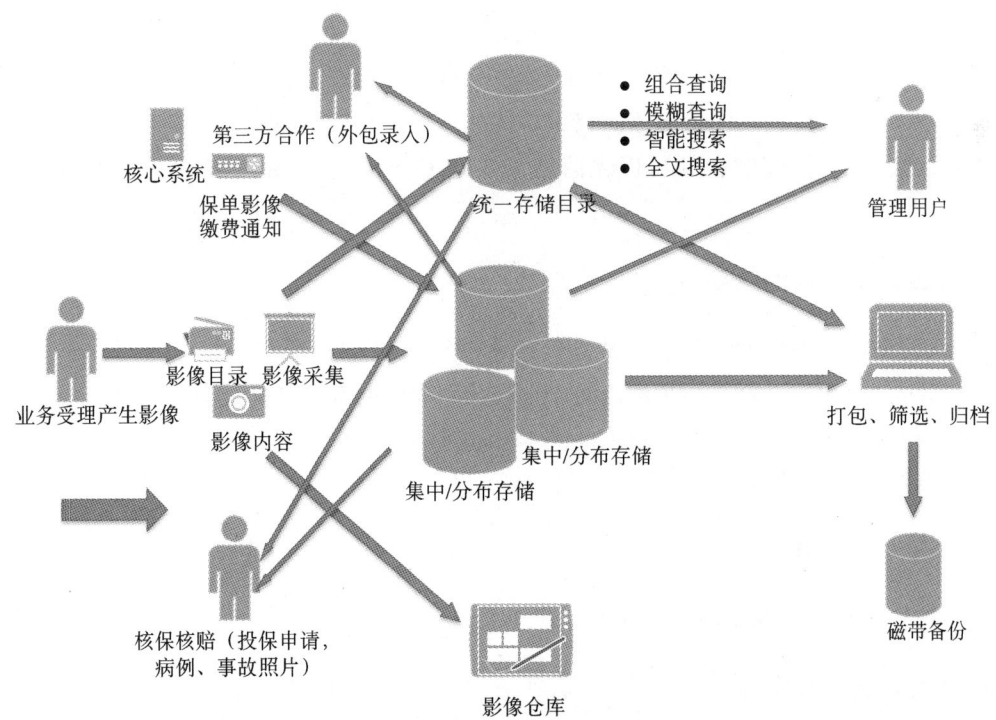

图 8.2　影像处理系统应用

三、主要功能

（一）影像采集

系统具备丰富的影像采集接入方式，广泛支持各类影像采集设备，为用户提供更可能多的影像采集渠道。支持的影像采集方式：影像扫描、拍照、传真接收、已有影像导入等方式。支持的硬件设备包括：平板扫描仪、高速扫描仪、数码相机、数字摄像机、传真机、其他数字终端等。系统提供丰富接口使扫描完的影像能够实现与OCR、ICR、OMR 系统的对接，再配以简洁的页面，可以大大降低用户工作量，提高工作效率。

（二）影像图片处理

系统除提供图片自动纠偏、自动控制影像质量、影像翻转、去污点、去黑边框等常规功能来提高图片的质量外，还提供自动旋转、自动区分黑白色、自动分类等功能协助用户智能处理影像。

（三）影像传输

强大的影像传输功能，支持资料一致性校验、大数据量传输、传输安全性的同时，采用断点续传、网络忙时监测技术，优化传输提高传输效率。另外，系统支持影像分段传输，扫描完的影像可以先落地到本地 Cache，在网络不忙时再通过各种同步、异步策略上传到总部。

（四）影像本地缓存

支持影像本地 Cache 存储，将分公司常用的影像缓存在本地，充分利用本地资源，减少分公司与总公司间影像访问、提高访问速度的同时降低总分公司间广域网带宽和总公司影像压力。另外，系统提供丰富的策略来管理本地 Cache 与总部间影像的同步机制以及缓存策略。

（五）影像存储

支持 FileNet、EMC、UCM 等内容管理平台。

（六）影像分类

提供影像分类的定义，包括大类小类划分的定义。为影像更为细致的查询和管理服务。例如个险投保单、团险投保单、体检资料、个险健康资料、病史资料、调查问卷等。

（七）影像模板管理

支持影像模板的定义，可为每类模板指定业务属性，并支持模板间关系的定义。例如"个险保单"模板上有投保单号、保单号、投保人姓名、被保人姓名等。另外，可以定义个险保单模板与个险保全单之间以保单号建立关联关系。

（八）影像权限管理

提供操作及管理两个层面的管理人员维护，并从角色和数据两个维度对影像访问权限进行交叉控制，满足保险公司同岗不同机构对影像数据差异访问的管理需求。在影像划分上按照分级授权思路，根据影像特性划分数据，对客户敏感的影像数据特殊保护，例如被保人体检报告，涉及财务、理赔的单证等。

（九）影像查询

支持多条件组合的综合查询，主要是通过影像模板间关系定义，实现统一入口的关联查询。例如通过保单影像可以直接查询到相关的保全、理赔影像信息；反之亦然。

（十）格式转换

自动将影像在 TIF、GIF、PDF 等格式间转换。

（十一）接口和集成

基于 Web Service 的 API 和 Java Beans API，方便地进行业务服务集成。同时，基于保险业务的组件可快速搭建保险影像及业务应用。

四、主要特点

（一）批量扫描，支持工业级别的扫描

基于 Windows 界面开发的工业级批量扫描功能，方便快速地完成扫描并通过预先影像模板定义将影像自动分类。最后通过 OCR 集成协助用户快速索引。

（二）支持多种灵活部署方式

系统支持影像分布部署、集中部署、半集中多种部署方式，公司可根据实际选择

最适合的部署方式。尤其是半集中模式允许在影像总公司集中部署的情况下，通过灵活的 Cache 影像策略将影像缓存在各分公司，优化网络使用率，加速从远端获取影像。

（三）海量数据量的强大支持

系统支持负载均衡和集群部署，可随业务量的增加线性扩展存储容量。另外，系统支持与 TSM 等分级存储产品对接，为客户提供分级存储能力，支持磁盘阵列（在线）、光盘柜（准在线）、离线光盘（离线）三级存储架构。

（四）支持开发标准，满足业务发展变化

支持开放标准如 WebDAV、XML 等，同时系统架构遵循 SOA 规范，基于 SOA 的思想设计开发，能很好地适应业务发展变化。当业务操作发生变化时，能通过维护性操作和管理完成系统升级。

（五）与成熟内容管理平台融合

系统可以与 IBM FILENET、EMC Documentum、ORACLE UCM 等平台内容管理产品紧密结合。

（六）屏蔽硬件差异，支持各种扫描设备

通过底层技术、封装底层扫描设备差异，向上提供统一的扫描服务接口，保护已有和未来投资。

（七）丰富的影像查询以及报表功能

提供丰富的 WEB 影像查询功能，通过保单信息、操作信息、机构信息等多种组合条件查询，将查询结果以包括支持多条列表、单条调阅甚至缩略图预览等多种方式展示。同时，提供丰富的报表统计和分析功能，支持报表自定义及风格配置，客户可根据需要快速定义动态报表。

（八）安全可靠的影像传输

利用传输组件完成影像文件及相关数据的传输，支持资料一致性校验、大数据量传输、传输安全性的同时，采用断点续传、网络忙时监测技术，优化传输提高传输效率。

（九）强大的系统配置和管理功能

影像系统提供灵活方便的配置管理工具，总、分公司管理员可通过快速配置完成

业务定制，包括影像同步策略、传输策略、Cache 缓存策略、影像目录及分类等以及权限管理等。

（十）支持影像驱动及事件关联管理

影像发生变动时自动触发事件例如邮件发送、短信通知以及流程启动等，为提高整体工作效率和客户服务水平提供有力手段。同时，系统可以升级到内容管理和流程管理系统。

第二节 电子商务系统

一、营销理念

目前，国内的保险行业竞争越来越残酷，各家保险公司开始从销售入手逐步转变模式，通过改变营销模式、改变经营方法、改变客户服务体验等方法争夺客户资源。各家保险公司纷纷推出网上销售、电话销售、客户互动等各种各样的全新服务模式。平安集团更是凭借"一账通"的全新理念将保险、理财的客户牢牢掌握在手中，通过网络推送各种新业务、新产品不断提升客户服务水平，拓展全新产品销售等等。

电子商务平台意在帮助客户解决以下问题：快速的开拓全新的客户群体；有效的节约销售费用；给予直接客户更多优惠，增加客户与保险公司的粘性；推出全新的客户服务体验，真正体现以客户为中心的理念；提供优于代理群体贡献的客户质量；做到真正的客户管理，掌握客户信息等。

二、典型应用

（一）电销、网销的有机结合

电子商务平台提供的营销渠道突破了传统的面对面营销、电销等方式，系统能够通过电话、网络、视频、即时通讯等方式，接受客户呼入和主动呼出等不同渠道交互要求进行营销服务。根据实际业务的不同，营销活动的流程能够涵盖几乎全部电子商务系统的功能流程，实现了多媒体、全方位电销及网销等模式有机结合，形成了真正的电子商务及客户服务的平台。

(二)收集客户信息,提供星级服务

电子商务平台植入了客户信息管理功能,在电子商务平台提供客户积分、兑换中心、网上保单销售等功能,建立客户信息库涵盖客户积分、客户卡服务、客户分级服务等,在实现星级客户星级服务理念的同时,将客户信息牢牢掌握在保险公司手中,有效规避了代理人掌握客户信息带来的种种经营风险。

(三)单点登录统一门户

电子商务平台对外作为内容发布系统是一套独立的内容管理系统,主要负责对新闻类信息的发布,同时为客户提供购买产品、投诉、兑换积分等服务统一登录的界面,让用户可以在登录时经过一次认证后,再访问其他应用时就不用再进行认证了,可以提升客户服务的体验(见图8.3)。

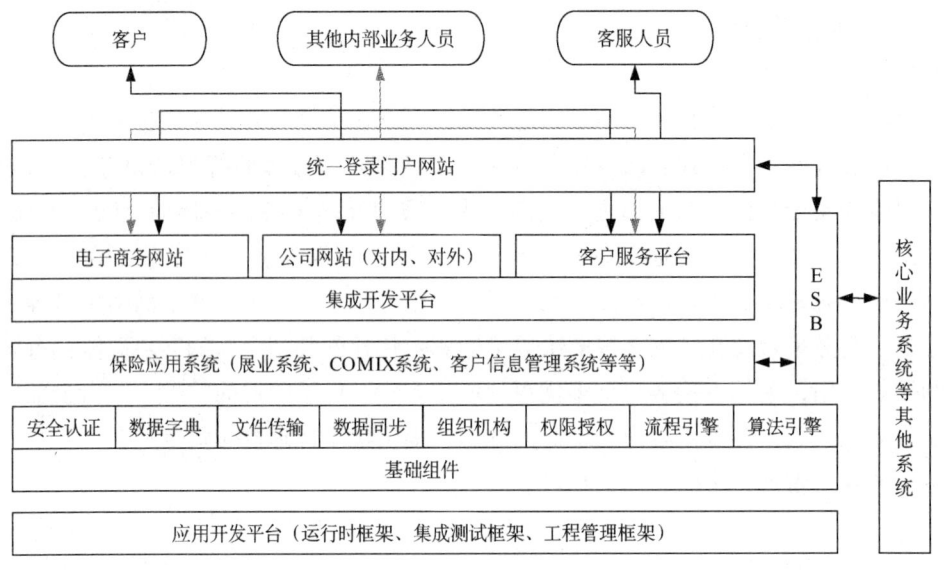

图 8.3 电子商务系统架构

对内系统也同样集成了客户服务系统与展业系统,保证内部人员进行业务处理时集中到门户这个统一访问入口和平台,并且保证了客户服务、展业等应用系统和合作网站保留自己的用户系统和用户信息。

三、主要功能

（一）资讯发布及宣传

网站的框架主要分为前台服务和后台应用管理两部分，这种框架体系可以保证信息的快速发布、栏目及广告管理、排行榜、投票、订阅等辅助服务等功能。

（二）客户服务及管理

作为营销体系的重要组成部分，客户服务及管理模块针对电销流程、客户自助服务（理赔、承保、积分等信息自助查询等）、自助购买保单、客户信息维护及管理、积分兑换等功能，其后台的客户服务功能供保险公司内部客户服务人员使用，以实现实时在线的客户服务工作。其他的运营管理维护等功能是为业务运营人员提供客户服务及营销项目的管理及维护功能。

（三）网上商城

网上商城是体现外部网站电子商务性质的重点功能模块。本模块将为所有网站使用者开放。其中的主要功能包括：产品展示、服务功能展示、客户需求匹配、网上投保功能和卡式保单激活功能等。

（四）展业支持

展业支持模块意在建设针对业务员的门户系统框架，实现统一管理业务员信息、建设基础业务员展业等辅助功能。主要功能包括：业务员查询、管理业务员信息管理、业务员数据维护管理功能、业务通知通告等功能。

四、优势分析

系统从全新的视角多方位地提供了一个统一服务平台，体现了以客户满意方便客户为宗旨的服务理念。先进的技术架构使得集成开发更加灵活、更加方便；并采用先进的企业数据总线，提供网络中最基本的连接中枢，构筑更加广泛的信息交互机制（见图8.4）。

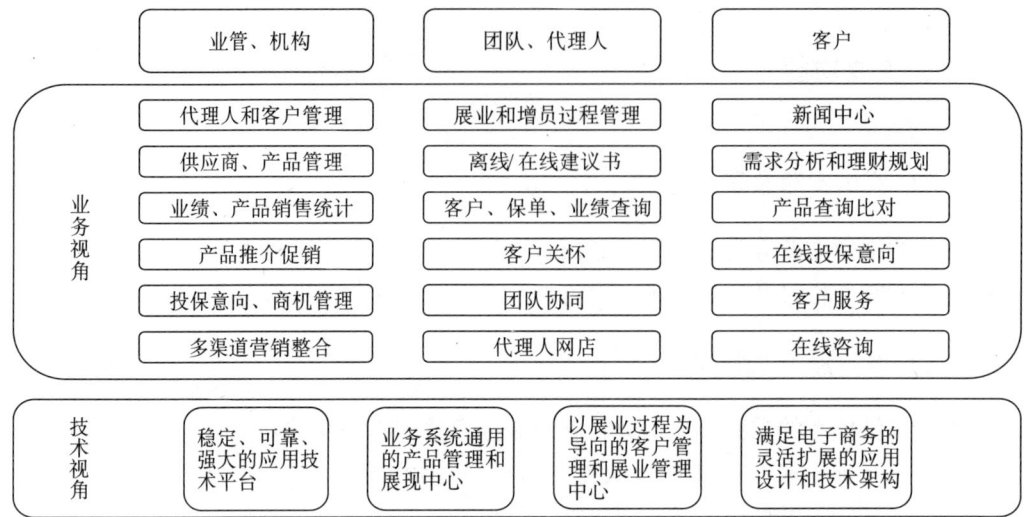

图 8.4 电子商务系统的优势

第三节 电话直销系统

一、综合概述

电话直销系统是为金融、证券、零售等行业提供电话直销服务的综合管理平台。它对电话销售过程中各个环节提供支持,例如:从客户资料提供者、客户资料管理开始,到根据年度业务目标建立营销的战略项目、活动信息、营销任务的分配管理,客户录音、联络记录,最后到业务成单、销售业绩统计、佣金计算等提供一条龙完整服务(见图8.5和图8.6)。

二、主要特点

(一)统一管理和部署

适用于在单一地点的几十人的外拨直销应用,也可以支持多点异地的多达上千人的大型外拨直销应用。

支持智能化部署,方便灵活的录音策略,使管理人员可以随时调听通话录音,为

第八章
健康保险行业信息管理的办公自动化系统

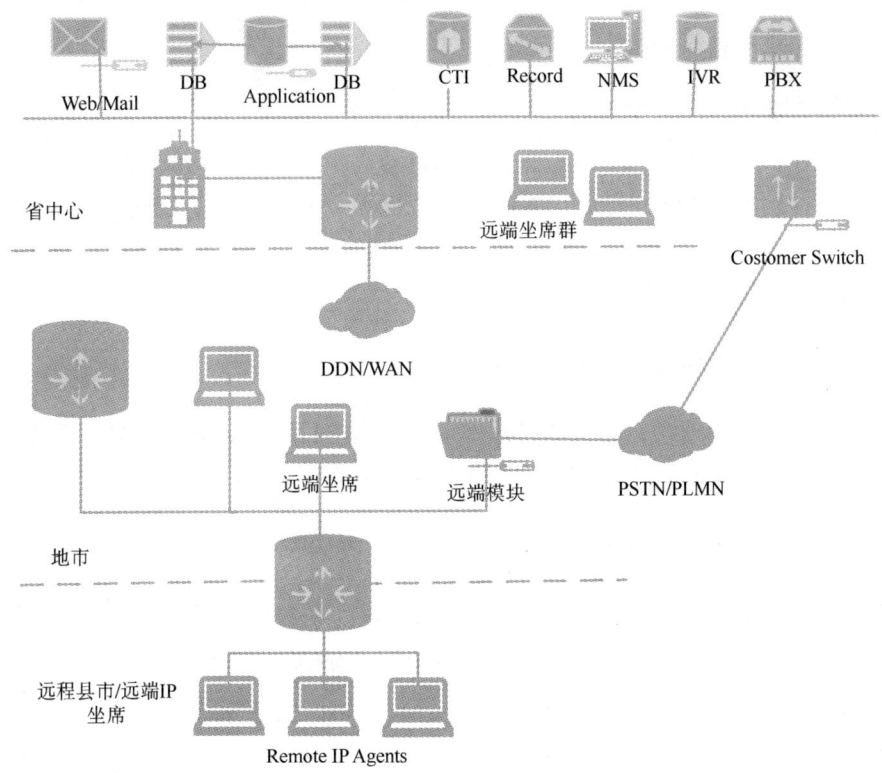

图 8.5　电话直销系统架构

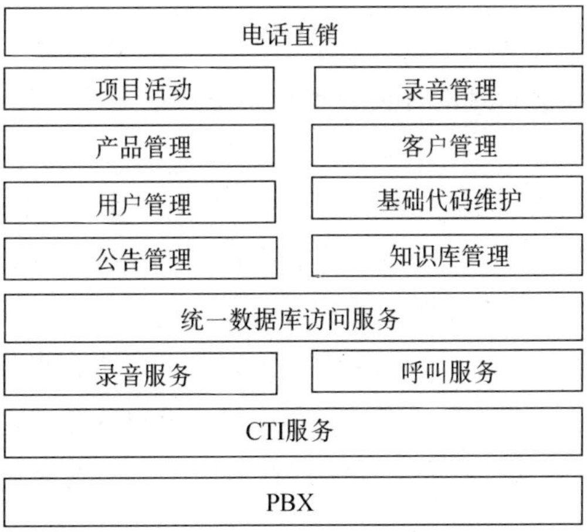

图 8.6　电话直销系统业务功能

保证电话直销的服务质量提供了技术保障；功能强大的话路管理，实现咨询、转接、监听、强插等呼叫中心常用的话路功能，性能良好，运行稳定；灵活的产品管理系统集成了可灵活定制的产品管理功能，支持快速产品定义。

（二）方便性和易用性

通过信息穿透技术，无需客户等待，无需话务员繁琐查询，只需话务员轻轻一点，直销过程相关信息一目了然；智能化的自动提醒功能，提供预约提示，在约定时刻前的几分钟用类似 QQ 的提示功能向话务员提示"有约会即将到时"；广泛数据兼容，如支持 XML、Excel、Access、CSV、TXT、关系型数据库等多种形式的数据存储方式，提供快速批量数据交换功能。

（三）先进的营销及管理策略

采纳先进的营销理念，在营销过程中定义营销项目和营销活动，采用迭代式的营销手段，以市场为导向，让业务员销售业绩稳步上升。

（四）系统扩展性和安全性

系统提供双机设备的支持，保障系统稳定运行。同时，系统支持多种交换设备，可以和业界多家流行交换设备对接，支持传统的语音模式及 VOIP 模式。

本章小结

1. 健康保险行业信息管理的办公自动化系统包括影像处理系统、电子商务系统、电话直销系统。

2. 影像处理系统是为了更好地处理大规模的电子影像，既可以满足保险常规业务操作中的影像查阅的需求，也可以扩展到文档等非结构化文件的管理，满足新业务申请、核保核赔、客户服务以及财务管理等全业务的应用。具有影像采集、影像图片处理、影像传输、影像本地缓存、影像存储、影像分类、影像模板管理、影像权限管理、影像查询等功能。影像处理系统的半集中模式允许在影像总公司集中部署的情况下，通过灵活的 cache 影像策略将影像缓存在各分公司，优化网络使用率，加速从远端获取影像。

3. 电子商务系统是保险公司为了应对行业竞争而转变营销模式、改变经营方法的手段。可以快速地开拓全新的客户群体；有效地节约销售费用；给予直接客户更多优惠；增加客户与保险公司的粘性；做到真正的客户管理，掌握客户信息等。主要包括资讯发布及宣传、客户服务及管理、网上商城、展业支持四个模块。系统体现了以客户满意、方便客户为宗旨的服务理念，先进的技术架构使得集成开发更加灵活。

4. 电话直销系统是为保险行业提供电话直销服务的综合管理平台，它对电话销售过程中客户资料管理，根据年度业务目标建立营销的战略项目、活动信息、营销任务的分配管理，客户录音、联络记录、业务成单、销售业绩统计、佣金计算等环节提供支持。具有统一管理和部署、方便性和易用性、先进的营销及管理策略、系统扩展性和安全性等特点。具有录音管理、产品管理、客户管理、知识库管理、基础代码维护、公告管理、呼叫服务等功能。

专业术语

1. 影像处理系统：为了更好地处理大规模的电子影像，而进行影像采集、影像图片处理、影像传输、影像本地缓存、影像分类、影像模板管理、影像权限管理等功能的管理信息系统。

2. 半集中部署：允许在影像总公司集中部署的情况下，通过灵活的影像策略将影像缓存在各分公司，优化网络使用率，加速从远端获取影像。

3. 负载均衡：分摊到多个操作单元上执行，例如 Web 服务器、FTP 服务器、企业关键应用服务器和其他关键任务服务器等，从而共同完成工作任务。

4. 电话直销系统：是为保险行业提供电话直销服务的综合管理平台，它对电话销售过程中客户资料进行管理，根据年度业务目标为营销的战略项目、活动信息、营销任务的分配管理、客户录音、联络记录、业务成单、销售业绩统计、佣金计算等环节提供支持。

思考题

1. 影像处理系统有哪些功能？
2. 电话直销系统有哪些功能？
3. 简要分析电子商务系统的优势和发展前景。
4. 简要分析办公自动化系统对保险行业的影响。

第九章

健康保险行业信息管理的决策支持系统

第一节 供应链管理系统

供应链管理系统有助于实现与供应商的网上电子化交易。总部及分支机构可以通过在平台上对供应商进行管理、认证及评价，对供应商资质严格把关；供应链管理平台可以作为公司与供应商加强沟通的支持平台，总部可以通过平台发布各种采购政策法规、采购公告；总部及分支机构可以通过平台对合同及订单进行管理。

一、系统概述

供应链管理系统基于对金融行业采购业务的深入分析和规划，重点关注在供应链和采购管理的流程化、敏捷化，采购成本和采购风险的管控，并关注采购过程、物流、资金流、信息流的跟踪，对采购数据的分析和对未来采购的决策等。

供应链及采购产品的构建基于自主知识产权的技术平台——IntelliPlatform，它是由 IntelliFlow 工作流管理产品组件、BI.Office 报表产品组件和 IntelliWeb Studio 快速开发三大产品组件整合成统一的 J2EE 应用平台，为供应链管理产品奠定一个健壮的高效的一体化解决方案。

二、业务功能（见图 9.1）

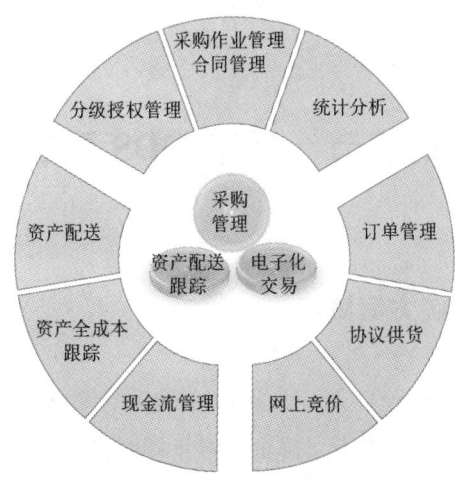

图 9.1　供应链管理系统功能

三、系统特点

（一）作为总部及分支机构的采购平台

总部及分支机构可以利用产品平台，提高采购效率，降低各种采购成本；总部可以更好地规范及管理公司及分支机构的采购作业流程；平台上提供多种采购方式管理及各种文档的管理；管理层可以通过产品平台了解目前总部及分支机构的采购预算及执行情况，有哪些采购作业在执行以及执行状况，对采购状况了如指掌。管理层可以通过产品平台抽取采购数据形成各种维度的统计报告。

（二）作为总部及分支机构的资产配送及管理平台

总部及分支机构能及时跟踪采购产品的配送情况，便于调配；总部可以对集中采购的物品和设备进行入库及资产管理。成本方面：跟踪成本和现金流，分析资产价值归属，引导未来投资；维护方面：计划和管理设备的运维，跟踪资产历史；运作方面：与网管系统配合，监控资产使用情况；配送方面：掌握和调整采购产品的配送状况，协调资源配置。

（三）实现与供应商的网上电子化交易

总部及分支机构可以在平台上对供应商进行管理、认证及评价，对供应商资质严格把关；供应链管理平台可以作为公司与供应商加强沟通的支持平台，总部可以通过平台发布各种采购政策法规、采购公告；总部及分支机构可以通过平台对合同及订单进行管理；供应商可以通过平台对有兴趣的标进行竞价；供应商可以通过平台对网上订单进行确认处理；供应商可以在平台中上传产品进行展示。

第二节 保险 ODS 系统

一、保险 ODS 系统方案概述

ODS（Operation Data Store）是一个面向主题的、集成的、可扩展的、最新状态的保险业务明细数据的集合，用于支持企业对于即时性的、操作性的、集成的全体信息要求。ODS 系统提供专业的、成熟的保险客户业务数据管理模型产品及服务能力，为保险公司建设集中、统一的业务数据中心或服务平台提供高质量的支持。

二、保险 ODS 组件功能架构（见图 9.2）

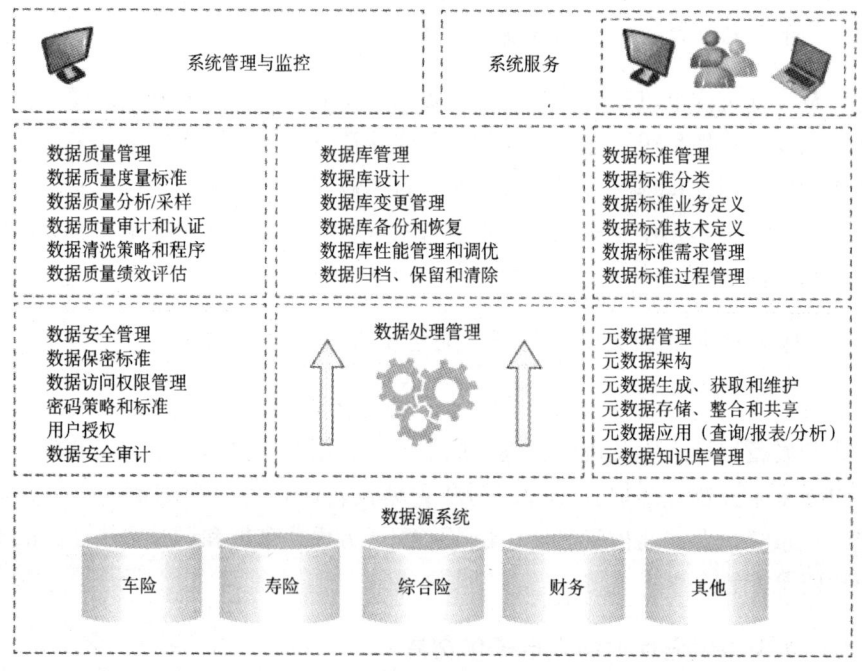

图 9.2 保险 ODS 组件功能架构

三、保险 ODS 模型框架（见图 9.3）

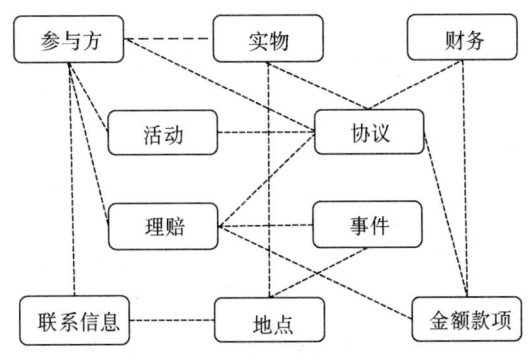

图 9.3 保险 ODS 模型框架

第三节 保险 ECIF 系统

一、保险 ECIF 系统概述

随着保险业务的不断发展和精细化管理的需要，一系列信息管理系统的实施，系统间数据的应用越来越广泛，数据交互的系统比较多，数据的标准不统一，客户信息不一致，各核心系统、业务系统各自独立维护自己的系统客户数据，导致客户数据错乱等问题。当前，个性化的客户关怀和服务、有针对性的客户开发成为企业关注的重点。因此，保险企业建立合理的 ECIF 系统（企业客户信息工厂）已成必须。

二、保险 ECIF 逻辑架构（见图 9.4）

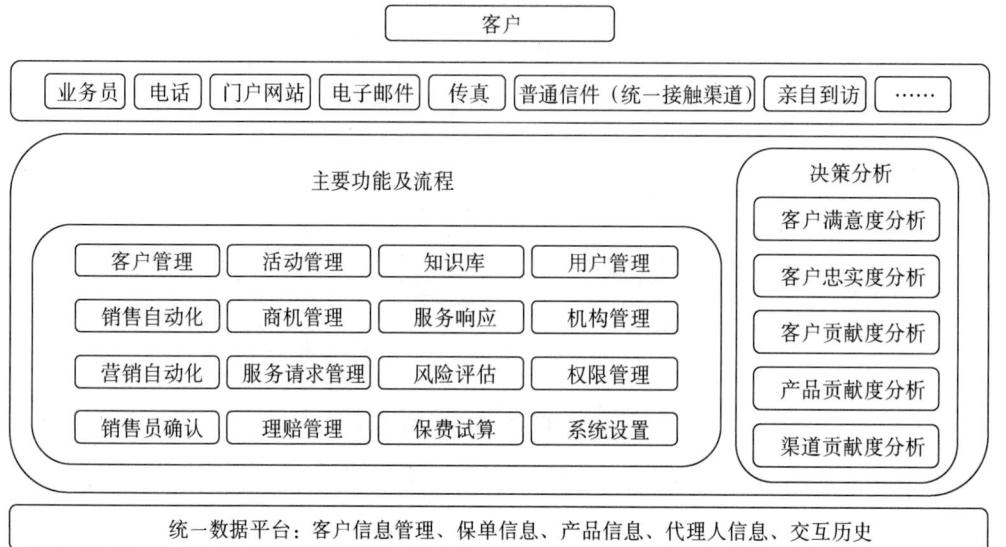

图 9.4　保险 ECIF 逻辑架构

三、保险 ECIF 模型架构（见图 9.5）

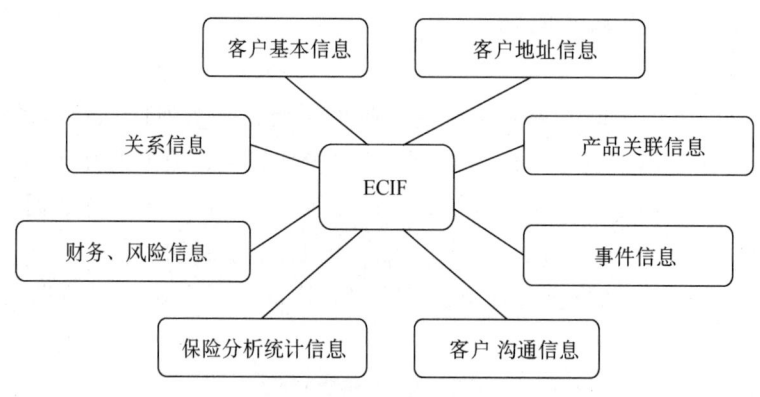

图 9.5　ECIF 模型架构

第四节 保险客户关系管理系统

一、应用背景

保险客户关系管理系统（CRM）是针对保险的行业特点，将最佳的商业实践与数据挖掘、数据仓库、一对一营销、销售自动化、呼叫中心以及其他信息技术紧密结合在一起，为保险公司的销售、客户服务和决策支持等领域提供业务自动化的解决方案，帮助保险公司完成从保单为中心到以客户为中心经营理念的转变，提供与客户有效沟通的统一平台，提高员工与客户接触的效率和客户反馈率，赢得更多的有价值客户，进而提高客户忠诚度、满意度以及降低企业经营成本。

二、总体目标

客户关系管理系统帮助保险公司统一管理客户资源，使保险公司管理层能够全面掌握公司的销售业务进展情况。同时，帮助销售管理人员及业务人员有效管理销售线索、客户、联系人、销售机会、保单、日常行动等各方面信息，及时了解重要销售机会的进展情况、重要客户和联系人的近况及需求，及时了解保单的销售情况、执行情况和理赔信息。

客户关系管理系统通过对各类信息的分类和统计分析，帮助保险公司准确了解高价值客户的销售、各部门签单保费、实收保费与赔款和新增客户等各类信息。客户关系管理系统通过量化的销售过程的跟踪和管理，将销售管理落实到具体行动上，使销售人员逐渐形成科学、规范的工作习惯，从而提升整个公司的销售能力和销售业绩，使公司的销售管理制度化、规范化。

三、业务模型（见图9.6）

统一信息管理实现客户信息的整合和集成，建立客户关系管理系统平台，从而实现客户信息的管理（客户信息的管理是实现客户关系管理系统的关键），包括客户档案管理、客户保单信息管理、客户接触历史管理、客户满意度管理、客户信用度管理等；包括团体客户与个人客户、客户与保单及产品、客户与代理人之间关联关系的综

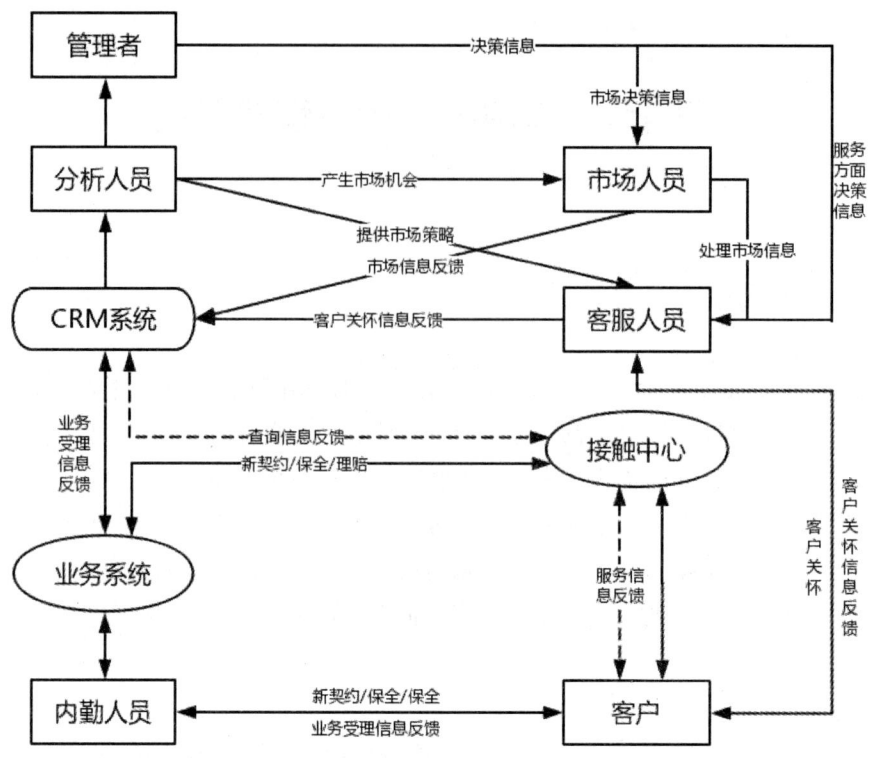

图 9.6　保险客户关系管理系统业务模型

合管理。

（一）渠道整合与支持

采用统一的系统出入口，为不同渠道的用户（包括代理人销售、客户网上自助、呼叫中心等）提供全方位的支持，客户资料及行为在不同渠道之间实时共享，减少资源浪费，从而实现多渠道的整合，统一活动管理、商机管理、服务请求管理、知识库管理等相关业务实践。

（二）潜在客户开发

保险客户关系管理系统可以大量的客户信息进行有效的分类并加以充分分析，挖掘出潜在的客户行为偏好，制定出适合不同客户/客户群的营销、服务模式，提高客户的满意度、忠诚度。

（三）提供服务水平

通过客户关系管理系统，适时了解顾客需求的动态变化，从而根据客户需求变化调整企业产品、价格及服务策略，提供差异化的产品及服务以满足不同细分市场的客户需求，提高市场响应速度，并引导市场发展。

（四）欺诈与风险防范

通过售前客户接触历史与售后理赔历史相关联，分析高风险因素，定制客户及业务员黑灰名单生成规则，自动生成报表，以供管理者使用。

四、主要功能

保险客户关系管理系统功能主要包括个人工作台、客户管理、合作伙伴管理、客户服务管理、销售支持、市场营销、预算管理、客户整合、人员团队管理、知识管理、客户分析、接触点管理等多个功能模块，其主要系统功能如图9.7所示。

销售管理人员		团队管理人员		销售人员		系统维护人员	
个人工作台	客户管理	合作伙伴管理	客户服务管理	销售支持	市场营销
公告及通知管理	客户信息管理	合作伙伴信息管理	服务请求管理	线索和商机分配	营销活动建立
日常活动管理	客户关联关系信息	合作伙伴分类管理	服务任务管理	客户需求引导问卷	线索和商机管理
工作任务管理	会员及积分管理	合作协议管理	客户关怀	客户产品推荐	营销活动预算管理
工作日志管理	俱乐部管理	合作服务管理	知识及资源管理	建议书制作	营销活动监控分析
协同工具集成	潜在客户管理	合作伙伴分配	服务计划管理	销售漏斗分析	营销活动评估
预算管理	客户整合	人员团队管理	知识管理	客户分析	接触点管理
预算制定	唯一性识别	渠道网点管理	知识库采集	客户及产品分析	个人客户接触管理
预算跟踪	基础信息整合	销售人员管理	知识库整理	销售运营分析	企业客户接触管理
预算预警	轮廓信息加工	基本法管理	知识共享	资源能力分析	电话销售服务支持
预算分析	信息共享服务	考核及佣金管理	知识应用	综合绩效分析	直邮短信邮件接触
		指标体系管理	知识分类授权	预警分析	自助基础管理

图 9.7 保险客户关系管理系统功能

五、总体架构

保险客户关系管理系统采用数据来源层、数据交换层、数据模型层、基础平台层、客户关系管理系统基础组件层、客户关系管理系统应用服务层的多层架构模式，其总体架构如图9.8所示。

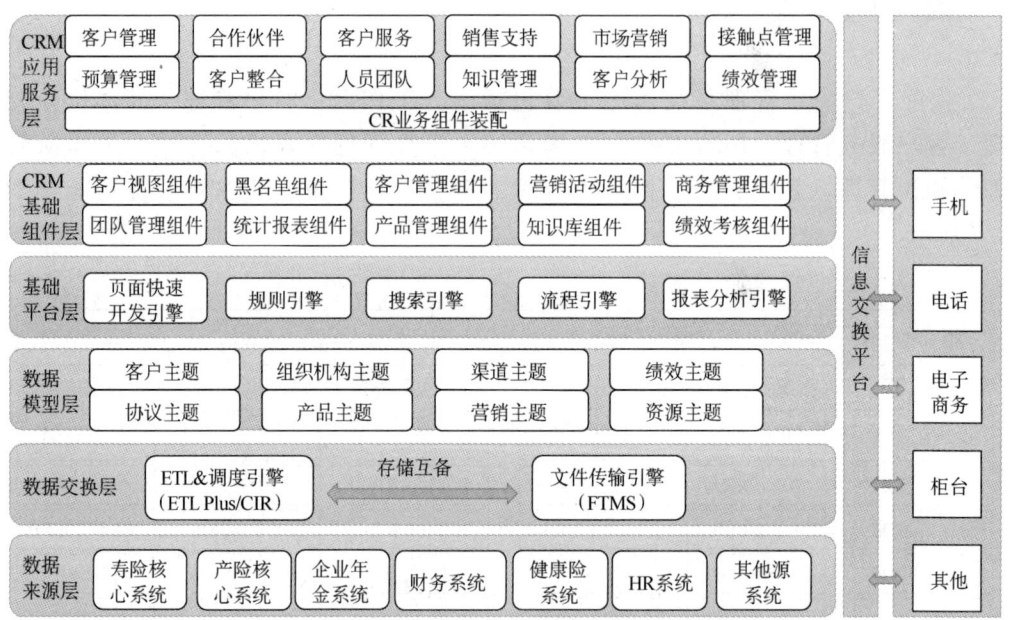

图9.8　保险客户关系管理系统框图

本章小结

1. 供应链管理系统基于对金融行业采购业务的深入分析和规划，重点关注在供应链和采购管理的流程化、敏捷化，采购成本和采购风险的管控，并关注采购过程、物流、资金流、信息流的跟踪，对采购数据的分析和对未来采购的决策等。该系统的业务功能主要有采购管理、资产配送管理和电子化交易，且在不同平台具有相应的系统特点。

2. 保险ODS（Operation Data Store）系统是一个面向主题的、集成的、可扩展的、最新状态的保险业务明细数据的集合，用于支持企业对于即时性的、操作性的、集成的全体信息要求。ODS 系统提供专业的、成熟的保险客户业务数据管理模型产品及服务能力，为保险公司建设集中、统一的业务数据中心或服务平台提供高质量的支持。

3. 保险 ECIF 系统（企业客户信息工厂）能够满足保险业务的不断发展和精细化管理的需要，基本架构包含客户基本信息、客户地址信息、关系信息、产品关联信息、财务风险信息、事件信息、保险分析统计信息及客户沟通信息。

4. 保险客户关系管理系统（CRM）是针对保险的行业特点，将最佳的商业实践与数据挖掘、数据仓库、一对一营销、销售自动化、呼叫中心以及其他信息技术紧密结合在一起，建立客户关系管理系统平台，从而实现客户信息的管理，包括客户档案管理、客户保单信息管理、客户接触历史管理、客户满意度管理、客户信用度管理等；包括团体客户与个人客户、客户与保单及产品、客户与代理人之间关联关系的综合管理。主要包括个人工作台、客户管理、合作伙伴管理、客户服务管理、销售支持、市场营销、预算管理、客户整合、人员团队管理、知识管理、客户分析、接触点管理等多个功能模块。

专业术语

1. 供应链管理系统（Supply Chain Management）：是基于协同供应链管理的思想，配合供应链中各实体的业务需求，使操作流程和信息系统紧密配合，做到各环节无缝链接，形成物流、信息流、单证流、商流和资金流五流合一的领先模式。

2. 保险 ODS（Operation Data Store）系统：是一个面向主题的、集成的、可扩展的、最新状态的保险业务明细数据的集合，用于支持企业对于即时性的、操作性的、集成的全体信息要求。

3. 保险 ECIF（Enterprise Customer Information Facility）系统：是指对企业的客户信息进行整合，形成集中、全面的客户信息。

4. 保险客户关系管理系统（Customer Relationship Management）：是以客户数据的管理为核心，利用信息科学技术，实现市场营销、销售、服务等活动自动化，并建立一个客户信息的收集、管理、分析、利用的系统，帮助企业实现以客户为中心的管理模式。

思考题

1. 供应链管理系统作为不同的平台时分别具有怎样的系统特点?
2. 保险 ECIF 系统(企业客户信息工厂)的基本架构包含哪些内容?
3. 简要说明保险客户关系管理系统(CRM)的功能模块。

第十章

健康保险行业信息管理的其他系统

第一节 保险投资管理系统

一、系统应用架构（见图10.1）

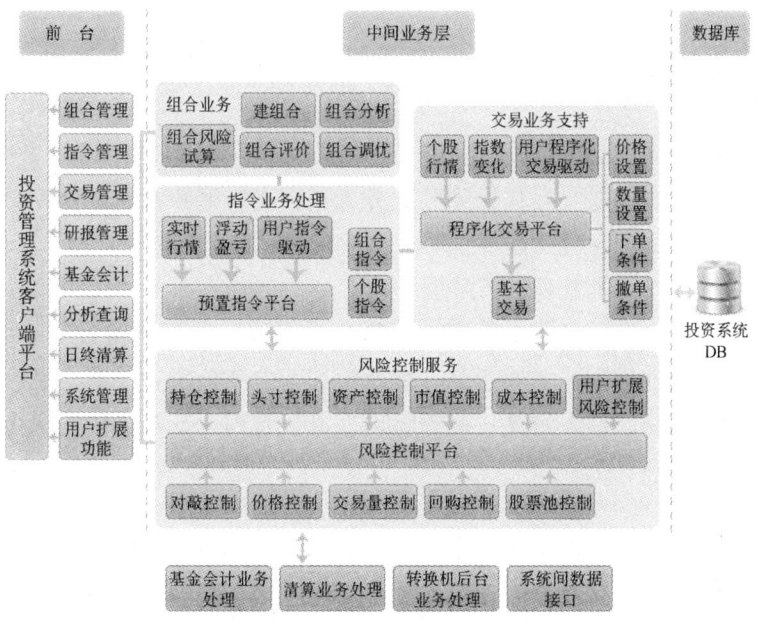

图 10.1 保险投资管理系统应用架构

二、系统业务逻辑（见图10.2）

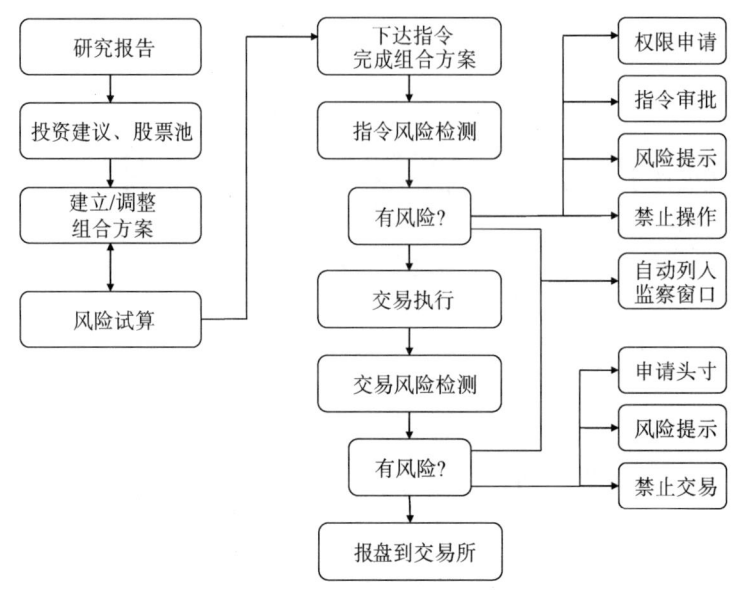

图10.2　保险投资管理系统业务逻辑

三、系统功能

保险投资管理系统是提供给保险公司或者保险资产管理公司高管、投资经理、交易员、监察稽核、财务以及运作保障等业务人员，进行账户投资、指令分发、交易、监控及统计、查询。主要包括选股管理、风险控制、组合及指令管理、交易管理、日终清算、基金财务、系统管理等子系统。

具体实现的业务有：股票池管理、股票分类设置、投资风险设置、系统参数设置、组合管理、经理指令、场外指令、指令管理、指令分发、证券交易、组合交易、自动交易、场外交易、日终清算、财务管理、资金管理、证券管理、综合信息查询、转换机及系统管理等。

第二节 保险估值系统

一、系统概述

保险行业目前对于资产管理业务越来越重视,开展资产管理投资业务成为各家保险公司业务发展的重点。监管层针对中小型保险公司的投资业务也将逐步放开,越来越多的保险公司需要建设资产管理平台,需要一套能支持基本的资产估值与财务核算功能、满足监管部门对资产管理要求以及财政部会计核算管理办法的要求的资产管理财务估值系统。

资产估值与会计核算系统,是根据财政部有关规定要求,对证券投资类资产的运营情况进行会计核算的管理系统。系统建立在财务化基础上,首先把业务的所有数据严格按照财政部的相关核算办法,规范到严谨的会计核算体系中来,然后透过资产管理的观点分析、评估投资资产的运营情况。

二、系统逻辑结构(见图10.3)

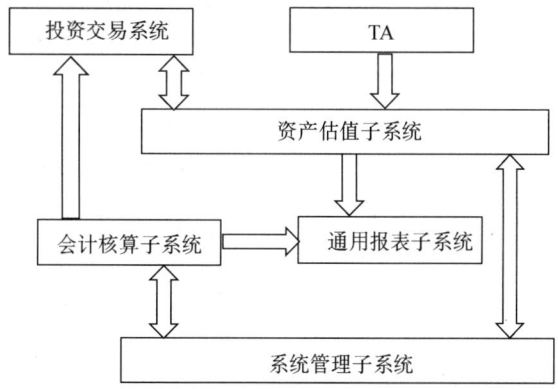

图 10.3 保险估值系统业务逻辑结构

三、系统优势

第一，系统基于资产管理应用平台，和投资交易系统、风控与绩效评估系统无缝对接。保证估值产品未来发展的前瞻性和适应性，估值产品是在资产管理整体基础平台上，和投资交易系统、风控与绩效评估系统紧密结合，可以最大限度地保证数据的一致性，避免数据的重复录入。对于银行间、场外交易的数据可直接通过读入投资交易系统的数据自动清算，自动生成凭证。系统并提供前后台自动核对功能（成本、持仓），不需要人工核对（见图10.4）。

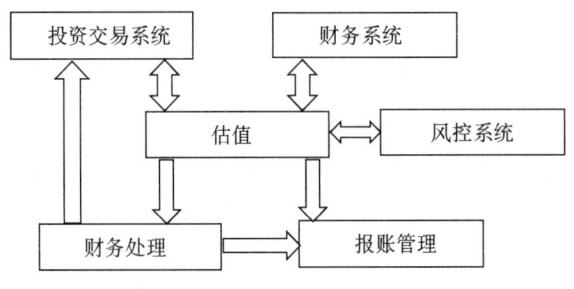

图 10.4　系统流程

第二，系统支持批量清算，批量生成凭证，提升工作效率。系统可以支持多个资产管理产品同时清算，支持多日的清算和多接口数据同时导入，提高清算操作的效率。根据保险公司所管理的保险理财产品账套多的特点，系统提供独有的管理账套功能，可以对投资风格类似的保险理财产品设置管理账套，采用管理账套统一进行清算处理（见图10.5及图10.6）。

第三，适用于保险行业分资产管理估值和境外（港股）投资的应用需求。针对保险行业资产需要分组合分别估值的要求，系统支持多层次账户结构的估值，可对各组合资产进行分别估值核算。针对保险行业境外投资的业务特点，系统集成境外投资估值功能，满足保险公司境外投资的需求，可对境内境外资产统一管理，达到全资产管理的要求。

第四，分组估值支持保险多层账户结构的估值功能。系统支持多账套多纬度统计，提供全方位统计分析。系统支持多角度出账和展示各种报表，支持出具各种管理者的应用报表，可支持跨账套统计汇总各种数据。例如：激进型配置分析报表、多客户投资组合报表、多账套合并资产负债表等（见图10.7）。

第十章
健康保险行业信息管理的其他系统

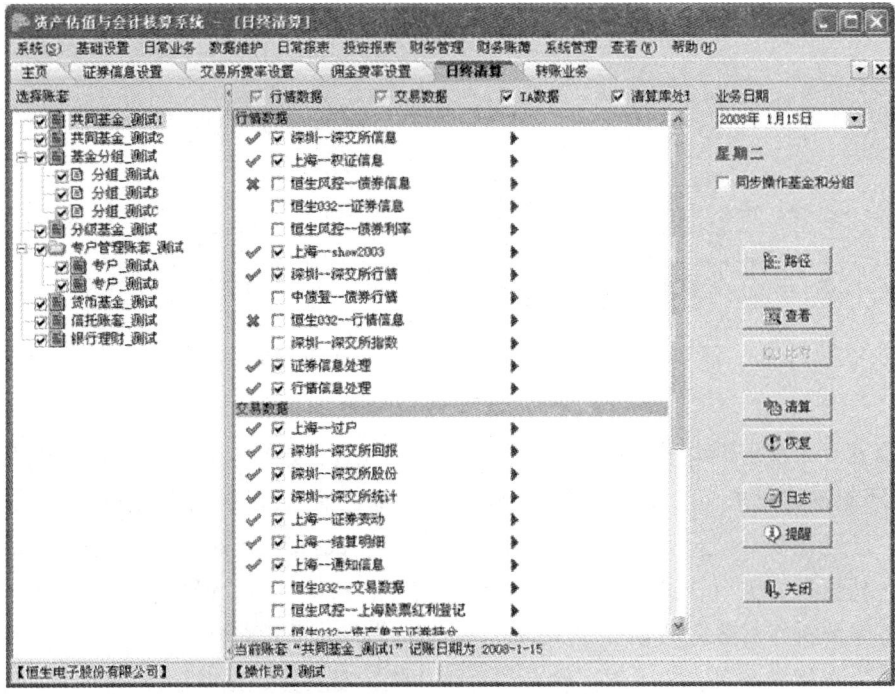

图 10.5　日终清算界面

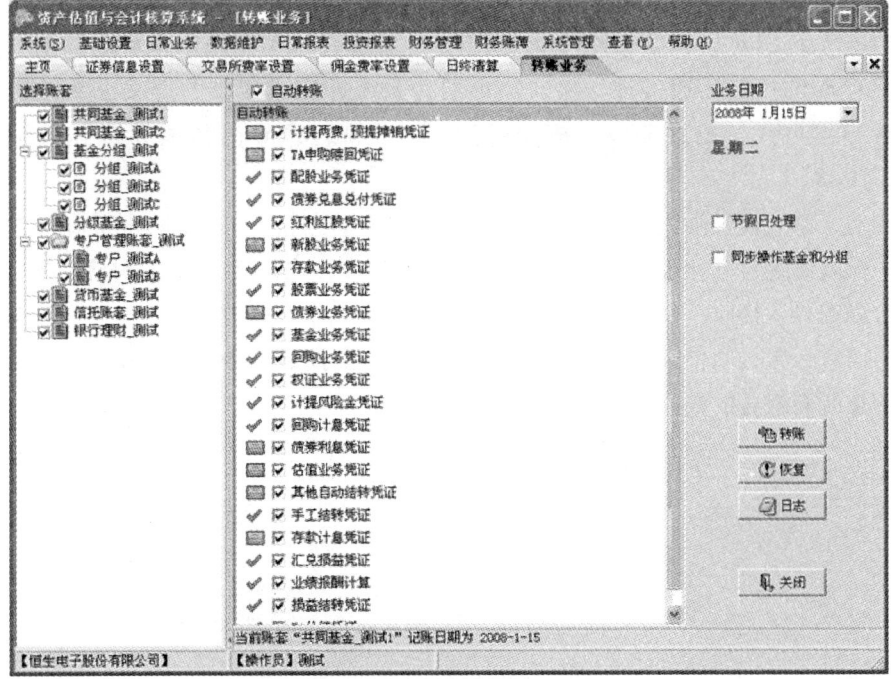

图 10.6　自动生成凭证界面

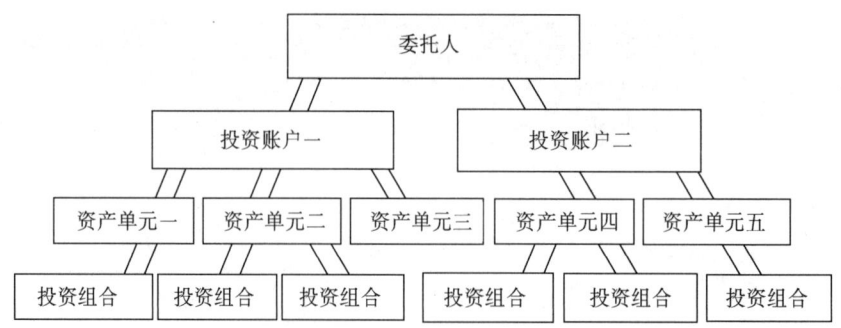

图 10.7　分组估值支持保险多层账户结构的估值功能

第五，系统提供电子对账功能，能方便地和托管行进行对账。资产估值核算系统从 2003 年推出以来，已经经历了多个版本，目前已非常成熟。在不断积累进步的过程中，已经在基金公司、保险公司、券商、信托、银行等众多行业客户中成功应用。能与各托管行如工行、农行、中行、建行、交行、招行、兴业银行、中信银行、华夏银行等系统进行对账，数据完全一致。系统并提供电子对账功能，通过数据交换功能，可以直接完成双方电子数据的自动对账功能，对差异数据系统能以醒目标识进行标记，并且有完善的机制进行错误检查与产品净值调整。

第六，系统支持和财务系统对接，具备众多系统的对接经验。系统支持和主流的财务系统的对接，如 ORACLE、用友、金蝶、SUN、SAP 等系统的对接。系统提供标准的接口，通过定义接口类型后，系统即完成接口的定义。系统支持选择各种导出方式、按日期段、按凭证类型、凭证号，导出数据和财务系统对接（见图 10.8）。

第七，系统提供强大的报表管理功能，提供保监会报表。全面支持资讯系统数据对接，提高系统自动化程度。系统支持与第三方资讯数据的数据库的对接，支持各种资讯数据的导入接收。包括：债券品种信息、浮动利率、开放式基金净值、开放式基金分类信息、银行间债券行情、货币基金万份收益、所有公告权益数据、股本板块和自动计算所有组合的权益数据和提示。

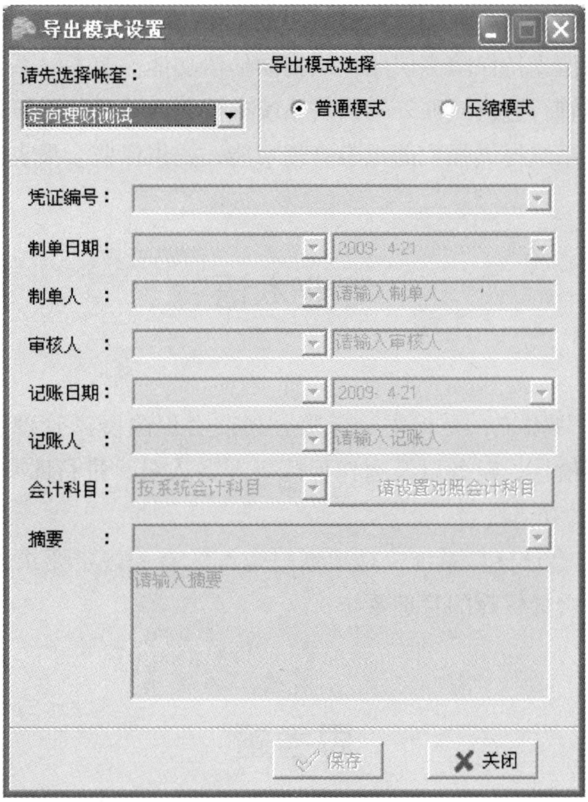

图 10.8　系统对接导出

本章小结

1. 保险投资管理系统是提供给保险公司或者保险资产管理公司高管、投资经理、交易员、监察稽核、财务以及运作保障等业务人员，进行账户投资、指令分发、交易、监控及统计、查询。主要包括选股管理、风险控制、组合及指令管理、交易管理、日终清算、基金财务、系统管理等子系统。

2. 资产估值与会计核算系统，是根据财政部有关规定要求，对证券投资类资产的运营情况进行会计核算的管理系统。系统建立在财务化基础上，首先把业务的所有数据严格按照财政部的相关核算办法，规范到严谨的会计核算体系中来，然后透过资产管理的观点分析、评估投资资产的运营情况。

3. 保险估值系统的系统优势：第一，系统基于资产管理应用平台，和投资交易系统、风控与绩效评估系统无缝对接。第二，系统支持批量清算，批量生成凭证，提升工作效率。第三，适用于保险行业分资产管理估值和境外（港股）投资的应用需求。第四，分组估值支持保险多层账户结构的估值功能。第五，系统提供电子对账功能，能方便地和托管行进行对账。第六，系统支持和财务系统对接，具备众多系统的对接经验。第七，系统提供强大的报表管理功能，提供保监会报表。

专业术语

1. 保险投资管理系统：是提供给保险公司或者保险资产管理公司高管、投资经理、交易员、监察稽核、财务以及运作保障等业务人员，进行账户投资、指令分发、交易、监控及统计、查询。

2. 资产估值与会计核算系统：是根据财政部的有关规定要求，对证券投资类资产的运营情况进行会计核算的管理系统。

思考题

1. 保险投资管理系统的业务逻辑是怎样的？它可以实现的业务有哪些？
2. 保险估值系统的业务逻辑结构是怎样的？它的系统优势是什么？

第十一章

健康保险业务和信息管理系统的融合

第一节 信息技术的战略地位

企业的竞争战略一般主要采用集中化、低成本和差别化作为手段。企业的新产品开发管理可以使企业的产品在竞争中具有独特优势，渠道管理可以有效降低企业的生产成本，客户关系管理可以为企业特定的客户群服务。企业信息技术则联合这三种手段，推动并促使企业不断向前发展。信息技术的价值主要体现在企业服务品质的提升、信息资源的充分利用及新的附加价值的创造上。信息技术在企业中的价值和战略地位从四个方面体现（见图11.1）。

一、信息技术是企业的技术平台

信息技术作为一个技术平台，作为现代化企业管理手段，其核心价值体现为降低成本、提高效率，以适应市场竞争。将信息技术作为企业的现代化管理手段来使用，主要目标是形成企业运营的支撑系统，围绕业务、财务、管理的基本需求建立一体化工程，为企业的业务需求提供全方位支撑。实施上，则需要对业务流程进行深入调查分析，对业务模式进行分解、定义和建模，以实现业务流程合理化过程。

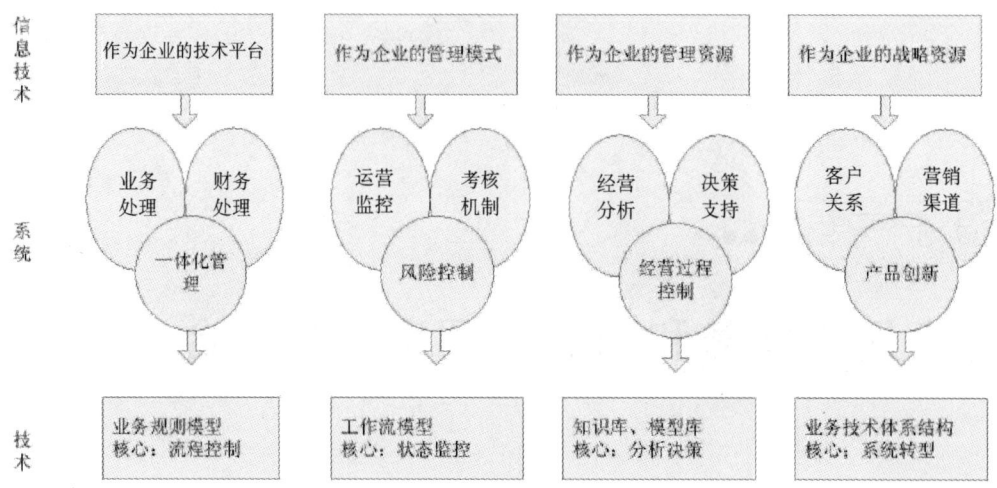

图 11.1　信息技术作用

二、信息技术是企业的管理模式

信息技术系统作为企业的管理模式，作用是提高管理的品质，形成企业业务核心中枢，将企业的经营理念、业务体系和业务流程在信息系统中固化，通过业务过程的监控和考核机制实现精细化管理，堵塞管理漏洞，控制经营风险。在实施上，需要将经营思想以及管理理念与系统功能设计结合，通过被动防范的监控机制和主动引导的考核机制之间的相互配合和支撑，减少管理模式和利益格局的改变给企业带来的冲击。通过完善的考核激励机制和监管过程提升管理品质和凝聚力、向心力，构建企业的核心竞争力，实现产品和服务的价值提升。

三、信息技术是企业的管理资源

信息技术作为企业的管理资源，它的作用是精细化的管理和控制，形成企业的核心竞争力。企业将信息技术作为企业的无形资产，通过管理提升企业的分析决策能力、计划控制能力、业务的组织能力和风险控制能力。企业在效率、成本、经营管理和战略制定等方面以信息技术为基础，使信息技术搭建的信息系统成为企业的运营中枢。在实施上，应在标准化产品、规范化管理、经营过程监控的基础上进行成本、绩效等方面的量化管理，通过经营分析、市场分析、结构优化、市场策略等方面的决策和控制取得市场竞争优势，实现资产的价值转换。

在系统开发上，应构建以集中式的数据仓库、知识库和模型库为支撑的决策支持平台和运营控制平台。实现运营分析平台和决策支持平台，进行运营过程分析、市场细化分析、市场战略决策和投资风险管理。实现企业的经营过程控制目标,从而形成企业的核心竞争力。

四、信息技术是企业的战略资源

信息技术作为企业的战略资源,作用是价值创造和价值实现,形成市场领先优势。企业将信息技术作为战略资源,提升企业的新产品开拓能力、营销渠道控制能力、业务战略实施能力和市场控制能力,使企业在管理、市场、产品、服务方面都能取得战略优势,使企业领先于竞争对手。这就要求在实施上构建良好的技术体系结构以适应业务战略和业务体系结构的调整,通过对信息资源整合来提升新产品开发和价值创造能力;通过信息、资源的共享来支撑服务品质提升;通过敏捷的软件过程来支持技术体系的平滑转换,提升业务战略的实施能力。

在系统开发上,系统一般采用以中间件为核心构建系统服务环境,通过业务组件来实现业务过程,从而实现系统平滑转换、资源共享、信息整合与协作,系统对业务战略与流程的变化具有适应性,以零成本、零周期为目标,实现技术体系的平滑转换和无缝衔接,建立可靠的业务战略实施能力;系统在数据、系统服务、系统资源三个层面上实现资源共享;进行数据挖掘、新产品、新服务设计,客户关系管理,企业间的协作,供应链管理,敏捷软件过程。

第二节　不同发展阶段信息技术和业务的对应关系

一、企业信息化第一阶段:一体化管理阶段

这一阶段企业发展的侧重点是将信息系统作为企业的现代化管理手段来使用,从而形成企业运营的支撑系统,围绕业务、财务、管理的基本需求建立一体化工程,为企业的业务需求提供全方位支撑。系统的建设应实现以下基本目标:

(1) 良好的系统性能:提供无故障的系统运行。
(2) 信息获取能力:为管理和运营提供及时、可靠、准确的信息。
(3) 无障碍管理:建立无障碍的业务、财务管理过程。
(4) 规范化管理:建立标准化产品的管理过程、规范化的业务流程。

二、企业信息化第二阶段：实现精细化管理阶段

这一阶段将信息系统作为企业的管理模式，将企业的经营理念、业务流程和业务体系在信息系统中稳定下来，通过业务过程的监控和考核激励机制实现精细化管理，堵塞管理漏洞，控制运营风险。在系统实施上需要将经营思想、管理理念与系统功能设计实现密切结合，通过被动防范型的监控机制和主动引导型的考核机制之间的相互配合和支撑，减少管理模式和利益格局的改变给企业带来的冲击，使系统在企业实现软着陆，实现基本目标（见图11.2）。

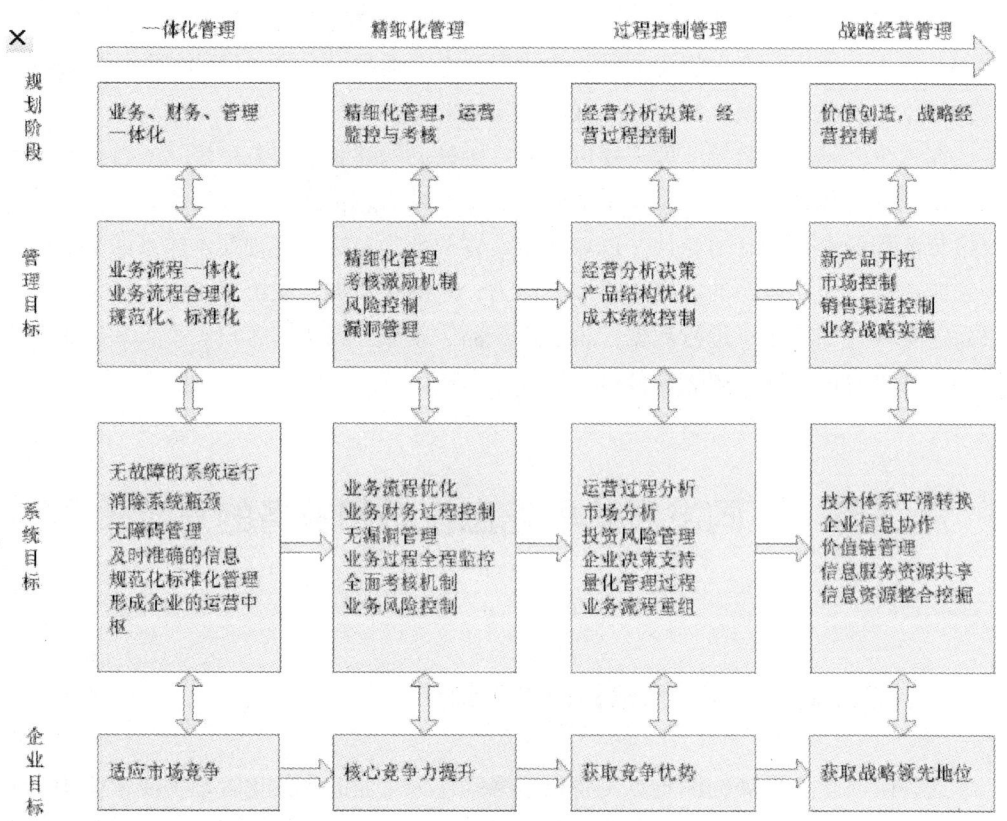

图11.2　业务信息技术发展阶段对应图

优化业务流程：业务流程优化设计，业务流程无瓶颈、无冲突。

精细化管理：业务过程和财务过程的全程监控，管理过程无盲点、无漏洞。

规范化运营：实现规范化管理过程和业务风险控制机制。

考核激励机制：对绩效指标体系进行实时记录和考核，建立全面的考核机制。

三、企业信息化第三阶段：经营过程控制阶段

这一阶段将信息系统作为企业的无形资产，通过提升企业的分析决策能力、计划控制能力、业务的组织能力和风险控制能力，使信息系统成为企业的业务运营核心。在系统开发上，系统的构建以集中式的数据仓库、知识库和模型库为支撑的决策支持平台和运营控制平台。系统开发上实现以下基本目标：

运营分析平台：运营过程分析，市场细化分析。

决策支持平台：市场战略决策，投资风险管理。

量化管理过程：成本和绩效量化管理、分析和控制。

业务流程重组：产品结构优化，业务流程重组。

四、企业信息化第四阶段：战略性经营管理阶段

这一阶段将提升企业的新产品开拓能力、营销渠道控制能力、业务战略实施能力和市场控制能力，使企业在管理、市场、产品、服务方面取得战略优势，从而领先于其他竞争对手。在系统实施上，需构建良好的技术体系结构以适应业务战略和业务体系结构的调整；通过对信息资源整合提升新产品开发和价值创造能力；通过信息、服务、资源的共享而支撑服务品质提升；通过敏捷的软件过程支持技术体系的平稳转换，提升业务战略的实施能力。系统实现以下基本目标：

（1）系统平稳转换：系统对业务战略与流程的变化具有适应性，实现技术体系的平稳转换和无缝衔接。

（2）资源共享：系统在数据、系统服务、系统资源三个层面上实现资源共享。

（3）信息整合：数据挖掘，新产品、新服务设计，客户关系管理，营销渠道管理，敏捷软件过程。

第三节　信息技术战略与业务战略的匹配

业务战略体现在以下几个方面：

（1）在业务发展方面，以调整业务结构为主，积极发展期缴业务，实现保费收入的可持续发展，同时需要努力缩小与竞争对手间的差距。

（2）销售管理方面，强化内部考核，建立有效的激励机制，积极发展壮大营销

队伍,发展新的销售渠道,如互联网销售。

(3) 客户服务方面,坚持以不断提高客户满意度为基本原则,完善以客户为中心的客户服务体系,充分挖掘客户资源,有效支持销售。

(4) 在后援支持方面,重塑业务流程,提高工作效率,进行精细化管理,提升企业决策分析能力。

信息技术需要制定与业务相匹配的战略来支持业务战略的实现。首先,针对业务流程还有待进一步优化、部分业务流程效率不高、成本过高的情况,配合业务部门调整优化业务流程,改造核心业务系统,将新的业务流程融入核心业务系统中,并对业务系统存在的运维过重的问题进行集中清理,优化系统执行效率,从而实现提高业务流转效率进一步降低成本的目标;进一步配合业务部门完善业务运营管理中的业务管理信息统计功能,为业务部门提供有效的业务运营统计信息,从而实现控制运营风险,提高资源利用率的目标;进一步配合销售部门完善考核指标系统的建立,实现有效的考核和有效的激励目标;进一步完善客户数据分析系统实现客户深度挖掘的目标;进一步利用数据仓库技术配合相关部门搭建完整的运营分析平台和决策支持平台,帮助相关业务部门实现规范运营过程分析、市场细化分析及市场战略决策分析,提升公司数据分析能力;进一步完善网络安全技术及大规模互联网应用技术,为公司拓展网络销售渠道进行技术储备。

对应业务战略的信息技术战略应从以下几个方面着手:

(1) 优化业务系统:减少系统问题,保证业务流程无瓶颈、无冲突。

(2) 建立运营管理监控系统:控制运营风险,提高资源利用率。

(3) 优化业绩考核系统:完善优化绩效指标体系,优化考核机制。

(4) 建立运营分析平台:运营过程分析,市场细化分析。

(5) 建立决策支持平台:市场战略决策。

(6) 建立客户分析系统:客户深度挖掘。

(7) 对互联网应用技术和网络安全技术进行技术储备。

业务战略和信息技术战略的匹配关系图详见表 11.1。

表 11.1　　　　　公司业务与信息技术战略匹配表

业务战略方向	业务战略目标	信息技术战略目标
业务发展	调整业务结构,提高保费收入	建立决策支持平台
销售管理	强化考核,发展营销队伍	优化业绩考核系统,互联网应用技术和网络安全技术进行技术储备
客户服务	客户深度挖掘	建立客户分析系统
后援支持	提高效率,降低成本,控制运营风险	优化业务系统,建立运营管理监控系统,建立运营分析平台

第四节　信息技术流程与业务流程的匹配

业务运作依赖于业务流程，信息技术运作依赖于信息技术流程。但业务流程和信息技术流程需要有一个交叉点，从而使业务流程和信息技术流程紧密地结合在一起，建立这个交叉点的就是 ITIL（Information Technology Infrastructure Library）的应用。

ITIL 是英国国家计算机和电信局（CCTA）于 20 世纪 80 年代中期开发的一套针对信息技术行业的服务管理标准库。ITIL 以流程为导向，以客户为中心，通过整合信息技术服务与企业业务来提高企业的信息技术服务提供和运营管理的能力和水平。ITIL 已成为公认的信息技术服务管理的最佳实践并被广泛应用，并成为国际标准 ISO20000 的基础。

随着信息化的不断深入，企业业务逐步迁移到信息系统下运作的一个结果，就是业务对信息技术的依赖不断增强。在这个时候，企业不仅要求信息技术服务持续不断地支持业务运营，而且要求信息技术服务能够创造更多的机会，以帮助业务部门更好地实现业务目标。企业对信息技术服务提供者的要求是能依照企业信息化运维和管理的要求，以适当的成本和可控的运营风险，有效保障信息技术服务的质量。信息技术服务则是一个持续的概念，即信息技术服务提供者应根据企业核心业务发展的需求不断创新信息技术服务。在这种要求下，信息技术服务提供者不仅需要提供和支持与产品相关的增值和延伸服务，还需要按照企业所需要的服务水平参照一定的服务体系和框架，提供符合用户满意度要求的全程信息技术服务，并对这些服务提供可管理的指导框架。ITIL 便是在这种环境下应运而生并被标准化组织（ISO）所接纳。图 11.3 就具体体现出应用 ITIL 理论的服务管理系统流程。

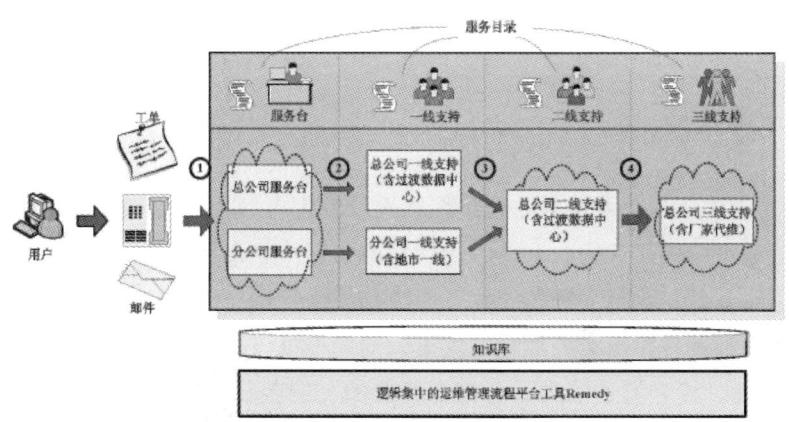

图 11.3　应用 ITIL 理论的服务管理系统流程图

第五节　信息技术与业务融合方法

Hender Son 和 Venkatraman 1999 年提出的战略融合的基本模型（SAM 模型）。利用该模型衍生出融合的四种模式：战略实施、技术转换、竞争潜力和服务水平。图 11.4 中的四条有向直线和四条有向弧线则分别体现了这四种途径。

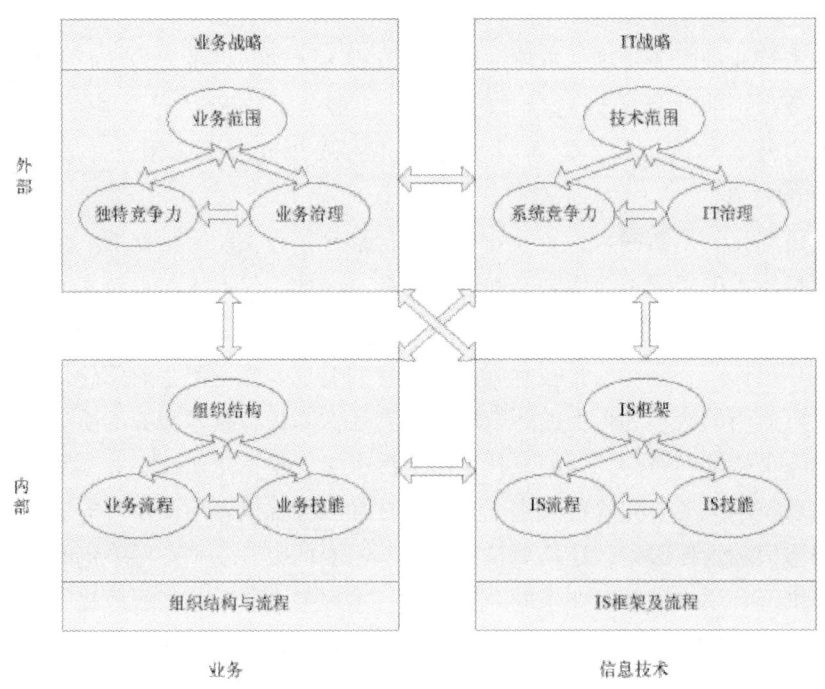

图 11.4　SAM 模型

一、战略实施

图 11.5 中体现为从业务战略到组织结构及流程再到 IS 框架及流程的有向直线。

这一战略策应模式认为，企业的运营战略既是组织存在的动力，也是企业信息技术架构的逻辑基础，这是一种传统的、层级的战略管理思维。流程为：企业高层分析外部环境和内部条件作出业务战略的决策，然后根据该战略进行相应的组织结构设计和 IS 框架设计。战略实施模式因为符合经典的、层次化的战略管理思维，所以被广为接受。在该种模式中，高层管理者担任战略制定者的角色，负责业务战略决策。IS

第十一章
健康保险业务和信息管理系统的融合

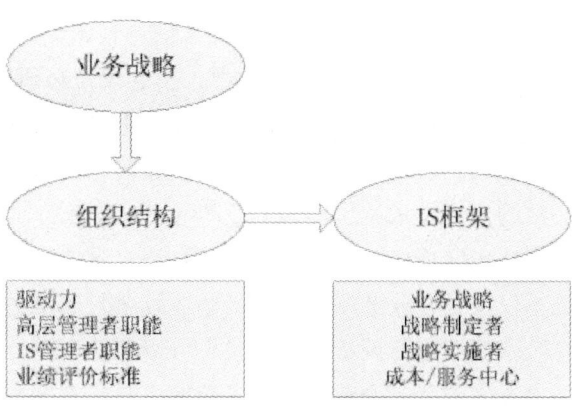

图 11.5　战略实施模式

管理者为战略实施者，负责设计和实施所选业务战略的 IS 框架及流程。战略实施模式下，评价 IS 功能的标准为反映成本—收益的财务数据。因此，战略实施模式是利用信息技术来支持企业的业务战略、提高企业运作效率的模式，也是信息技术应用的初级层次。

二、技术转换

图 11.6 体现了从业务战略到信息技术战略再到 IS 框架及流程的有向直线。

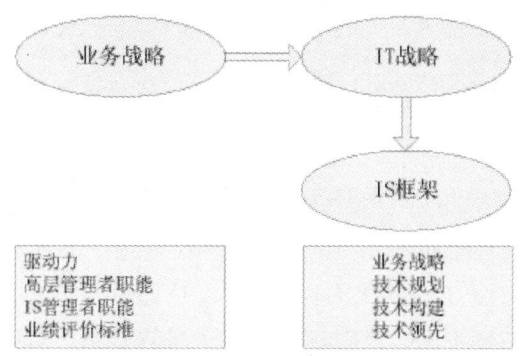

图 11.6　技术转换模式

这一战略模式亦认为运营战略是企业动力，然而它的执行依赖信息技术战略的支持。信息技术战略既是企业运营的需要，也是企业运营相关信息技术架构和流程的需要。与战略实施模式相比，这种模式不受限制于当前的组织结构设计，而是追求通过在信息技术市场上的合理定位来确定最合适的信息技术竞争能力，同时确定相应的内部 IS 框架及流程。也就是说，先制定业务战略，根据该战略确定信息技术范围（具体的信息技术）、关键竞争能力等因素，进而确定 IS 框架及流程。这种模式主要强调业务战略（尤其是独特竞争力）对信息技术战略（信息技术治理、系统竞争力）以及相应 IS 框架及流程的影响作用。在该种模式中，企业高管必须具有信息技术思维，充分认识信息技术战略对企业运营战略的支持作用，制定出最具支持力度的信息技术战略。在此战略模式中，信息技术管理人员角色是企业信息技术架构的建设者，负责设计与外部环境相一致的信息技术架构（规模、性能以及管控），并负责信息技术战略的高效运行。因此，技术转换模式同样是应用信息技术支持企业业务战略，但与战略实施模式相比，已不仅仅是在业务层次上提高企业效率，而是上升到战略层面，根据业务战略来对信息技术战略进行调整。因此也不可避免地会进行业务流程重组，企业组织结构也可能随之发生改变。企业运用技术转换模式实施融合时，信息技术融合度评价标准为业务导向的技术创新以及新技术、新系统的建设及效果。

三、竞争潜力

图 11.7 体现为从信息技术战略到业务战略再到组织结构及流程的有向弧线。

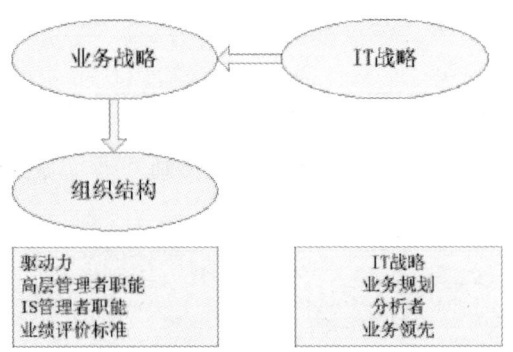

图 11.7　竞争潜力模式

竞争潜力模式关注信息技术能力的开发如何影响新产品或服务（业务范围），如何作用于战略的主要方面（差异化的能力），以及如何发展新型管理（业务治理）。与前面模式给定业务战略不同，该模式可通过新兴的信息技术能力来调整业务战略。这一模式从信息技术战略的三个维度（技术范围、系统竞争力和信息技术治理）出发，旨在确定最合适的业务战略以及相应的组织结构及流程。这种模式将进一步提升信息技术的战略地位和作用：影响新产品和新服务（如经营范围），影响关键战略属性（如特殊性能），发展新型关系模式（如运营治理）。在竞争潜力模式中，企业高管要能够从商业视角审视信息技术市场的哪些技术、功能够帮助改变现有企业治理模式，改变和提升企业的运营战略。信息技术管理人员在此模式中扮演分析师、咨询顾问的角色，要能够准确把握和阐释信息技术市场环境、信息技术的发展趋势，从信息技术视角，帮助企业高管发现潜在商机或威胁。

与前两种模式不同，竞争潜力策应模式主张通过信息技术战略对原有运营战略进行改造或提升，而前两种模式则视运营战略为既定存在或制约条件。在竞争潜力模式下，信息技术融合度评价标准为技术创新引发的业务拓展以及成功的业务流程重组。

四、服务水平

在图 11.8 中体现为从信息技术战略到 IS 框架及流程再到组织结构及流程的有向弧线。

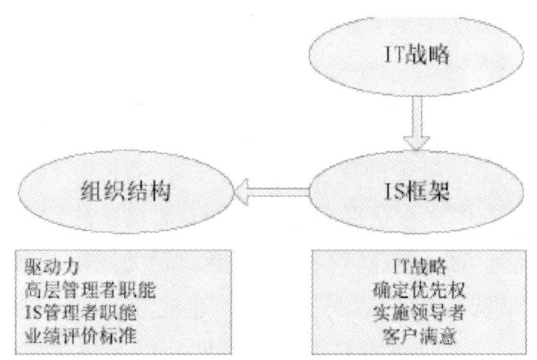

图 11.8　服务水平模式

这一模式致力于在组织内部建立世界领先的信息技术系统，用以提高企业服务水准。在此模式下，企业运营战略扮演着非直接相关的角色。这一模式通常被认为是非常必要的，但却并不能够充分保证企业有效运用信息技术资源，并对快速增长、变化的终端市场（顾客）做出及时、正确的反映。这种融合的模式使企业具备满足信息技术使用者需求的各种能力，但在此模式中业务战略没有直接的作用，仅为信息技术用户需求的产生提供方向。这种模式是有效利用信息技术的必要条件，IS 框架必须合理配置资源以满足终端用户不断变化发展的各种需求。企业高管在这一模式中扮演的角色是优先排序员，决定着在企业内部如何对稀缺资源进行有效配置；同时，也担负着企业资源在信息技术市场上的配置（合资经营、技术许可经营、少数股权投资等等）。而信息技术管理人员作为企业领导团队的一名成员，担负着企业内部运营符合高层指示的特殊使命。

服务水平模式体现了企业在利用有限的信息技术资源过程中，如何通过确定优先权、合理分配资源等方式来确定信息技术战略，从而进一步影响 IS 框架和组织结构的过程，本质上是一种资源配置和优化的过程。在服务水平模式下，信息技术融合度的评价标准为企业信息技术用户的满意度。

综上所述，信息技术融合理性维度具有比较成熟的结构和实施流程，有四种实施模式可供企业选择。四种主要的融合实施模式在帮助企业实施融合方面的作用是相同的。对融合实施的四种模式概括如表11.2。

表11.2　　　　　　　　　　实施模式对比表

	战略实施	技术转换	竞争潜力	服务水平
驱动因素	业务战略	业务战略	IT战略	IT战略
高层管理者职能	战略制定者	技术规划	业务规划	确定优先权
IS管理者职能	战略实施者	技术构建	分析者	实施领导者
业绩评价标准	成本/服务中心	技术领先	业务领先	客户满意
IT融合度评价因素及指标	IT基础设施建设，IT基础设施利用效率	业务导向的技术创新、新技术、新系统的建设及效益	技术创新引发的业务拓展和成功的业务流程重组	企业IT用户的满意度

哪一种融合实施模式是最优的呢？应当说没有一种融合的实施模式是普遍最优的。四种主要的融合实施模式在帮助企业实施融合方面的作用是相同的。实际上，一方面，信息技术不是企业的万能药，企业也不能总是关注以信息技术战略为出发点的实施模式（竞争潜力和服务水平）；另一方面，企业业务战略也不能总是作为驱动力（战略实施和技术转换），企业必须根据内部条件、行业情况、市场环境以及企业发展所处阶段等因素综合考虑确定采取哪种融合的实施模式。

本章小结

1. 企业的竞争战略一般主要采用集中化、低成本和差别化作为手段。企业信息技术则联合这三种手段，推动并促使企业不断向前发展。信息技术的价值主要体现在企业服务品质的提升、信息资源的充分利用及新的附加价值的创造。信息技术在企业中的价值和战略地位从四个方面体现：信息技术作为企业的技术平台、信息技术作为企业的管理模式、信息技术作为企业的管理资源以及信息技术作为企业的战略资源。

2. 企业信息化的四个阶段分别为：第一阶段，一体化管理阶段。第二阶段，实现精细化管理阶段。第三阶段，经营过程控制阶段。第四阶段，战略性经营管理阶段。

3. 信息技术需要制定与业务相匹配的战略来支持业务战略的实现。首先，针对业务流程还有待进一步优化、部分业务流程效率不高、成本过高的情况，配合业务部门调整优化业务流程，改造核心业务系统，将新的业务流程融入核心业务系统中，并对业务系统存在的运维过重的问题进行集中清理，优化系统执行效率，从而实现提高业务流转效率进一步降低成本的目标。

4. ITIL（Information Technology Infrastructure Library）是英国国家计算机和电信局

（CCTA）于20世纪80年代中期开发的一套针对信息技术行业的服务管理标准库。ITIL以流程为导向，以客户为中心，通过整合信息技术服务与企业业务来提高企业的信息技术服务提供和运营管理的能力和水平。

5. Hender Son 和 Venkatraman 1999年提出的战略融合的基本模型（SAM模型）。利用该模型衍生出融合的四种模式：战略实施、技术转换、竞争潜力和服务水平。信息技术融合理性维度具有比较成熟的结构和实施流程，有四种实施模式可供企业选择。四种主要的融合实施模式在帮助企业实施融合方面的作用是相同的。

专业术语

1. 企业信息化（Enterprises Informatization）：是指企业以业务流程的优化和重构为基础，在一定的深度和广度上利用计算机技术、网络技术和数据库技术，控制和集成化管理企业生产经营活动中的各种信息，实现企业内、外部信息的共享和有效利用，以提高企业的经济效益和市场竞争力。

2. 业务战略（Business Strategy）：是指把企业拥有的一切资产通过剥离、出售、转让、兼并、收购等方式进行有效运营，以实现最大的资本增值。

3. ITIL（Information Technology Infrastructure Library）服务管理标准库：为企业的信息技术服务管理实践提供了一个客观、严谨、可量化的标准和规范，企业的信息技术部门和最终用户可以根据自己的能力和需求定义自己所要求的不同服务水平，参考ITIL来规划和制定其信息技术基础架构及服务管理，从而确保信息技术服务管理能为企业的业务运作提供更好的支持。

4. SAM（Strategic Alignment Model）模型：即战略一致性模型，也称作战略对应模型、战略策应模型，是一项用以帮助企业实现运营战略与信息化战略相互策应的技术。

思考题

1. 信息技术在企业中的价值和战略地位是从哪几个方面体现的？
2. 简要阐述企业信息化的四个阶段。
3. 对应业务战略的信息技术战略应从哪几个方面着手？
4. 利用SAM模型衍生出的融合模式有哪几种？请具体说明。

第十二章

健康保险信息系统运用的关键技术

第一节 基于面向服务架构的社会保险系统中的企业应用集成技术

一、社会保险的企业应用集成问题

建立和健全社会保障制度是以建立社会主义市场经济为目标的整个经济体制改革的重要组成部分。社会保险制度的发展和完善与我国的经济建设和社会稳定息息相关，它是保证国家安定团结的安全网，是减少社会震荡的稳定器和促进经济发展的加速器。

从发展的角度来看，社会保险制度不但是社会发展的产物，也是计算机技术发展的产物。社会保险制度社会化的特点注定了它将与计算机技术相互依存。社会保险制度的发展和完善，有赖于计算机技术的发展，也能够促进计算机技术的发展。

社会保险的政策性特别强调，它要对所有劳动者的生、老、病、死、失业、工伤等提供基本保障，所以其业务信息量大、信息管理周期长。另外，社会保险业务联系层面广泛，不仅与财政、税务、金融等机构密切相关，而且与所有用人单位都有密切的关系。要将各地区五花八门的社会保险经办系统有效集成起来，是一个相当庞大、相当困难的系统工程。

第十二章
健康保险信息系统运用的关键技术

随着全国社会保障基金管理体制的进一步完善，个人（或企业）账户管理在社保、征收管理、税务、资金支付和财政方面的基本格局已基本形成。但是，现有社保信息处理业务模式客观上还存在一些难点：一是数据量大，处理时间集中。每月都有几十万参保人员集中几天统一在办税大厅缴费。若是一个中等城市，无论是税务还是社保都是无法承受的，老百姓也怨声载道。二是信息条块分割，数据不统一，传送不及时。财政、劳动与社会保障和地税等部门各自有较完善的信息处理系统，数据库系统各异。

因此，必须大胆引进和应用新技术，在充分保护部门间现有信息网络和数据资源的基础上，建立能支撑新管理体制的业务信息处理新模式。其设计和实现的目标是：保护现有资源，再造业务流程，提升信息应用，建立基于跨平台一体化社保基金征收管理系统。该模式应科学合理地解决好以下几个主要问题：

（1）数据集中与分布。原有的社保、税务、财政等政府职能部门业务处理模式和信息管理系统是条块分割，各自为政，信息不能共享，应用困难。

（2）网络的复杂性和行业的特殊性。社会保险系统是给老百姓服务的，服务对象的数量特别大，参加这个系统的单位很多，接入节点特别多。这些单位和个人都需要参与这个涉及个人和资金交易的复杂系统中来，整个系统还将成为政府电子政务的基础，如何尊重和保护政府各职能部门现有网络和信息资源，减少建设成本，关系到建设的成败。

（3）数据和网络安全。一是数据安全。数据集中了，一旦出现问题，影响和损失非常大。所以，数据库的安全和数据集中点的安全防御就变得特别关键。二是网络可靠性。网络互联的规模很大，原来只有自己的行业内部网，现在全连到一起了，要直接访问集中的数据库，对原有的网络、操作系统、数据库都需改造或升级，技术也面临很大压力，如何引用新技术，科学合理设计网络系统结构，让这些点能同时接入的多通道的服务，不仅系统的容量要求很大，可靠性要求也很高。

（4）信息系统建设规范和标准。从应用的角度分析，必须面向参保对象的服务、面向政府部门的决策支持建立规范和标准。从技术角度分析，系统由原来分布的系统向集中加分布发展，需采用先进技术统一设计系统的体系架构，具体包括混合的技术结构、先进的三层结构、面向对象的方法、新的数据交换标准的建立、越来越严密的安全方案、越来越灵活的满足各种需要接口方案等等。

（一）业务内容

申报：参保人到社保部门申报参保险种和缴费基数。

核定：社保部门金保工程管理系统将参保人数、缴费基数、应缴数等核定管理信息经加工审核后，通过实时联网系统自动复制或上传至地税部门社保基金征收管理系统。

征收：各商业银行网点通过和地税部门的税银实时联网系统联网代征社保基金，纳税人（缴费人）在各商业银行网申报而产生的各类税票电子信息，经加工审核后，实时自动上传地税。

上解：地税部门将社保基金征收管理系统等因纳税人（缴费人）申报而产生的各类税票电子信息，经加工审核后，通过实时联网系统自动上传至人民银行同城资金清算系统。

划款：各商业银行通过人民银行同城资金清算系统进行销号和取得划款信息，并将划款结果返回人民银行。人民银行国库从同城资金清算系统提取已销号和已划款成功的税票信息办理入库，并返回入库税票信息。

入库：地税部门通过实时联网系统下载人民银行反馈的入库税票信息，并在社保基金征收管理系统中实现自动销号及对账功能，并向社保部门返回入库税票信息。

记账：社保部门通过实时联网系统下载地税和人民银行反馈的入库税票信息，并在社保基金管理支付系统中实现自动销号及对账功能，记入个人账户，并向缴费人返回入库信息。

支付：财政部门根据社保部门提供的享受社会保险的人员和金额，向享受人支付。

（二）工作流程

社会保险系统的整体业务流程见图12.1。

纳税人持申报表或其他报税资料前往各商业银行网点，办理开票，生成税票的电子信息。各商业银行汇总本日收取的现金税款，于每日下午下班前，汇总开具缴款书，生成税票的电子信息。

经实时联网系统地税端处理后，审核税票电子信息的合法性、重复性、税票总金额与明细金额的合计数是否相等。如果审核有误，查明原因，及时更正，并将审核无误的税票电子信息通过实时联网系统发送到人民银行。

人民银行收到地税的税票电子信息后，再对税票电子信息的合法性及重复性进行校验，登记合格的税票电子信息。如果校验有错，注明错误原因，将错误信息退回地税，地税根据错误原因，查实后更正错误，再重新生成新的票据信息上传至人民银行。

地税机关或纳税人持开具的税票前往各商业银行解缴税款，各商业银行查验票据，通过同城资金清算系统，勾对票据信息，完成缴税。

地税机关根据人民银行反馈的入库数据在征管软件系统中实现自动销号功能，每日及时进行对账。

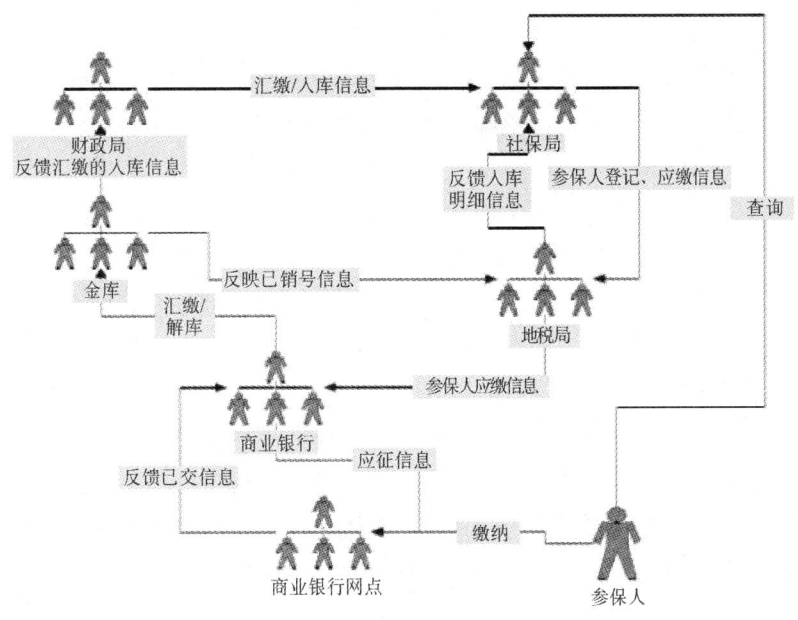

图 12.1 社会保险系统的整体流程

（三）数据流程

社会保险系统的整体数据流程见图 12.2。

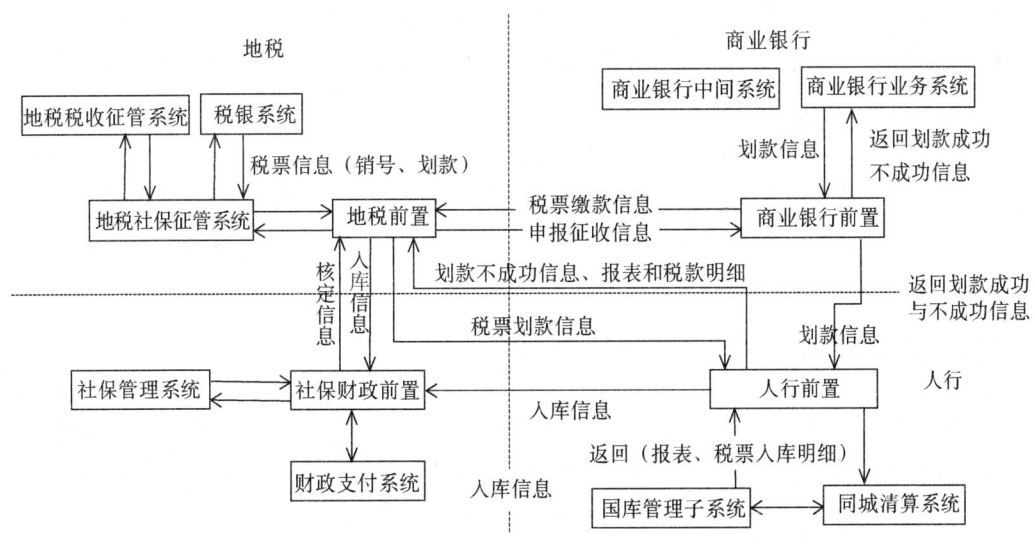

图 12.2 社会保险系统的整体数据流程

税票电子信息的传送：由地税采取实时方式，通过地税人民银行实时联网系统，将纳税人税票信息传输至人民银行同城资金清算系统。

税款的收纳和划转：各商业银行以录入纳税人代码、税票票号和金额等要素进行电子销号，通过人民银行同城资金清算系统向国库划转收纳的税款资金。

税款的报解入库：国库按同城票据场次，通过国库管理子系统，提取商业行销号的地税税票的明细税种信息，经与提入地税税票凭证核对入库后生成国库核算通讯文件办理入库。

入库信息的反馈：国库每日营业终了后，通过地税人民银行实时联网系统，向地税局反馈国家金库预算收入对账日报表和税款入库明细信息，地税局实时返回对账结果。

二、企业应用集成技术研究

企业应用集成技术研究的主要方向是：在统一的应用集成框架下，连接各种在企业发展的不同阶段开发或购买的应用程序，基于对业务过程的重新整合和逻辑模型构建，综合利用中间件技术和各类 ETML 工具，有效解决分布的、异构的系统之间的数据转换、信息传输、事务处理和消息传递等问题，从而将分散的应用程序有机结合在一起，更好地支持整个企业各项业务的处理过程。

企业应用集成可以为企业实现网络信息共享、资源共享和应用程序共享，并提供一整套完整的策略（即企业计算解决方案），包括网络设施、分布式软件基础平台、构件模型，以及能满足企业计算需要的一组公共服务构件。另外，企业应用集成还可以为企业提供应用构件，并在此基础上形成规范化的业务框架。企业分布集成平台的核心技术包括：消息处理机制、事务处理机制、应用集成技术和应用服务管理技术。

（一）消息机制

支持各类信息的可靠传输、智能消息路由、消息的压缩传输、消息的事务存储与转发、消息的签名机制和基于公钥基础设施（PKI）的安全消息通道消息组传输机制和时序控制。

（二）事务处理

所有消息采用统一格式表示，以便于采用数据库进行永久存储。在信息传输和处理各个环节，利用事务处理中间件实现消息流处理，实现服务的负载平衡和动态加载，从而适应企业应用动态发展需要，并保证平台结构的灵活性和伸缩性。

（三）应用集成

采用 XML 描述应用集成任务、动态应用加载和应用配置管理、企业资源链接；采用 CORBA、TUXEDO 等中间件技术实现企业应用无缝连接；采用 ODBC、JDBC、

PRO*C 等实现企业数据资源的无缝连接。

(四) 应用与服务管理

负载平衡与容错、应用服务的伸缩性服务器的在线切换应用监控与配置管理消息传输统计与网络性能优化。

三、面向服务的架构

(一) 面向服务的架构的概念

面向服务的架构（SOA）并不是一个新概念，有人就将 CORBA 和 DCOM 等组件模型看成 SOA 的前身。早在 1996 年，Gartner Group 就已经提出了 SOA 的预言，不过当时软件发展水平和信息化程度还不足以支撑这样的概念走进实质性应用阶段。近两年，SOA 技术实现手段渐渐成熟。在 BEA、IBM 等软件公司的极力推动下，得以慢慢风行。Gartner 为 SOA 描述的愿景目标是实现实时企业（Real – Time Enterprise）。

面向服务的架构是一个组件模型，它将应用程序的不同功能单元——服务，通过服务间定义良好的接口和契约联系起来。接口采用中立的方式定义，独立于具体实现服务的硬件平台、操作系统和编程语言，使得构建在这样的系统中的服务可以使用统一和标准的方式进行通信。这种具有中立的接口定义（没有强制绑定到特定的实现上）的特征称为服务之间的松耦合。

从这个定义中，看到下面两点：

软件系统架构：SOA 不是一种语言，也不是一种具体的技术，更不是一种产品，而是一种软件系统架构，它尝试给出在特定环境下推荐采用的一种架构。从这个角度上来说，它其实更像一种架构模式（Pattern），是一种理念架构，是人们面向应用服务的解决方案框架。

服务是整个 SOA 实现的核心。SOA 的基本元素是服务，SOA 指定一组实体（服务提供者、服务消费者、服务注册表、服务条款、服务代理和服务契约），这些实体详细说明了如何提供和消费服务。遵循 SOA 观点的系统必须要有服务，这些服务是可互操作的、独立的、模块化的、位置明确的、松耦合的，并且可以通过网络查找其地址。

(二) SOA 三种角色的关系

服务是一个自包含的、无状态的实体，可以由多个组件组成。它通过事先定义的界面响应服务请求，也可以执行诸如编辑和处理事务等离散性任务。服务本身并不依赖于其他函数和过程的状态，用什么技术实现服务，并不在其定义中加以限制。

服务提供者提供符合契约的服务，并将它们发布到服务代理。

服务请求者也叫服务使用者，发现并调用其他软件服务来提供商业解决方案。从概念上来说，SOA 本质上是将网络、传输协议和安全细节留给特定的实现来处理。服务请求者通常称为客户端，但是也可以是终端用户应用程序或别的服务。

服务代理者作为储存库、电话黄页或票据交换所，产生由服务提供者发布的软件接口。

三种 SOA 参与者——服务提供者、服务代理者以及服务请求者，通过 3 个基本操作：发布、查找、绑定相互作用。服务提供者向服务代理者发布服务，服务请求者通过服务代理者查找所需的服务，并绑定到这些服务上。服务提供者和服务请求者之间可以交互。

所谓服务的无状态，是指服务不依赖于任何事先设定的条件，是状态无关的。在 SOA 中，一个服务不会依赖于其他服务的状态，它们从客户端接受服务请求。因为服务是无状态的，它们可以被编排和序列化成多个序列（有时还采用流水线机制），以执行商业逻辑。编排指的是序列化服务并提供数据处理逻辑，但不包括数据的展现功能。

（三）SOA 特征

1. 服务的封装

将服务封装成可用于业务流程的、可重用组件的应用程序函数。它将业务数据从一个有效的、一致的状态向另一个状态的转变。封装隐藏了复杂性，服务的 API 保持不变，使得用户远离具体实施上的变更。

2. 服务的可重用性

服务的可重用性设计显著地降低了成本。为了实现可重用性，服务只工作在特定处理过程的上下文中，独立于底层实现和客户需求的变更。

3. 服务的互操作性

"互操作"并不是一个新概念，在 CORBA、DCOM、web service 中就已存在。在 SOA 中，通过服务之间既定的通信协议进行互操作，主要有同步和异步两种通信机制。SOA 提供服务的互操作特性更利于其在多个场合被重用。

4. 服务是自治的功能实体

服务是由组件组成的组合模块，是自包含和模块化的。

SOA 非常强调架构中提供服务的功能实体的完全独立自主。传统的组件技术，如 .NET Remoting、EJB、COM 或者 CORBA，都需要有一个宿主（Host 或者 Server）来存放和管理这些功能实体。当这些宿主运行结束时这些组件的寿命也随之结束。这样当宿主本身或者其他功能部分出现问题的时候，在该宿主上运行的其他应用服务就会受到影响。

SOA 中非常强调实体自我管理和恢复能力。常见的用来进行自我恢复的技术，比如事务处理（Transaction）、消息队列（Message Queue）、冗余部署（Redundant Deployment）和集群系统（Cluster）在 SOA 中都起到至关重要的作用。

5. 服务之间的松耦合度

服务请求者到服务提供者的绑定与服务之间应该是松耦合的。这就意味着，服务请求者不知道提供者实现的技术细节，比如程序设计语言、部署平台等等。服务请求者往往通过消息调用操作，请求消息和响应，而不是通过使用 API 和文件格式。

松耦合使会话一端的软件可以在不影响另一端的情况下发生改变，前提是消息模式保持不变。极端的情况是，服务提供者可以将以前基于遗留代码（例如 COBOL）的实现完全用基于 Java 语言的新代码取代，同时又不对服务请求者造成任何影响。这种情况是真实的，但要新代码支持相同的通信协议。

6. 服务是位置透明的

服务是针对业务需求设计的，需要反映需求的变化，即所谓敏捷设计。要想真正实现业务与服务的分离，就必须使得服务的设计和部署对用户来说是完全透明的。也就是说，用户完全不必知道响应自己需求的服务位置，甚至不必知道具体是哪个服务参与了响应。

（四）SOA 的级别

从概念上讲，SOA 中有三个主要的抽象级别：

一是操作：代表单个逻辑工作单元（LUW）的事务。执行操作通常会导致读、写或修改一个或多个持久性数据。SOA 操作可以直接与面向对象的方法相比。它们都有特定的结构化接口，并且返回结构化的响应。特定操作的执行可能涉及调用附加的操作。

二是服务：代表操作的逻辑分组。服务可以分层，以降低耦合度和复杂性。一个服务的粒度大小也与系统的性能息息相关。粒度太小，会增加服务间互操作通讯的开销；粒度太大，又会影响服务面对需求变化的敏捷性。

三是业务流程：为实现特定业务目标而执行的一组长期运行的动作或活动。业务流程通常包括多个业务调用。在 SOA 中，业务流程包括依据一组业务规则按照有序序列执行的一系列操作。操作的排序、选择和执行称为服务或流程编排。典型的情况是调用已编排服务来响应业务事件。从建模的观点来看，由此带来的挑战是如何描述设计良好的操作、服务和流程抽象的特征以及如何系统地构造它们。这些涉及服务建模、特征抽取的问题已经成为现阶段关注的焦点。

四、利用 SOA 实现面向服务型社会保险 EAI 方案

社会保险基金征收管理系统的各种信息系统应该是为社保部门内外的用户提供全方位的信息服务，而以往系统与系统之间是通过接口来实现联系的。应用系统与应用系统之间，也应该走向一种互为服务的关系。

社会保险基金征收管理系统的各种事务处理业务系统整合是一个业务流程重构（BPR）的过程。它的核心是整个作业和管理链信息流程的重新组织。考虑到外部相关企业和组织应用系统的整合，也就是整个产业链信息流程的重新组合，在社会保险基金征收管理系统中，就必须利用信息整合技术从整体架构平台的角度出发，在已有的信息技术基础环境和业务系统上建立一套跨部门、跨业务、跨平台、异构的信息整合平台；必须整合政府不同的部门信息资源，使用统一的规则、技术标准、集成服务，实现流程再造、信息共享。

服务是从业务流程的角度来看待技术的，是从上向下看的。这种角度同一般的由可用技术所驱动的商业视角是相反的。因为服务的优势很清楚，它们会同业务流程结合在一起，能够更加精确地表示业务模型，更好地支持业务流程。相反，可以看到，以应用程序为中心的企业应用模型，迫使业务用户将其能力局限为应用程序的能力。而利用 Web 服务的各个组织可以将内部功能组件或查找业务服务，按 Web 服务标准（XML、WSDL）打包成 Web 服务组件，然后将其向服务黄页（白页、绿页）注册。服务请求者查找服务，返回服务具体的 URL 地址，并按使用协议，将服务绑定到自己的业务流程里，实现功能的调用，实现 B2B 的整合目的，SOA 就是下一代 Web 服务的技术架构（见图 12.3）。

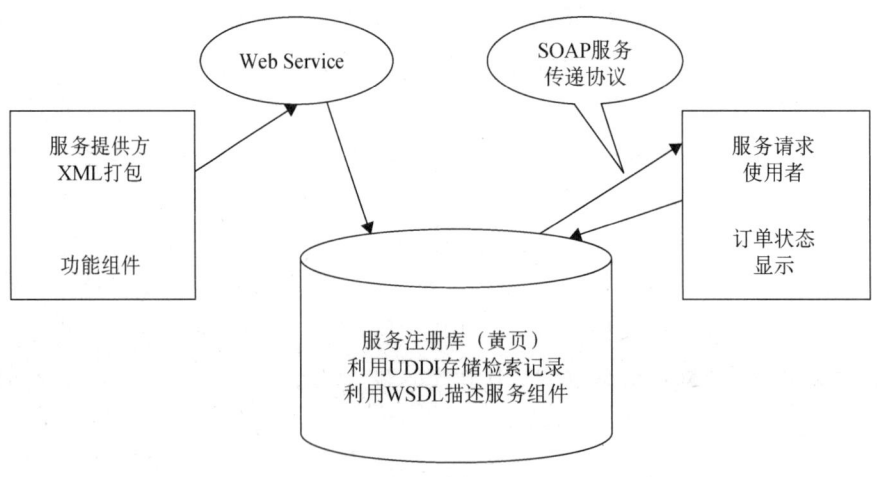

图 12.3　SOA 服务结构示意图

SOA 的一个中心思想就是让企业彻底摆脱面向技术的解决方案的束缚，轻松应对企业商业服务变化、发展的需要。企业信息技术架构环境中单个应用程序无法包容业务用户的各种需求，即使是一个大型的 ERP 解决方案，也不可能满足这个需求不断膨胀、变化的缺口。对市场快速作出反应，商业用户只能通过不断开发新应用、扩展现有应用程序来艰难地支撑其现有的业务需求。通过将注意力放在服务上，应用程序能够集中起来提供更加丰富、目的性更强的商业流程。其结果就是，基于 SOA 的企业应用系统通常会更加真实地反映出与业务模型的结合。

SOA 中一个个服务组件将演变成标准的建材，用户可按照自己的业务需要创造各种组合。用户不需要重新定制基础的服务零件，重点在于服务组件的接口。

SOA 的强大和灵活性将给社会保险基金征收管理带来巨大好处。如果某部门将其信息技术架构抽象出来，将其功能以粗粒度的服务形式表示出来，每种服务都清晰地表示其业务价值，那么，这些服务的顾客（可能在社会保险部门内部，也可能是社会保险部门的某个业务伙伴）就可以得到这些服务，而不必考虑其后台实现的具体技术。

更进一步，如果顾客能够发现并绑定可用的服务，那么在这些服务背后的 IT 系统就能够提供更大的灵活性。

第二节　数据挖掘技术在健康保险中应用

一、数据挖掘系统的基本结构与实现过程

（一）基本结构

数据挖掘，又称知识发掘，是用自动或半自动化的方法在海量数据集中找到潜在的、有价值的信息和规则。数据挖掘系统与数据库技术、统计分析技术和人工智能技术密切相关。数据挖掘系统由如图 12.4 所示的几个模块组成。

数据库系统主要存放了企业大量信息，用于企业日常运作管理，一般不宜直接用于数据挖掘。数据仓库主要是从数据库管理系统与其他信息库中抽取信息，并进行相应的转换与处理。数据库服务器主要是提供数据管理服务。知识库主要存储了大量的规则与标准。数据挖掘算法引擎主要提供各类算法，以支持不同类型的数据挖掘主题。图形化用户界面提高数据挖掘系统的易用性与友好性，便于行业专业人员应用数据挖掘软件进行相应的行业主题挖掘。

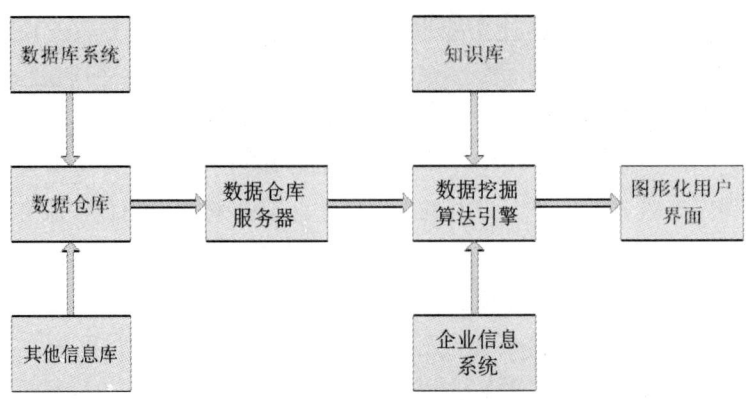

图 12.4　数据挖掘系统结构图

（二）数据挖掘实现过程

主流的数据挖掘系统都严格按"跨行业数据挖掘过程标准"（Cross – Industry Standard Process for Data Mining，CRISP – DM）开发。CRI8P – DM 于 1999 年由欧盟相关机构制定。目前，CRISP – DM 标准在各种数据挖掘模型中占据了首要地位，成为数据挖掘系统开发的标准。CRISP – DM 对数据挖掘过程进行详细的描述，把数据挖掘分解为 6 个部分，其流程如图 12.5 所示。

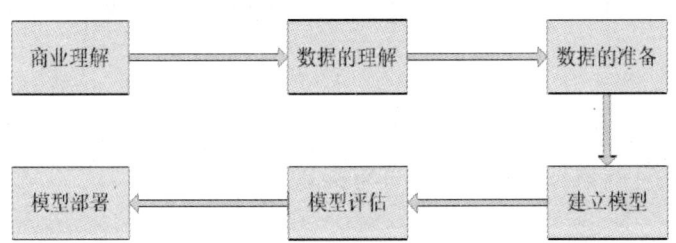

图 12.5　CRISP – DM 流程图

商业理解，是从商业应用的角度来理解数据挖掘项目的需求与目标，并将这种需求转化为数据挖掘的问题，同时设计一个达成目标的初步方案。

数据理解，主要包括数据的收集、数据质量的评价、数据字典的定义等。

数据准备，对数据库中的表与字段名进行理解并执行数据的抽取、加载与转换等。

建立模型，针对所要挖掘的主题，采用不同的数据挖掘方法，并进行优化，使挖掘结果与挖掘目标相符合。

模型评估，从模型的正确率、响应速度与资源占用等多个角度来评价模型的能力。

模型部署，是把经测试符合商业要求的数据挖掘模型应用于商业实践。

部署工作会碰到新的问题，如与企业管理系统的接口与兼容等，部署完成后还要进行测试才能正式投入商业运行。

（三）数据挖掘功能

数据挖掘系统功能可分为两大类：分类预测和描述。分类预测是从已知的分类数据训练模型，并使用训练后的模型对没有分类的数据进行分类。根据目标变量标志值的不同，分别称为预测与分类。如果标志值为离散型，则是分类；如果标志值为连续型，则是预测。

样本数据集在分类预测中发挥着重要的基础性作用，数据的质量在某种程度上决定了挖掘效果。因此，样本数据集的代表性，决定了训练好的数据挖掘模型是否具有泛化能力。用于数据挖掘的数据称为数据集，一般划分为训练集、测试集与验证集三部分。

这三部分来自同一数据源，具有相同的分布。训练数据集主要用于训练数据挖掘模型；测试数据集用于测试模型的准确率；验证数据集中不包括目标变量的标志值，用于检验数据挖掘模型。

数据挖掘描述功能主要是根据给定数据集中数据内部的固有关系，提取出其中的数据关系，主要包括聚类、关联分析等。聚类分析把没有预定义类别的数据集划分成几个不同的类。根据同类数据记录的共同特征，可以进一步提取出不同类之间的区别，并用于分类预测。数据挖掘描述功能可以用于分析不同指标之间的关联程度，这种关联性并不一定是因果关系，仅仅是对存在行为事实进行展示，不探讨其原因。对于聚类分析技术，没有必要把数据集划分成训练集、测试集与验证集。聚类的任务是直接在数据集上构造数据挖掘模型，并得到模型学习处理的结果。随着所采用聚类数据挖掘技术的不同，结果也有一些的差别。

（四）数据挖掘的可视化

可视化是数据挖掘的一个热门研究方向，是衡量一个软件系统好用性与易用性的一个重要标志，也决定了一个数据挖掘系统与统计软件能否成功占有相应市场份额。如 SPSS 在统计软件市场上占有率一直高于 SAS，其主要原因之一是，SPSS 针对了普通用户设计了友好的用户界面，只需要一般的统计知识就可以通过菜单获得相应的统计结果，而 SAS 主要是针对专业统计人士，需要编制程序代码，一般用户难以胜任。因此，SAS 尽管功能上比 SPSS 强大且灵活，但在市场占有率上却落后于 SPSS。有必要说明的是，SPSS Clementine 与 SAS EM4.3 基本上采用了同样的挖掘流过程方式，数据的查看分析、中间结果的展示、挖掘结果的可视化方面基本上一致。

数据挖掘的可视化包括数据的可视化、挖掘模型的可视化、挖掘过程的可视化和挖掘结果的可视化。数据的可视化便于用户查看数据的性质，如分布、异常点等，以决定对数据采用何种预处理方式。挖掘模型的可视化主要指挖掘方法的选择，采用模块化形式，以图标与菜单的方式完成方法的选择与参数的设置。挖掘过程的可视化便于用户操作，如参数的调整、方法的选择、流程的安排、中间结果的查看，即给用户一种所见即所得的感觉，创造一种友好的用户界面。数据挖掘结果的可视化是指挖掘结果必须以便于用户理解的方式直观呈现出来，因为用户一般关心的侧重点是结果的直观性与可解释性。事实上，用户一般难以理解数据挖掘中的算法与过程，但用户需要挖掘结果的有用性。因此，挖掘结果必须从用户的角度进行展现，如图形化，以便用户进行挖掘效果的评价。总之，数据挖掘工具和技术的可视化，使用户能够从全新的角度快速、轻松地检索信息解决常见的商业问题。

二、数据挖掘技术在保险行业中的应用领域分析

（一）保险客户关系管理与数据挖掘技术应用

客户关系管理的核心就是以顾客利益为中心。保险行业是一种服务业，以向客户提供高附加值的保险服务为目标，因而客户成为保险行业最重要的资源，保险公司的生命力取决于其拥有多少优质客户资源。保险营销已开始从价格竞争向服务竞争，能否向客户提供及时优质与可信赖的服务，成为保险公司能否稳住老客户、开拓新客户，以及开展保险产品的交叉销售的重要保证。随着中国保险行业的逐渐全面对外开放，国内保险公司将与拥有先进的管理技术与客户服务经验的外资企业进行竞争。国内保险公司现已建立起跨省市的信息管理平台，如平安保险公司、太平洋保险公司以及中国人寿等保险公司分别成立了数据管理中心，以快速响应市场需要，提高管理效率。同时，保险企业在进行信息化建设过程中，也加大了客户关系管理平台的建设。

但是，客户关系管理不仅仅表现为一个客户服务平台的建设，更为重要是对客户服务的强有力支撑。面对保险企业信息系统中积累的海量数据，由于客户特征指标众多，采用传统的统计分析技术难以处理高维空间的数据，很难发现客户的特征与购买行为的相关性，数据挖掘成了其必备的信息处理技术。国外保险公司的客户关系管理实践表明，数据挖掘技术在客户关系管理中的作用主要有：第一，客户服务。通过对客户咨询与投诉进行行为分析，根据咨询信息与投诉建议，找出这类客户的基本特征，以便于营销时针对客户的特征开展针对性服务与销售工作。第二，客户信用评估。通过挖掘分析，提取出客户信用等级信息，保险企业可以为不同信用等级的客户提供相应的服务或保险产品。如为信用等级高的客户提供个性化的保险产品或降低保

费率，以保持客户，同时降低保险企业经营风险；对信用较低的客户可以加强监管或拒保，防止欺诈。

（二）保险目标客户识别与数据挖掘技术应用

业务不同的保险企业，其目标客户有不同的特征，如财产保险公司与寿险公司的目标客户，即使是对同一类险种，如寿险产品，不同的寿险产品所面对的客户也不一样。因此，目标客户的识别方法也有较大差别。以人寿保险公司为例，目标客户的识别方法主要有以下几种：

1. 调查问卷。调查问卷分两类：一类是针对整个寿险行业的；一类是针对某一寿险产品的。寿险调查问卷一般包括众多的社会人口信息，如年龄、职业、地区、收入区间、家庭信息、保险产品购买信息等。科学的问卷设计是调查成功的重点之一。问卷调查方法有访谈、邮寄调查表、电话调查以及网络调查等。不同的调查方式采信度不一样，单位成本也不一样。问卷调查法一般适合新产品的试销或新险种的开发等。

2. 统计分析。传统的统计技术可以对低维数据集进行处理，得到一些基本的统计信息。统计分析技术一般分为简单统计与复杂统计。简单统计表现为均值、方差、偏度、峰度、频数等。复杂统计主要有回归分析法、主成分分析法、因子分析法等。但这些方法都需要严格的数理基础。优点是在满足许多假定的前提下，结论严谨；缺点是这些假定条件在实践中一般不成立。统计分析缺陷主要表现为三个方面：一是统计分析难以处理海量数据。经测试，1万行记录以上的数据集中进行频数统计，会导致 PC 机中断执行。其主要原因，是传统的统计分析技术没有对算法进行优化，造成执行时间过长或所需内存空间过大等。二是统计分析难以处理高维数据。统计分析中的指标压缩（如主成分与因子分析法等）技术会导致信息损失，同时压缩技术只适合在指标之间存在一定相关性的条件下才适用。三是统计分析难以处理小概率事件。对于保险欺诈，统计分析方法难以提取出保险欺诈模式与行为特征。

3. 数据挖掘方法。保险企业数据库系统中积累了海量数据，为数据挖掘技术提供了数据基础。利用保险购买数据，采用先进的数据挖掘手法，如决策树、神经网络等对客户进行分析归类，提取出不同险种购买客户的特征，为开展针对性的营销或咨询提供强有力的支持。在获取了客户购买某一保险或保险组合的基本特征之后，根据人口、收入、家庭等统计资料，就可以针对性开展一对一的保险销售，以提高销售的效率，为保险营销提供指导。另外，数据挖掘技术中 Web 数据挖掘，适合对客户浏览保险公司网络的行为进行分析，识别客户对哪些保险产品感兴趣，以及保险产品组合。成功的目标客户识别模型可以移植到保险信息管理系统，挖掘模型可以根据新的数据不断进行自我训练以提高模型的识别能力，也可以对新的客户作出实时的判别。

(三)保险交叉销售与数据挖掘技术应用

实现交叉销售的数据挖掘技术主要有关联规则、决策树、神经网络等。通过数据挖掘可以提取出购买多种保险产品的客户特征,为保险营销提供有效的指导。保险交叉销售数据挖掘一般分为两个过程。

1. 建立交叉销售模型。采用数据挖掘技术,如关联规则、决策树等,对保险销售数据进行分析,提取出购买保险产品组合的客户特征。经测试,交叉销售数据挖掘模型满足一定的要求后,即可部署实施。

2. 对客户购买产品组合进行预测。把交叉销售数据挖掘模型应用于客户与产品购买数据库系统,对客户进行评分,表现为客户购买产品组合的概率。按概率大小降序排列,然后有针对性地开展保险产品交叉销售工作。

(四)客户保持、流失分析与数据挖掘技术应用

随着保险行业的竞争加剧,保险企业获取新客户的成本不断上升,因此,保留原有客户,减少客户流失是开展竞争的基础。成功留住客户的实质是一种维持与改善客户关系的过程。通过对流失客户的特征进行分析,提取出客户流失分析模型。客户流失模型有以下两个方面的作用:

(1) 可以发现产品和服务在哪些地方存在不足,提出改进措施,优化产品或服务结构。

(2) 对具备流失客户特征的老客户进行有针对性的服务。由于统计技术难以提取出客户流失特征,一般需采用数据挖掘技术,以便从大量的数据中发现规律和特征。对流失客户的数据挖掘属于分类预测。分类预测的数据挖掘技术有多种,如决策树、Logistic 回归分析、RBF 网络、贝叶斯网络等。通过数据挖掘分类技术提取流失客户群体的特征,建立客户流失预测模型,从而帮助保险公司对高流失风险的顾客提前采取相应的预防性服务措施。

保险客户流失模型的数据挖掘过程分为以下两步:

(1) 建立客户流失模型。通过对已流失客户的特征进行提取,建立客户流失模型,并对模型进行训练与测试。如果模型的预测能力达到一定的标准就可以部署实施。由于客户是保险企业最为重要的资源,许多保险企业建立了客户流失分析模型与流失预警机制。但是,从目前公开的资料来看,还没有国内保险公司能够展现基于数据挖掘的客户流失模型。

(2) 基于客户流失模型,对老客户或新客户进行流失预测。通过对老客户的流失预测,可以对流失风险较高的客户采取相应的服务措施。通过对新客户的流失分析,根据其价值可以决定是否对该新客户进行开发。

(五) 保险客户欺诈分析与数据挖掘技术应用

如何快速、有效地识别预测保险欺诈，对保险企业的稳健经营具有非常重要的意义。由于现有的保险欺诈解决方案多停留于统计分析，而且由于竞争保险企业之间不可能共享保险欺诈数据，使得传统的统计技术对欺诈这种异常或小概率事件难以作出有效判断。保险市场竞争日趋激烈，利润空间大为压缩，应当有效控制保险欺诈已成为全球保险的共识。因此，必须寻找新的数据分析技术，以对保险欺诈进行检测。

数据挖掘技术可以很好地解决这类异常事件，即用数据挖掘的方法对孤立点进行检测分析，提取出欺诈客户的基本行为特征。数据挖掘技术有多种，如聚类分析技术、SOM 网络技术、C4.5 决策树等。数据挖掘方法可以快速对理赔数据库进行扫描，结合欺诈数据记录的异常性，提取出欺诈模式。更为重要的是，数据挖掘模型具有不断学习的功能，能针对新的保险欺诈情况，不断学习，提高模型的有效性。有效的保险欺诈模型可以对欺诈进行预警与控制。

保险欺诈数据挖掘过程分以下两步：

（1）建立保险客户欺诈检测模型。通过对已有欺诈客户与理赔信息的特征进行提取，建立保险客户欺诈检测模型，并对模型进行训练与测试。如果模型的预测能力达到一定的标准就可以部署实施。

（2）基于保险客户欺诈检测模型，对老客户或新客户进行保险欺诈预测。通过对老客户欺诈预测，可以对具较高欺诈风险的保险客户进行重点监控；对新客户欺诈分析，根据其欺诈风险程度，可以决定是否对其进行投保或提高保险价格。

第三节　移动互联技术在健康保险中应用

一、移动互联技术

（一）3G 移动通讯技术

3G，即第三代移动通信技术，是指支持高速数据传输的蜂窝移动通讯技术。2000 年，国际组织正式确认了第三代移动通信的相关标准，我国向国际电信联盟提交的 TD-SCDMA 正式成为 3G 时代标准之一，与欧洲产业联盟提交的 WCDMA 以及美国高通为首提交的 CDMA2000 标准并驾齐驱。

3G 服务能够同时传送多媒体数据信息及普通数据信息，其特征是提供高速的上下行速率。3G 相对于 2G，其最大的特点是将无线通信与国际互联网等多媒体通信相结合。可以说，正是随着第三代移动通讯技术的普及推广，信息化社会才算真正意义上的进入移动互联时代。

目前，国际上主流的 3G 通讯技术为 WCDMA，其理论传输速率明显高于其余两种技术标准，最高上行速率可达 5.76M。

（二）专线 APN 技术与 NAT 技术

APN（Access Point Name），称为"接入点"名称。简单来说，APN 实际上就是对一个外部 PDN（Packet Data Network）的标识，这些 PDN 包括企业内部网。

NAT（Network Address Translation），称为"网络地址转换"，属接入广域网技术，是一种将私有地址转化为合法公网 IP 地址的转换技术。

NAT 技术由于采用的是非专线互联网模式，其网络传输速率并不稳定。这一缺点在客户端上的体验十分明显，尤其是在 3G 网络条件下，采用 NAT 技术的 APP 应用传输速率并不稳定。考虑到信息安全的需要，最终在和运营商的网络连接上采用了 FAPN 技术，两者间通过一条 4M 专线接入连接，双方路由器之间采用私有 IP 地址进行广域 GRE 隧道连接，确保信息安全传输。同时，由于此 APN 为企业专有，普通用户不能使用，也限制了用户使用其他公用网络带来的安全隐患。

（三）Webservices

正如 Web 是用户与信息服务交互的新方式、XML 是各类程序之间通讯的新手段一样，Webservices 是新的计算机与计算机之间通用的数据传输标准，可让不同运算系统更容易进行数据交换。

Webservices 有以下几点特性：Webservices 允许应用之间共享数据；Webservices 分散了代码单元；基于 XML，实现跨平台、跨系统、跨语言的数据交换。它秉承"软件就是服务"的真言，同时顺应分布式计算模式的潮流。Websenices 存在形式与以往软件不同，其组件模式小巧、单一，对于开发人员来讲，开发成本较低。在整个开发中，客户服务相关应用均采用了 Webservices 方式进行消息交换。

（四）Andriod 系统

Andriod 一般翻译为"安卓"或者"安致"，其核心是一种基于 Linux 的自由及开放源代码的操作系统。在某种意义上来说，Andriod 其实是一种平台，它由操作系统、中间件、用户界面和应用软件四层组成。其开放源代码的策略，占据移动平台操作系统的主流地位。安卓系统的架构采用了分层架构，从高层到低层分别是应用程序层、应用程序框架层、系统运行库层和 Linux 内核层。

（五）微信公众平台

2012年8月17日，微信推出了公众平台，其主要面向政府、媒体、企业、社会团体等机构。相关机构可以通过这一平台，实现和特定群体的文字、图片、语音等全方位、多媒体的交流互动。其相较于微博平台，微信公众平台具有两个鲜明的特点：注重私密性和注重交流。根据服务的类型不同分为订阅号、服务号和企业号。

二、移动互联技术在保险服务中的运用

通过3G移动互联网络实现数据的传输，数据通过两个接口服务器回传后台服务器，实现信息的存储和处理（见图12.6）。

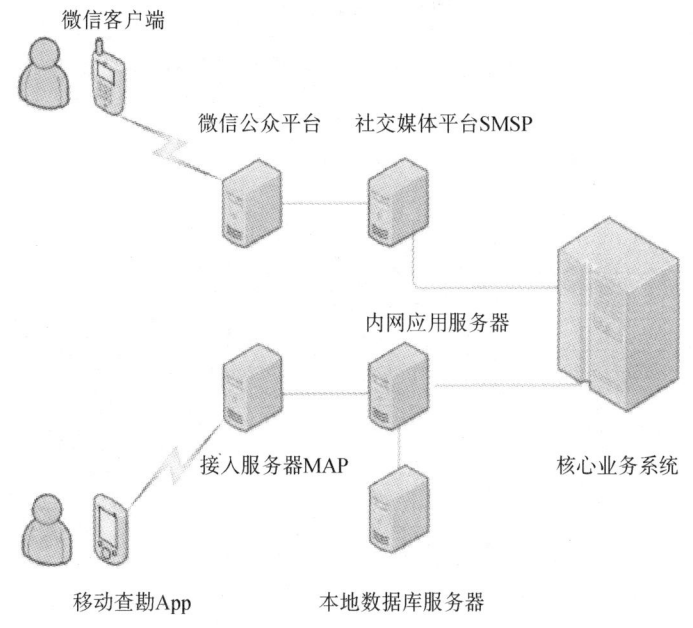

图12.6 网络图

客户通过公用网络访问SMSP社交媒体平台，由于其需要与不确定的客户端通讯，故其只能采用NAT方式与核心业务系统进行数据交换。对于内部客户而言，使用的是专用APP进行数据交换，可以访问的设备相对固定，故可以采用APN专网方式进行接入。接入网络安全结构如图12.7。

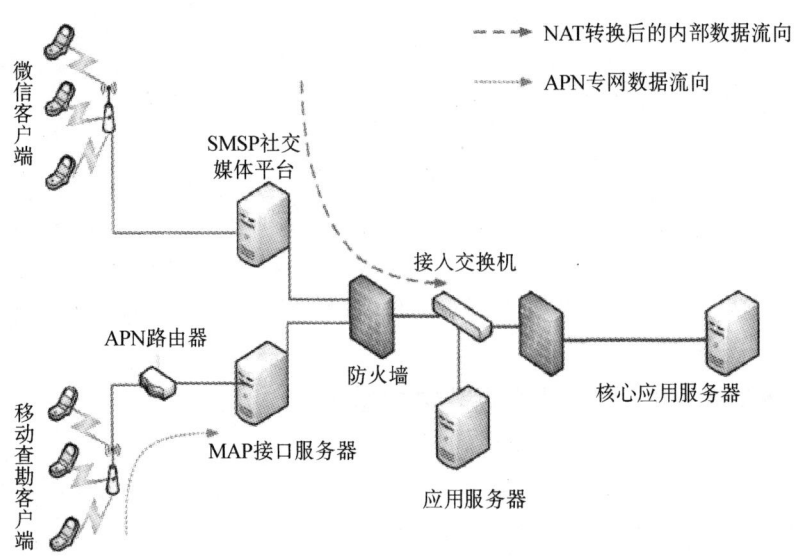

图 12.7 网络安全架构

两个不同后台的管理服务基于公用的公共服务平台体系构建并相互通讯（见图12.8）。

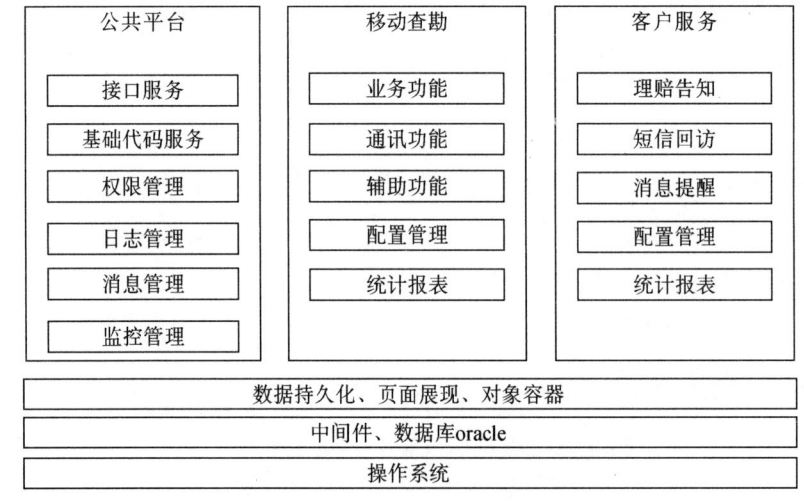

图 12.8 主架构图

（一）项目公用模块设计

1. 接口服务

数据基础是来源于核心业务系统的基础数据，比如客户信息、保单信息、理赔信息、基础代码信息等，这些数据要发送给前端应用系统，需要通过接口服务来实现。接口服务主要由为微信提供服务的 SMSP 社交媒体平台和为移动查勘应用提供服务的 MDSP 移动数据服务平台组成,接口没有整合,主要原因在于需要从物理上分离内外网,使其符合公司安全规范。

其初始化的工作是每次服务启动的时候都执行的。

2. 基础代码服务

基础代码是整个系统的基础。为了提高数据一致性,应采用核心业务系统的主数据作为基础代码核心,接口服务以及其他服务均调用此基础代码,实现共享。基础代码主要包括通用基础代码类、承保基础代码类、理赔基础代码类、客户基础代码类、渠道基础代码类、系统基础代码类、再保基础代码类以及产品基础代码类。其基本构成如图 12.9。

图 12.9 数据结构图

3. 权限管理服务

出于信息安全考虑,系统权限的配置和管理由核心业务系统的用户管理系统接管,对于移动查勘客户端身份认证采用三重加密方式进行,即系统对手机的移动设备国际身份码(IMEI)、国际移动用户识别码(IMSI)以及系统用户工号三者实行绑定,任何一个信息缺失都不能完成身份认证。

移动查勘客户端考虑安全因素,其每个菜单进入后操作都需要实时联网和后台校验权限。如果无法校验,则其更改只能本地保存,直到权限校验完成后方可提交服务器。

4. 日志管理

出于安全以及排错的考虑,系统所有操作过程及后台数据交换均有日志记录,日志按照具体应用以及日期生成,其中安全类日志保留 1 个月时间,系统操作类日志保留 1 周时间。按照总部的相关规范,实现统一日志输出、存储方式,并建立日志分析平台。

5. 消息管理

消息管理主要是提供统一的短信消息接口。短信目前是大部分公司沟通客户的重要手段，由于涉及上下行双向通讯的需要，且考虑统一接入号码的管理，各公司需与中国移动、联通、电信进行短信平台接入方面的合作。由于运营商的接口规范并不相同，公司可以自行开发统一消息接口，根据电话号码自动分配运营商，并提供 Web-service 接口给应用程序。

（二）移动查勘系统设计

移动查勘系统分为两大块：一块是客户端 APP；一块是后台的移动数据服务平台（MDSP）和移动访问平台（MAP）。整体功能结构如图 12.10。

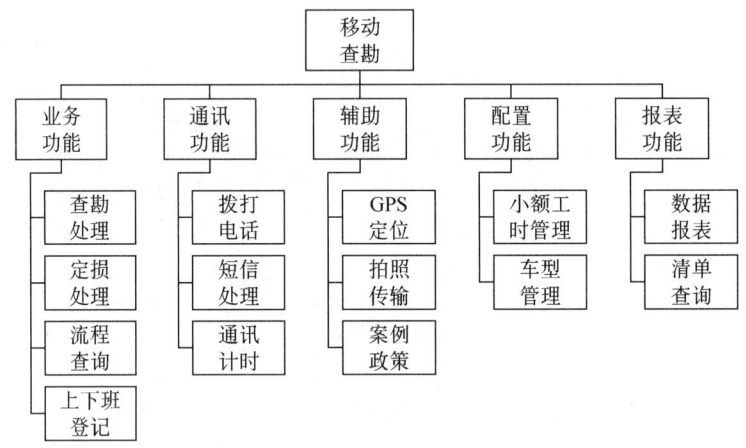

图 12.10　移动查勘结构图

1. 客户端 APP

之所以选择 APP 方式实现客户端功能，主要原因是通过实际分析，移动网络稳定性直接影响其选择的余地。移动信号受制于基站分布、用户数量以及外来干扰等因素影响，其稳定性不能和有线网络相提并论。如果采用 B/S 架构，在移动信号不能满足要求时的非网络环境中无法离线工作。其功能模块分为五大模块，对应后台五大服务。具体每个模块又有子模块，其中前三项主要功能主要在客户端 APP 上实现。客户端 APP 主要安装在三星 Note3 手机上，调用手机相关功能实现通讯、拍照、GPS 定位等功能。

APP 界面与功能说明如下：

登录：首次登录，强制用户修改初始密码，并获取使用手机的手机号码；系统后台对输入的手机号码进行收集，并写入对应手机用户的信息表中，之后退出系统并要求人员重新登陆。此时，系统已经对手机的 IMEI、IMSI、用户 ID 实现绑定。为确保系统安全，客户在每次登陆时均必须输入密码。登陆后，通过本地时间与服务期时间对比，如果时间差小于 1 分钟，系统登陆成功，如果超过 1 分钟，则提示客户端使用人修改客户端时间。

通讯：通过程序内调用手机的电话功能实现拨打客户电话。呼出号码通过系统从理赔核心业务系统中获取并自动带入到呼出栏，不需要人工输入。同时，系统强制呼出，如果理赔人员不和客户联系或者联系时间短于 10 秒，系统不可进行下一功能。但是，如果电话连续三次拨打超过 10 秒无人应答，流程可以进行。

查勘：通过系统进行理赔业务的查勘处理，具体要求为提供查勘指引给理赔人员，理赔人员按照指引要求顺序操作，完善基本信息录入，按照指引拍摄现场全景、损失部位、单证三者相关的照片记录并上传，对于身份证、行驶证等相对比较规范的证照需要 OCR 识别功能。

定损：通过内置小额定损数据库，实现小额损失定损。考虑到车型配件编号调整变化的频度较低，而配件价格调整频度比较大，故数据库主要存储的是车型配件编号，其价格通过网络实时查询，确保获得的价格为最新。

GPS 定位：通过调用手机 GPS 功能实现位置查询，并反馈给 GIS 系统和后台监控系统，便于公司实现就近调度与管理。同时，GPS 位置信息会以水印的方式写到照片上，确保照片真实有效。

拍照：调用系统功能，实现拍照，并对图片进行压缩，增加水印和位置信息，满足上传数据大小和真实性的需要。

短信发送：通过系统调用消息接口，实现如约定到达时间、注意事项的短信告知。

管理功能：实现上下班管理，主要作用在于下班以后，可以通过手机继续完成案件，而系统会判断出非工作状态，避免持续派工。

2. MDSP 和 MAP

整个移动查勘后台主要有两部分组成：其一是 MDSP（Mobile Data Service Platform）移动数据服务平台，主要负责完成移动查勘的业务逻辑，负责和核心业务系统以及本地数据库进行数据交换，完成定损数据库的生成发布，配置管理相关参数；其二是 MAP（Mobile Access Platform）移动访问平台，主要用于移动查勘客户端和 MDSP 的消息转发（见图 12.11）。

（三）客户服务模块系统设计

客户服务模块是项目后期最主要的工作，由于前期需求调整，造成开发应用程序废弃，可以采用微信和短信功能完成整个客户服务系统的建设。客户服务部分功能模块也分为五大部分（相关功能结构图如图 12.12）。

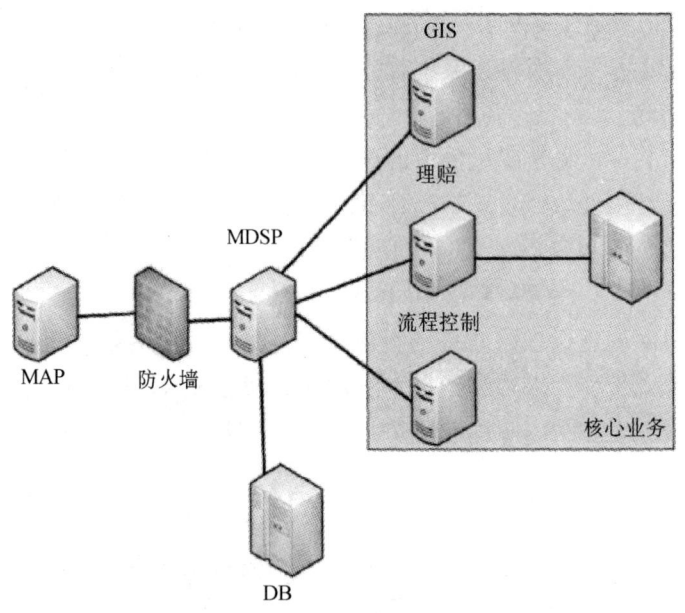

图 12.11　系统结构关系图

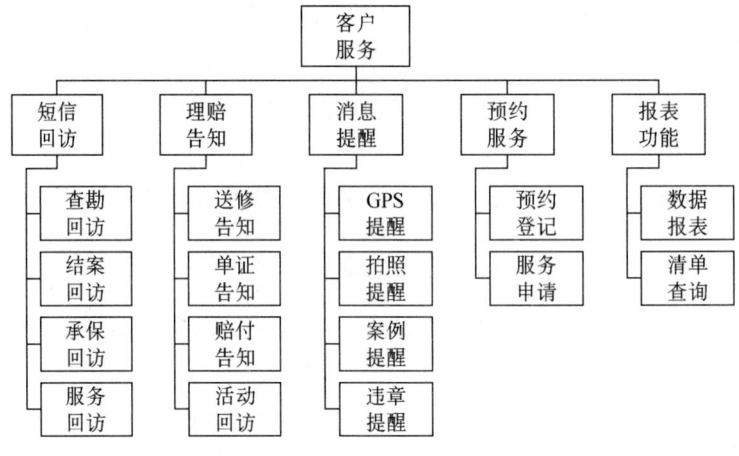

图 12.12　客户服务结构图

1. 短信回访模块设计

通过系统自动触发短信进行的回访进行定制开发，以实现自动处理并统计。

查勘回访通过系统后台每 5 分钟自动搜索已经完成查勘任务的报案，结案回访通过系统后台每 5 分钟自动搜索已经完成结案任务的案件，服务回访由客户服务人员点击完成服务时自动触发。

其自动搜索利用核心业务操作系统的 crontab 调用系统脚本实现。承保的短信回访针对的是企业客户。对于个人客户，按照相关监管要求和总公司管理要求，采用的是电话回访，以确定客户信息真实性。

2. 理赔告知模块设计

理赔告知这部分主要是通知客户相关理赔信息，主要是需要提供的单证、赔付情况预告知、理赔条件变更告知，这部分都是采用人工触发方式。送修告知利用的是流程控制系统，通过一定规则设计和后台算法，实现判断客户车辆到哪家修配厂或者4S店修理合适，并短信告知客户。

3. 消息提醒模块设计

消息提醒主要是为客户提供增值服务的，系统每日通过后台定式脚本自动筛选出需要发送提醒的客户信息（生日、续保），实现发送。针对检车短信，根据规则，一般在检车到期前的两个月的1日发送提醒短信，实现检车告知。针对违章提醒，则采用通过对政府网站的数据抓取来实现。首先，客户需要通过客服电话主动登记信息。第二，系统每天定时抓取相关预约客户的违章信息，并根据时间戳判断是否为新的，如果是新增的触发短信提醒客户。

4. 预约服务模块设计

预约服务模块是整个客户服务最关键部分，其核心是基于客户评级管理系统的客户俱乐部系统，此系统可以实现积分核算、活动登记、活动预约等，可以以其为基础，利用微信平台和短信平台实现整个服务流程的实现。

第四节 光学字符识别技术的图像识别与后处理

一、光学字符识别技术

（一）光学字符识别技术介绍

光学字符识别（Optical Character Recognition，OCR），指对印刷体或手写体的各种字符进行识别处理，将图片信息转变为文本信息，是模式识别领域研究的重要的分支。

20世纪40年代计算机诞生以后，伴随着信息化的快速发展以及Internet和计算机的日益普及，信息采集的"瓶颈"已经日益突出。如何将大量存储在纸张介质上的信息电子化越来越紧迫。通过将光学扫描和识别软件相结合，对记录在纸张上的印刷体、手写体文字、数字，甚至表格进行光电录入、识别处理，然后按照指定格式将信息进行电子化存储，这就是光学字符识别技术。

　　由于具有很强的实际应用价值，光学字符识别技术到了很快发展，出现了很多商业产品。早期，光学字符识别技术主要应用在通用市场，而在今日，网络时代的到来正影响着光学字符识别应用市场的发展。个人资料电子化、商务办公自动化、手写识别等方面的要求，推动了光学字符识别技术这一领域的应用发展。随着光学字符识别技术的进一步成熟，依靠光学字符识别正确率的提高和应用扩展的推动力，应用领域不断扩展，光学字符识别市场容量正逐步扩大。

　　随着光学字符识别更深入的发展以及市场的推动，光学字符识别将更加深入各个领域，光学字符识别将会出现一个质的飞跃，未来的光学字符识别产业将走进自己的黄金时代。

（二）光学字符识别应用范围

　　光学字符识别应用广泛，在政府、银行、教育、社保、税务、海关、物流等行业都有其用武之处。

　　根据识别对象的不同，光学字符识别通常分为印刷体光学字符识别和手写体光学字符识别两种。目前，印刷体光学字符识别已经达到应用程度，识别系统已经得到了商业应用，加入办公自动化的行列。手写体光学字符识别中，单字符识别率已经能够达到95%，其实用系统已经进入市场，如邮政行业中信封手写邮政编码识别。但是各种手写连体字的识别依然是个难题。

　　根据用途的不同，光学字符识别技术又可以分为文本型光学字符识别和专业型光学字符识别两种。

　　文本型光学字符识别是指可分析并识别通用的印刷体文本，如报纸、杂志等。文本型光学字符识别系统通常提供版面处理和文字识别两大功能。版面处理包括版面图像倾斜校正、版面手工或自动分析等，并标注出文本识别序列；文字识别就是对文本序列块进行识别，将文字图像转化成文字机内码。由于中文字符比较多，字形复杂，因此中文字符识别相对困难。尽管单字识别率很高，但是对于印刷质量较低、图像倾斜等干扰，识别率会明显下降。目前的版面分析技术对于版面设计较为简单的文本可以达到较高的切分水平，但是对于版面分析较为复杂或印刷质量不高（如图像倾斜严重或污点严重）的文本，分析与切分的实用化程度仍有待提高。对于复杂表格的识别还不能真正达到应用的程度，但对于简单表格识别基本上可以满足用户要求。

　　专业型光学字符识别系统面向特定的行业，很早就得到了广泛应用。多数适用在大量表格信息的录入上，如邮政、税务、海关，还有大家熟悉的四六级考试。面向特定行业的专业型光学字符识别，因为其格式较为固定，需要识别的字符集相对较小，一般采用专用的输入设备或专门的填写方式，所以具有速度快、效率高等特点。专业光学字符识别应用主要有：

（1）邮件自动分拣系统。早期的邮件分拣系统只能对数字的邮政编码进行识别，现在还可以识别城市名、州名等，识别的字体可以是印刷体，也可以是手写体或两种字体的混合使用。地址的识别结合了自然语言理解中的上下文相关技术。

（2）考试自动评分。目前包括高考在内的各种考试，尤其是英语考试普遍采用光学字符识别自动评分，选择题、判断题的评分都可以自动完成，减少人力劳动的同时提高了准确率。这类光学字符识别的特点是不需要字符识别，只是判断指定位置上是否进行涂抹，而且在纸张边缘建立校准对比线，可以有效防止纸张倾斜，识别率非常高。

（3）专业表格数据的录入系统。此类系统适用于需要处理大量填写表格的行业，包括印刷体和手写体，如银行的单据、税务部门的纳税申报表、保险业的各种投保单、海关的物品出入境申报表、制造业的产量表等。这些行业在数据录入工作中如果采用原始的人工录入，则录入速度慢、错误率较高，已无法满足信息量日益增加的需要，成为这些行业计算机信息化进程的瓶颈。因此，利用表格数据自动录入系统，可以大大提高人们的工作效率，提高正确率。表格自动录入有着广泛的使用价值，特别适用于需要大量处理表格数据的部门。

（4）将光学字符识别技术嵌入其他系统，完成集成化的功能。比如有些掌上电脑提供名片识别功能，可以将名片快速扫描并进行识别，存放到通讯簿中。今后，光学字符识别技术必将有更广阔的前景。

（三）光学字符识别技术实现信息识别整体框架

通常一个基于光学字符识别技术的信息识别系统的框架见图12.13所示。

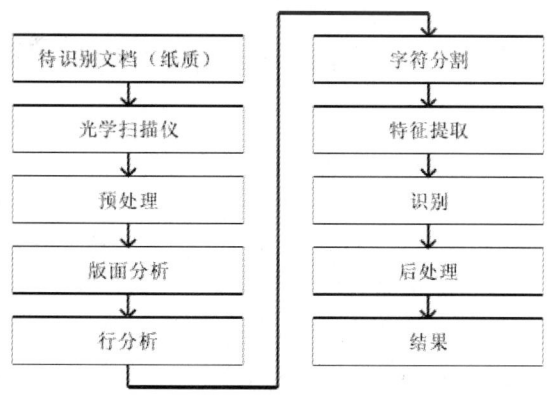

图12.13　光学字符识别系统框架结构

光学字符识别的数据源为纸质文档，所有的源信息都存放在纸张上。为了提高识别效率，纸质文档的质量非常重要的，比如纸张的草浆、木浆含量不同，会表现出不同的厚度、不同的底色；文档中印刷或手写文字的质量，包括是不是足够清楚，书写是否规范等。质量的高低直接关系到识别率。

经过扫描仪的处理，纸质文档被转变为图像信息。预处理的作用是为了去噪声，加强有用的信息，并对扫描仪器或其他因素造成的图像退化现象进行复原。版面分析主要是把文字与图像部分分开，随着研究的不断细分，这部分作为一个独立的研究分支是很有必要的。行分割是相对容易实现的，主要解决的问题就是行出现倾斜时的情况，在这个方面已经有很多成熟的技术，比如 Houch 变换技术等。

字符分割是光学字符识别技术的一个难题。字符分割的主要难题是各种各样的粘连字符的分割。现在很多研究都把方向转移到分割与识别的有机结合上，而且识别效果表明，这样的有机结合对系统识别的正确率有明显提高。

经过分割出来的单字仍然是个图像，对于计算机的理解来说，这是没有信息内容的。为了识别出字符，就需要把它的特征提取出来，用数学的方法描述后，在用计算机可操作的方式表示这些特征。通常用数学方法描述的文字特征主要有以下几种形式：几何特征、统计特征、数学变化特征、逻辑特征。特征提取是光学字符识别系统的关键部分，也是任何一个光学字符识别系统成功与否的关键，也是模式识别领域中人们研究的热点。

识别指把字符的这些特征进行模式分类，再用适当的方法给被分离的模式赋予识别结果，从而判断出被识别的字是个什么字。目前采用的字符识别方法有以下几种：统计方法、模糊方法、人工神经网络方法。

由于图像本身的缺陷，所以很难避免在识别过程中产生的问题。后处理技术通过语言规则、语法规则、词法规则进行校验，同时利用人工协助处理，以得到准确的数据信息。光学字符识别系统最终的结果根据需要自由设定，通常以固定格式的文本文件形式存储。

二、光学字符识别技术在医疗保险信息系统中的应用

（一）医疗保险信息系统中的光学字符识别模块

作为医疗保险行业中的第三方管理公司，对账单的处理是其主要职责，能够快速、准确地完成账单的支付工作是公司存在的直接因素。对于大批量的账单，利用光学字符识别技术进行快速录入是必选之路。通过实践，光学字符识别技术的使用提高了医疗保险信息系统中账单处理的效率，并带来了一定的经济效益。

账单是由公司的客户看病时产生的，作为数据源进入光学字符识别模块，通过一系列光学字符识别处理，将识别并完成后处理的数据信息放入数据库服务器（数据目的地），提供给专业账单处理程序使用。这就是医疗保险信息系统中的光学字符识别模块的作用（见图 12.14）。

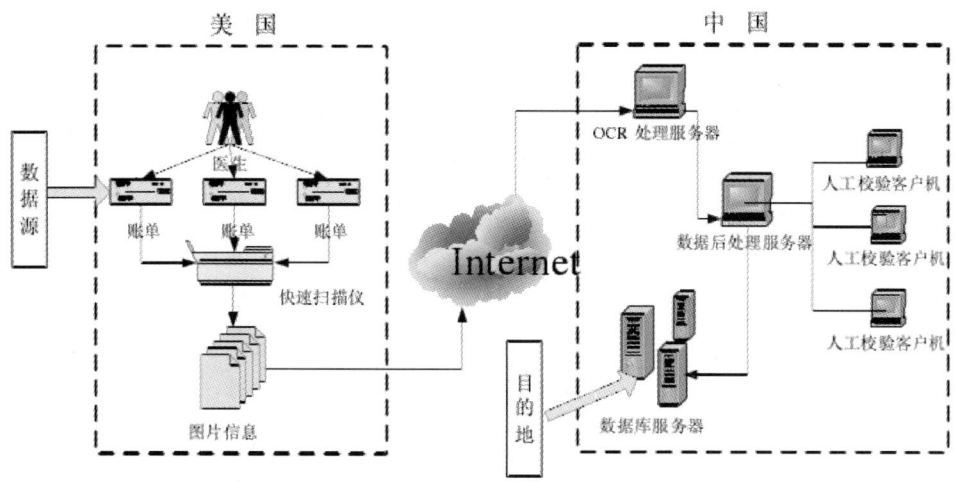

图 12.14　医疗保险信息系统中光学字符识别模块

（二）在账单识别中的光学字符识别技术特点

专业光学字符识别和普通文本型光学字符识别有所不同，对医疗保险账单进行处理的光学字符识别模块有它的特点：

第一，账单的格式统一。经过多年的发展，美国已经实现了医疗账单格式的统一。根据就诊类别的不同，主要有三种医疗账单格式：HCFA、UB92、Dental。格式的统一给光学字符识别带来了极大便利。在光学字符识别技术中，对复杂的版面进行分析，将图片与文本分开，提取出需要识别的文本块，这些工作的难度很大。格式统一就没有必要利用算法寻找图像中的文本块，而根据账单的格式就可以预先知道文本块所在的相对位置（见图 12.15）。

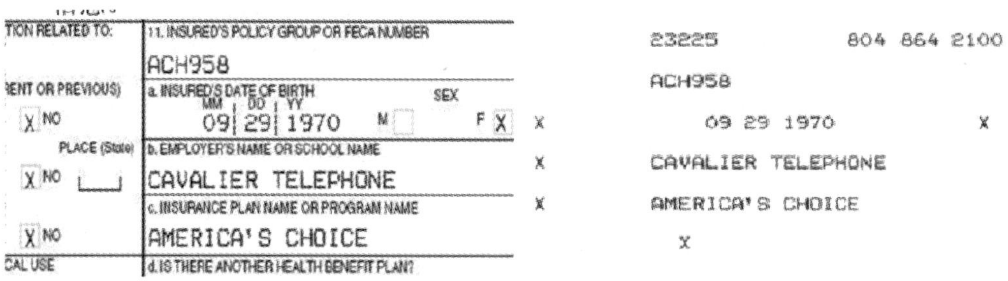

（a）原始账单信息　　　　　　　　（b）通过背景过滤后得到的信息

图 12.15　过滤背景前后的账单信息

与此同时，每一个文本块所包含的数据类型也可以预先知道，比如有的文本块填写的是日期，那么全部按照数字来识别；如果文本块是人名，则需要按照英文字母来识别。

第二，账单背景（表格线框和说明文字）使用彩色印刷。这点是美国医疗行业制定的行业标准，账单背景必须统一使用某一种色彩印刷。账单填写的内容，需使用专用的打印程序，按照黑色新罗马字体打印。比如 HCFA 账单背景必须使用红色。这样带来的好处是，账单的背景可以通过滤光镜过滤，而黑色的打印内容被留在了图像上。

在光学字符识别技术中，噪音过滤和手写连体字的识别是非常繁重的工作，账单的这一特点，可以大大降低光学字符识别模块的工作量，提高账单识别准确率。

第三，账单纸张大小统一，同时又有校准线，这使得在打印和扫描过程中，账单不易倾斜，即使出现一点偏差，也能够通过一定的小角度变化算法校正。

第四，匹配信息全面。详细的员工信息及医生的相关信息，再加上美国医疗保险行业中的一些标准信息，为光学字符识别处理工作打下了良好的基准。通过这些准确信息的匹配，可以较容易地发现账单中的错误，并予以改正。

综上所述，统一标准的账单和全面的匹配信息，使账单光学字符识别模块准确率大大提高，在保证了原始图像到电子数据的一致性的同时，还能准确校验出账单本身的错误，以满足医疗保险行业的需求。

（三）光学字符识别模块的实现

1. 打印账单寄出

客户公司的雇员就诊以后，医生在医疗行业统一提供的账单上打印就诊信息。就诊信息包括病人的基本信息、医生信息、病症信息、金额等。打印程序也有相关组织统一提供。打印完成后，邮寄至公司总部。

2. 扫描获取图像

公司总部在收到账单的当天，使用高速扫描仪将账单扫描成为图像信息，使用 TIF 图像文件格式。高速扫描仪需要进行合理的设置，保证图像的清晰度和大小。一般一份账单扫描出来的图像大小为 20K 左右，这个大小不仅可以保证图像质量，使光学字符识别程序能够识别出图像中的信息，又可以满足网络传输的要求。

3. Internet 传输

一批图像根据所在地区的不同，分成若干个压缩包，通过 FTP 服务传输至别处国。传输工作由 FTP 监控程序完成：

首先，当账单在当地扫描完成，存放图像文件的压缩包被放入当地 FTP 服务器的指定文件夹。

其次，本地监控程序定期访问远程 FTP 服务器，判断 FTP 服务器是否存在新的压缩文件。

再次，本地监控程序发现新文件，开始从远程 FTP 服务器下载压缩包。

最后，将压缩文件解压，把图像文件放入光学字符识别程序指定目录，同时做文件备份。

4. 光学字符识别过程

当监控程序完成图像文件的下载和解压缩的工作，光学字符识别程序被启动（见图 12.16）。FTP 监控程序中，检测光学字符识别程序指定目录是否有图像文件，如果发现图像，则启动光学字符识别程序进行识别，从数据库中获取版面信息参数，将指定目录的图像文件全部识别，并将结果保存为文本文件，文本文件采用指定格式。

```
'Check Image Folder to start the OCR programe
Public Sub CheckImageFolder_HCFA()
    Dim ImageFolder
    Dim bolHCFA
    Dim OCRSystemDir
    ImageFolder = "\\Bort\Vol1\HAIS\SDS_Unzipped\"
    bolHCFA = False
    OCRSystemDir = "\\Telly\prjOCR_Scheduler\HAIS_OCR_Schedule.exe 0"
    Set fso = CreateObject("scripting.filesystemobject")
    Set flo = fso.GetFolder(ImageFolder)
    For Each fle In flo.Files
        If Mid(fle.Name, 6, 3) = "HAA" And Right(fle.Name, 4) = ".tif" Then
            bolHCFA = True
            Exit For
        End If
    Next
    Set fso = Nothing
    Set fle = Nothing
    Set flo = Nothing
    If bolHCFA Then Shell (OCRSystemDir)
End Sub
```

图 12.16　光学字符识别程序启动代码

5. 识别后处理

文本信息不能被识别后处理程序直接利用，所以首先得把文本文件导入数据库中去。导入过程由 DTS 完成，首先检查文件夹中是否包含指定格式文件，如果存在则分别导入账单头信息，账单明细信息，然后将文件转移备份，最后判断文件夹中是否还有指定格式文件，有则循环导入，无则退出（见图 12.17）。

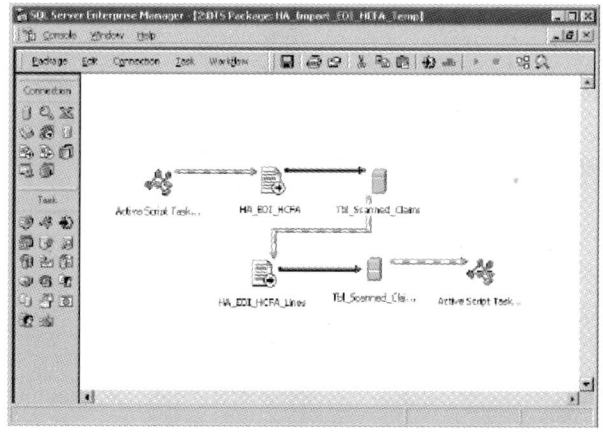

图 12.17　将文本文件导入后处理数据库的 DTS

后处理的过程包含两个部分，自动处理与人工处理。

自动后处理包含词库校验和语法逻辑校验（见图 12.18）。其步骤如下：首先，建立词库数据。后处理系统包含病人信息、投保公司信息、医生信息和病症信息四个词库数据。这些数据可以从业务系统中得到，其数据结构如图 12.19 所示。

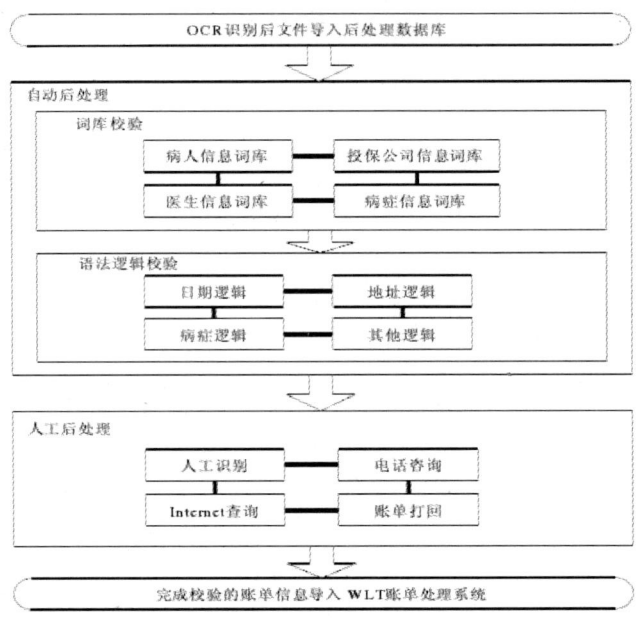

图 12.18　后处理流程

图 12.19　后处理系统词库数据结构

其次，利用词库数据进行校验与修正工作。这些工作通过数据库系统中代理服务的作业来完成（见图12.20）。

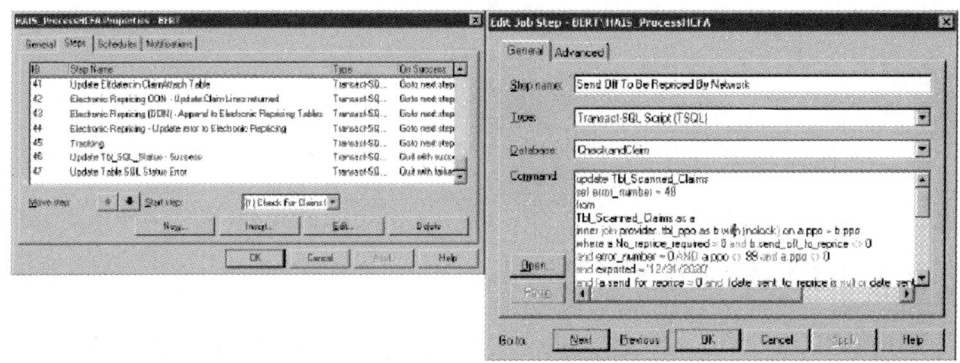

图12.20　实现词库教研的作业步骤和部分代码

最后，进入语法逻辑校对。在校对过程中主要利用原来在业务处理中遇到账单信息的问题而创建的，包括日期逻辑、地址逻辑、病症逻辑和其他逻辑。比如日期逻辑中，就诊时间应该在一定范围内，病人的生日也有一定范围，如果不合逻辑就需要根据预定规则进行校对。再如病症逻辑，根据病人性别，有些病症不可能发生，那么这就需要校对。

人工处理发生在自动后处理之后。人工处理的内容包括一些自动处理无法完成的问题，如光学字符识别错误需要人工再次识别；业务人员无法解决的问题，通过各种方式咨询其他相关公司和组织；仍旧无法处理的账单，按照地址寄回，要求重新填写。

在人工处理过程中，需要对比光学字符识别的信息和原始图片信息，如果没有良好的工具，查找图片文件、查找相关字段位置以及修改工作都会非常繁琐。

Panther校对程序，提供给业务处理人员良好的工作界面，提高了工作效率，并且有统计功能，帮助主管人员了解员工工作情况。

6. 数据导出

识别并经过后处理的数据，就认为是正确的数据，可以导出系统为账单处理系统使用。导出工作同时包含了再次的自动校验，直到账单信息没有任何问题才能够导出，被WLT接收。账单数据顺利进入WLT系统进行处理，光学字符识别及其后处理工作就完成了。

第五节 工作流技术在健康保险系统中的应用

一、工作流技术

(一) 工作流技术的概念

工作流的概念起源于生产组织和办公自动化领域，针对的是日常工作中具有固定程序活动。工作流提出的目的是通过将工作分解成定义良好的任务、角色，按照一定的规则和过程来执行这些任务并对它们进行监控，达到提高效率、降低生产成本、提高企业经营管理水平和企业竞争力的目标。

工作流管理联盟（wokr flow Managemen teoalition，wfMe）给出了工作流的基本定义：工作流是一类能够完全或者部分自动执行的经营过程，它根据一系列过程规则，文档、信息或任务能够在不同的执行者之间进行传递和执行。简单地说，工作流就是一系列相互衔接、自动进行的业务活动或任务。一个工作流是由涉及许多人、数据库和专门应用的任务组成的复合行为。组成的任务是相互关联、共享各种控制、数据和时间依赖的。所以，通常认为工作流就是业务流程（BusineSS PorecSS）的计算机化或自动化。

(二) 工作流的组成与优势

一个完整的工作流包含以下七个部分：

1. 流程定义工具

流程定义工具被用来创建计算机可处理的业务流程描述。它可以是形式化的流程定义语言或对象关系模型，也可以是简单规定用户间信息传输的一组路由命令。

2. 流程定义

流程定义（数据）包含了所有使业务流程能被工作流执行子系统执行的必要信息。这些信息包括起始和终止条件、各个组成活动、活动调度规则、各业务的参与者需要做的工作、相关应用程序和数据的调用信息等。

3. 工作流执行子系统和工作流引擎

工作流执行子系统也称（业务）流程执行环境，包括一个或多个工作流引擎。工作流引擎是 wfme 的核心组件。它的功能包括：解释过程定义，创建过程实例并控制其执行，调度各项活动，为用户工作表添加工作项，通过应用程序接口（API）调用应用程序，提供监督和管理功能等。工作流执行子系统包括多个工作流引擎，不同工作流引擎通过协作共同执行工作流。

4. 工作流控制数据

工作流控制数据指被工作流执行子系统和工作流引擎管理的系统数据，例如工作流实例的状态信息、每一活动的状态信息等。

5. 工作流相关数据

工作流相关数据是指与业务流程相关的数据，工作流使用这些数据确定工作流实例的状态转移，例如流程调度决策数据、活动间的传输数据等。工作流相关数据既可以被工作流引擎使用，也可以被应用程序调用。

6. 工作表和工作表处理程序

工作表列出了与业务流程的参与者相关的一系列工作项，工作表处理程序则对用户和工作表之间的交互进行管理。工作表处理程序完成的功能有：支持用户在工作表中选取一个工作项，重新分配工作项，通报工作项的完成，在工作项被处理的过程中调用相应的应用程序等。

7. 应用程序和应用数据

应用程序可以直接被工作流调用或通过应用程序代理被间接调用。通过应用程序调用，工作流部分或完全自动地完成一个活动，或者对业务参与者的工作提供支持。与工作流控制数据和相关数据不同，应用数据对应用程序来讲是局部数据，对工作流的其他部件来说是不可见的。

工作流是企业实行流程管理的最有力、最重要的支持工具，能带来三方面的功能支持。（1）建造功能：对工作流过程及其组成活动定义和建模；（2）运行控制功能：在运行环境中管理工作流过程，对工作流过程中的活动进行调度；（3）运行交互功能：在工作流运行中，工作流与用户（业务参与者或控制者）及外部应用程序工具交互的功能。

在企业系统中实施工作流管理能带来以下好处：一是提高效率：业务处理的自动化可以消除不必要的步骤；二是流程控制：通过标准化的工作方法和有效的审计跟踪提高业务流程管理；三是提高客户服务：在响应客户能力上提高预见性；四是灵活的适应性：能根据变化的业务需求重新设计业务流程；五是改善业务流程：使业务流程简化和呈现流线型。

二、基于工作流技术的系统业务流程实现

在线健康保险系统的主要任务是实现客户的网上自助投保。系统中存在着许多不

同的工作任务,在线健康保险系统的业务流程见图12.21。

根据系统所提供的业务支持,分析保险单在系统中的实现流程,将整个在线投保划分为三个主要业务流程:

保险产品在线销售:这是一个客户在线填写保单的过程,需要客户登陆网站,选择投保产品,并填写相应的信息,最终生成电子保单。

电子保单审批流程:电子保单在经过客户的检查、确认并签字后,将被发送给相应的保险公司进行资格审核。

客户服务支持流程:客户服务人员解答客户在网上投保中可能遇到的问题,帮助客户顺利实现网上自助投保。

(一) 保险产品在线销售

在线健康保险系统的主要功能就是支持客户完成在线信息填写,生成电子保单。以下是关于客户申请个人家庭保险的在线填写保单的业务流程中的主要任务定义:

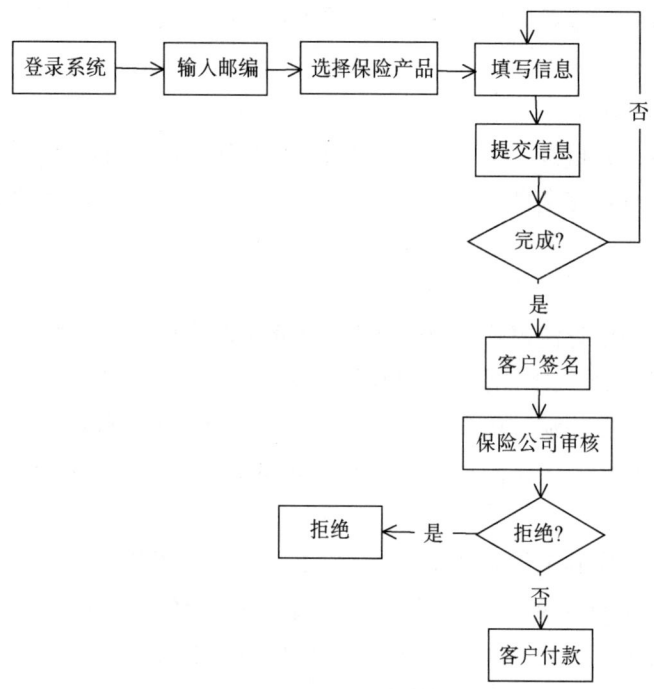

图 12.21 在线健康保险系统业务流程

1. 客户登录网站;
2. 输入所在地区的邮编;
3. 选择所需保险产品;
4. 客户注册电子邮件;

5. 填写在线保险信息；
6. 提交信息，生成电子保单；
7. 业务员与客户电话联系或者发送邮件，要求客户对电子保单签名；
8. 客户签名后，将电子保单寄回给业务员；
9. 业务员进行日志更新。

电子保单在线销售流程的实现中包含了顺序、选择等基本的工作流模式。例如，客户必须先输入邮编才能够选择对应的保险产品，这就是顺序执行模式；客户在填写在线保险信息的时候，可以选择"保存"，日后再继续填写；也可以一次性完成信息填写，然后提交信息，这就是选择模式；还有可并行执行的任务，例如业务员通常就是一方面邮件通知客户，一方面电话联系客户，这样才能确保信息被及时传递给客户。

健康保险产品的在线销售过程：首先是客户登录网站，选择所需保险产品，并根据实际情况填写信息，最终生成电子保单（见图12.22）。同时，为了提高对客户保单的反馈速度并增加客户的购买率，系统也提供了一些辅助手段。例如使用邮件服务跟踪器，对于没有填写完保单的客户，系统会通过发送电子邮件进行提示；通过提示当月销售最优的保险产品，帮助客户掌握产品的销售情况；通过提供保险产品比较工具，让客户进行比对，选择最合意的产品等等。通过应用各种计算机辅助功能，能够有效提高网上电子保单的申请数量，最终达到提高网上实现投保的总量。

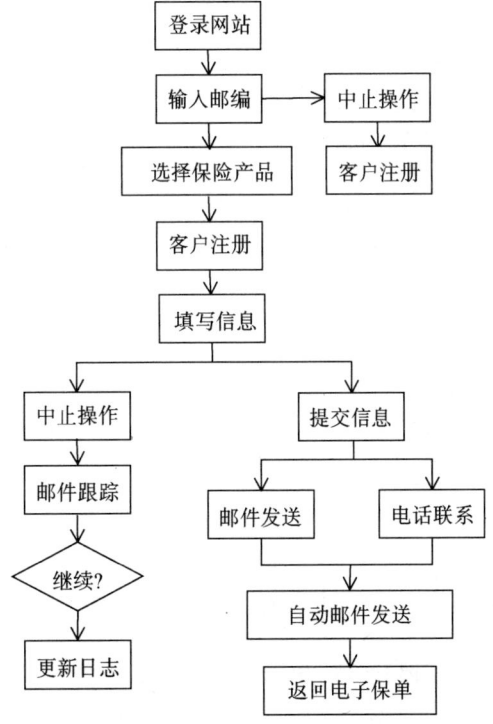

图 12.22

（二）电子保单审批流程

客户在线提交保险信息后，一份完整的电子保单就自动产生了。根据保险公司的投保要求，在电子保单提交给保险公司审查之前，需要得到客户的签字确认，这就是所谓的电子保单审批流程。关于电子保单审批业务流程中的主要任务如下（见图12.23）：

1. 客户提交在线填写的保单信息；
2. 客户自行下载并打印电子保单；
3. 业务员打印电子保单并发送给客户；
4. 业务员将电子保单对应的封面发送给客户，要求用户签名；
5. 客户签名后将电子保单返回给业务员；
6. 业务员准备代理申明和相关条款；
7. 获取代理商的同意；
8. 业务员将电子保单传送给保险公司审核；
9. 邮件/电话通知客户审核结果；
10. 业务员与客户就相关问题进行沟通；
11. 业务员进行日志更新。

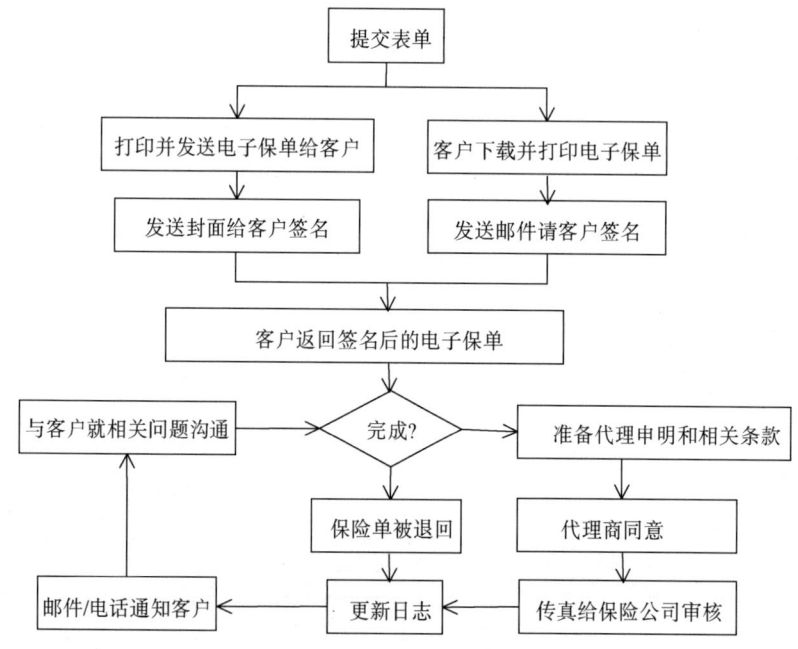

图12.23　电子保单签名审批流程

电子保单签名审批流程包含必须按顺序执行的任务，例如，由客户提交保单，而后下载并打印电子保单，还含有可选择执行的任务，例如，客户可以自行打印电子保单，也可以等待业务员邮寄电子保单。这个流程中还包含可循环的任务，例如，在获得保险公司审批结果后，业务员与客户的沟通就是一个可循环的过程，业务员和客户就保险公司给出的审批意见进行沟通，对保单进行相应修改，该过程在得到保险公司通过/拒绝保单申请后中止。

电子保单审批流程简单描述如下：客户提交保单后，生成包含客户填写信息的电子保单，业务员以电子邮件的方式将电子保单封面/电子保单发送给客户，要求客户在保险单上签名，客户将签名后的保险单寄回给业务员。业务员收到签名的保险单后，首先检查保单是否信息完整，如果不完整，将保险单返回给客户，同时将该信息写入该客户的保单记录中。然后，业务员通过电子邮件或者直接电话联系申请人，关于保险单存在的问题，客户可以通过电子邮件、传真或者电话回答业务员的问题。直到整个保单完成并通过业务员的审核。

最后，由业务员将获得电子保单发送给保险公司进行审批。为了提高电子保单的签名效率，加快业务进程，系统使用了自动电子邮件功能，通过定义自动收发邮件规则，自动电子邮件服务器能够实现统一发信给完成电子保单填写信息的客户，大大减轻业务员的工作量，加快投保进程。

（三）客户服务支持流程

网上自助投保系统离开不了客户服务人员的参与。对于申请人可能提出的各种各样的问题，都需要由专门的服务人员进行解答。以下是客户服务支持流程中的主要任务：

1. 客户提出问题；
2. 客户服务人员与之进行电话沟通；
3. 客户服务人员与之进行见面沟通；
4. 客户服务人员与之进行邮件联系；
5. 无法解决的问题，客户服务人员可以咨询保险公司；
6. 或者进一步调查，可以与公司其他部门的人员沟通；
7. 解决问题后将结果反馈客户；
8. 客户服务人员进行日志更新。

客户服务支持流程中同样也包含了顺序模式、选择模式和并行模式等常见的工作流模式。顺利模式的定义为客户服务人员提供的标准化问题解决方案；选择模式能使客户服务人员灵活运用各种工具为客户解决问题；并行模式的运用使得问题得到尽快解决。客户服务支持流程见图12.24。

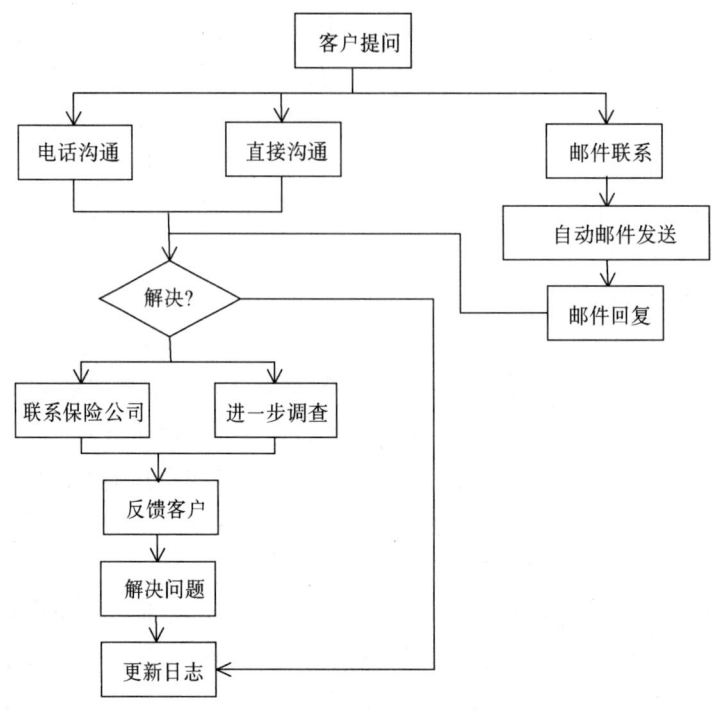

图 12.24　客户服务支持流程

整个客户服务流程可描述为由客户提出相关疑问，通过电话、面对面与客户服务人员沟通，如果问题获得圆满的解决，则就该问题在系统中记录；如果无法解决，则联系保险公司获取特定问题的信息，然后将结果反馈给客户。至此，问题获得解决。

为提高反馈效率，增加客户满意度，将自动邮件服务器应用在这个程中。该服务器根据定义的分发规则，即按照客户服务人员进行循环分配，及时将客户发送的邮件自动分发给相应的客户服务人员逐一解答。

第六节　精算技术在健康保险中的应用

精算标准分为三部分：资格标准、行为守则和实务标准。资格标准是精算师教育方面的标准，包括从业资格教育和职业再教育两部分。而精算实务标准则是由精算标准委员会（Actuarial Standard Board，ASB）负责，其下辖的寿险、产险和健康险等部门专门为各自领域的精算工作制定行为标准。健康保险精算实务标准是其中重要的组成部分，包括健康保险费率厘定、准备金提取和精算评估等方面的详细规范。

一、健康保险的费率厘定和定价

（一）发病率精算假设

发病成本的估计是健康保险定价中最主要的内容，也是其区别于其他保险产品定价的主要特征。健康保险精算实务标准并非规定实务中应该采用哪种具体的发病表，而是指导精算师在工作中应该如何制定发病率假设，在评估居民的年龄、性别和健康状况等影响因素时，综合考虑死亡率和退保率因素来确定选择表和最终表。其次，选择相关数据时应充分考虑其可信度，评估发病率的趋势变化，注意不同健康保险险种发病率可能存在的显著差异。最后，在精算报告中要对发病率精算假设的制定进行解释。

（二）风险边际

健康保险的费率厘定中应该引进风险边际的概念。过度保守的假设会产生多余费用，导致这一代补贴下一代；相反，过度乐观的假设又可能导致对下一代的透支。我国的保险公司和学术界对健康保险风险边际的精算假设缺乏深入研究，健康保险费率厘定时风险边际的假设中主观臆断的成分较多。

（三）数据质量分析

健康保险精算的精确性和有效性取决于应用数据的质量，其中来自保险公司的内部数据和来自医院等非保险机构外部数据的质量尤为重要。精算师应该分析存在缺陷的数据是否满足研究的目的，是否使研究结果产生重大偏差。健康保险精算报告中应当对存在缺陷的重要数据、外部数据的可靠性和精算报告使用的局限性等方面予以披露和解释。此外，健康保险精算数据使用中的健康信息隐私和遗传基因测试等问题在精算界争议很大，在精算实务标准和制定和今后的修订中应适当考虑。

（四）信度分析

信度分析是健康保险费率厘定的重要工作内容，目的是融合先验信息和经验数据以提高估计的准确性。精算师应该在熟悉信度分析的各种方法和模型的基础上，通过专业判断，适当选择测定信度的模型并进一步测试和修正，模型的选择过程中应考虑信度分析的成本因素，同时注意与相关法律法规协调一致。

（五）趋势估计

趋势估计的目的是估计时间因素对健康保险赔付成本、费用支出和保险费率的影响，通过对历史数据和其他相关经验的分析来规划未来的成本。健康保险精算中，医疗成本支出、死亡率和疾病率是趋势估计的重要指标。这种趋势不仅反映在成本的年增长上，也因为费率厘定计算时通常需要两年或两年以上的修匀。

二、健康保险的准备金提取

健康保险承保的健康风险具有变动性和不易预测性，同时具备寿险和财产险的一些特征，因此准备金也具有一定的特殊性。健康保险准备金主要有保单准备金、赔款准备金、保费不足准备金三种。

（一）保单准备金

保单准备金适用于以年龄为费率厘定基础且采用均衡费率的健康保险。在估计健康保险的保单准备金时，精算师应首先设定合理的精算假设，包括反映预期货币时间价值的利息率假设、综合各种影响未来赔款支付因素的赔款趋势假设、死亡率假设、退保率假设和相关保单的差异性假设等。

（二）赔款准备金

这里引入"已发生赔款"的概念，其含义是评估期内的赔款和应付赔款债务的合理估计的总和。已发生赔款评估应考虑的因素包括健康保险条款、实务操作、经济影响、赔款处理、风险性质、立法要求。健康保险精算师应该分析和评价多种方法，通过专业判断选择一种方法或多种方法的组合。此外，精算师还应该跟踪分析所选方法和前期估计的合理性，调整当前评估期的已发生赔款估计，并联反映在财务报告和精算报告中。

（三）保费不足准备金

健康保险精算师一般采用总保费评估来决定是否存在保费不足准备金，其精算假设包括潜在风险、费用、费率变化、赔款趋势、利率、再保险、税率等，同时按照法律法规决定准备金提取的时间区间。

三、精算评估

精算评估是保险公司对整个公司，或对其中的一个部门，或某一类业务的未来现金流动、回报率、税收及资产负债等项目的综合评估，其结果可应用于保险公司财务管理、兼并、收购和估价等领域。实务操作中，精算评估的方法多，差异大，健康保险精算实务标准应该能协调这些差异，定义一个可以接受的范围，规范精算报告的格式。因此，标准的制定中应考虑以下几个问题：

（1）如何处理标准与该领域相关研究、技术、文献的关系？
（2）如何在标准中反映价值的不同观点？
（3）精算评估中收入的基础是什么？
（4）如何处理不同买方或客户对资本成本的不同看法？
（5）保险公司是否存在内在价值？

目前我国很多保险公司都在筹备上市或引进战略投资者，而精算评估是其中基础性的工作，因此制定精算评估实务标准具有重要的指导意义。随着健康保险业务规模的逐渐扩大和专业化健康保险公司的出现，健康保险精算评估也将发挥非常重要的作用。

四、现金流测试

在长期寿险业务中，精算师对保险公司的资产、保单和其他债务的现金流进行部分或整体的测试，以判断准备金是否充分，评估投资战略，进行财务计划和预测，规划未来给付支出等都是非常重要的。长期健康保险与寿险有类似的性质，区分该类业务的未来债务现金流和未来资产现金流是至关重要，因此，有必要在该类业务分析中进行现金流测试。在有关现金流测试的精算标准中，首先，判断何种资产需要进行现金流测试，决定现金流测试的水平。其次，根据资产性质和投资策略规划资产现金流。最后，建模和数据处理应符合监管规定和会计准则的要求。

本章小结

1. 建立能支撑新管理体制的业务信息处理新模式。合理地解决数据集中与分布、网络的复杂性和行业的特殊性、数据和网络安全、信息系统建设规范和标准等问题。企业分布集成平台的核心技术包括：消息处理机制、事务处理机制、应用集成技术、应用服务管理技术。SOA技术包括服务提供者、服务代理者以及服务请求者三类参与者。SOA具有服务的封装、服务的可重用性、服务的互操作性、自治的功能实体、服务之间的松耦合度、服务位置透明等特征。

2. 数据挖掘，又称知识发掘，是用自动或半自动化的方法在海量数据集中找到潜在的、有价值的信息和规则。数据挖掘分为商业理解、数据理解、数据准备、建立模型、模型部署等环节。数据挖掘技术在保险客户关系管理、保险目标客户识别、保险交叉销售、客户保持与流失分析、保险客户欺诈分析等领域均有应用。

3. 移动互联技术包括 3G 移动通讯技术、专线 APN 技术与 NAT 技术、Webservice、安卓系统、微信公众平台等组成部分。移动互联技术在保险服务中有较广泛的应用。

4. 光学字符识别应用广泛。在政府、银行、教育、社保、税务、海关、物流等行业都有其用武之处。专业光学字符识别应用主要包括邮件自动分拣系统、考试自动评分、专业表格数据的录入系统、将光学字符识别技术嵌入其他系统等。光学字符识别技术在医疗保险信息系统中应用广泛。OCR 模块的实现包括打印账单寄出、扫描获取图像、互联网传输、光学字符识别过程、识别后处理等流程。

5. 一个完整的工作流包含流程定义工具、流程定义、工作流执行子系统和工作流引擎、工作流控制数据、工作流相关数据、工作表和工作表处理程序、应用程序和应用数据。工作流技术在保险产品在线销售、电子保单审批、客户服务支持等领域均有应用。

6. 精算标准分为三部分：资格标准、行为守则、实务标准。健康保险准备金主要有保单准备金、赔款准备金、保费不足准备金三种。精算评估是保险公司对整个公司，或对其中的一个部门，或某一类业务的未来现金流动、回报率、税收及资产负债等项目的综合评估。其结果可应用于保险公司财务管理、兼并、收购和估价等领域。精算师对保险公司的资产、保单和其他债务的现金流进行部分或整体的测试，以判断准备金是否充分，评估投资战略，进行财务计划和预测，规划未来给付支出等都是非常重要的。

专业术语

1. EAI 技术：EAI（企业应用集成）将进程、软件、标准和硬件联合起来，在两个或更多的企业系统之间实现无缝集成，使它们就像一个整体一样。尽管 EAI 常常表现为对一个商业实体（例如一家公司）的信息系统进行业务应用集成，但当在多个企业系统之间进行商务交易时，EAI 也表现为不同公司实体之间的企业系统集成，例如 B2B 的电子商务。

2. SOA 技术：SOA（面向服务架构）可以根据需求通过网络对松散耦合的粗粒度应用组件进行分布式部署、组合和使用。服务层是 SOA 的基础，可以直接被应用调用，从而有效控制系统中与软件代理交互的人为依赖性。SOA 将能够帮助软件工程师们站在一个新的高度理解企业级架构中各种组件的开发、部署形式,也能帮助企业系统架构者以更迅速、更可靠、更具重用性架构整个业务系统。

3. 光学字符识别技术:OCR(Optical Character Recognition,光学字符识别)是指电子设备(例如扫描仪或数码相机)检查纸上打印的字符,通过检测暗、亮的模式确定其形状,然后用字符识别方法将形状翻译成计算机文字的过程。即:针对印刷体字符,采用光学的方式将纸质文档中的文字转换成为黑白点阵的图像文件,并通过识别软件将图像中的文字转换成文本格式,供文字处理软件进一步编辑加工的技术。

4. 工作流技术(Workflow):就是工作流程的计算模型,即将工作流程中工作如何前后组织在一起的逻辑和规则在计算机以恰当的模型进行表示,并对其实施计算。工作流要解决的主要问题是:为实现某个业务目标,在多个参与者之间,利用计算机,按某种预定规则自动传递文档、信息或任务。

5. 保险精算:是依据经济学的基本原理和知识,利用现代数学方法,对各种保险经济活动未来的财务风险进行分性、估价和管理的一门综合性的应用科学。

思考题

1. EAI 技术主要解决哪些问题?社会保险系统的整体数据流程包括哪些?
2. SOA 技术具有哪些特征?包括哪些抽象级别?
3. 简述数据挖掘系统的基本结构与实现过程。
4. 简述移动互联技术在保险服务中的运用。
5. 光学字符识别技术在医疗保险信息系统中有哪些应用?
6. 完整的工作流包括哪些要素?简述工作流技术在系统业务流程实现过程。
7. 精算评估标准的制定中应考虑哪些问题?

第十三章

健康保险信息管理的未来和挑战

第一节 基于云计算的健康保险信息管理系统

一、健康管理与云计算

目前健康正成为社会公众关注的焦点和热点，也越来越成为幸福指数的关键指标。一般来说，健康信息分为三类：一是与人的健康相关的各类信息；二是指能够被卫生行政管理部门利用的信息，卫生管理部门可以根据这些信息作出相应的行政决策；第三便是与每一次的健康信息相关的财务信息，它是国家衡量卫生服务水平不可缺少的指标，也是健康信息管理中重要组成部分。

健康管理的核心是健康风险的评估和控制。新型健康管理系统为适应社会对健康的需求，发挥健康管理的优势，利用现代科学技术，实现"简、便、廉"的对普通人群健康状况进行监控、评估预测，根据健康状况提出相应的健康管理计划，引导人们采用必要的健康管理方案确保实现预定的健康目标。其目的是调动管理对象的自觉性和主动性，有效利用有限资源达到最大健康改善效果，保护和促进人类的健康，达到预防控制疾病的发生、提高生命质量、降低疾病负担的目的。目前，健康体检对人体的生理、生化指标测量仅在医疗机构采用西医指标进行个体评价，无法在特定环境下按照种类、范围等维度来分析人群的健康特征，对所谓"无异常指征"的亚健康人群的养生防病缺乏针对性指导价值，存在明显局限性。如何在居民健康数据整理、健康管理系统基础上，依托医学健康状态认知理论，利用云平台技术构建具有量化健康检测评估管理体系，探索建立适合于自身的人体功能健康管理方法具有重要意义。基于云计算的个性化新型健康管理系统是建立人体功能状态的基值管理，是发现群体健康问题发生发展趋势、致病因素及养生调治方法的重要保障。健康管理信息系统利用大数据分析的理论与方法，分析与发现人群与疾病、社会环境的关联关系，建立城市健康状态辨识指标和综合干预方案，从而提高全民健康水平。

  作为新一代大规模网络计算平台，云计算以其高度的可扩展性、可按需提供即时计算资源等特性在医药行业中有着广泛的应用前景，如将物联网与云计算信息化管理技术相结合建立全生命周期动态多维健康保险信息管理模式。在云计算技术的辅助下，新模式能够在总结整理前人健康管理研究的经验基础上，对健康状态从多维角度进行度量化测量、采集、存贮各种健康信息并进行综合辩证分析，让人们充分了解自己的健康状况。同时，运用医学中的预防疾病方法指导人们如何尽早发现健康问题，正确饮食、科学健身、保护身体不受疾病的困扰，使自己的身体和心理更加健康，提高适应自然与社会环境的能力。把科学的生活方式传授给健康的需求者，变被动健康维护为主动健康管理，能更加有效地保护或促进人民健康。目前，云计算已成为发达国家大型商业应用计算平台的首选方案，并已成为IT巨头和服务商向用户提供信息技术产品和服务的战略性信息技术平台。

  "云"是一类并行和分布式的系统，由一系列互联的虚拟计算机组成，这些虚拟计算机被基于供应和消费者之间协商确定的服务级别协议动态部署，并作为一个或多个统一的计算资源而存在。云计算是并行计算、分布式计算和网格计算的发展，或者说是这些计算机科学概念的商业实现；是虚拟化、效用计算、基础设施即服务、平台即服务、软件即服务等概念混合演进并跃升的结果，其将计算任务分布在大量计算机构成的资源池上，使各种应用系统能够根据需要获取计算力、存储空间和各种软件服务。云计算是一种前沿的商业计算模型，是商业化的信息技术产品由软硬件产品形式向单纯服务形式转变的里程碑。用户在使用云计算平台上各类IT资源和服务时，不需投入资金去建立这些资源和服务的软硬件设施，而仅需按服务用量支付相应的费用。美国国家标准与技术研究院（NIST）对云计算的定义是："云计算是能够对可配置的计算资源（如网络、服务器、存储、应用软件和服务）共享池进行便捷、按需网络访问的计算模型。"这些计算资源只需最少的管理或服务提供商的交互作用就可被快速提供和释放。云计算同时也是一种新兴的共享基础架构的方法。它统一管理大量物理资源，并将这些资源虚拟化，形成一个巨大的虚拟化资源池。

  基于云计算的健康管理系统是建立"以人为主体，以健康为中心，以健康服务结合云计算为实现手段，借助于网络信息传输形式，以及与此相匹配的健康状态监测、辨识与调控技术，对人的健康（包括疾病）进行动态网络式的管理，达到维持和促进健康，消除病痛的应用网络"，并可将"健康云"平台与"健康物联网"形成一个互为关联的大系统，完成前端健康数据的采集、传输和后台的智能处理、管控、服务。"健康云"是"健康物联网"IT服务增加、使用和交付的模式。一个大系统将健康传感器、物联网、互联网、有（无）线通讯和云计算、大数据等技术完美组合，不仅将彻底颠覆传统的健康管理模式，提供无所不在、无时不在的智能健康管理和健康维护服务，而且能够随时随地监护自己的身体状况，实现"我的健康我做主"的新型健康管理。新型健康管理系统通过物联网技术，将多种传感器嵌入健康管理设备及医疗设备中，应用于健康管理、医疗救助、移动医护等服务领域，实现各种健康、医学数据的交换和无缝连接，为基于健康医学的预防、康复、调养、保健方案制定提供支撑。

系统的研制从结构上将采取"纵向分层"和"横向跨域"（按照云计算架构实现公有云、私有云、行业云、机构云、地区云、部门云等的跨领域互联）。"纵向分层"中感知层利用各类健康医疗检测设备采集应用人群的实时健康数据，网络层实现信息传输，平台层完成对前端设备采集数据的收集、建档、存储、计算、处理、安全，应用层实现对数据和信息形成各类应用方案和用户报告的转化，以最终实现健康的管理服务。"横向跨域"时实现与各类云的互联、共享、协同处理，真正实现对国民健康档案的全生命周期动态多维管理。该系统从功能上将围绕"监测""辨识"和"调控"三大方面建立新型的健康管理系统，是集健康监护、安全监护、健康咨询与教育三大功能于一体的系统。

二、云计算的主要优势和特点

与以往计算机技术相比，云计算技术有诸多独特优势和技术特点。

第一，云计算是一个超大规模的计算平台，拥有大规模的服务器集群以提供强大的计算能力和计算资源。例如，Google 云计算就集成了 100 多万台服务器；云计算服务商 RightScale 在 2010 年 3 月也宣布在其云管理平台 Right Scale Cloud Management Plat - form 上启动了 100 多万台服务器。与网格计算技术类似，云计算平台可整合各类计算资源完成特定计算任务，而且可适时更新或扩展相应的计算节点。从该意义上来说，云计算更像是一台永不过时的超级计算机。

第二，云计算平台具有高度可扩展性和通用性。云计算计算资源可根据计算任务和用户需要动态地实现扩展，这也是 Amazon 云计算平台被称为弹性计算云的原因；同时，与网格计算不同，云计算平台并不针对特定的应用程序，其可为各类应用服务，实现即刻的应用部署。

第三，云计算是一个可随时获取服务的高度虚拟化平台，可针对不同用户需求在统一的云计算平台上虚拟配置不同的计算资源。用户不需了解其计算任务如何在"云"内部被实现，也不需知道"云"的物理边界和内部结构，"云"对其来说始终是个虚拟的计算平台，但用户却可随时随地通过各类终端访问"云"。

第四，平台因采用了容错、负载平衡、数据多副本冗余等措施而保障了平台的自动化管理能力和服务的高度可靠性，并具有易于使用的特点。云计算用户不需考虑其所获取的服务是如何从技术上实现的，不必为使用复杂的信息技术产品和服务投入过多精力。

第五，云计算提供了一种新的计算机信息技术产品的商业模式，可按服务需求量计费。云计算具有效用计算的特点，后者是一种基于计算资源使用量付费的商业模式，用户从计算资源供应商获取和使用计算资源并基于实际使用的资源付费。与效用计算相同，云计算用户只需像使用水电公共服务一样，根据自己的计算任务需求使用其提供的相应服务，并按服务用量来支付相应的费用。由于"云"的特殊容错措施可以采用极其廉价的节点来构成云，"云"的自动化集中式管理使大量企业无须负担日益高昂的数据中心管理成本，"云"的通用性使资源的利用率较之传统系统大幅提升，因此用户可以充分享受"云"的低成本优势，经常只要花费几百美元、几天时间就能完成以前需要数万美元、数月时间才能完成的任务。

三、云计算技术在健康保险信息管理中的应用

云计算技术集网格计算、效用计算、虚拟化技术、面向服务架构等多种技术的优势于一身，在作为大型商业应用计算平台方面具有得天独厚的技术优势。用户所需的软件、平台、数据存储等各类计算资源均由云计算以服务的形式提供。其不但为用户提供了高效、简便的软件应用和管理服务及稳定、高质量的数据分析服务，减少了企业和科研机构在相关软硬件上的投入和管理维护成本，也使得信息技术资源发生了较大的改变，不再是过去单纯的产品战略，转而向服务型战略调整。信息技术资源同数字资源融合在一起形成云资源中心，云资源衍生出不同层次的服务：IaaS、PaaS、SaaS等。网络硬盘、随需租赁数据中心等是属于最底层的基础设施即服务（IaaS）；在线开发平台、在线测试平台、在线运营平台、数据库、中间件、企业网站平台等是属于中间层的平台即服务（PaaS）；软件即服务（SaaS）处于顶端的应用层，网络邮箱、搜索、在线统一通信、在线视频、网络教育、在线杀毒等属于工具型的SaaS。除了需要连接网络的硬件设施和浏览器外，系统终端的硬件设施及其他软件都迁移到云端，而之前终端具备的计算能力和存储能力也随之转移到云端，构成"胖云端"和"瘦终端"。依托于海量的云资源池，加之云资源的弹性配置和优化部署功能，云

服务就能够依照用户的需求来提供相应的服务类型和服务量,而资源的配置和使用都由云服务商掌控。

在我国,保险行业虽起步较晚,但依托于强大"云计算"的功能,我国保险业也将发展成为可以与国际市场相配比的发达行业。但是对于资金流动与运作构架相当复杂的保险业而言,并不是所有的云计算方式与功能都适用。在健康保险领域,制定一套适合于我国保险业发展的云计算系统尤为重要,这不但可以在很大程度上减轻保险公司的人力资源,甚至还可以节约公司的资金投入,为公司的发展注入强劲动力。

作为新一代大规模网络计算平台,云计算以其高度的可扩展性、可按需提供即时计算资源等特性在健康信息管理中有着广泛的应用前景。云计算可方便企业以多种客户端,不受地理位置限制地访问其提供的服务,提供了一种新型信息技术商业运营模式。在健康服务领域,云计算技术信息的共享用户管理能够帮助实现人员信息的快速验证、健康数据的实时汇总。

随着智能硬件的发展以及可穿戴式设备的广泛应用,"人"作为一个生命个体的所有特征正在被充分数据化。动态、持续、多维度的数据记录让人们能够对寿命和健康有更清晰的描绘和预判。基于云计算等技术,以及智能硬件、可穿戴式设备的应用,保险业中健康险的链条也正在被重塑:从传统的事后赔付走到了前端的健康管理、慢病管理,从单一的保险产品向后延伸到了社交、保险、生活的深度结合。传统的健康险基本是按照年龄、性别等基本维度划分费率,但往往越是觉得自己不健康的人越有意愿去买健康险,越有意愿支付更高的保费。所以,反而把健康的人排除在外。当前,健康保险开始尝试正向激励机制,即达成运动目标,运动结果越好,所需要缴纳的保费越少。用户投保时,系统会根据用户的历史运动情况以及预期目标,推荐不同保额档位的重大疾病保险保障(例如分档为 20 万元、15 万元、10 万元),历史平均步数越多,推荐保额就越高。例如,每天 10 000 步,推荐保额就是 15 万元。打破传统健康险基于风险单位,而非风险贡献度的定价逻辑,是解决原有产品模式下"劣币驱逐良币"的关键一环。

按照保险的定价逻辑,数据越丰富,定价越精确。例如退运险,它的数据维度非常丰富,并且都在互联网上可追踪和获取。相比之下,人体数据化程度则比较低,保险的定价基础就不一样,这也成为健康险盈利的瓶颈。然而,随着大数据、云计算等技术的应用,数据中更多的隐藏价值将被释放,健康险的个性化定价成为可能。

四、健康保险信息管理云平台设计

(一) 需求分析

1. 精算需求

在保险业的相关领域，纷繁复杂的数据计算是该行业的核心运作力，所以保险业对于计算机的运算能力要求就要远远高于其他行业，这也就是该行业如此依赖于云计算的原因。在保险行业，许多不可预计的变量都是保险运算中时常需要考虑的因素，对于任何一种因素的引入，都会引起原先所有计算数据出现改变，而一般的计算机根本无法支撑如此庞大的数据变动，但此时的云计算便可以依托其庞大的计算网络来完成保险计算的所有任务与目标。

2. 人力资源管理

保险行业是一个渗透性与分散性都相当高的特殊行业，这种行业的特殊性也就使得其对于行业员工的人力资源管理模式更复杂多变。

3. 数据挖掘

对于保险行业而言，客户资料与公司运作信息都是极为宝贵的投资性资源，如何在这些复杂凌乱的信息库中筛查出符合公司需求的重要信息，就是保险行业间竞争的核心动力，而对于保险业的庞大数据资源，一般的计算机技术已无力支撑其繁琐的计算工序，此时高效快捷的计算方式就成为决定公司发展的直接动力来源。

4. 协作办公

一种业务的办理不是一个职能部门单独就可以完成的，保险业这种数据相对复杂的工作就更需要众多职能部门分力合作，将复杂的数据处理分解为众多单元交由各个部门依次完成，而对于各个部门之间的工作传达与数据整合交换的管理，就需要计算能力更高的计算机来担当负责。

综上所述，可以发现对于保险业而言，其众多领域都很需要一种像云计算这样的先进计算方式来支撑其正常的运作。

（二）云计算架构体系

1. "PaaS" 服务体（包括如下基础软硬件服务）

（1）核心数据库。"核心数据库"，顾名思义，就是用来收藏与保护保险公司重要资料的数据资源库，其中不但包含公司用于日常运作的数据资源，还包括在该公司投保的客户的基本资料，这些资料对于保险公司的发展至关重要，所以核心数据库的保密性要求就显得更加重要。

（2）衍生数据库。该类数据库的出现在很大程度上减少了公司对于相关数据调度运算的耗费时间。该类数据库的数据来源，是通过之前部门对核心数据库的数据调取并运用计算之后的各种结果，该数据库因为其主要功能是收集一般性的运算结果，所以对于其内部资源，可以被任何相关职能部门调取利用，这保证了核心数据的安全性，也避免了各个部门数据计算时频繁调取数据的现象，大大减轻了人力资源的浪费。

(3) 数据库维护和权限控制。除了核心数据库与衍生数据库的建立完善外，对于这些数据库的维护与控制同样十分重要。就保险行业来讲，数据库的故障与瘫痪所造成的损失是无法估量的，所以要求相关数据库可以保持长久性的正常运作，也对数据库的维护工作提出了很高的要求。

(4) 开发服务器。一般的云计算服务功能是针对所有领域的通用型服务，但是对于特殊的保险业，有些功能并不能与之相匹配，此时就需要相关开发部门根据保险业的实际运作情况，制定出一套符合其自身运算模式的云计算系统。

(5) 应用服务器。这类服务是相关云计算的开发部门为保险行业的实际需求而专门开发出的针对性服务项目。这类相关服务项目的提供，在很大程度上满足了保险行业的一些特殊计算需求，便捷的网络化管理还使得这些服务项目可以不受地域限制，随时随地为保险服务业提供技术支持与计算帮助。

2. SaaS 和 IaaS 打包服务

这类服务因其不具备商业机密性，所以可以由保险公司根据其实际需求而直接向云计算开发商购买，这类服务可以为保险公司解决一些日常的复杂数据处理任务，对于保险公司与云计算开发商来说是一个双赢的服务体系。

3. 需求服务器

需求服务器在整个云计算体系中占有十分重要的地位，不但可以维护云计算系统的稳定性，还可以帮助计算系统抵御一些来自其他外界网络的恶意干扰。该服务器同时还可以对一些计算申请进行分类审核，将不同的计算申请分门别类地规整到不同数据库之下，帮助计算机调取相关计算资料，并对一些重复性的需求进行有效合并和筛查。其实需求服务器的本质并非是一台真正意义上的服务器，而是一个用于计算的体系，作为所有云计算申请的初级入口，需求服务器不但可以安全有效保证所有用户的需求得到及时分配处理和计算回馈，还能够在很大程度上优化计算机分配的结果，保证用户需求的数据结果可以在最短的时间内回馈到计算机中（见图 13.1）。

(三) 功能模块设计

1. 数据管理

数据管理模块是一个统计性的模块，将医院资源中的医疗信息汇总，提供医疗专家、临床病种、卫生统计三方面的数据，供业内人士参考学习使用，也为国家进行疾病防控部署提供参考。医疗机构主要包含有以下几种类型的数据：

第十三章
健康保险信息管理的未来和挑战

SaaS与APaaS层由开发商承建，IPaaS与IaaS由云服务商提供

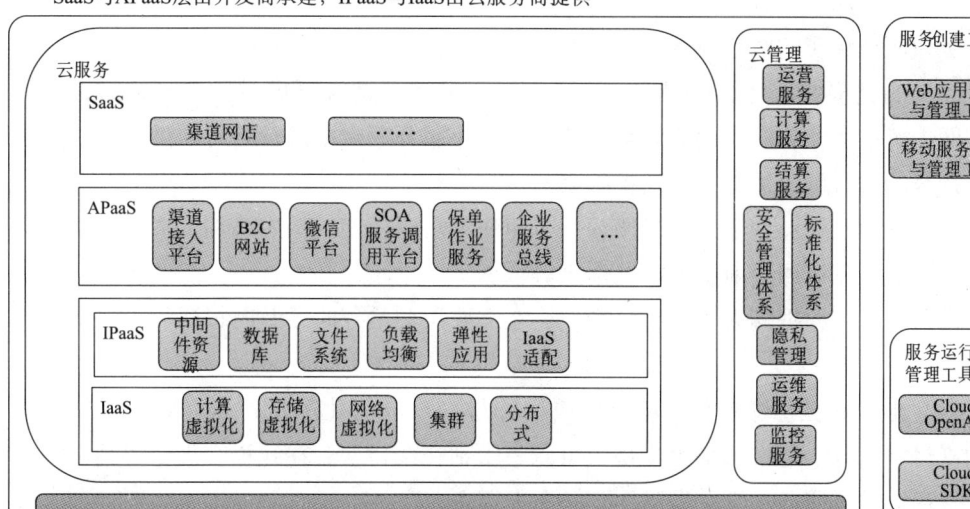

图 13.1 系统云化策略

（1）医疗专家数据：分科室将医疗专家信息履历公开，给病患提供选择医生的参考，也对业内医疗水平提供了标杆作用，促进更多医疗工作者的进步。

（2）临床病种数据：对医院接诊病人、病例进行统计分析，判断区域内居民常见病。对已知病种提供治疗参考，完善国家医疗病种数据库信息。

（3）卫生统计数据：汇总医院接诊信息，分析各级医疗机构接诊比例，分析各科目就诊人数比例、治愈率、入院周转时间等，分析药品使用、费用统计等信息。

2. 病人客户模块设计

（1）个人档案。个人档案功能是用户管理个人数据的平台，用户通过医保卡号，注册登录平台，可以查看个人的健康信息、病历数据等资料。电子病历和健康档案也是医疗信息化中最重要的数据资源，只有基于这二者的数据才能有效提高医疗机构的工作效率。

居民健康档案包含个人健康、家庭健康、社区健康三方面，档案数据用户只可参阅不可编辑。

电子病历数据包含病人就医过程中，所有治疗过程的记录，如病程记录、检查结果、医嘱、处方等。电子病历与治疗流程模块的关系十分密切，数据交换也最为频繁。每次就医后需要更新电子病历数据。

（2）电子诊疗。电子诊疗模块设计的目的是突破地理位置的限制，为更多需要的人提供医疗服务，帮助用户足不出户即可享受医疗服务。现在从网络带宽、互联网技术、多媒体技术等方面，电子诊疗都可以获得足够的技术支撑，网上购物已经是习

以为常之事，那么终有一天，网上远程诊疗等电子诊疗手段也将融入居民生活之中，提供更为便捷优质的医疗服务。

（3）智能提醒。智能提醒是云计算与物联网技术结合而提供的服务内容，利用物联网传感技术，将病人的健康体征传递到医疗服务平台中进行处理，然后反馈适合病人自身的实时健康监控、用药提醒服务。

实时健康监控：用于监控慢性病、老年病等需要长期监控的病例，通过采集病人相关特征信息，返回当前身体状况信息等数据。

用药提醒：根据病人身体特征变化，在需要用药治疗时，及时提醒用户采取适当措施减缓病情。

（4）缴费相关。缴费相关功能模块设计目的是为简化医疗付费、医保报销等繁琐的支付费流程，通过云平台，病人可以享受到在线付费、在线提交报销申请、查询医疗费用清单等服务，真正做到医疗一条龙服务。

一卡通支付：以医保卡为媒介，系统提供给用户的功能，让用户可以为预约门诊付费、为远程医疗买单，可以直接获得报销费用，所有医疗费用收入支出使用一张卡即可。

电子医保报销：用户提交医保申请，申请包含个人医保信息、需要报销的诊疗信息号。生成报销申请单，提交数据至医保机构数据中心。

3. 医保机构模块设计

医保机构的职能很广，需要负责参保单位医疗信息的登记、变更，个人账户的建立、变更；负责医疗保险缴费审核、监督；负责参保人员保险金支付；负责医保政策宣传、咨询服务等等。由于医保机构主要可以涉及的模块是针对病人就医治疗结束后的医保报销服务处理工作，所以对具体功能模块分析也是集中在报销处理工作上，主要由诊疗信息查询和报销处理两项功能组成。

（1）诊疗信息查询。当病人提交医保报销申请之后，生成的报销申请单会提交至医保中心的诊疗处理模块中。医保中心通过病人医保信息，查询云平台中医院提供的电子病历和用药明细，核实该病人的就医信息，清算报销费用。

住院信息查询：根据申请单的医保号，查询该病人电子病历，确认治疗流程无误。

费用清单核实：根据医保号、电子病历中诊疗系统数据编号，查询医院用药费用清单，核实用药规范。

（2）报销处理。医保中心在对诊疗信息核实无误之后，需要向投保病人结清医保报销的费用。在将费用转入用户手中前，还需进行基本的费用核实，并对核实数据进行备份，以备日后查询。

费用核实：根据医保条例，对费用清单中的可医保报销费用进行清算，由人工核实无误后，填写费用核实表。

费用转账：将核实之后的费用转入用户指定银行卡中。

4. 药商模块设计

药商作为服务于医疗机构的厂商，一直以来其自主系统都是由公司内部搭建，只能用于内部库存管理等工作，而对其客户医疗机构的药品流通、销售价格等信息无法从网络获得。基于云计算平台的医疗管理系统，提供给药商直接与医疗机构进行数据交换的平台，让药商可以实时获取药品流通状况、库存状况等数据，有利于药商更好地提供配送服务。针对药商服务性质，将药商的基本功能模块分为物流管理和供货管理两部分。

（1）物流管理。物流管理是药商提供配送药品服务的在线窗口。通过接收客户提交的供货需求地址，安排配送服务；通过配送车辆上装载的 GPS 等定位装置，为客户提供实时物流信息反馈。物流查询：通过配送单号，实时查询物流状态。配送流程管理：从接收配送请求、安排配送服务、到配送完成，管理整个流程状态。

（2）供货管理。供货管理是药商与医疗客户互动的模块，药商可以主动查询客户库存信息，安排配送服务，也可以被动获取客户供货请求，安排库存配置。

5. 药房模块设计

药房是在医院提供接诊服务后，为病人提供配药服务的机构，其主要工作围绕药品管理展开。药房模块用于药房日常工作的信息化管理，通过数据报表等形式，反馈药品库存、收支账目详情等信息，通过电子平台提高药房工作效率，加强对药品的监督管理。主要功能模块包含采购管理、库存管理、用药管理三部分。

（1）采购管理：根据库存管理提供的数据，完成采购流程中，制定计划、下达采购、收货确认等工作。

（2）库存管理：提供给药房库存查询、价格查询、缺货提醒、库存报表制作等功能。当缺货提醒被提交之后，将需要采购药品数据提交采购模块。

（3）用药管理：根据法律法规以及用药规范，核实医生处方中用药的正确性，如有用药超标等信息需反馈进行修改。

（四）数据表设计

数据库部分是整个信息管理系统的核心，事实上，很多的数据流都相互交互，要更好地完成这些数据的交换，就需要有一个好的数据库设计。通过好的数据库，把规模庞大的数据按照一定结构组织起来，便于存储、管理、维护。基于云计算的医疗信息管理信息系统，无论是在使用者类别还是在功能分类上覆盖面都很广，所以逐一分析覆盖面中所有表结构会显得冗长繁琐。另外，很多的表结构比较单一，只是用于单独部门内使用，例如行政部门的医务管理信息表、人事管理信息表、卫生科教信息表等；又如卫生统计相关的医疗专家数据表、临床病种数据表等；再如药房管理的库存信息表、采购管理表等。在此仅对上一节中提及的主要业务流所涉及的表项目进行详细设计与分析。

1. 医保账户表

医保账户表是医保中心为用户开通的个人医保账户，主键是身份证号和医保卡号。考虑到身份证号是唯一的，医保卡如果丢失，补办新的新卡卡号会有变更，所以采用身份证号和医保卡号同时作为主键。医保账户表中的医保卡号是被其他表用来做外键最多的属性，所以医保账户中的数据不可随便物理删除。增添一个有效性标识的属性用来区分逻辑有效和逻辑删除的表数据。对应一个身份证只能有一个医保卡号有效，一旦医保卡遗失，需要补办新卡，原有医保账户就需要标识为无效数据，虽然无效，但可用于查询过去的记录，这样就不需要变更其他表中原有数据了。

2. 系统注册账户表

系统注册账户表是用户使用信息管理系统时使用的账户记录表。在使用本系统之前，需要注册系统账户，账户类别分为三类：普通用户、院方用户和医保中心用户。受业务和权限的限制，用户在注册时只能选择注册普通用户，并且需要绑定个人医保账户卡。院方用户和医保中心用户是由内部管理员开通账号，外部人员无法获得院方用户和医保中心用户账号。另外，系统根据用户登录时的账号类别，将对前端显示的页面做一定区分，保证了系统的安全性，也有利于权限的划分。

3. 医院数据、大小科室分类表

医院数据表记录了每个医院的简介、等级等基本信息，用于帮助病人选择医院时提供参考。大科室分类为医学主要分科，如内科、外科、妇产科、儿科等等，小科室分类为大科室下的细分，如内科中呼吸科、老年科，外科中骨科、普外科等等。因为大科室在每家医院都会设置，所以医院数据表和大科室表没有关联性，但是小科室却包含在大科室之中，所以小科室表中有外键关联到大科室分类表中。

4. 医生信息表

医生信息表记录了医院就职医生的基本信息，如所在科室、个人简介、级别等。医生信息表和医院信息、大小科室分类表关联紧密，其中医院信息表中医院 ID 为表外键，用于确定医生所在医院。而小科室分类中科室 ID 为表的另一主键，与医生 ID 号同时作为主键确定医生接诊科室。考虑到一位医生可能会在多个小科室接诊，所以考虑使用双主键方式来构建医生信息表。

5. 电子病历表

电子病历属于个人健康档案中的一项内容，个人健康档案记录着个人整个生命过程中所有的生命体征变化，以及所有和健康相关的行为档案，例如过往病史、家族史、体检结果等。电子病历表是个人在医院治疗的病历记录，每一条数据都是一次就医的过程记录，外关联的其他表项目也很多。常用的表属性有病历记录号、医院名称、就诊科室、医生等。另外，医生给出的病程记录、医嘱等数据也会简要记录在表中。如果病人就诊过程有做常规检查，那么常规检查的基本数据也在同一记录中留存，便于医生查询参考。如果病人就诊有住院过程，则住院单号作为外键，其内容必须录入，便于后期查询。病人整个治疗过程的消费清单因为数据项很多，所以不保存在表中，但清单单号作为外键保存，用于查询之用。

6. 报销申请表

报销申请表用于病人康复之后申请医保报销时提交数据之用。表属性中申请表号为主键，病历记录号为外键，用于查询本次申请医保的住院病历记录。另外，病人需自行填写简要的住院原因说明、联系方式，并且选择报销款的获取方式。如选择银行转账，则需选择银行并填写完整银行卡号、卡主姓名信息，便于医保中心工作人员完成报销工作。当工作人员完成报销手续之后，表数据中有效性标识将变为无效，说明本申请单已经完成报销。在表属性中报销金额和经手人姓名是报销完成后才可填写，所以初试状态时可为空值，但在完成报销后，不可为空，这将由前端代码控制，不做表属性约束。

五、云计算在健康保险业的应用前景

尽管云计算自身还存在安全性等问题，但作为一种灵活、动态且提供实时支持的信息技术模式，它将是未来信息化发展的必然趋势。目前，保险业对云的需求正在积累，随着技术不断完善，云计算的应用必将不断深入，对整个保险业的信息化建设产生巨大影响。保险公司可利用云计算医疗健康专业引擎，从用户的年龄、性别、职业、教育、收入、婚姻状况、吸烟饮酒等多个维度进行全量分析而得出数据报告，揭示商保人群的疾病情况与社会经济因素和生活习惯等的关系。

（一）公有云的 IaaS 将助力中小保险企业的信息化基础建设

保险企业需要信息化的支持，信息化需要基础设施支撑，而基础设施建设分很重要的两大部分：一是存载核心设备，提供计算力与存储空间的数据中心。据了解，一般中小型保险公司数据中心一次性建设投入（包括机房装修、设备购买、网络搭建等）往往不低于 500 万元。二是系统的长期维护，包括成本摊销、设备维护、水电能耗、人员费用等，一般数据中心每年的维护费用超过 100 万元。

这两部分的成本对小型保险企业来说有一定负担，尤其是对于保险中介企业，其注册资本相对较小，员工数量较少，更难以开展较大规模的信息化基础建设。借助 IaaS 服务，企业在信息化基础建设方面的成本可大大减少。目前，国内的电信、联通等供应商在 IaaS 方面的服务已逐渐成熟，IDC 机房得到了广泛应用，这为中小型保险企业的云计算应用创造了条件。

（二）构建内部私有云，将提升大型保险公司的信息技术管理水平

作为金融企业，保险公司对业务数据的安全性与私密性有较高要求，因此，很多保险公司不会将核心业务、财务等重要系统交付给公共云，而是更倾向于构建企业内部的私有云。尤其是一些规模较大的公司，本身已有符合国标的数据中心、较为丰富的计算资源与较强的技术力量，更是具备了建设私有云的基础与条件。

从成本出发，企业私有云建设目前还不适用于中小保险公司，但对大公司来说，则可将其信息技术管理水平多方面提升。资料显示，以往公司的信息化应用较为分散，70%~80%的信息技术预算往往投向对现有系统的维护，用于开发的不足30%，私有云将应用加以集中实现并共享，使得运维大大简化，资源得以释放，更多的力量可转向创新与开发。

（三）与供应商联合建设电子商务云，将拓展新的保险销售渠道

2008年底，国内知名的电子商务公司阿里巴巴提出打造电子商务云，将其所占领的商务资源融入云中，不仅为用户提供出租云的计算、存储与网络服务，还提供适合国内用户的各种电子商务服务。电子商务云的出现，为保险业拓展网络销售渠道提供了良好前景，公司可与供应商深度联合，充分利用其技术优势与客户资源，共同打造保险电子商业云平台，向客户提供产品与服务。打造保险电子商务云，将为保险业开辟新的销售渠道提供较大帮助，并创造双赢局面。

（四）在现有联合信息平台的基础上，尝试建设全国保险行业云

在中国保险行业协会的组织推动下，各省保险业已建立了联合信息平台，实现了区域内的行业信息共享。省域联合信息平台为建设全国保险行业云提供了基础。未来，可尝试利用云计算技术，通过互联网实现各省平台的互联，将资源与数据整合，实现全国范围内的共享与调配，使其成为真正的全国保险行业云平台。

从省级信息平台转化为全国的行业云，将对推动保险业发展产生巨大影响：

一是数据共享能力大大增强。行业云实现了全国保险业的数据共享，同时，借助云的开放性，可进行跨行业的数据交互，如与医疗、车管等部门开展信息共享互动，这对提高行业管理水平、提升服务社会能力有重要帮助。

二是利用行业云的 IaaS。各省的业务规模不同，平台对计算资源的需求也不一样，行业云可在全国实现资源的按需分配与合理利用。

三是利用行业云的 SaaS。SaaS 提供了在线服务的按需使用、购买，比传统服务

更具可行性、更便捷，加强了公司与客户之间的信息对称，提升了服务质量。

四是利用行业云的 PaaS。行业云整合了大量计算资源与海量数据，并能提供针对分布式数据库的并行分析，以此为基础向公司开放中间件平台，公司在平台上可进行数据的深度挖掘与产品研发，这将大大提高行业的科技创新能力。

第二节 大数据在健康保险信息管理系统中的应用

在互联网时代和大数据盛行的社会背景下，在国家政策如《关于商业保险机构参与新型农村合作医疗经办服务的指导意见》《关于开展城乡居民大病保险工作的指导意见》和《关于加快发展现代保险服务业的若干意见》等的推动下，开启和应用健康险大数据助推保险公司实现业务长远发展，已成为新时期保险公司应重点考虑的课题。2016 年 3 月，国务院发布的国民经济与社会"十三五"规划纲要中正式提出，实施国家大数据战略。2016 年 6 月，国务院办公厅发布《关于促进和规范健康医疗大数据应用发展的指导意见》，首次把生物学资源和医疗大数据作为国家的基础战略资源，也把它纳入国家大数据战略的布局。2016 年 8 月召开的全国卫生工作会议上，国家主席习近平特别提出了要完善人口健康信息服务体系建设，推进健康医疗大数据应用。2016 年 10 月，"健康中国 2030 规划"得以发布，在这个规划里面也把医疗健康大数据应用创新与发展列入了国家一项重要任务。

健康保险行业对大数据的开发和应用，改变的不仅仅是数据技术本身，更重要的是从根源上对整个保险公司的生产和经营的数据环境产生了重大影响，进而影响或改变了保险公司的经营方式和经营战略。就整个保险行业而言，大数据不仅能够改变数据的相关技术指标，也能够影响保险经营中的很多参考因素，进而使保险经营的基础环境发生改变，在保险公司的产品开发、产品营销、客户服务、风险防控重要的经营环节带来显著性甚至是颠覆性的变革。因此，在大数据环境下，保险行业应该用深度开发大数据的眼光去面对未来的经营发展，用大数据的思维模式去对接保险公司的日常经营管理，最终实现大数据应用的技术创新和商业模式的创新。

一、大数据在健康保险信息管理中的价值

（一）保障设计和精算定价

目前商业保险业务分为团体险与个人险，其中个人险中以储蓄理财产品为主，少

部分是消费理赔型。对于真正意义上的健康保险，由于缺乏对实际医疗费用的估算把控能力，在保险设计及精算定价方面无据可依，从而限制了产品的开放。

以肿瘤类大病保险为例，由于政府医保以"保基本"为原则，支付额度经常不足以覆盖治疗肿瘤疾病的全部费用，且报销目录通常不收录市场上疗效显著但价格昂贵的靶向型生物制剂，导致这一领域产生市场空缺，但为商业保险提供了明确的发展机会。商业保险公司虽看到市场契机，但往往因不了解肿瘤治疗的实际费用而对产品设计与定价无从下手。

（二）理赔运营管理

在健康保险理赔运营管理中至关重要的一个环节是及时发现欺诈、浪费、滥用等费用风险。欺诈案例虽然不多，但涉及较大金额；浪费与滥用属于过度医疗与不合理医疗，单笔金额也许不高但是数量庞大，很难根据经验判断，因此属于数据挖掘的重要应用领域。大数据技术可帮助健康保险机构的理赔审核部门快速找出潜在问题案例及明细信息，提高理赔处理的效率并降低赔付率。此外，健康保险机构也可以针对这些问题的根源和相关医疗机构进行沟通，寻求从根本上降低费用和提高运营水平的机会。

（三）医疗机构的管理

大数据精细化分析可应用于科学合理的评估医疗费用及质量，从而为包括总额控制在内的多种支付方式提供支持。医疗费用评估的一大难点在于医疗服务缺乏标准化。以心脏支架手术为例，确诊需要什么样的检查，化验手术过程中需要什么样的麻醉方式，需要使用什么样的支架及放置的数量，术后康复期需要住院多久，出院后复诊需要做些什么等，在不同患者间差异巨大，所以已经比较单一的诊疗项目和药品费用与总费用并无相关性，意义不大。所以技术上的难点在于将解决同一问题的所有相关诊疗项目与用药情况链接起来，这就涉及专业的分组方法，如用于住院费用的DRG 分组或用于门诊费用的 ETG 事件系列等，以此作为费用的比较单位。医疗质量的衡量可以包括两大方面：一是对医疗过程的评估，需要庞大的临床规则知识库，准确判定在不同疾病管理中该做什么，不该做什么，用药合理性分析药物间相互反应的监测，用药剂量及用药相关检查等；二是对医疗结果的评价，比如手术不良事件发生率和可避免再住院率等。

有了科学合理评估医疗费用与质量的手段，政府医保机构与商业保险公司就能够对医疗机构进行有效综合管理，同时支持包括总额控制、单病种付费、按绩效付费等各类支付方式改革实施，真正达到在保证质量的基础上控制费用的目的，这也正是健康保险在产品服务缺乏标准化信息高度不对称的医疗领域中的重要价值之一。

（四）市场营销与拓展

对于商业健康保险机构的市场和销售而言，如何获得新客户和保留旧客户是核心内容。因为大数据挖掘可以抛弃客户参保人员的费用驱动因素及健康状况，不仅可以为优化保障设计与精算定价提供有力支持，更可以深度分析结果报告作为业务洽谈的基础，增进与客户的沟通，赢得客户对保险公司专业水平的信赖，并据此客户量身定制相关增值服务。

由于医生病人习惯及经济利益驱动等原因，国内众多医院经常静脉注射抗生素，不仅浪费医疗资源，而且对病情恢复有害无利。这也提醒要有效控制这一团体的医疗费用。方法之一是可以从防止感冒及急性支气管炎入手，比如在感冒流行期，组织企业员工，包括其未成年子女接种流感疫苗，并通过定期医学讲座，普及防止感冒的医学常识。此外，控制费用的另一措施在于改变参保人在患病后的就医习惯，比如组织专家为企业员工介绍感冒及急性支气管炎患病后的治疗常识。另外，也可考虑为有规模的企业配置简单的医务工作，由驻地全科医生及时诊疗普通感冒症状，并提供将相应的建议措施或给予OTC药品缓解症状。

（五）战略决策支持

大数据分析在保障设计及精算定价、理赔运营管理、医疗机构管理、市场和销售拓展等健康保险经营各个领域均有很大应用价值。在战略决策支持上，大数据应用同样具有举足轻重的作用。除了平衡风险之外，健康保险最重要的核心价值在于保证医疗质量的前提下有效控制医疗费用，大数据分析可以为健康保险找出费用的关键驱动因素，以此作为战略决策的依据，可以使决策者有针对性地制定解决问题的关键措施。此类分析的要点在于通过由大到小、由粗到细的层级挖掘寻找问题的关键，成功应用于决策制定。

二、大数据在健康保险信息管理中的应用

保险公司的大数据有着鲜明的特点：一是保险公司是承担风险的企业，要利用风险评估手段和大数据算法对承保对象进行风险评估，透过对大数据的深入挖掘，从大数据背后挖掘风险发生的概率性和规律性。二是保险公司要对承保标的风险发生的频率、损害程度进行科学合理评估和预测。三是保险经营中，随时都产生大量数据，在承保服务、核保确定、理赔查勘、代理人上岗和脱落、财务经营、投资渠道、精算定价等方面都会有大量的数据关联。越来越多保险公司开始重视大数据的价值。比如中国平安成立了平安数据科技公司，整合集团公司旗下银行、证券、保险、陆金所等大

数据资源，为集团公司的利润提升贡献力量。中国人寿成立了云计算中心，利用大数据对经营、管理和决策提供参考。泰康人寿建立了泰康在线微信服务号，透过大数据分析客户，向有需求的客户免费赠送航意险和高铁乘坐险。太平人寿在官方微信公共号推出"爱团购"活动，每两个月客户和身边的朋友可以一起组团购买太平人寿推出有优惠的保险产品。

（一）健康保险产品开发

产品是保险公司获得市场的有效武器，是制胜的关键。好的产品能够迅速打开并占领市场，也能够迅速激发销售渠道和销售队伍的热情。保险公司的产品在保险公司的竞争中起到非常关键的作用。随着大众保险意识的逐渐增加，客户对于保险产品的需求越来越多样化和个性化。所以，对于保险公司的产品开发的需求越来越多，考验越来越大。

传统的产品开发立足于公司，立足于产品，基本产品开发出来，公司透过销售渠道和代理人队伍把产品卖出去。新时代下，基于大数据下的产品开发与传统的产品开发不同，对产品开发的参考因素、精算假设条件、开发的时间周期都提出了很多考验。基于大数据下的产品开发则有几个特点：定制性、分类性、融合性、时效性。定制性是基于对公司外部大数据的挖掘整理，针对不同年龄、性别、爱好、交费能力有差别的人群开发不同的产品。分类性是指保险公司在开发健康险产品的时候，结合大数据情况，对与热销产品采用分类开发形式。融合性主要指在开发新型健康保险产品的时候，重视一揽子保障计划的提供。客户关注的不仅仅是自己的保险产品，还关注家庭成员的保险需求，同时希望能在一家保险公司同时解决寿险、养老险、车辆保险、家庭财产保险甚至雇主责任保险等保险需求。因此，保险开发中的融合性非常关键，最好是一个公司、一个销售渠道、一个业务员能同时满足客户上述的需求，将客户的需求迅速整合成一体。时效性则是指在全民互联、信息高度互联网化、保险产品同质性越来越强的环境下，客户的选择往往是多方面、多渠道的，这时候要求保险公司的产品开发，特别是定制型产品的开发需要高时效。如果不能及时满足客户的个性化产品需求，客户可能会转往其他保险公司购买类似产品。时效性产品开发的通常是社会热点事件引发公众保险需求。如 2008 年汶川地震后，社会公众对于房屋等家财险、个人人身意外险的需求高涨，许多公司迅速推出相关产品占领市场。这就要求保险公司在开发健康险之前，对全民健康需求和健康观念的高度关注。

（二）健康保险产品营销

网络不发达时期，保险产品的宣传手段主要是通过人与人之间的面对面沟通，以及通过传统媒体如报纸、电视、广告牌等。面对面沟通存在波及面窄、宣传周期长的缺点；而传统媒体而言，每个用户看到的宣传内容都是一样的，若该用户没有相关需求，或者对于宣传的理解无法满足自己的预期，则宣传就没有产生效果。随着大数据及网络的发展和进步，营销方面产生很多与数据洞察相关的挖掘，通过一种可测量的技术来判断目标客户，对其进行有针对性的营销，为企业节约了投放资本。

大数据时代的保险产品营销，不再是用同一种营销手段针对所有人，而是透过对大数据的发掘结合互联网技术，对不同年龄、不同性别、不同购买力、不同教育背景、不同财务背景状态下的群体进行细分宣传和推广。保险行业透过对大数据的精准分析来寻找有保险需求的目标客户并精准预测在健康方面用户的潜在需求，根据客户的需求推动相关保险产品信息，将无目的的营销变成有针对性的销售，极大地提高了产品的销售效率，也规避了营销过程中部分客户抵触和反感。

（三）健康保险客户服务

客户是保险公司发展的根本，客户的数量和质量决定公司的未来。传统形态下的客户服务，是立足于保险公司自身资源、效率的共性服务，不同客户之间享受到的客户服务基本上是差不多的。透过大数据分析，结合客户从事的年龄、性别、职业类别、行为习惯、个人爱好、消费偏好、家庭结构、教育背景、居住地点、人生需求等因素，借助大数据对客户进行精确分类，推断不同健康需求，对分类后的客户提供差异化、个性化的健康产品服务，从而提升客户的体验度和满意度。

保险公司可结合自身的大数据基础对客户进行分级服务，并进行不断研发和体系化运作，针对不同客户搭建一套客户健康管理服务链，从预防保健、医疗干预、就医援助、康复养老四个方面对客户进行全方位客户服务。预防保健主要是从给客户提供不同层次的体检入手，针对客户在公司的等级，来提供一般体检、高端体检、国内顶级医院体检预约、肿瘤筛查、基因检测、健康养生讲座等项目。健康干预是分层及提供全国24小时电话医生服务、针对行动不便或者有特殊需求的客户给予国内知名医院中医、西医专家上门就诊前服务。就医援助则包括专家门诊预约、协助住院安排、协助手术安排、国内第二诊疗意见服务、海外就医安排、国内国外SOS紧急救援服务等。目前，部分保险已经提供了知名医院的专家门诊预约及特需门诊预约服务，服务区域涵盖北京、上海、广州等拥有最丰富医疗资源的重点城市的百余家知名医疗机构，服务网络丰富，形成了高水平的医疗网络和快速响应的服务平台。

大数据的深入开发给保险公司深入细致了解客户健康需求建立了很好的途径。保险公司通过对大数据的深入开发和使用，逐步实现对客户共性需求的收集和整理、对客户个性化需求的满足和提供、对客户满意度的追踪和反馈。结合大数据的保险服务方式全面革新了传统客户服务方式和手段，结合保险产品的自身特点，结合客户的需求，结合保险公司的优势，保险公司能够及时有效地针对不同客户提供个性化的服务，使得客户与保险公司之间的交流互动更加频繁、更加融洽，从根本上提升了对客户的服务水平，提高了客户和保险公司之间的亲密度（见图 13. 2 及图 13. 3）。

1.制药企业/生命科学
2.临床决策支持&其他临床应用（包括诊断相关的影像信息）
3.费用报销、利用率和欺诈监管
4.患者行为/社交网络

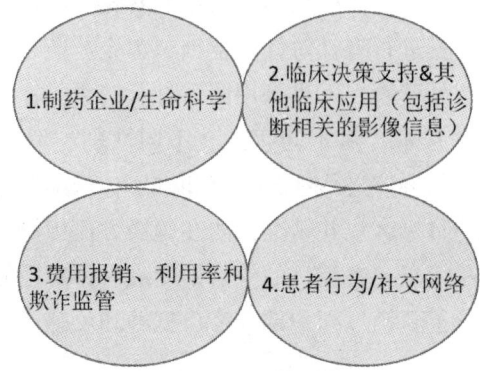

图 13. 2 大数据在健康保险信息管理中应用分类

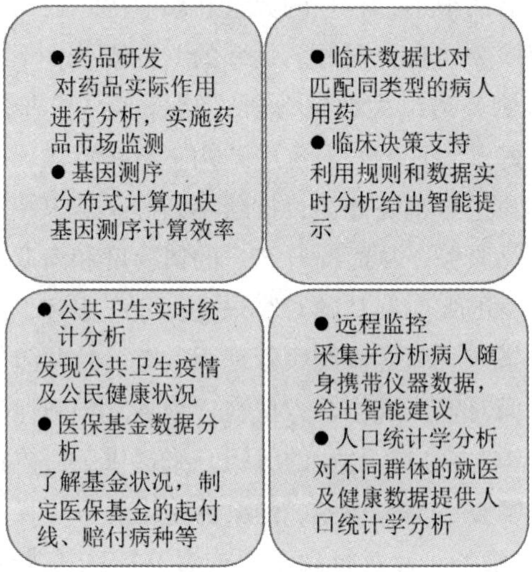

● 药品研发
对药品实际作用进行分析，实施药品市场监测
● 基因测序
分布式计算加快基因测序计算效率
● 临床数据比对
匹配同类型的病人用药
● 临床决策支持
利用规则和数据实时分析给出智能提示
● 公共卫生实时统计分析
发现公共卫生疫情及公民健康状况
● 医保基金数据分析
了解基金状况，制定医保基金的起付线、赔付病种等
● 远程监控
采集并分析病人随身携带仪器数据，给出智能建议
● 人口统计学分析
对不同群体的就医及健康数据提供人口统计学分析

图 13. 3 大数据在健康保险信息管理中的应用模式

三、技术架构

（一）展现层

负责对用户提供医疗健康信息以及分析与挖掘信息服务，支持四大类用户，包括：社会公众、医务工作者、卫生主管部门和第三方机构。通过本平台，既可以获得医疗健康数据服务结果展示，也可以获得医疗健康数据分析与挖掘服务结果展示。本

平台对外提供 Web 页面接入方式或移动通讯终端（Android、iOS）接入方式。

（二）服务层

服务层是平台建设过程中能够提供的所有应用相关服务。应用服务大致可分为业务应用类服务、数据资源类服务、工具软件类服务和其他类服务。业务应用类服务主要面向不同的用户提供解决具体业务功能需要，包括公众服务、医院诊疗服务、综合卫生服务、大数据分析服务等；数据类服务按业务所划分的各类数据服务。工具软件类服务主要提供给数据的维护和采集、清洗、整合、分析、统计等。

（三）资源层

资源层负责医疗健康大数据和数据分析与挖掘相关应用资源的一体化存储和管理。资源层又可分为三层：虚拟化业务管理平台、虚拟化数据管理平台和物理资源层（见图13.4）。

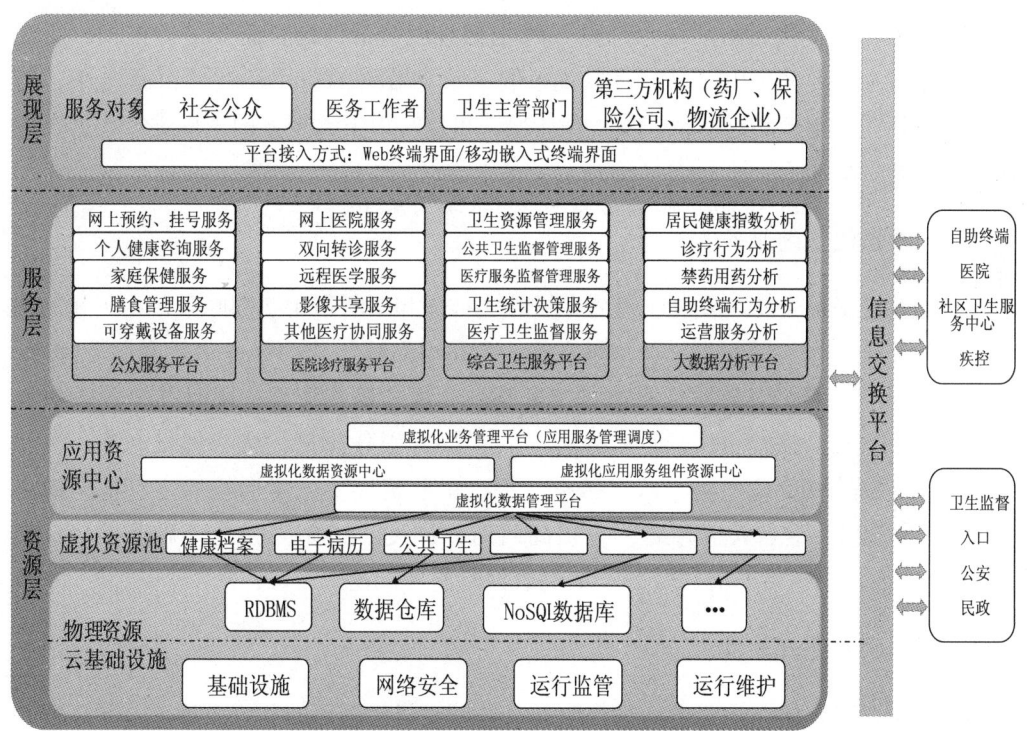

图13.4 医疗健康大数据服务平台总体架构

虚拟化业务管理平台负责对所有的应用服务相关资源进行管理和调度。根据功能，又可以划分为：虚拟化数据资源中心和虚拟化应用服务组件资源中心。其中：数据资源中心针对不同的需求，对不同业务部门不同结构数据进行分析、抽取、加工，形成面向主题的综合数据，为组织内各个层面的人员提供高效的、用于宏观决策的各种信息。应用服务组件资源中心通过提供数据挖掘等服务，使卫生行业管理者们能够利用各种历史数据和现在的数据进行各种复杂分析、预测和辅助决策。

物理资源层提供各种数据资源、应用资源的实际存储，包括：医疗健康相关的所有数据、建设的数据资源中心和应用服务资源中的所有资源。本层将提供关系数据库系统、非关系数据库、数据仓库等多种类型的数据管理系统。

虚拟化数据管理平台采用虚拟化技术对所有物理资源进行封装，为上层提供各种虚拟化资源。内部，虚拟化数据管理平台通过异构式数据集成与管理、虚拟化资源调度、数据划分、负载均衡、实时备份监控、故障恢复等多种手段保证整个平台的高性能、高可用性、高可扩展性。

四、大数据健康保险发展路径

大数据作为一种资源，在"沉睡"时是很难创造价值的，需要进行挖掘。反观现有健康险业务及其衍生产品，可以说，健康险大数据的应用还在"沉睡"中，特别是其可衍生保险产品仍有待开发。现阶段，可以从以下五个方面来推进大数据在健康保险行业的应用：

（一）强化基础服务

健康险业务的可持续发展，首先在于扎实推进和不断强化基础服务，在实际工作中，要始终把"政府得声誉、群众得实惠、公司得品牌"作为经营宗旨和服务理念，从"首问负责、严格考核"入手改进服务态度，从"简化流程、限时办结"入手提高服务效率，从"医疗审核、数据分析"入手提升服务质量，从"提供方案、参与决策"入手提高核心竞争力，从"数据挖掘、个性疏导"入手向政府主管部门提出"健康行为干预、重点人群预防"来提高政府认同度等措施来强化基础服务，打造"政府满意、部门认可、群众赞誉"的健康保险服务产业。

（二）研发配套软件

在国家鼓励保险公司经营大病保险、经办城乡居民医保的利好政策下，要正视各保险主体把大病保险作为业务增长点、把经办城乡居民医保作为占据未来市场空间战略的事实，从全省系统乃至全国系统一盘棋的战略眼光出发，在较短时间内收集汇总现有系统内和系统外医保信息系统、新农合信息系统，或是已经投入使用的智能审核系统的优缺点，集中兵力研发集"即时结报、医疗审核、数据分析"为一体的软件系统，并可实现与医保系统、新农合系统甚至是医疗机构的对接，达到该系统在业务实用性上超载竞争对手，在可衍生保险产品上可即时提取数据的优点，以实现为助推公司业务发展服务的关键一步——数据的即时提取与利用。

（三）培育专业人才

健康险业务的发展离不开医疗卫生专业知识的支撑；而大数据则是一种虚拟化的数字及其运算逻辑，需要高端的计算机知识，更需要综合掌握数学、统计学、信息工程等相关学科知识。目前，保险公司在健康险及其大数据人才储备方面远远不能满足业务发展的需要，尤其是缺乏既熟悉医疗卫生行业业务需求，又熟练掌握并应用大数据技术与管理的综合型人才。因此，可借助"企校联动"方式，选准苗子，定向培养集"医疗+保险""医疗+数据""数据+保险"或"医疗+保险+数据"为一体的适用型人才，未雨绸缪，在专业人才建设上抢占先机，而不是停留于"挖人""抢人"或"聘用退休专家"等被动的方式上。

（四）开发税优产品

健康险商业保险模式是基础医疗保障的延伸。借助健康险大数据，通过费用分析、层次分析、结构分析、行为分析等，可全面了解现有各地区的疾病谱分布情况、群众自费较高的病种、疾病与年龄及所在地区的关系、各地区的经济与消费水平、社会老龄化的程度等，从而借助大数据平台来开发衍生产品，助推保险公司业务发展。基于此，除了目前已开展的企业补充医疗保险、新农合补充意外保险外，保险公司还可以有针对性地开展重疾保险、护理保险、养老保险、手术意外险等税优健康险种，也可对险种进行组合销售，如"新农合补充意外+手术意外+可报销项目（补偿比例外）"等，公司业务的发展有着较为广阔的空间。

（五）数据便捷营销

在利用大数据精准开发健康险衍生产品的同时，仍需紧跟信息时代步伐，打破传统出单销售模式，开发互联网销售平台，率先实现客户可在网上投保涉医险种的第一步。要贴近群众生活方式，强化微信营销或手机APP营销理念，借助健康险业务平台，加强与医疗机构之间的深度合作，力争开发保险公司营销健康险衍生产品的APP平台或将保险公司涉医险植入各级各类医疗机构APP平台，实现"医疗"与"保险"的双赢。加强与市场上运作较为成熟的健康咨询公司的深度合作，充分利用健康信息"大数据"，实现健康咨询服务与"大数据"的融合，主动挖掘健康咨询服务与医疗保险服务的可合作空间。借力医院分级诊疗制度的深入实施和开展的有利时机，抢占先机，全方位开拓并由城市向农村延伸，占领"慢病+分级+护理+养老+失能"多维险种的市场空间。

总之，在国家大力支持商业健康险发展政策频现的当前，作为深化医药卫生体制改革、发展健康服务业、促进经济提质增效升级的"生力军"，商业健康保险发展已势如破竹。随着互联网和大数据时代的到来，特别是在"数字人生"和"数字医疗"的大背景下，健康险的基础环境必将发生根本性变化。因此，在机遇和挑战面前，"重构数据增强险企创新核心竞争力""依靠大数据运行提高效率和服务水平"，应成为保险公司的共识，并通过大数据分析的挖掘来指导保险业务发展和经营决策。

五、大数据应用的未来展望

在我国保险业的转型过程中，关键要解决发展模式和盈利模式问题，特别是通过新技术创新应用的商业模式创新去解决。就健康保险而言，新技术之一就是大数据。大数据作为一种战略资源，势必会为各行各业带来技术革新。科技水平的进步不断推动着大数据提取技术的进步，保险公司对大数据的开发力度和应用空间也将会越来越广阔。"健康大数据+保险"是相对可靠的盈利模式。传统观念里，保险是整个医疗行业、健康行业的最末端，人生病了再让保险公司付费。在行业的最下游，保险业开始介入大数据领域，主要通过大数据设计保险产品、提供决策依据。此外，通过构建基于物联网和大数据技术的"社区医疗和健康服务中心"，实现对社区成员医疗和健康服务的三大功能。一是提供电子健康档案服务，通过建立实时监控系统，能够动态评价社区成员的健康状况，提出医疗和健康管理建议，并监控和评价实施情况。二是提供前端检查和远程诊疗服务，社区医疗和健康服务中心可以通过相对专业设备的配置，为社区成员提供各类专业的检查，并与医院远程诊疗中心对接，为社区成员提供远程专家会诊服务。三是提供对慢性病以及各类特殊需求社区成员的动态监控、健康管理和紧急救助。我国慢性病的特点是缺乏早期筛查和发现机制，缺乏个性化治疗和动态评价，缺乏有效的健康指导和管理等，而社区医疗和健康服务中心依托物联网，能够很好地承担起这个任务。

未来，保险业务将借助资本和大数据技术部进入更多领域，通过前端的健康管理、医疗服务的各种接口接入，从行业下游转到上游，从保险控费发展到健康管理服务，将产生一连串的效应，为健康保险业带来更广阔的发展前景。

（一）提升保险精算水平

长期以来保险公司精算数据更多依赖于行业基于承保的风险数据和理赔的损失数据。保险公司精算人员，通过对这些数据建立起风险保费的数据库，并根据数据库的规律进行产品的精算分析和产品定价。而这种类型的精算是经过对一定数量样本的分析获得的，有时候并不能完全或者直观反映出样本的实际特征。如今结合对保险大数据的深入研究，保险行业可以集合整个行业的风险数据和承保大数据，从样本的数量上和广度上较以往数据有较大提高，结合这些行业数据进行大数据整理，得到更准确的精算依据，提升保险公司产品精算水平的精度。

（二）提升保险理赔效率

以身份证为唯一编号的医疗信息若全国联网后，保险公司大数据通过与医疗机构大数据进行实时互联，对于有疾病保险并且在指定医院住院的客户可以透过网络实现快速理赔，客户在出院的时候只需要交纳非保险报销以外的费用即可出院，极大方便了客户，也极大地提升了客户的满意度。对于客户异地出险住院的情况，保险公司可以透过实时医院和保险互联系统，第一时间发现客户住院，并派就近机构的服务人员在第一时间进行住院探视，提升客户满意度，从而提高公司的服务水平。对于客户发生的疾病或意外住院，也不需要理赔人员到医院调取病历，而是在客户就医结束后透过双方的信息互联通道获得该客户的就诊情况和病例信息，从根本上大大提高了理赔效率。

（三）大数据助力新医改

精准医学时代被称为是医学史上第三次革命的创新变革，也为医学诊疗模式带来了新的挑战。对于中国而言，医疗服务需求缺口尤为巨大，供需严重失衡，如何适应这一革命性的趋势，并迅速建立新的诊疗模式，对国家的发展和国民健康至关重要。然而，无论是精准的诊断还是精确的治疗，技术、政策、保险等多环节都有待突破，需要相应的法律法规适配。

展望未来，虽然大数据分析在健康保险领域的广泛深入应用还面临诸多挑战，但随着健康保险经营的进一步专业化、市场化，其对于数据挖掘为基础的精细化管理的需求日渐突出。在这一紧密关系社会民生的庞大费用的领域，大数据分析的挖掘能力将是行业竞争力的体现，具有毋庸置疑的广阔发展前景。

第三节 "健康中国"战略与保险业

2016年8月26日，中共中央政治局审议通过规划《"健康中国2030"规划纲要》。习近平总书记强调，《"健康中国2030"规划纲要》是今后15年推进健康中国建设的行动纲领，以提高人民健康水平为核心，以体制机制改革创新为动力，以普及健康生活、优化健康服务、完善健康保障、建设健康环境、发展健康产业为重点，把健康融入所有政策，全方位、全周期保障人民健康，大幅提高健康水平，显著改善健康公平。

而在此前，我国已经开始实行了"健康中国2020"战略，作为卫生系统贯彻落实全面建设小康社会新要求的重要举措之一，这一战略旨在促进公共服务均等化，以提高人民群众健康为目标，以解决危害城乡居民健康的主要问题为重点，坚持预防为主、中西医并重、防治结合的原则，采用适宜技术，以政府为主导，动员全社会参与，切实加强对影响国民健康的重大和长远卫生问题的有效干预，确保到2020年实现人人享有基本医疗卫生服务的重大战略目标。到2020年，建立覆盖城乡居民的中国特色基本医疗卫生制度，健康素养水平持续提高，健康服务体系完善高效，人人享有基本医疗卫生服务和基本体育健身服务，基本形成内涵丰富、结构合理的健康产业体系，主要健康指标居于中高收入国家前列。

"健康中国2030"战略分两阶段设立了战略目标。首先是到2020年，建立覆盖城乡居民的中国特色基本医疗卫生制度，健康素养水平持续提高，健康服务体系完善高效，人人享有基本医疗卫生服务和基本体育健身服务，基本形成内涵丰富、结构合理的健康产业体系，主要健康指标居于中高收入国家前列。第二是在2030年以前，促进全民健康的制度体系更加完善，健康领域发展更加协调，健康生活方式得到普及，健康服务质量和健康保障水平不断提高，健康产业繁荣发展，基本实现健康公平，主要健康指标进入高收入国家行列。最后是要求在2050年以前，我国要成为与社会主义现代化国家相适应的健康国家。

"没有全民健康，就没有全面小康。"对于全民健康这一优先发展的战略工程，顶层设计已完成。"十三五"规划首次将健康中国上升至国家战略层面，成为"保障基本民生、实现全体人民共同迈入全面小康社会"的基本标志和重要根基。在全国卫生与健康大会上，习近平总书记再次提出"健康中国"战略并作重要指示："要把人民健康放在优先发展的战略地位，加快推进健康中国建设，努力全方位、全周期保障人民健康。"按照《"健康中国2030"规划纲要》要求，保险业在未来十余年要致力于完善全民医保体系、积极发展商业健康险，并为实现多元化办医格局贡献行业力量，任重且道远。因此，加快发展商业健康保险不仅是人民健康福祉的守护伞，也是保险核心保障功能的重要体现。

一、保险业践行"健康中国"战略职责

（一）完善全面医保体系

完善全面医保体系，并使多层次医疗保障体系间能够无缝衔接，是保险业在

《"健康中国2030"规划纲要》中最基础也最重要的使命之一。该纲要提出，要健全以基本医疗保障为主体、其他多种形式补充保险和商业健康保险为补充的多层次医疗保障体系。整合城乡居民基本医保制度和经办管理。进一步健全重特大疾病医疗保障机制，加强基本医保、城乡居民大病保险、商业健康保险与医疗救助等的有效衔接。在实际应用过程中，患者，尤其是大病患者最关心两件事：一是看病能报多少钱；二是基本医保与大病保险在异地是否能够同时结算。因此，我国旨在建立多层次医疗保障体系能够顺利推进的关键，是体系之间能否顺利衔接，使百姓便捷地享受到医疗保障。

原中国保监会数据显示，2016年，保险业承办的大病保险项目中有414个项目实现了"一站式结算"，80个项目实现了异地结算，大病患者享受到了快速便捷的结算服务。在大病保险的成功示范下，各地陆续出现了"基本医保+大病保险""基本医保+大病保险+社会救助"等做法。未来，保险经办工作要能够涵盖基本医保、大病保险及低保和优抚对象救助、工伤补充保险等，实现与人社、卫生、民政等现有保障体系的无缝对接，充分发挥保障的协同效应，使大病患者能够享受远程诊疗、家庭医生等额外增值服务。

（二）着力发展商业健康保险

现阶段，积极对接全民医保体系、重点开发与基本医保相衔接、保障自付医疗费用的各类补充医疗保险产品、发挥医疗费用分担的作用、降低参保群众经济负担已经成为商业健康保险服务应有之义。此外，健康保险的服务链条长，涉及社会保障、医疗卫生、保健养生等多个领域，跨行业的特性决定了其在健康服务产业链中的独特作用，要打造覆盖全生命周期，涵盖医疗、疾病、护理、失能、意外等需求的健康保障计划，为不同人群构建起全方位的健康风险屏障。

《"健康中国2030"规划纲要》特别提出，在商业保险领域要积极发展商业健康保险。落实税收等优惠政策，鼓励企业、个人参加商业健康保险及多种形式的补充保险。丰富健康保险产品，鼓励开发与健康管理服务相关的健康保险产品。促进商业保险公司与医疗、体检、护理等机构合作，发展健康管理组织等新型组织形式。商业健康险是全面医保体系中必不可少的一环。近年来，健康险业务一直保持高速增长，但实际上，普通百姓对这一险种还比较陌生。根据当前状况来看，健康险虽能切实分担患者负担，但要达到"到2030年，现代商业健康保险服务业进一步发展，商业健康保险赔付支出占卫生总费用比重显著提高"的要求，还应找准自身定位，在提升风险管理基础能力上下功夫，积极介入医疗健康服务领域，建立健全健康产业链，借助国际市场的成熟经验和管理技术，完善养老养生与医疗健康的产业布局和健康保险专业化经营管理体系，提供各种类型的健康保险和健康管理业务，走一条"整合与借势"的发展路径。

(三) 优化多元办医格局

在《"健康中国2030"规划纲要》中，保险业还承担了另一项任务，即优化多元办医格局。该纲要提出，加大政府购买服务的力度，支持保险业投资、设立医疗机构，推动非公立医疗机构向高水平、规模化方向发展，鼓励发展专业性医院管理集团。在投资、设立医疗结构上，保险业已经在进行探索。2016年已经有保险公司收购了某医院投资管理有限公司80%的股份。在业内人士看来，保险公司成为医院的主要投资者，已经成为一种趋势。除盈利外，医院给保险公司带来业务整合效应——通过设立医院，公司有机会将客户服务、保险理赔、健康管理、医疗服务、养老社区营销等业务实现整合，创造新的商业价值。

事实上，险企办医，由于初衷有着天然的不同，路径和结果也自然会不同。传统医疗产业是以患者本人为主要支付主体的模式，而将商业医疗保险引入支付体系，则给产业闭环的形成带来可能。由于既是"收费方"又是"付费方"，险企出于对成本控制的要求，对医院处方监督和患者健康管理有着自发动力，更有帮助患者进行健康管理的天然诉求。技术的不断创新和成熟、政策的层层加码，加上大量资金流入，健康行业趋势大好，面对庞大的市场，积极加码健康市场无疑将成为保险机构的普遍选择，也逐渐成为保险企业在践行"健康中国"战略过程中的必由之路。

(四) 发展多种形式补充保险

《"健康中国2030"规划纲要》在完善健康保障一篇同样提出，要积极发展商业健康保险，落实税收等优惠政策，鼓励企业、个人参加商业健康保险及多种形式的补充保险。到2030年，现代商业健康保险服务业进一步发展，商业健康保险赔付支出占卫生总费用比重显著提高。2016年10月25日，国家卫计委领导表示，我国通过职工医疗保险、新农合、城镇居民医疗保险，建立了一张覆盖全国96.5%的医疗保障网。但我国保障总体水平仍然不高。

在广受关注的多元办医方面，该纲要在发展健康产业部分提出，要优化多元办医格局，进一步优化政策环境，优先支持社会力量举办非营利性医疗机构，推进和实现非营利性民营医院与公立医院同等待遇。更值得注意的是，该纲要提出鼓励医师利用业余时间、退休医师到基层医疗卫生机构执业或开设工作室，个体诊所设置不受规划布局限制。医疗、保险等相关行业已经开始对该政策进行执行和贯彻。

二、"健康中国"背景下保险业发展措施

相关人士认为，在战略及政策的影响下，中国大健康产业预计2020年达8万亿

元规模，健康险市场将进入全面增长，而基本医疗保险制度本身存在的缺陷，将为商业健康险创造巨大空间。预计到 2020 年，我国商业健康保险保费有望达到 5 000 亿元到 7 000 亿元，成为与财险、寿险并列的三大业务板块，年均复合增长率 22%。在"健康中国 2030"的建设过程中，保险业将发挥重大作用。

第一，健康中国主要建设主要指标当中有人均寿命的增长这一项。而我国人均寿命的延长，会给人身险领域带来较大改变。最主要是人身险的定价基础会改变，生命表需要相应调整。从理论上来讲，寿命的延长对以身故为给付条件的寿险产品来说，意味着赔付时间的延后；但对于养老险产品来说，则意味着给付时限的延长。

第二，我国目前人均预期寿命和健康寿命有差距，慢性病呈现"井喷"态势。我国成年人中，每 10 个人中就有 1 人患有糖尿病、每 4 个人中有 1 人患有高血压，不少人带病生存、生活质量不高。慢性病保险刚刚开始，糖尿病、高血压、肾病和肝病等常见慢性病的保险产品亟待开发，以适应未来的市场需求。这些产品的推出，不仅在于为患者提供经济补偿，更重要的是加强疾病预防，从健康生活切入，帮助人们掌握科学的健康知识，养成良好的生活习惯。

第三，在"促进健康老龄化"一节中，该纲要指出："推动居家老人长期照护服务发展，全面建立经济困难的高龄、失能老人补贴制度，建立多层次长期护理保障制度。"一般来说，老年风险主要有三种，即收入风险、疾病风险和失能风险，这三种风险需要养老保险、医疗保险和长期护理保险三种不同机制予以化解。人均寿命的增长和重大慢性病过早死亡率降低、慢性病的增长态势，会导致人们对长期护理保险和老年护理险需求的提升。保险公司应积极开发相关产品，以适应市场需求。目前，已有多家保险公司试点长期护理保险。该纲要鼓励社会力量兴办医养结合机构。这也是商业保险公司的业务之一。比如泰康人寿把"医养结合"制定为其一项发展战略。

第四，从健康生活入手，帮助人们掌握科学的健康知识和技能、养成良好的生活习惯，这是对疾病挑战最直接、最积极主动的应对。此外，要求推进健康医疗大数据应用，实现公共卫生、计划生育、医疗服务、医疗保障、药品供应、综合管理等应用信息系统数据采集、集成共享和业务协同；支持发展第三方医疗服务评价、健康管理服务评价以及健康市场调查和咨询服务。参与健康管理的产业链，是未来保险公司发展健康保险必须做到的。结合医疗大数据和第三方服务的应用建立起健康保险信息管理系统，正是保险企业进入健康管理产业链的优势所在。

（一）探索经办模式　提升服务水平

随着大病保险试点工作的快速推进，大病保险示范效应已初步显现，越来越多的保险公司积极参与大病保险经办业务，推动了商业保险承办基本医保相关业务的发展，陆续出现了多种"基本医保 + 大病保险""基本医保 + 大病保险 + 意外保险 + 护理保险"等政企合作新模式。部分地方政府还借鉴国外经验,联手保险公司在符合条件的社区试点家庭医生诊所服务,为分级诊疗、医药分离探索新路径,被原中国保监会称为大病保险试点模式的新突破。

数据显示,截至2015年年底,共有16家保险公司在全国31个省份开办城乡居民大病保险业务,覆盖城乡居民9.2亿人,加上基本医保经办机构承保大概1.3亿人,大病保险在全国已实现全覆盖,有345万大病患者直接受益,全国大病医疗费用实际报销水平普遍提高了10~15个百分点。通过大病保险,部分案例中大病保险的实际报销比例超过了50%,全国最高的大病保险赔案实际赔付到了111.6万元。

实际上,"提升大病保险服务水平",已成为保险监管开展服务民生工程的重要抓手。按照要求,保险行业要把握大病保险的正确定位、提升大病保险的统筹层级、强化大病保险的政策设计、建立大病保险的调节机制、打通大病保险的系统对接、坚持大病保险的独立核算,逐步建立起比较完善的大病保险制度。

(二) 增强承办能力　助推精准扶贫

近年来,保险业把发展大病保险作为行业发展主攻方向,着力解决因病致贫、因病返贫问题,保险机构承办能力日益增强,一些地方实现了"一站式"和异地就医即时结算,提高了大病保险结算效率,使得大病患者享受到快速便捷的结算服务。2015年,湖北省通山县的一位农村小姑娘不幸得了白血病,接受了骨髓移植治疗共花费100多万元,基本医保在给她报销10万元后,大病保险又报销了69万元,报销额度从原来的10%提高到70%。此外,保险机构还不断完善贫困地区保险服务体系,支持保险机构在农村和贫困地区设立服务网点,提高贫困人口保险服务的可及性。

保险公司可采用多种方式,向参合农民广泛宣传,组织工作人员到出行不便的患者家中走访,或联系患者所在村委会或村卫生室寻找尚未办理大病保险补偿的大病患者,现场收集资料,主动办理补偿等手续,做到尽力寻找极小部分"失联患者",坚决做到"应保尽保,不落一人"。

(三) 优化保险供给　推动产品升级

作为大病保险之外的重要补充,加快发展商业健康保险,能够实现由基本医保、大病保险、医疗救助、商业健康保险等有机衔接的医疗保障体系,有效增加医疗保障供给,降低老百姓看病个人承担费用比例,切实减轻人民群众医疗费用负担。为此,保险业积极推动保险产品和服务升级,着力优化保险供给,充分发挥保险的社会稳定器作用。

2016年8月,原中国保监会公布了第三批获准经营个人税收优惠型健康保险业务的4家保险公司。至此,已有三批共16家保险公司获准经营税优健康险产品。目前,已有多家获准经营险企陆续推出税优健康险产品,主要定位用于补偿基本医保、补充医疗保险补偿后自负的医疗费用的个人商业健康险。

保险公司可围绕"生、老、病、死、残"五大人身风险,构建包括养老、健康、医疗、意外、寿险五大主要产品体系。在不断创新研发的基础上,建立个人医疗险方面的特色产品体系:一是选择灵活,全面涵盖费用补偿型和津贴型、门诊保障和住院保障、社保目录内医疗费用和目录外医疗费用保障、政策性和纯商业性各类产品,客户根据自身的需求自由选择投保。二是保障全面,可以为客户就医过程中发生的药品费用、诊疗费用、材料费用、床位费用等提供全面补偿;涵盖住院津贴、重症监护津贴和手术津贴。可以满足不同客户的多层次、多样化需求。三是性价比高,采用利益倾向客户的定价方式,客户用较少的花费就可以获取足额的医疗保障。四是创新点多,通过技术创新带动产品责任创新,通过市场需求细分提供专门针对性保障,通过服务创新优化客户承保、理赔体验。

三、"健康中国"战略中电子健康档案建设研究

(一)电子健康档案与"健康中国"战略

1. 电子健康档案概述

电子健康档案,又称电子健康记录,是电子化的健康档案。我国2009年发布的《健康档案基本架构与数据标准》和《基于健康档案的区域卫生信息平台建设指南(试行)》中将健康档案分别定义如下:"电子健康档案是居民健康管理(疾病预防、健康保护、健康促进等)过程的规范、科学记录,以居民个人健康为核心,贯穿整个生命过程,涵盖各种健康相关因素,实现多渠道信息动态收集,满足居民自我保健和健康管理、健康决策需要的信息资源";"电子健康档案是以计算机可处理形式存在的,有关个人全生命周期健康状态和医疗保健行为的信息资源库,并且能够安全的传输,各级授权用户均可对其进行访问"。简单地说,电子健康档案就是有关人健康相关活动的全部电子化记录。

电子健康档案是居民健康管理过程的规范化、科学化记录,它贯穿于居民整个生命过程,涵盖各种健康相关因素,能够满足居民自我保健和健康管理、健康决策需要。针对电子健康档案的发展,我国在实施标准、示范性建设等方面做了很多努力并取得一定成绩。2010年卫生部制定的《健康档案基本框架与标准》中,数据元字典、卫生服务信息基本数据元集标准、基本卫生服务记录表单参考用表都已经应用于电子健康档案的开发研究当中。

电子健康档案的系统架构是一个三维的逻辑构架,它的三个纬度分别代表人的健

康，分为生命阶段、健康和疾病问题，以及卫生服务活动（或干预措施），其中以人的健康为中心。这个架构可以全面、有效、多视角地描述健康档案的组成结构，并体现这些复杂信息间的内在联系。在这个三维架构中，第一纬是生命阶段；第二纬是健康和疾病问题；第三纬是卫生服务活动（或干预措施）。通过对这三纬的海量信息进行科学的分类和整理，电子健康档案可以将一个人一生中所经历的健康和疾病问题、诊疗记录以及其他相关的信息有机关联起来，使之系统化、条理化和结构化。健康档案信息量大、来源广并且具有时效性，它是在医疗卫生机构的日常服务工作中伴随而生的，由于人的主要健康和疾病问题一般是在接受相关卫生服务（如预防、保健、医疗、康复等）过程中被发现和被记录，所以健康档案的信息内容主要来源于各类卫生服务记录。

在《健康档案基本架构与数据标准》中，与健康档案内容相关的卫生服务记录表单主要有：基本信息、儿童保健、妇女保健、疾病控制、疾病管理和医疗服务六个部分。由此可见，电子健康档案主要内容是根据以上这些卫生服务记录对三维架构进行具体充实和丰富的基本内容。具体来说，电子健康档案的主要内容主要由个人基本信息、主要疾病和健康问题摘要和主要卫生服务记录组成，其中个人基本信息包括人口学信息、社会经济学信息、亲属信息、社会保障信息、基本健康信息和建档信息；主要疾病和健康问题摘要包括既往疾病史、过敏史、免疫接种史、生育史；主要健康指标健康危险因素、特殊疾病情况；主要卫生服务记录包括儿童保健信息、妇女保健信息、疾病预防信息、疾病管理信息和医疗服务信息。

2. "健康中国2020"战略

"健康中国2020"战略是卫生部在"2008年全国卫生工作会议"上正式提出的。这个战略的实施基于国内国际两方面的背景。国内背景主要体现在三个方面。第一个方面是构建和谐社会的要求。和谐社会要求必须坚持"以人为本"，始终将最广大人民群众的根本利益放在首位，维护和促进人民健康是"以人为本"思想与建设和谐社会的必然要求。第二个方面是深化医药体制改革的要求。尤其是对新医改方案的深化和执行，要切实缓解居民"看病难、看病贵"的问题，改善居民健康状况。第三是对经济社会发展的要求。重大健康问题和健康危险因素的广泛存在，在影响国民健康的同时也制约着经济的发展，经济的发展前提是国民健康。国际背景主要是由于目前国际卫生发展呈现出新的趋势，这些新的趋势驱使我国实施"健康中国"的战略。新趋势之一是各国纷纷将国民健康纳入国家战略，制定国家健康发展战略，更加重视公共卫生安全和全民健康；新趋势之二是各国致力于建立健全适应本国国情的基本卫生服务制度，更加注重全覆盖和公平性；新趋势之三是各国踊跃提倡促进健康的公共政策，强调预防为主和初级卫生保健；新趋势之四是各国强调改善卫生系统效益及提高卫生服务质量与效率。

3. "健康中国2020"战略与电子健康档案的关系

电子健康档案建立的目标是为满足居民自我保健和健康管理、健康决策需要提供信息资源。"健康中国2020"战略作为《深化医药卫生体制改革意见》的细化、实化战略研究，是以改善城乡居民健康状况、提高人民健康水平、解决危害城乡居民健康的主要问题为目标的。两者在目标上具有共同点。"健康中国2020"战略依据危害的严重性、影响的广泛性，提出了针对重点人群、重大疾病与健康问题、可控健康危险因素的三类十项战略重点与优先领域。它们具体是：（1）促进生殖健康，预防出生缺陷，确保母婴安全；（2）改善工作环境，降低职业危害，促进职业人群健康；（3）改善贫困地区和贫困人群健康，缩小健康差异；（4）健全服务体系，完善保健康复，实现健康老龄化；（5）重大和新发传染病防控；（6）重大慢性病与伤害防控；（7）发展生物科技，提高遗传诊断水平；（8）多部门合作，改善生活和工作环境；（9）促进健康教育，倡导健康生活方式；（10）加强卫生服务体系和能力建设，改善服务质量。

其中，（4）（6）（9）的内容与中国居民健康档案（HER）的建设和使用息息相关。战略中的其中一个重要的行动计划就是建立国家健康信息系统，这个系统是以电子健康档案为基础的。无论从目标、内容还是工作重点，电子健康档案和"健康中国2020"之间都存在着密切的关系。

（1）电子健康档案的内容是战略行动计划的重点。电子健康档案所记录的内容是确保国民健康的基本信息，它确定人的不同生命阶段的主要健康和疾病问题及其优先领域，客观反映居民卫生服务需求、进行健康管理意愿，这些内容恰恰也是"健康中国2020"战略作出的重点行动计划内容。"健康中国2020"战略的重点行动计划分为三类（见表13.1）；而电子健康档案所记录的信息依据内容的不同可以分为五类（见图13.5）。

表13.1　　"健康中国2020"战略三类的重点行动计划

分类标准	对象	目标
针对重点人群	包括母婴、职业人群、贫困人群和老龄化人群	提高妇女儿童生命质量和健康水平、降低纸业疾病危害、最大限度缩小与贫困有关的健康问题
针对重大疾病	包括重大和新发现传染病、重大慢性病与伤害	有效遏制和降低重点或新发传染病的健康危害、遏制慢性疾病的高发病率和高死亡率
针对可控健康危险因素	包括生活方式的改善、卫生服务体系和能力建设	提高全民健康意识、健康素养和健康生活方式行为能力，控制慢性病相关危险因素流行，建立健全医疗卫生服务网络，提高医疗卫生服务能力

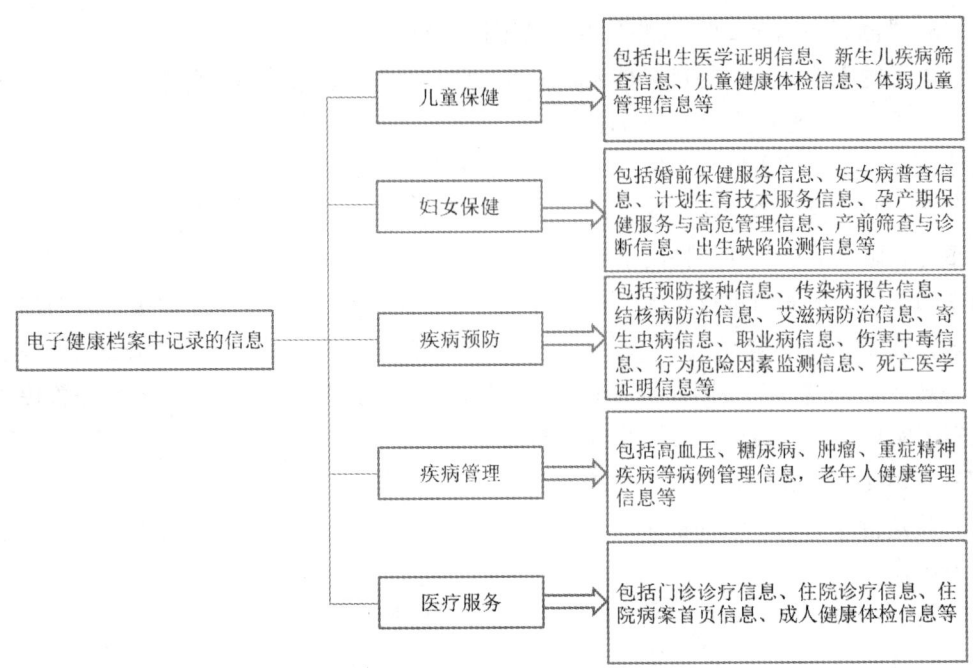

图 13.5　电子健康档案所记录的信息

（2）电子健康档案是战略实施的重要资源。"健康中国"战略的每个阶段都有具体的指标和措施，这些指标包括人均期望寿命、婴儿死亡率指标、孕产妇死亡率指标、重大传染病和重大慢性疾病控制指标和卫生服务可及性指标等等。各地卫生部门收集来的数据和信息，真实和直观地反映了这些指标是否已经达成，达成的程度如何。以居民的健康信息为中心建立的电子健康档案，之所以能够成为战略实施的信息来源，还取决于它自身的特点。首先，电子健康档案的内容完整，具有连贯性。它所记录的信息不仅包括疾病的诊疗过程，而且对机体、社会因素、个人心理等均有关注。其次，电子健康档案的信息真实准确。它所记录的信息均来自个人每一次的卫生服务活动，来自于各类卫生服务机构，并且是客观记录。再次，电子健康档案的记录是动态高效的，它的建立和更新与卫生部门的应用系统相连接，能够进行实时的数字化采集、整合、更新。最后，电子健康档案的记录能够突出重点，虽然电子健康档案对居民的诊疗活动进行实时更新，但在系统中还是会从日常卫生记录中提取与健康管理、健康决策紧密联系的重要信息。

电子健康档案自身的特点，确保了它所记录的信息内容具有客观性和有用性，卫生部门可以随时提取特定范围、特定人群的健康档案信息来分析数据，得到所需结果。对于"健康中国"战略的阶段性指标，这些信息内容正是最好的数据和信息资源。

（3）建立电子健康档案是战略实施的手段。电子健康档案是卫生部门"改善就医状况，提高健康水平"的有力手段。建立全国范围内的电子健康档案后，平时积累和分析产生的居民健康信息可以成为卫生部门作出卫生决策的依据。通过建立电子健康档案整合不同地区居民健康信息及就诊状况，从而对医疗服务费用情况、医疗服务可及性、医疗资源配置情况、医疗卫生服务质量等进行监控，以利于国家部门的生命统计、人口普查、流行病学专题调查、家庭卫生服务调查、居民健康营养状况调查等。同时，患者与健康干预互动后可以得到对应于先前健康需求的结果，这些结果继而反馈给政府设想层面，进而影响健康政策规划的发展和保持。

"健康中国 2020"战略的重点行动计划中，其中一项是国家健康信息系统行动计划。在这个行动计划明确的工作重点是建立以电子健康档案为核心的国民健康信息系统和加强区域性卫生信息平台建设。国民健康信息系统和区域性卫生信息平台都是以电子健康档案为基础和核心建立和发展的，全面有效的电子健康档案信息构成支持信息系统和信息平台的资源数据库，能够实现医疗卫生行政部门、各级医疗机构等单位之间的信息共享，发挥双向转诊、远程医疗、健康教育与咨询等服务的质量，从而更大程度地满足居民对健康的需求。

（二）电子健康档案建设价值分析

1. 居民健康管理水平的提升

健康管理是一个完整的过程，是对人或群体的健康进行全面检测、分析、评估、提供健康咨询和指导，以及对健康危险因素进行干预的过程。它的服务对象包括疾病人群、健康人群和亚健康人群，涉及疾病预防、保健、临床诊疗、康复、临终关怀等多个领域。健康管理的目的是"通过对个人健康信息的分析，进行健康及疾病危险性评估，帮助人们了解自己的健康现状和发展趋势，调动个人的保健积极性，变被动治疗为主动保健"。

"健康中国 2020"战略指出，我国目前面临多家健康影响因素，包括老龄化严重、城乡地区和人群健康差异明显、经济发展带来的新的健康危险因素等等，都影响着国民健康。国家的卫生政策和措施是改善国民健康的根本途径，但基础要从对国民进行健康管理开始。通过健康管理，可以对个人进行健康干预，从而促进个人健康，使得居民能够以适当的投入获得超值的健康回报，最终降低医疗费用，提高人们的生活质量。卫生部在《健康档案基本框架与数据标准（试行）》中提到，电子健康档案的主体是居民，核心是居民健康，目的是便于居民对自身健康进行自我认识和管理。电子健康档案记录的信息，是个人和社区卫生服务机构进行健康管理最直接的参考信息。

2. 公共卫生事业的发展

电子健康档案是卫生部门"改善就医状况，提高健康水平"的有力手段，通过建立电子健康档案整合不同地区居民健康信息及就诊状况，可以对医疗服务费用情况、医疗服务可及性、医疗资源配置情况、医疗卫生服务质量等进行监控。同时，电子健康档案的建立和利用可以将系统中长达几个月甚至几年的反馈机制缩减到几小时甚至几天。

电子健康档案的信息可对卫生行政部门的决策制订产生价值。通过建立包含区域全民诊疗信息、预防保健信息、公共卫生信息等的区域卫生信息共享平台，卫生行政部门通过网络可以随时随地查阅区域内医疗卫生行业各种最新统计数据，各级医疗机构可以利用平台采集到大量海量数据，这些数据可以成为实现对业务流程、管理流程有效的数据支持。通过统计数据，管理部门可以全面掌握所管辖区的医疗卫生服务体系、保障体系等方面的详细信息；可以对这些数据进行归并和数据挖掘分析，为管理部门提供决策支持；可以将患者临床就诊电子病历、社区健康信息、妇幼保健信息等信息统一集中整合在居民电子健康档案中。这些整合信息为管理部门提供日常监控报表、医疗费用监控、传染性疾病预警、管理决策支持等服务，进一步提升了政府部门在管理突发公共卫生事件方面的反应速度和应对能力。

此外，在基层医疗机构制定社区卫生规划的过程中，健康档案可以帮助基层医疗机构合理分配利用有限资源，最大限度地实施有效管理，为进行科学评价提供依据，主要是因为可以通过对特定时间与特定范围内人群的健康和疾病状况查询、分析，诊断确定该区域的主要卫生情况、存在的危险因素，在管理的同时还可以同时缓解基层医疗机构人员和经费不足问题。

（三）电子健康档案建设对策

1. 完善社区卫生服务制度

社区卫生服务机构对电子健康档案的管理主要是信息的收集、管理和利用。在信息收集方面，社区卫生服务机构可以通过为居民体检，掌握居民的基本信息，如年龄、职业、住所，了解居民的健康状况，并结合检查结果开展健康咨询，制定更加具体的健康管理计划和诊疗方案，并将居民每次诊疗内容、测量结果都记录在档案中，保证健康档案的及时更新，同时根据检查结果确定健康指导方案。在管理方面，要确定"专人专岗"，安排固定人员对电子健康档案进行管理，保证每次就诊记录、药物处方都要转录到个人电子健康档案当中；同时进行设备和系统的维护、信息安全的确保、访问权限的管理等。另外，还要将电子健康档案与医院 HIS 系统联机，确保居民的双向转诊切实可行。

在实际运用方面，可以根据电子健康档案的记录，对社区内慢性病、儿童、孕妇等重点对象进行重点关注，主动提供服务，完善电子健康档案的个人记录。另外，还可以设立主治医师对健康档案的分片责任制，定期由主治医师对重点患者进行回访调查，并给出健康指导和健康维护或促进方案。

在卫生资源分配过程中，应更多关注贫困地区和基层卫生服务不完善的地区。采用的具体方法有优秀医生转岗、增加硬件投入、增加培训机会等。在提高医生医疗能力方面，可以制订相关政策：一是安排省市医院的优秀医生轮流转岗，到基层医疗机构坐诊，提高医疗能力；二是鼓励医学院校的优秀毕业生到社区卫生服务机构工作，在积累临床经验的同时提高基层医疗服务能力；三是引导大中型医疗机构退休的中高级医务人员到社区卫生服务机构服务，使得老医师继续发挥价值的同时为基层卫生提供高素质人才。

政府要实地考察基层医疗机构的硬件水平，根据考察结果增加社区卫生服务机构设施设备的更新资金，尤其是与电子健康档案相关的信息技术设备。要加强对各类基层医疗机构服务人员的在职岗位培训，逐步提高基层卫生服务人员的医疗水平。尤其是通过培训使他们自觉地认识到电子健康档案对居民健康的价值性，主动在诊疗过程中使用，并且保证规范性。

2. 建立健全电子健康档案相关行业标准和法规

电子健康档案涉及的主要法律问题是个人隐私权、电子健康档案的所有权和使用权以及电子健康档案在法律方面的证据有效性。第一，完善相关法律法规首先要制定针对卫生行业的信息隐私保护法，切实保护居民的个人信息不被泄露，不被恶意利用。应推进《个人信息保护法》的出台，使得居民电子健康档案的利用有法可循，从法律角度保护居民电子健康档案的信息安全。第二，随着电子健康档案归个人所有还是医疗机构所有的争论凸显，电子健康档案的所有权和使用权也是迫切需要法律进行规定的内容。由于患者将自身的很多数据信息提供给医生和医院，在就诊结束之后，这些数据信息归谁所有，谁有权利对这些信息进行利用，如何对这些信息的流向加以规范，都是公共医疗卫生活动中的个人数据信息保护必须要考虑的问题。要明确电子健康档案的所有权属于个人即居民自身，同时医疗机构、卫生部门、医生或其他医务人员具有使用权，但使用时要注意合法使用。第三，明确电子健康档案的证据性。《中华人民共和国电子签名法》第三条和第七条承认了电子数据的法律地位，明确电子数据可以作为证据使用。但电子健康档案与法律规定中的电子数据有一定的差距，需要满足一定的前提条件，具有客观性、关联性和合法性，因此需要具体法律法规对电子健康档案的系统、软硬件、收集和保存途径进行规定，使它的证据性更有说服力。第四，还要加强配套法规建设，加强关于电子健康档案作为法律证据可行性的研究，尽快从法律上承认电子健康档案客观、真实反应诊疗过程的作用；从法律上界定电子健康档案信息的所有者、管理者和使用者，明确各主体的权利和义务；深入分析、研究，制定针对卫生领域信息隐私保护法，对健康信息在存储、修改、使用过程中的可能侵权行为给予法律规范，并对违背相关法律的行为给予惩罚。

3. 利用信息技术进行辅助

现今,作为信息行业的新兴领域的大数据和云计算等技术已经开始在医疗健康信息技术界逐步应用和拓展。电子健康档案本身具有数据量大、数据储存和访问的可靠性要求极高的特点。运用新兴技术,能够切实有效地应对这些需求,使得庞大的电子健康档案数据得以完整、持久记录和保存的同时,及时、便捷、高效地访问和利用。

可以从以下几个方面利用大数据技术对电子健康信息档案的建设与维护进行辅助:首先,进行数据管理。所有医疗机构都应该建立一个明确的数据管理计划,包括组织计划如何收集、维护、保护、鉴定数据资产。数据管理包括数据共享的原则,例如可能的共享方式,何时与谁共享。其次,实现数据集成与分析。数据集成是将内部和外部数据源的数据合并成一个单一的、以患者为中心经优化的数据结构。这些数据包括电子健康档案系统中所有数据,居民基本信息、就诊记录、治疗程序、药物处方、电子病历、病理诊断和影像结果等。数据分析是"数据的最后一个部分",经过分析的数据将具有更大的价值,研究人员可以更清楚什么样的数据最有价值,同时利用数据分析的结果改善医疗服务质量、提高医院监督管理水平、改进信息安全、预测数据的破坏和损失。

作为电子信息读取和计算领域的尖端技术,云计算也技术将推力电子健康档案的发展。一方面,现今电子健康档案的应用还缺乏统一的标准,这使得电子健康档案的信息还无法做到全平台、全地域的有效共享。从技术角度说,云计算系统替换本地化系统更加容易、有效和经济,大型云服务供应商可以有效整合目前电子健康档案数据和应用途径,同时还将寻求替代更多的用途、授权更多的顾客和系统。另一方面,云计算对于数据存储手段具有极高的安全水准,这种安全水准是一般医疗机构的数据中心和服务器机房很难达到的,可以说,云计算在数据储存层面上能够做到无懈可击,将所有的安全问题锁定在应用层面上。未来,云计算技术或许还可以让患者通过一个移动设备上的已被授权或证明的个人应用程序,进行个人的电子健康档案数据访问并为自己的医疗机构提供电子健康档案数据,与医疗机构进行互动。

第四节　风险社会下的健康保险

一、风险社会与保险业

"风险社会"的理论是由德国社会学家乌尔里奇·贝克、英国社会学家安东尼·

吉登斯等为代表人物提出的。他们认为，随着科学技术的高速发展和全球化的扩张，人类社会已经进入一个全新的"风险社会"时代。从一定意义上说，人类历史上各个时期各种社会形态都是一种风险社会，因为所有有主体意识的生命都能够意识到死亡的危险。风险是与人类共存的，但只是在近代之后随着人类成为风险的主要生产者，风险的结构和特征才发生了根本性的变化，产生了现代意义的"风险"并出现了现代意义上的"风险社会"雏形。这体现在两点：一是风险的"人为化"。随着人类活动频率的增多、活动范围的扩大，其决策和行动对自然和人类社会本身的影响力也大大增强，从而风险结构从自然风险占主导逐渐演变成人为的不确定性占主导。二是风险的"制度化"和"制度化"的风险。人类具有冒险的天性，但也有寻求安全的本能，而近代以来一系列制度的创建为这两种矛盾的取向提供了实现的环境以及规范性的框架。与市场有关的诸多制度（典型的是股票市场）为冒险行为提供了激励，而现代国家建立的各种制度则为人类的安全提供了保护。但是无论是冒险取向还是安全取向的制度，其自身带来了另外一种风险，即运转失灵的风险，从而使风险的"制度化"转变成"制度化"风险。

　　风险社会理论的主要观点是：（1）人类社会正处于从传统工业社会向风险社会转变的过程中，这一转变过程正在全球潜在地发生。"高风险性"已成为现代社会的一种典型特征。（2）现代社会风险是由于社会进步所带来的副作用与负面效应，特别是科学技术迅猛发展带来的副作用和负面效应。其根源的实质是现代政治制度和经济制度。社会制度能够应对各种风险，同时它又将不断产生新的进一步的风险。在全球化的时代里，社会风险能跨越时空的限制，一些局部的危机或突发事件往往会以前所未有的速度和规模向外扩张，从而引发全社会或全球性的灾难。因此，风险社会的存在意味着风险的全球化。（3）风险总体上是不能根除的，但对某个具体的风险是可以控制的。

　　与传统社会风险相比，现代社会风险还具有一些性征：（1）复杂性；（2）不确定性；（3）迅速扩散性和全球性；（4）人为性和社会性；（5）不可感知性，即现代风险不再是人们通过感官可以直接感受到的直接风险，而是潜在的，无法感知的，建构的风险；（6）整体性：现代风险是对人类整体的威胁；（7）建构性：现代风险既是现实的，又是非现实的，风险意识的核心不是现在，而是未来；（8）"平等"性：现代风险以一种整体的，平等的方式损害着每个人，即"贫困是等级制的，化学烟雾是平等的"。

　　当前，中国正处于从计划经济向市场经济、从传统的农业社会向现代工业社会、从乡村社会向城镇社会、从垄断社会向竞争社会、从年轻的人口结构向老龄化社会的剧烈转变之中。我们正处于国家发展的黄金机遇期，也是社会矛盾凸现期和社会风险大量聚集的时刻，社会风险的累积对社会稳定和社会秩序构成了潜在的、相当大的威胁，从而也对构建社会主义和谐社会形成了严峻挑战。当前，我国经济社会工业化、城镇化、人口老龄化，市场化和国际化进程不断加快，由此引起经济体制深刻变革、社会结构深刻变动、利益格局深刻调整、思想观念深刻变化。在发生快速而深刻变化的中国，社会风险在时间、空间和规模上都呈现出新的特点：

第一，风险总量不断增加，危害性大。社会财富的不断增多使得在面对同样规模的社会风险时，损失的总量不断增大。此外，地区和国家之间联系与依赖程度的加深也增强了风险的传递，风险产生的破坏面和破坏力度不断加大。

第二，风险结构日趋复杂。一方面，技术的发展使社会系统高度复杂化，在复杂的社会系统每一个结点上，都可能由于个体行为的偶然失误而引发"多米诺骨牌"效应，进而导致整个系统的风险，社会风险的诱因及结果都更趋复杂，对社会风险传导机制和损失程度的预测变得更加困难。另一方面，技术的发展也使得社会风险溢出效应和反馈效应更加明显。单项或某区域的风险具有溢出效应，将对其他种类或其他区域的风险产生影响。风险的外向扩散和内向反馈相互叠加，往往导致超出预测的严重后果。

第三，外部风险和内部风险相互交织。经济全球化加速了人员、物质、信息的跨区域流动。应该看到，这种跨区域的加速流动和相互依存的不断加深，一方面会导致局部的风险因素迅速扩散到更广阔的区域，社会风险的诱因更趋全球化；另一方面，社会风险所产生的后果将有更多数量的主体来承担，风险传播的范围更广、影响更深，加剧了风险传播的"蝴蝶效应"，大大增加了处理风险的难度。

保险作为风险管理的一种基本手段，随着现代风险社会的突变正在发生着改变，其功能和地位与从前大不相同，在未来也许会发生更加深刻的变化。保险也是市场化手段加强社会风险管理的载体。保险作为市场化的风险转移机制、社会互助机制和社会管理机制，是多种风险控制手段的一种，被誉为"社会稳定器"和"经济助推器"，有利于完善风险防范和救助体系，增强全社会抵御风险的能力，是使用市场化手段加强社会风险管理的有效载体。在风险识别方面，保险公司能够根据长期积累的风险案例和数据，敏锐地发现企业和个人在生产生活中存在的风险因素和隐患，判断风险类别，分析风险原因，在风险定性分析中发挥作用。在风险衡量方面，保险公司的精算专业人才和风险估值模型能够在风险的定量分析中发挥作用。通过运用数理统计技术，保险公司对风险识别阶段收集到的信息进行加工处理，从而得到风险事故发生的概率与损失程度，为客户判断风险损失和采取正确的风险处理决策提供服务。在风险处理方面，保险是市场化的风险转移机制，本身就是一种重要的融资型风险处理手段。以大数法则作为数理基础的保险企业，将足够多的面临同质风险的客户集中起来，通过收取保费，建立起保险基金，来转嫁投保人大额的不确定性损失，进行损失分摊的风险处理安排。在风险管理效果评价方面，保险业可以为客户进行风险管理决策和效果评价提供咨询。分析客户因采取各类风险处理行为而减少的损失，以及采取风险处理行为的成本，计算效益比值，评估风险管理效果，为客户不断修正和调整计划提供支持。

此外，面对我国现代社会风险呈现出的新特点，保险业在社会风险管理方面具有天然优势。在面对风险总量不断增大的情况下，保险能够为人们的风险损失提供经济补偿，帮助人们尽快恢复生产生活。随着技术创新和盈利渠道的拓宽，保险的经济补偿功能将得到进一步发挥。保险企业通过再保险技术，能够为更大规模的保险标的提供保障，当标的遭遇风险后有能力及时提供经济补偿；通过保险资金运用获得盈利，增强企业偿付能力，确保企业持续健康运行，间接提高了保险企业损失赔偿能力。另外，日趋复杂的风险结构增大了政府及个人管理风险的难度，保险能够凭借长期经营和化解风险的经验，在风险苗头出现时及时识别出可能存在风险的领域及环节，为风险管理主体提供风险警示。在风险发生后，保险根据自身职责，迅速参与风险救助及处置过程，为有效控制风险后果提供支持。最后，内部风险与外部风险交织，要求各国进一步加大风险管理方面投入，发挥单个国家在管理社会风险时作用的能力。而保险能够通过市场机制有效转移风险，降低政府在风险管理中的负担，通过大型跨国保险企业的机构网络，实现跨区域、跨国别的风险跟踪与处置，有效提高全球化趋势下社会风险管理效率。

保险还是风险管理中有效的风险财务转移手段。人们通过保险将自行承担的风险损失转嫁给保险人，以小额的固定保费支出，换取对未来不确定风险损失的经济保障，使风险的损害后果得以减轻或消化。同时，保险人作为与各种风险打交道的专业部门，不仅具有丰富的风险管理经验，而且通过积极参与社会防灾防损以及督促保险客户加强防灾防损，亦直接有效地化解着某些风险，是社会化风险管理的重要组成部分。保险对风险管理的影响还在于它是最能适应风险的不确定性和不平衡性发生规律的合理机制。一方面，保险是通过平时的积累应付风险发生的补偿之需；另一方面，保险能够将在时间和空间上不平衡发生的各种风险进行有效分散并实现基金收付的周期平衡与自我平衡，这是其他任何机制都无法实现或无法完全实现的。因此，利用保险来处理风险及其损失，显然具有必然性与高效性。

二、健康保险中的风险因素分析

人们在经济社会活动中面临着各种风险，商业保险中的保险人通过向投保人收取保险费，承担被保险人发生伤病后的损失风险，而实际的医疗费支出和收入损失由于种种原因经常会偏离预期的结果，使得健康保险的经营充满了变数。保险人投保方和医疗服务提供者三方在追求各自利益最大化的冲突以及保险仍较粗放的经营管理方式,是健康保险风险产生的主要原因。

(一) 内在风险因素分析

1. 产品设计风险

(1) 数据问题。数据问题已是制约健康保险发展的一大难题,但数据问题并不能在短时期内得到解决。一方面,健康保险所需要的数据主要是对疾病率的统计。现有的发病率统计资料主要来自保险公司对被保险人的记录,但由于我国健康保险行业发展仍不成熟,所以这方面的统计资料明显不足。另一方面,由于数据的不完整性,很难准确获得相关健康险方面的数据。

(2) 技术风险。即使统计数据比较充分,健康险的费率厘定也必然面临着一些技术风险,这主要根源于健康保险的两个本身特有因素。一是疾病作为影响人类健康的主要因素,是健康保险承保的主要风险。它本身又是一个受多种因素影响的复杂过程。一个疾病的发生、发展取决于社会、经济、文化、心理、个人行为、生物遗传、卫生保健水平及医疗服务水平等多方面的影响,这就给群体或个体的风险评估带来极大难度,使得保险公司在健康险的产品定价上存在很大技术风险。二是健康保险的基本原则是为被保险人承担一定的医疗费用,但疾病的治疗和康复过程复杂多变,除疾病本身的性质特点和变化规律外,还与医疗水平诊断和治疗时机等有关,这些因素都决定了治疗的费用,从而也决定着保险公司赔付金额的多少。如何区分不恰当的医疗费用,判定保险欺诈是一个风险控制的难题。三是健康保险比寿险和意外险的出险率高,客观上疾病的发生率就远比死亡率或意外伤残率高,买了保险必然刺激医疗需求,这就决定了健康险具有高赔付率的特点。反过来,如果赔付率控制过低,被保险人又会感觉吃亏,而影响投保积极性,造成业务拓展困难。同时,高出险率还导致高理赔工作量,进一步引致了较大的经营成本。这些因素都给健康险的开发技术提出了极高的要求。

(3) 产品设计运作模式的局限。具体表现在:第一,由于竞争原因,保险公司在健康险产品的设计上可能盲目扩大保险责任的范围,例如在某些重大疾病保险中,重大疾病的种类扩大,而此种保险责任的扩大并没有精算基础。第二,产品设计的替代性过强。由于产品的差异性不大,经营健康保险的保险公司只有通过降价来竞争,导致所收保费不能弥补保单风险。第三,买单式的健康保险模式。我国现在健康险的经营模式是投保人向保险人缴纳保费,然后被保险人到医疗服务提供者那里接受医疗服务,向医疗服务提供者支付医疗费用,最后被保险人用凭据或医疗证明到保险公司那里报销索赔,也就是"被保险人看病,医院治病收钱,保险公司买单"。买单式的健康保险模式将保险服务与医疗服务分隔开来,是事后监控方式,保险公司无法介入医疗服务过程,从而丧失了控制风险的最佳时机。保险服务与医疗服务的不同导致保险人与医疗服务提供者之间没有联系渠道，二者的利益不能协调一致。这种现象是我国健康保险产品存在大量逆选择和道德风险的根本原因。

2. 承保风险

健康保险的承保风险主要体现在销售及核保过程中。

健康险产品一般都是通过保险代理人销售，所以保险代理人的素质直接关系到承保质量。保险代理人存在的主要问题是：没有面见被保险人、代被保险人在投保单上签字；放弃第一次风险选择，具体表现在为了扩大其业务，帮助被保险人隐瞒病情、欺骗公司。甚至在体检过程中，帮助被保险人冒名顶替等。

核保的风险主要体现为：第一，健康保险核保人员引起的风险。核保人员引起的风险主要有两种：一是知识结构不完整。从事健康保险核保的人员缺乏必备的医药知识，难以承担起核保的岗位职责。疾病的种类繁多，并且症状表现不同，因此要求健康保险的核保人员必须具备相关的医学知识。现阶段受健康保险发展状况的制约，我国健康保险核保人员基本上都是由原来的业务内勤和外勤转岗而来，难以符合健康保险专业化的核保要求，既缺乏既能熟练掌握保险流程，又具备相关医学知识的专门人才。二是工作中可能会出现渎职行为，有些核保人员责任心不强，不能按照保险公司的要求完成核保作业，如陪同被保险人到指定医院体检，认真审核投保资料，监督投保方如实告知等，甚至有个别核保人员与代理人勾结，进行投保资料的恶意修改，欺骗公司。

第二，没有商业健康保险的核保守则和指导。国外发展较为成熟的保险公司都为其健康保险核保人员制定了专门的核保标准和指导守则。但是在我国，商业健康保险核保的经验积累非常有限，尚没有独立制定科学、完备核保手册的能力。由于国内疾病状况与国外存在着较大的差异性，因此也不能完全套用国外的核保标准和指导守则。另一方面，健康保险在风险性质、保险事故特点、风险控制理念弱方法、精算原理等方面均不同于其他保险业务，因此，健康险的核保也不能简单借用其他险种的核保规则。这些都给商业健康保险的核保带来了一定的难度。

国内许多保险公司在抢占市场、扩展业务的压力下，往往使得健康保险产品核保通过率过高。有些保险公司的医疗险的核保通过率为90%左右，而医疗保险市场十分成熟的国外许多保险公司的核保通过率仅为50%~60%。过高的核保通过率使得保险公司客观上承保了许多不符合合同要求的次健康标的；同时由于竞争的需要，保险公司按照健康体的要求收了较低的保险费，人为增加了赔付风险。

3. 理赔过程的风险

目前国内保险公司尤其是基层支公司普遍不注重理赔专业人员的培养、选拔，致使不少理赔人员素质低，责任心不强，无法胜任本职工作。有些公司为了节省费用，不配备专职的理赔人员，一人多岗，往往仅凭被保险人提供的证明材料来进行审核，而不去核实这些材料的真伪程度，把不住理赔关，给欺诈者以可乘之机，必然使保险公司的赔付率上升。

同时，核赔缺乏"过程管理"。在医疗服务市场，由于被保险人、医疗服务提供者和保险人之间存在着信息不对称，按照传统寿险模式构建的商业医疗，保险核陪体系缺乏对医疗费用的控制力。医疗费用的高低基本上受控于医疗机构，就医事件的发生基本受控于医疗机构和被保险人两方。因此，商业医疗保险赔付基本处于被动地位。

（二）外在因素分析

外在风险主要是指来自于投保方的风险、开放保险市场带来的风险以及社会经济环境变化所导致的经营风险。主要包括投保方逆选择和道德风险、医疗机构风险、社会环境风险、市场风险等。

1. 投保方风险

投保方的风险主要表现为投保人的逆选择和被保险人的道德风险。逆选择是在投保人和保险人信息不对称的条件下，投保人作出不利于保险人的选择。在健康保险上表现为患病风险大的人选择参加保险，而患病风险小的人则选择不参加或退出保险。在这种情况下，保险公司事前不能准确知道保险标的的风险程度，事后又无法控制被保险人的行为，增大了健康保险经营的不稳定性。一般而言，健康保险费率即保险价格，是根据平均的健康保险风险来确定的。由于逆向选择的存在，低风险的群体不愿参加保险，而高风险的群体愿意参加保险，使得在健康保险市场上由纯概率水平决定的均衡处于不稳定状态，最后导致高风险群体将低风险群体赶出健康保险市场。

道德风险是指被保险人因保险的存在而作出不利于保险人的败德行为，在健康保险上主要表现为隐瞒病情与治疗费用的骗保和骗赔，医、患两方从自身经济利益出发侵犯保险人的利益，保险欺诈已经是近几年来国内保险公司面临的越来越紧迫的风险之一。如医生是否按照患者的实际需要提供诊疗法，患者是否合理地进行医疗消费、是否带病投保、是否存在诈取保险金的道德风险等，保险公司都必须核实其合理性。

2. 医疗服务提供方的风险

（1）医疗费用的控制权属于医疗服务提供方。保险公司（保险人）、被保险人和医疗服务提供者（医院）三方由于权责利的不均衡，从而形成商业医疗保险发展的阻力。这具体表现在，保险公司与投保人签订合同以后，双方承担并享受各自的义务与权利，即保险人取得投保人交纳保险费的使用权，承诺在被保险人因病需要救治时的医疗费用偿付，被保险人在投保人支付保险费后获得将来生病所需医疗费用补偿的承诺。医院不受医疗保险合同的约束，但却控制着实际医疗费用的形成，它通过向被保险人提供医疗服务，获得相应的经营收入。同时，由于有了医疗保险，作为与医疗机构直接发生关系的被保险人也在相当程度上缺乏控制医疗消费需求的动力，而且医疗市场上的信息非对称性也使得被保险人很难控制医疗费用的不合理支出。在此情况下，保险人对被保险人有可能花费的医疗费用几乎毫无约束力，增加了保险人的经营风险。

（2）医疗方的道德风险。在我国现有的医疗卫生体制下，医疗机构从自身利益出发，同时处于信息优势地位，存在着诱导服务内在冲动，如医院往往给病人多开药、开好药，尽量延长病人的住院时间，给病人做不必要的检查和治疗，致使医疗费用的支出大大超过实际需要，而这些费用最终全部或者大部分转嫁给保险人承担。尤其是长期以来，我国医疗机构实行的是"医药合业制度"，即在医药不分的前提下，医院既拥有处方权，又拥有药品专卖权，医药合营强化了医院药房的垄断地位，在医疗机构补偿机制到的情况下，极易产生"以药养医"的现象；而在药品流通体制不规范的情况下，又容易产生药品"虚高定价"和"回扣促销"等寻租行为，这反过来又推动了"以药养医"之风的盛行。据悉，目前药品收入已经占到医院总收入的50%～80%，卖药已成为医院获利的重要途径。总之，只要医药合业制度未打破，医疗费用的合理控制就难以保证。

（3）医疗卫生系统存在的弊端带来的风险。我国医疗资源分布不合理，大型医院吸引了大部分病源，在医疗市场上处于垄断地位，这样大医院对保险公司的被保险人这部分病源并不看重，保险公司相对大医院的谈判能力很弱。同时，小医院由于自身实力不强又难以吸引被保险人。另外，药物销售渠道上的混乱引发的药价增长过快，直接增加了保险公司的赔付负担。各地医疗费用的无序和不透明也给风险测算增加了不确定因素。

3. 环境风险

环境风险是保险公司最难以控制的风险，它主要根源于各类环境的变化。对健康保险业务来说，环境风险主要表现在如下几个方面：

（1）外部环境因素导致医疗费用上涨。受人口老龄化、环境污染、工作压力、疾病谱改变（如高血压、糖尿病、心脑血管病以及癌症发病率增高）以及医疗技术进步等因素的影响，在全国范围内出现医疗费上涨的趋势。这是各国健康保险普遍面临的问题。

（2）我国经营健康保险的政策和法律环境还有待完善。保险公司不仅没有参与医疗服务定价的权力，甚至连了解价格执行情况的权力也没有明文的法律保障。传统的按医疗服务项目定价，以及医疗保险金后付制使保险机构作为第三者，很难介入医疗服务过程，实施价格监督和费用控制。而医疗服务由第三方来付费，医院和病人分别作为服务的提供者和接受者自然失去了控制费用的动力。相反，受利益机制的驱使，他们甚至可能采用各种办法促使费用增加。

（3）政府在医疗保健市场的缺位引起医疗费用的增加。由于医疗保健市场是非完善的特殊市场，医疗卫生领域的公益性和福利性决定了一个国家或地区的医疗卫生系统不可能完全市场化。也就是说，医疗卫生服务的外部性决定了其中一些服务领域具有公共物品的性质（比如，传染病的预防与治疗、国民基本健康保障设施与服务的提供等等），在这些领域不可避免地存在着市场失灵。正因为市场机制在该市场上存在着失灵的可能性，因而政府适当干预是十分必要的。如德国政府直接进入保健市场，在协调各方利益冲突和控制医疗费用方面卓有成效，成为西方社会的典范，客观上也为该国商业健康保险的发展创造了良好的外部环境。政府在医疗保健市场上的缺位，导致医疗开支的失控，而医疗费用的失控对于健康保健的打击是相当沉重的。

4. 市场风险

从消费者角度看，人们完全接受保险和消费产品要经历一个过程。目前医疗保险需求人群一部分是经济上较富裕的人群；一部分是经济上脆弱的普通百姓，如经济效益不景气的企业或单位的职工。商业保险公司需要在盈利的前提下为人们提供可靠保障。需求与消费者消费能力之间的矛盾是目前以及今后一段时间内健康保险难以形成规模效益的影响因素之一。

健康保险涉及医学知识，但医学与保险却是两个不同的领域。保险公司内精通医学的人员不多，保险公司与医疗服务提供方及医疗制度及机构之间的磨合障碍也增加了保险公司推出保险产品的市场风险。此外，医疗机构的服务效率和效益与投保方和保险人的要求有一定距离，医疗卫生体制中许多不确定因素使保险公司在控制风险上处于被动，许多保险公司的决策者们在开发技术含量高、管理难度大的健康保险产品时往往裹足不前，他们普遍认为难以预测和把握新产品推出以后的市场前景。

最后，开放保险市场也会带来风险。例如各保险公司为争取市场份额可能造成不正当竞争，出现违规经营行为，如违规降低保险费率，扩大保险责任；凭借行政手段强制客户投保；委托未经批准的机构代理保险业务，提高手续费标准等等。

除了以上风险因素以外，对我国保险公司来说，目前在风险分析、保单设计、资金运用等方面的技术含量还比较低，这些也都对健康保险的风险控制带来不确定性，增加了健康保险经营的风险程度。健康保险的风险因素众多，其中医疗服务提供方的风险是一个主要因素，因为医疗费用的数量直接关系到赔付成本，对医疗费用增加的风险控制直接关系到健康保险的经营成果。实现有效的医疗费用控制是健康保险风险控制的一个重要内容，因而需要借鉴国际经验，探讨医疗费用控制的问题。

三、健康保险风险控制的具体措施

如前所述，我国商业医疗保险风险产生的原因多种多样，既有内部原因，也有外部原因；既有国家政策、法律不规范的因素，也有医疗行为不合理的因素、投保方的逆选择和道德风险因素，以及保险公司自身的问题。在商业医疗保险经营过程中，风险控制是关系到保险公司经营成败和生死存亡的关键问题。尽快找到一系列符合商业健康保险发展规律并适合我国国情的风险控制方法，采取有效的、合理的风险控制措施，对商业健康保险的风险进行规避、转移及补偿，才能保证我国商业健康保险的快速健康发展。

（一）内在风险的控制

1. 对产品设计的风险控制

（1）加强数据搜集整理。拥有大量的数据基础是国外保险公司较准确地预测未来赔付的一个重要原因，也是能有效利用先进定价方法的原因。针对我国现状，当务之急是增强对数据的重视，从数据搜集和整理两方面采取措施。在积累自身经验数据的同时，广泛搜集海内外的相关资料及国内各地的医疗数据。数据的搜集还必须完整和相关，需要将各方面的信息都保存起来，不仅包括索赔数据，还包括保单数据并在二者之间建立起联系，以方便日后的数据检查工作。另外，因为道德风险存在，投保人的损失分布不同于在未投保情况下的分布，给付分担条款也会改变损失分布，所以搜集的数据尽量为投保人群的数据，而不是一般的普查数据，并且最好在调查时使用与之风险水平相当的投保人数据。或者积极定量研究各方面因素对损失分布的变化，在使用时只需对普查数据进行调整即可。

（2）采用合理的精算技术。按照健康保险数学原理，健康保险的费率厘订方法主要有以下四种：一是统一费率法，适用于被保险人的年龄对赔付率没有多大影响的险别，如人身意外伤害保险。二是阶梯费率法，按被保险人年龄段分类的费率，如丧失工作能力收入保险。三是一年定期法，按被保险人的年龄区分费率，每隔一年要提高费率，如医疗费用保险。四是均衡保费法，类似于长期寿险费率厘定所使用的方法，每年缴付等额的保险费，需要提存准备金，把前期多缴的保险费积累起来用来抵消后期增加的给付金，如长期住院保险。对待不同的险种，应分别采用合理的精算技术。

（3）采用降低风险的设计。首先可以采用更高的风险分担方式，如更高的免赔额、更低的给付比例、更低的限额等；对于长期险，适当调低规定无退保价值，从而降低退保风险；规定除外责任和各种限制条件，如服务项目限额和总额限制等；按实际费用支出水平，采用分段累进式进行赔付，使得个人支出的绝对额随费用支出的增多而增大等。

其次是可以采用激励的保单条款，即保费水平与被保险人实际赔付经历有关，如无赔款优待条款的运用。也就是说，通过一些保单设计促使被保险人管理自己的行为，降低道德风险的发生率。例如印度的有些保单中规定：若一年中无索赔发生，年末保险金额增加5%，以增加5次为限；若4年中无索赔，提供一次体检，体检费由保险公司来承担。这种条款可以减少小额赔款的发生，使风险的分布也更为均匀。

第三是采用新型保单形式。新型保单设计可以将利率风险转移一部分给被保险人，保险人可以在健康保险市场成熟时，并在保险资金运用渠道加宽，金融环境成熟后，采用投连形式来降低利率风险。

最后要注意严格定义保单中的内容。在一些保险业比较发达的国家在此方面很注意，并会把一些重要的条款放在醒目位置。保险公司在条款设计时要注意准确、全面、清楚表达各项内容，以免因为这方面的原因产生未预期到的索赔和诉讼费用，以及由此损害公司公共形象。

2. 承保的风险控制

（1）核保政策必须具有市场耐受力。如果一家保险公司在销售低迷时期放松核保政策而在销售的鼎盛时期收紧核保政策，那么这家公司正在走一条危险的路线。在保险公司销售低迷，其产品价格没有竞争力的时候，将不能吸引年轻的、健康的人群投保，在造成销售业绩和契约品质下降的同时将加大公司的赔付风险。在这种情况下，拒保率通常会有一定的上涨，导致核保的单位成本以类似比例上涨。恰恰在这个时期内，核保政策的放松是十分不明智的。相反，公司对每一投保个体的核保政策必须一致，应根据该投保者的长期健康状况决定，而不是根据公司保险产品在市场上的销售情况决定。例如，若投保申请人患有糖尿病，根据各家保险公司的现有核保政策，该申请人投保医疗险是属于拒保体。不能因为公司当时的销售状况不好，而放松核保政策，接受承保。因此，每家保险公司的核保政策制定者都遵循的一条准则是：核保政策必须保持一致性、连续性，核保的结果必须是可预见的。如果没有这条准则，保险公司基本的财务稳定性将处于危险之中。

（2）建立专业的核保信息系统。建立专业的核保信息系统是实现健康保险核保运作专业化、效率化的基础和平台。专业的核保信息系统应该包括三部分内容：一是核保技术准则信息数据库，该数据库提供各个健康保险险种核保的标准守则、技术支持及其他相关规定；二是消费者信息数据库，即对已经获得或已经被拒绝后的商业健康保险申请者和正在购买健康保险者的相关信息分类和汇总；三是健康保险和保证追溯信息数据库及对已经处理的健康保险核保存在问题的披露，并对有关问题归纳总结，提出适当的改进意见和建议，供核保部门同公司内部其他部门以及外部相关组织机构之间的信息交流和共享。

3. 理赔过程的风险控制

要建立和完善快捷高效的理赔服务组织架构，以保证健康险理赔的公正、准确和快速。措施如下：

一是采用理赔中心操作模式,所有的理赔申请均由理赔中心完成理赔操作。二是各个理赔室负责处理固定地区客户群的理赔申请,建立区域信息库,进行区域考核;设立特殊理赔室,对疑难和新的医学问题案件专门研究处理,合理配置理赔室的人员结构,理赔中人员中需具有医护、药剂学、法律、外语等方面的人才。三是设置理赔员的权限并建立复核制度,不同级别的理赔员有不同的理赔金额和权限,理赔金额超过权限需上报上一级理赔员审批。对特殊案例的通融需要经过主管审批才能实现,对已完成的理赔案件做抽样复核,以评估理赔员的工作质量。四是结合计算机理赔数据统计与分析系统,随时检测理赔率,以便计算公司的经营效益。同时,监测各种疾病的发生频率、治疗费用等情况,为产品开发提供精算依据,并保证公司在核保、保单管理和理赔等方面采取的风险控制措施更有针对性。

(二) 外在风险的控制

1. 对投保方的风险控制

(1) 规避逆向选择的对策。

第一,保险人通过各种途径收集与保险标的相关的信息,以便对投保人作出更准确的分类。在健康保险中,为了判断被保险人的健康程度,保险公司对被保险人进行体检。显然,收集与保险标的有关的信息将有助于保险人对保险标的作出准确的风险分类,但这样的措施只是降低了投保人的逆向选择风险,风险并没有得到有效分担。

第二,设计尽量避免逆向选择出现的保险合同,即设计不同的保险合同以鼓励风险类型不同的投保人选择最适合自己风险种类的保险合同。这种保险合同也称为分离保险合同。由于这类保险合同根据投保人的不同风险类别收取不同的保险费用,并据此给予不同的赔偿,因此,低风险类型的投保人就被这类保险合同吸引;在市场的作用下,高风险类型的投保人不得不购买这种分离式的保险合同。但实际上,由于保险人通常难以有效识别投保人的风险类别,设计这种形式的保险合同也就变得非常困难。逆向选择是客观存在的,是"经济人"人格内容的必然结果,因此无论保险人采取什么样的策略,逆向选择风险只能是部分减轻和避免。

(2) 规避保险欺诈风险的对策。严格执行《保险法》以及其他法律的有关规定,并积极向投保人、被保险人和受益人宣传,提高他们的法律意识和道德水准。保险人要充分运用法律手段,防止保险欺诈。借鉴国际先进经验,保险行业联合采取反欺诈的行为。例如,各家保险公司之间建立信息交换网络,采用黑名单共享等办法,在投保阶段就识别投保人是否与多个保险人签订了有欺诈倾向的保险合同,是否是被其他保险公司拒保、延期的保件,消灭保险欺诈于萌芽状态。

2. 对医疗服务提供方的风险控制

(1) 推行医保合作,对医疗服务过程进行风险控制。随着健康保险的发展及各种健康保险产品的涌现,特别是专业健康保险公司的成立,对医疗服务过程进行风险控制,尽量减少不合理的医疗费用是保险公司要面临的首要问题。医保合作的目的就是让保险公司进入医疗服务过程,通过建立与医疗服务提供者的共同利益,增强医疗服务提供者的风险控制意识,从院方来控制赔付成本,还可以为保险公司提供便利的医疗数据,给核保和理赔工作提供更多的证据,并为事前的积极控制带来了方便,从而降低风险发生率。

从美国管理医疗行业的经验来看,相对于对医疗费用的控制,对医生控制可以起到更好的效果,如对定点医院医生可采用"工资加奖励津贴"制,切断医生收入与服务提供量的关系,把供方诱导性需求降低到最低限度,若因此抑制了医生工作的积极性,则可把奖励津贴作为其收入的一部分。其获得津贴的等级可由患者、保险机构和医院管理人员三方按各项工作指标评议定级,防止医生提供过度医疗或开大处方、人情方等加大费用和浪费资源的行为。例如,定期对医生进行资格认证,不合格取消资格,优秀者给予物质奖励等。若医院和医生得到双重控制,定能取得双管齐下之效。

(2)重视预防保健服务。预防保健和健康教育在整个健康保险中有着重要的作用。加强这方面的教育,对于强化自我保健意识、降低发病率,从而降低医疗成本是十分重要的。保险公司可以和医院合作,为被保险人提供免费的定期身体检查,免费发放有关健康资料,开通医疗咨询服务热线,或在公司网站上发布一些健康知识。还可以增加预防保健类的险种,补偿被保险人身体检查或其他预防性医疗服务的费用。

3. 社会环境风险的防范方法

对于社会环境风险,保险公司是不能控制的,只能通过加强对社会环境变化的研究和预测,积极做好应对措施,制定正确的战略竞争和发展战略从而防范社会环境风险。现阶段我国正处于社会保障体制改革不断深化的时期,国家的医疗保险改革动向对健康保险的影响非常大,必须密切注意加强研究与分析,及时制定对策,采取有力手段发挥积极影响或消除不利影响。

4. 市场风险

针对健康保险的市场风险,保险公司首先要制定科学的发展战略。首先是注重市场调研,把握市场需求。我国地域辽阔,人口众多,各地经济发展水平不平衡,导致保险市场发展的非均衡。保险市场呈现出明显的需求差异性,为了使推出的健康保险产品能够被市场所接受,保险公司必须注重市场调研,掌握不同地区不同收入层次不同年龄群体对商业健康保险的需求状况,并在市场细分的基础上,根据自身实力确定目标市场。

其次,要根据不同健康险险种的目标客户和目标市场对市场进行细分。做好健康险的营销工作,尽量扩大市场份额。针对个人医疗保险产品、团体医疗保险产品、医疗费用保险产品、失能收入损失保险产品、费用型保险产品、津贴型保险产品等大的分类，还必须细分各类产品。如医疗费用产品细分为住院医疗费用产品、门诊医疗费用产品；住院医疗费用产品再细分为基本医疗费用产品、高额医疗费用产品；津贴型产品分为住院津贴产品、护理津贴产品、重大疾病产品等。应针对这些细分的产品的特点和相应的目标，制定合适的市场营销策略和营销措施。

第五节　隐私防护与数据安全

一、医疗健康信息的性质

健康保险信息系统的建立离不开对个人健康数据的大量收集，而健康数据则属于个人信息中最隐秘的部分。个人信息一般是指为自然人所生成和拥有的，可供识别其个人的信号、符号、消息、图像、图谱的总称。个人医疗健康信息是个人信息的组成部分，主要是指在疾病控制、体检、诊断、治疗、医学研究过程中涉及的个人肌体特征、健康状况、遗传基因、病史病历等信息。从法律意义上看，个人医疗健康信息这一概念的基本含义有四层：其一，个人医疗健康信息的控制权归属于其生成主体；其二，个人医疗健康信息的本质及价值是识别个人，即具有目标导向和确认功能；其三，存活的自然人或者已故的自然人均存在个人医疗健康信息，且均可被收集、加工、使用和利用；其四，个人医疗健康信息与主体的人格利益、财产利益密切关联。个人健康信息既归属于个人，又是疾病控制、诊断治疗过程中必不可少的判断依据，还是医学研究不可或缺的原始资料。在现代社会，个人医疗健康信息的合理使用对使用者、被使用者、社会、国家都有益无害，未来社会对个人医疗健康信息使用范围的拓展和使用程度的深化将不以人的意志为转移。绝对抵制个人医疗健康信息被他人收集利用，既不可能也不可取，放纵对个人医疗健康信息的收集利用更会导致践踏人权、扰乱经济、危害国家安全的严重后果。唯一正确的选择是在个人医疗健康信息保护和个人医疗健康信息使用两者之间找到适当平衡点，实现个人利益与社会公共利益的"双赢"。

个人医疗健康信息具有如下基本特征：

（一）个人医疗健康信息是可被用于识别主体的符号

首先，个人医疗健康信息是属于自然人以及属于该自然人事项的信息，不论是活着的人还是死去的人均具有特定的个人医疗健康信息。这是因为，个人的肌体特征、健康状况、基因图谱、病史病历能够构成对数据主体的识别，即通过这些信息的识读，再加上人们的一般判断，可以将该主体从人群中"认出来"。在目前的科技水平下，除掌握个体指纹、基因图谱外，仅凭孤立、单一的个人医疗健康信息，仅仅可以在狭小的范围内识别个人；在相对大的范围内识别个人，需要有数量相对多、内容相对深入的个人医疗健康信息。依法理，既然生成个人医疗健康信息的主体是个人医疗健康信息的权利所有人，个人就有控制自己的信息传播的权力。我国也有学者指出："隐私权不仅仅是一种消极的不受侵扰的权利，而且是一种积极的、能动的控制权和利用权。"隐私权是自然人对私人信息的秘密、私人生活的安宁、私人空间不受侵犯的支配和控制权。虽然我国法律还没有明示隐私权属于人格权，仅仅规定侵犯他人隐私造成一定影响的，应当认定为侵害公民名誉权的行为。但是，我国多数学者均认为隐私权是一项独立的人格权，人格权是支配权。自然人有权能动地控制个人医疗健康信息、自主地决定个人私事，积极地实施对私人生活的保密。无论从现实生活或者逻辑关系角度进行考察，可以得出这样的结论：个人医疗健康信息的秘密处于隐私权的核心部位，居于次外围的是私人生活安宁，表层的是私人空间不受侵犯。如果没有法律依据或者非经当事人许可，不适当地公布个人医疗健康信息或者将患者的身体隐蔽部位向无关人员（包括无关的医护人员）展示，均构成对隐私权的侵犯。

（二）个人医疗健康信息的控制权为生成者所拥有

需要特别指出的是，深层次与高质量的个人医疗健康信息对识别个人具有特别重要的作用。个人的基因属于个人，无论在任何情况下，获取个人的基因信息材料（如血样、尿样），必须事先征得其本人或监护人的同意，这已经是法学界与生物工程学界的共识。单条的个人医疗健康信息价值十分有限，但按照一定规则收集、加工、存储的个人医疗健康信息汇集则具有价值倍增效应。医学研究离不开形形色色的病例，应当允许医疗机构在合理限度内使用其所收集的个人医疗健康信息，医疗档案数据库应当在严格管理下向医学研究人员开放。数据质量、数据储量是数据库价值的决定性因素，数据的深度加工是行使权利的行为，数据库的价值是通过使用实现的，数据库所有权与数据库所存信息的控制权必须明晰。因此，应当赋予数据库以物权，即数据库建立者对数据库具有所有权；同时，个人医疗健康信息的主体对其提供的信息依然具有信息控制权，个人医疗健康信息进入数据库并不表明主体对个人医疗健康信息控制权的放弃。只有当个人医疗健康信息经过加工，已经不再能够识别个人以后，数据库的所有者才能根据自己的意志使用处理已经抽象化、中性化、非个人的信息。

（三）个人医疗健康信息的综合性使其价值高于单一的个人信息

由于人们对生命的珍爱和对医疗机构的信任，向医疗机构提供个人医疗健康信息的障碍较少，且被采集者往往很少过问信息采集的真实目的，于是就发生了"搭便车"采集个人信息及个人信息被转卖的问题。一般而言，单个家庭的住址与电话号码对商家的意义并不太大，但是，医疗机构所获得的个人医疗健康信息是由若干要素组成的综合信息，只要其收集到的个人医疗健康信息数量达到一定规模，其经济价值就可能扩张到难以测算的程度，一旦出现非法转让第三人的情况，对个人信息主体隐私的侵害也更为严重了。例如，妇幼保健院收集到的新生儿健康信息无疑包括了家长的个人信息，受害人可能遭到的往往是难以摆脱的追踪式的纠缠。聚沙成塔，单条的个人信息仅是沙粒，必须有足够的信息才可以建立数据库。数据库就是聚沙成塔，塔的价值远大于单个沙粒堆积的价值之和。也就是说，单一主体个人医疗健康信息的汇聚是数据集合体价值倍增性的基础，而在大范围内向公众收集个人医疗健康信息是数据库得以形成规模效应的前提。信息储量规模越大、个人医疗健康信息单元质量越高（即内容越丰富、越细致）的数据库，进行深度开发，以求信息价值实现的前景越好。

（四）个人医疗健康信息控制权丧失后具有不可回复性

由于个人医疗健康信息具有信息的一般属性，因此，个人医疗健康信息一旦与人分享，对数据主体而言，信息控制权的回复只能具有形式上的意义，在实质意义上失之不可再得。因此，个人医疗健康信息控制权的丧失并不意味着主体在物质形态失去了对信息的控制，而是其对该信息价值形态失去了控制，这种权利的丧失具有明显的不可回复性。也就是说，与一般的所有权人享有对所有物的返还请求权不同，个人医疗健康信息一旦与人分享，该个人医疗健康信息就无法被权利人收回。即便该个人医疗健康信息在物质形态上得以返还，但该信息为使用人所产生的利益也无从追索。据悉，目前有些个人医疗健康信息采集行为，已经涉及主体的潜态数据（如遗传基因等），而且数量较大，必须引起高度重视。我国在1998年成立了人类遗传资源管理办公室，基因材料的出境必须由遗传办批准。

（五）个人医疗健康信息的控制权、管理权、使用权可适当分离

对进入数据库的个人医疗健康信息主体而言，其必须事先明确知晓个人医疗健康信息被收集、使用的目的和数据库的所有者，当主体作出同意的意思表示之后，采集、加工、使用、管理该信息的行为便是合法的。换句话说，个人医疗健康信息的控制权和管理权、使用权是可以适当分离的。个人医疗健康信息控制权的存在并不排斥

对个人医疗健康信息的合理使用，当主体授权其所信任的数据库收集、管理、使用其个人医疗健康信息后，数据库必须履行合理使用、妥善管理的义务。个人医疗健康信息主体对数据库而言双方是平等的民事主体，双方的权利义务法律已有规定的从法定，法律没有规定的从约定。当数据库合理使用、安全管理个人医疗健康信息时，个人医疗健康信息主体认为数据库的行为在授权范围之内，如果没有特殊的需要，个人医疗健康信息主体不会关心自身权益实现以外的其他事项。但是，数据库所有人享有的只是授权内的使用权和管理权，如果越权使用、疏于管理，对个人医疗健康信息主体造成危害的，主体有权行使撤回权，并依法获得权利的救济。

二、健康数据隐私保护

医疗数据在大数据中处于极其重要的地位，一方面，现代社会，人类健康在世界各国的民生中越来越处于举足轻重的地位；另一方面，移动/互联网医疗、自动化分析检测仪、可穿戴设备的普及等等，使得患者、医生、企业、政府各方都成了数据的直接创造者，每天产生海量的医疗数据。

医疗健康数据的共享和应用是政府管理、商业发展和技术创新的需要，也给个人隐私安全带来了威胁，使得医疗领域的数据共享变成了双刃剑。根据相关指导意见的设想，数据不能只是躺在某个医院的信息系统中，各家医疗卫生机构的数据应该汇聚；数据也不能只是在健康医疗行业中实现聚合，应该打破卫生计生、工信、民政、公安、社保、环保、食药品监管等部门的壁垒，做到跨部门的数据互联共享；数据还不能只是在公共部门内流转，还应该探索推进"可穿戴设备、智能健康电子产品、健康医疗移动应用等产生的数据资源规范接入人口健康信息平台"。这无疑给卫计委等相关部门提出了一个棘手的课题：如何做好健康医疗数据的共享和开放工作。

医疗数据共享与个人隐私的矛盾在发达国家同样是个棘手的问题。2013年，英国推出了Care.data计划，将有关病人的数据采集、汇总，进行共享和使用，但是实施不过3年。2016年7月，该项目被关停。首先，对数据的保密性关注不够。比如，对个人隐私进行匿名化和脱敏处理之后，该系统和其他系统关联后，依然可以通过数据挖掘的方式辨别有关病人。其次，项目里没有界定数据开放共享的用处。最后，采集病人的数据信息时，并未征得患者的同意。

要想成功解决健康数据隐私保护的问题，先要明确医疗健康数据的特征和类型。与一般的医疗数据相比，在法律上，医疗数据呈现两个相互关联的基本特征。一是个人信息的特征更模糊。"可识别性"是个人信息最本质的特征，比如单份病历，只要拿到原始病历，有关个人的"可识别性"特征如姓名、住所、年龄、婚姻、疾病等一览无余，但是对于一份打包的医疗数据，如经可穿戴设备而采集的大量人群的数据，如非专业的分析软件，单凭普通手段很难从原始数据中发现可识别的个人信息。二是个人信息更容易被分析。这与第一个特征似乎矛盾，但事实如此，比如即使所有病历都隐藏了姓名、年龄、住所等隐私信息，但在大数据条件下，经更加广度、深度的搜索，结合其他特征，完全有可能将一份病历中被隐藏了的个人信息还原出来。这两个既关联又矛盾的基本法律特征影响着医疗健康数据的法律规制。

（一）医疗健康数据的分类

与其他类型的数据相比，医疗数据几乎包含公民所有个人信息，从最隐秘的身体、疾病信息，到个人生活轨迹，到住所、医疗保险、财产信息等等。不同的个人信息对应不同的法律保护规则，因此有必要对医疗数据进行法律分类。就医疗数据而言，个人权利主要是指隐私权，所谓他人权利主要是医疗数据的所有者对大数据的合理使用。故按隐私的远近和合理使用的风险，结合现有法律规范，对医疗数据分类如下：

1. 病历医疗数据

国家卫计委《病历书写基本规范》第一条规定，病历是指医务人员在医疗活动过程中形成的文字、符号、图表、影像、切片等资料的总和，包括门（急）诊病历和住院病历。病历由医生直接记载了公民的身体、疾病等最隐私信息，是公民行使人身保护权利时最重要的法律证据，国家对病历的书写、管理、使用也制定了最完善的法律规范，病历数据有着不同于非病历数据的显著特点，因此宜单独作为一个类别。当然并非所有的病历都构成医疗数据。通常情况下，门急诊病历由患者自己保管，住院病历由医院按份单独保管，不会形成医疗数据。但是，当这些病历数据经由计算机大数据技术而被录入、管理及分析时，却可能构成医疗数据。医院采用电子病历系统而形成的病历，构成医疗数据。此外，移动、互联网医疗条件下，医生经过移动端、电脑端对病人进行咨询、会诊、转诊等而形成的电子数据，或者在医生建议下经由可穿戴设备而获得的化验、检查数据等，因为符合病历的基本定义"医务人员在医疗活动过程中形成的文字、符号、图表、影像、切片等资料的总和"，故亦应当定义为病历，由此形成大数据，构成病历医疗数据。但是，病人自行购买、自行采集的可穿戴设备数据，大型自动化设备如CT仪、MRI仪、B超机、血透装置、各种管腔介入治疗仪、甚至是手术机器人等，经这些设备的计算机程序自动运行而获得的数据，比如CT扫描时获得的各种身体参数，血透时获得的即时体温、血压、血滤液的成分、密度等，这些数据虽然亦很重要，但并未经过医生主观分析、采集而记入病历中，与医生的医疗行为无关，因此不能成为病历，亦不构成病历医疗数据。

此类数据，可以归之于非病历医疗数据。凡能定义成病历的医疗数据，其制作与管理，应当遵守国家关于病历的法律规定，包括《病历书写基本规范》《医疗机构病历管理规定》《执业医师法》《侵权责任法》《医疗事故处理条例》等。最基本的规范包括，对病历中患者隐私的绝对保护，医嘱时间应当精确到分钟，所有病历的书写者均应当实名，修改病历应当保留原始痕迹并有医生签名，病历应当随时可被患者复制，应当保证能够被封存，应当在法律规定的时限内完成相关病历数据的录入等等。

2. 非病历医疗数据

病历之外的其他医疗数据，可称之为非病历医疗数据。非病历医疗数据与病历医疗数据的关键区别在于是否系医生针对特定患者在诊疗行为中形成。非病历医疗数据的来源可包括以下四类：

（1）疾病诊疗过程中形成的非病历医疗数据，如在 CT、MRI、血透、肾透、DSA 等检查、治疗过程中形成的相关参数，这些参数虽与人的身体健康相关，但却不为医生记入病历，仅在计算机程序中储存，不能归入病历医疗数据，而应归入非病历医疗数据。另外，患者在诊疗过程中形成的缴费数据包括医保与非医保，含医院的收费细目、疾病谱等等，不会纳入病历，应归入非病历医疗数据。在大数据条件下，这些数据可能被系统分析，而产生新的价值。

（2）患者在网络购药过程中形成的交易数据。在移动、互联网条件下的购药，有关药品交易的名称、价格、数量、病人信息等，自动成为数据。这些在智能化终端形成的交易数据亦不会进入病历，属于非病历医疗数据。

（3）药品、医疗器械在研发、临床试验、临床应用中形成的非病历医疗数据。

（4）公共卫生事务中形成的医疗数据。

（二）医疗健康数据的权利内容与权利主体

医疗数据能够获得新知识，实现新决策，创造新价值，因而医疗数据显然具有财产属性，能够成为权利的客体。医疗数据所产生的权利属于信息权，在民法权利分类上属于物权之一种。既然属于物权，自然具备物权的四项权能：占有权、使用权、收益权、处分权。具体来说，医疗数据的所有者享有对数据信息的排他的占有权；享有自行使用或许可他人使用的使用权；享有因自行使用或许可他人而产生的收益权；享有将数据转让给他人或抛弃的处分权。

医疗数据的权利主体，即医疗数据"归谁所有、由谁享有"四大权能。确定医疗数据的权利主体，是医疗数据法律规制的核心。确定了权利主体，也就产生了义务主体。确定医疗数据权利主体的难点有两个：一是医疗数据的制作者可能有几个层级，比如医疗机构是该单位所有病历数据的制作者，但是如果一家软件公司将 N 家医院的病历整合成一个数据，则该软件公司又是新的数据的制作者，此种情形下，谁是最终数据的权利主体？二是医疗数据的制作者与数据的信息主体往往不是一个人。还是以病历为例，医疗机构是该单位所有病历数据的制作者，但这些病历的信息主体又往往是患者个人,甚至更多是患者的个人隐私信息,此种情形下,谁又是医疗数据的权利主体?

正如本文在医疗数据分类中所言,病历数据是医疗数据最特殊的一类,是公民个人隐私最集中的一类,具有独特的法律地位,弄清了病历数据的权利主体,则其他类型医疗数据迎刃而解。

1. 法定的共同所有——病历医疗数据

我国现行法律如《执业医师法》《侵权责任法》《医疗机构病历管理规定》《病历书写基本规范》等并未对病历的权利主体作出明确规定。

但这些法律对病历的制作者——医疗机构作了诸多限制性规定,如医疗机构应当应患者的需求而复制或封存病历,所有病历的修改应当留下可供辨认的痕迹,未经患者同意或非经司法医疗机构不得将病历资料提供给他人,病历保管不得低于20年。

假如医疗机构作为病历数据的制作者而成为病历的所有人,但其作为所有人的四项权能——占有、使用、收益、处分,均受到另一权利人患者的限制,非经患者配合或同意,许多权利难以单独行使;反之患者亦然。

因此,病历作为权利客体,在法律上应当为医疗机构与患者共同共有,当其成为数据时,医疗机构与患者亦是其共同共有人。所谓共同共有,是指共有各方对共有客体不区分份额的共同所有。保存病历纸质或病历数据的医疗机构只是病历物理性介质的持有人,而非法律上的完整权利所有人。

当病历数据的制作者系非医疗机构而是其他机构如移动或互联网医疗的运营商时,其通过线上的咨询、问诊、处方等医疗行为而形成的病历数据,亦遵守上述法理,即移动或互联网运营商与特定患者构成病历数据的共同所有人。

既然病历医疗数据为病历持有人与患者共同共有,则病历数据的持有人在行使物权的四项权能时,应当尊重另一权利所有人——患者的意志。

比如:病历数据的持有人行使病历的占有权能时,应当应特定患者的要求而随时复制或封存;病历数据的持有人行使病历的使用权能时,如利用病历诊疗疾病、用于诉讼、科研、教学等,应当保证病历的真实性,其修改应当符合法律规定,且其修改应当留下痕迹;病历数据的持有人行使病历的收益权能时,如许可他人作为商业目的使用获得收益时,应当事前征得特定患者的同意,并应当给以患者适当补偿。病历数据的持有人行使病历的处分权能时,如将病历转让给他人时,应当事先征得特定患者同意,出于经济目的转让时,应当给以患者适当补偿;抛弃病历时,应当遵守国家保管病历的最低时限,如20年等。

2. 单独所有——非病历医疗数据的一级制作者

数据的持有人与患者成为病历数据法定的共同共有人。至于非病历医疗数据,包括上文列举的四大类型,从所有人的角度来说,特定的病人难以成为共同所有人,数据的直接制作者即一级制作者应当成为单独所有人，获得单独享有所有权的四项权能：占有、使用、收益与处分。

例如，疾病诊疗过程中形成的非病历医疗数据，如 CT、MRI、血透、肾透、DSA 等在检查、治疗过程中形成的未纳入病历管理系统的相关参数，由于未纳入病历管理系统，这些参数的制作者甚至不是医院，而是 CT、MRI、血透仪、肾透仪、DSA 的供应或制造商，相关参数直接保存在这些供应商或制造商提供的计算机程序中。

一家 CT、MRI 等的供应商或制造商可能同时捕获 N 家医院的相关参数从而形成医疗数据，如果没有其他运营主体参与，它们得单独成为相应医疗数据的所有者，享有所有者的全部权能。其他类型非病历医疗数据亦然。

3. 意定的共同所有——非病历医疗数据的 N 级制作者

对于非病历医疗数据而言，当制作数据的主体涉及多个主体时，则可能存在多个权利人的问题，此时可通过协议确定各自的权利份额，此为意定的共同所有。

比如经由药物临床试验而获得的数据，此时药品生产商、药物试验组织方、药物试验所在医院等都可能参与医疗数据的制作，彼此之间可通过协议而确定各自的权利份额。

又如关于病人在住院过程中形成的医保或商保数据，此时医院与社保公司、商保公司亦可能共同参与医疗数据的制作，参与各方亦可通过协议而确定各自份额等。

还有一种情形，即病历医疗数据的意定共同所有。前已论述，病历数据为病历的制作者如医院与患者共同共有。

但如果该共同共有的病历数据，系经由同一电子病历系统而形成的多家医院的电子病历之集合，且提供电子病历系统的公司系独立的公司，则该集合之电子病历数据的所有人涉及各医院、患者与电子病历公司。

此种情形下，应先确定各医院与患者之间的共同共有关系，然后将此共同共有作为一个整体，与电子病历公司分别协商，再确定意定之共同所有。意定之共同所有下，对于医疗数据，应当按照各方协议，根据合同之规定而分别行使其占有、使用、收益、处分之权能。比如临床试验形成的药物数据，关于占有，可确定药品制造商、临床试验组织方、医院各持一份；关于使用，可以约定协议任何一方不得干预另一方之单独行使等等。

（三）隐私保护策略

医疗数据所包含的个人信息（隐私）权利系不同于医疗数据所有权的另一项权利，是医疗数据中涉及公民个人主要是病人所享有的人格权利，需要单独予以讨论。实际上，在前面将医疗数据分为病历数据与非病历数据之时，已经将公民的个人信息放到特别重要的地位，重要到法律上将病历数据作为病历持有人与患者的共同共有物，对隐私的保护没有比将病历数据作为公民的个人财产而予以保护更为严格的了。下面我们主要论及的是如何保护非病历医疗数据的公民个人信息。

第一，需要明确，非病历医疗数据虽然不如病历数据包含公民最隐私的信息如疾病健康等，但仍包含了公民的大量个人信息，如医保数据中的财产信息，临床试验中的健康、基因信息，可穿戴设备中的个人生活轨迹，网购药品时的个人住址等信息。这些信息对个人而言具有可识别性，应当纳入隐私保护范畴。第二，保护方法应当考虑医疗数据的两大特性，即个人信息的模糊性和个人信息的易分析性。对于第一种情况，非经特殊分析手段，公众难以从海量数据中获取个人信息，因此考虑到数据的合理使用和经济、社会价值，应当允许非病历医疗数据的所有人通过合法方式许可他人完整使用数据或将数据完整转让给他人。所谓完整使用或完整转让，是指数据所有人可以在不对公民的个人信息予以隐藏处理的前提下予以许可或转让。对于第二种情况，由于即便隐藏公民个人信息，在更加深度、广度的搜索下，仍能还原公民的个人信息，从而造成隐私权侵犯。因此，除非通过保密的合同方式予以许可或转让外，法律上应当严禁数据向公众泄露，对未采取严格措施而导致数据泄露者，应采取事后的严厉处罚措施，包括追究刑事责任。

此外，整个健康保险行业在应用大数据要遵循大数据利用的基本原则。大数据技术，乃至更大范围的信息通讯技术的创新、研发和应用，其初衷都是在合法、合乎伦理和非歧视性的基础上，提高人类生活质量。大数据方面的任何行动应根据不伤害人和有益于人的伦理原则给予评价，以此作为权衡预期受益和可能风险的基础，也应合理平衡个体与公共的利益。在为了公共利益而限制个人权益时，这种限制应该是必要的、相称的和最低限度的。在应用大数据同时应尊重他人隐私，这是医务工作者和保险行业从业者所必备的职业操守。

从技术角度看，网络安全技术水平的不断提升是保障信息安全的根本手段。采用更好的安全系统、先进的加密系统、优越的算法及存储方案都能有效防止信息泄露，保护患者隐私。匿名保护技术的应用可有效抵抗某些推测类型的攻击，数据发布匿名保护是实现隐私保护的核心关键技术与基本手段。相关学者还将隐私信息访问策略和信息匿名化作为隐私保护的研究重点，提出了一种隐私保护框架以及基于多级别安全模型的风险自适应访问控制解决方案；通过转换隐私信息的数据变换方法和整合多个数据源的算法，消除恶意合谋对原始数据的威胁以及定制隐私保护程度。同时还提出了一种适应大规模参与者的隐私保护方法——基于IT构建采用分散存储方案实现患者数据隐私与大数据需求间的平衡。在未来，这些新技术和新方法均可以被引入健康保险信息系统，用于数据隐私的防护。

大数据技术在医疗中应用甚为广泛，如临床诊疗、医院管理、试剂研发、流行传染病控制、医疗器械、祖国医学发扬等。在健康保险领域，对大数据技术的合理应用可以帮助健康保险信息系统增添信息化力量，更好地服务于大众。但是，在享受大数据带来好处的同时，应考虑到它涉及的医学伦理、个人隐私、数据安全等问题，通过技术手段、道德规范、法律法规健全等合理应用大数据，为保险行业的蓬勃发展增添技术力量。

总的来说，在健康保险信息管理领域，安全和发展是相辅相成的，安全是发展的前提，发展是安全的保障。健康医疗数据的应用发展，最基础的在安全，最重要的在发展。所以，对于健康医疗数据的安全和个人健康医疗数据相关的隐私保护，必须予以高度重视，因为它决定着健康保险行业发展的未来，或者说是发展路径当中重要的一个点。对于这个问题，可以采取以下三个方面的措施：一是重点加强个人健康信息防护。个人的健康医疗信息最为敏感，属于隐私保护范围，要依法进行严格管控保护，要加强应用安全风险评估和防范绝不能公开或泄露。在运用大数据和云计算等技术的过程中，资料对个人数据的运用，要坚持"脱敏""去标识化"，对个人隐私产生影响的这些内容一定要去掉，继而才能就某一种疾病进行数据的挖掘分析。二是对涉及健康医疗数据的整个管理要有一套严格的法律法规。主要是建立数据安全管理制度，注重内容安全和技术安全。要加强"脱敏"信息和隐私保护的双重研究，一方面研究这些信息成为公共开放数据的可能性以及它的实现路径；另一方面要着力保护好涉及个人隐私的方方面面。三是政府及相关部门要加强对隐私防护方面的投入，在借鉴国际经验、加强安全的同时，进一步探索好数据的集存、收集包括挖掘应用相关的模式，能够使居民的个人信息、隐私得到很好保护，让健康医疗大数据在安全保障前提下，更好地适应经济新常态特别是大众创业、万众创新的"双创"平台上更好地应用发展。

本章小结

1. 云计算以其高度的可扩展性、可按需提供即时计算资源等特性在健康保险行业中有着广泛的应用前景。在健康服务领域，云计算技术信息的共享用户管理能够帮助实现人员信息的快速验证、健康数据的实时汇总。通过需求分析、云计算架构体系设计、功能模块设计、数据表设计等步骤可以实现健康保险信息管理云平台的建设。

2. 健康保险行业对大数据的开发和应用改变的不仅仅是数据技术本身，更重要的是从根源上对整个保险公司的生产和经营的数据环境产生了重大影响，进而影响或改变了保险公司的经营方式和经营战略。大数据在健康保险信息管理中的价值有保障设计和精算定价、理赔运营管理、医疗机构管理等方面。大数据在健康保险信息管理中的应用主要包括健康保险产品开发、健康保险产品营销、健康保险客户服务等。未来，可以通过提升保险精算水平、提升保险理赔效率、利用大数据助力新医改等方式使大数据有效助力保险业转型。

3. 为践行"健康中国"战略，保险业在未来十余年要通过完善全民医保体系、积极发展商业健康险，为实现多元化办医格局贡献行业力量。此外，保险业应通过探索经办模式、增强承办能力、优化保险供给等方式在"健康中国"背景下实现行业发展。电子健康档案是居民健康管理过程的规范化、科学化记录，它贯穿于居民整个生命过程，涵盖各种健康相关因素，能够满足居民自我保健和健康管理、健康决策需要。无论从目标、内容还是工作重点上，电子健康档案和"健康中国"之间都存在着密切的关系。

4. 保险是风险管理的一种基本手段，也是市场化手段加强社会风险管理的载体。保险作为市场化的风险转移机制、社会互助机制和社会管理机制，是多种风险控制手段的一种。商业保险中的保险人通过向投保人收取保险费，承担被保险人发生伤病后的损失风险。而实际的医疗费支出和收入损失由于种种原因经常会偏离预期的结果。使得健康保险的经营充满了变数。其中内在风险主要包括产品设计风险、承保风险、理赔过程风险；外在风险主要包括投保方风险和医疗服务提供方风险、环境风险和市场风险。通过内在和外在等多种因素的控制，采取如建立专业的核保信息系统、采用理赔中心操作模式、推行医保合作等多种方式，才能有效地对商业健康保险的风险进行规避、转移及补偿。

5. 健康保险信息系统的建立离不开对个人健康数据的大量收集。个人医疗健康信息是可被用于识别主体的符号，它的综合性使其价值高于单一的个人信息，控制权为生成者所拥有并且控制权丧失后具有不可回复性。医疗健康数据的共享和应用是政府管理、商业发展和技术创新的需要，但是同时也给个人隐私安全带来了威胁，使得医疗领域的数据共享变成了双刃剑。医疗健康数据可以包括病例医疗数据和非病例的医疗数据两种。医疗数据所包含的个人信息（隐私）权利系不同于医疗数据所有权的另一项权利，是医疗数据中涉及公民个人主要是病人所享有的人格权利。首先，健康保险行业在应用大数据要遵循大数据利用的基本原则。此外，还应采用更好的安全系统、先进的加密系统、优越的算法及存储方案来有效防止信息泄露。

专业术语

1. 健康管理：是指一种对个人或人群的健康危险因素进行全面管理的过程。其宗旨是调动个人及集体的积极性，有效利用有限的资源达到最大的健康效果。在我国，健康管理服务由具有执业资格的"健康管理师"来提供。我国"十三五"之后提出"大健康"建设，把提高全民健康管理水平放在国家战略高度。根据规划，群众健康将从医疗转向预防为主，民众的自我健康管理意识不断提高。

2. 云计算：是一种按使用量付费的模式。这种模式提供可用的、便捷的、按需的网络访问，进入可配置的计算资源共享池（资源包括网络、服务器、存储、应用软件、服务）。这些资源能够被快速提供，只需投入很少的管理工作，或与服务供应商进行很少的交互。

3. 云平台：转向云计算，是业界将要面临的一个重大改变。各种云平台的出现是该转变的最重要环节之一。顾名思义，这种平台允许开发者们或是将写好的程序放在"云"里运行，或是使用"云"里提供的服务，或二者皆是。

4. 大数据：指无法在一定时间范围内用常规软件工具进行捕捉、管理和处理的数据集合，是需要新处理模式才能具有更强的决策力、洞察发现力和流程优化能力的海量、高增长率和多样化的信息资产。

5. 精算定价：保险精算是依据经济学的基本原理和知识，利用现代数学方法，对各种保险经济活动未来的财务风险进行分性、估价和管理的一门综合性的应用科学。

6. 健康中国：是 2016 年 8 月习近平总书记在全国卫生与健康大会上发表的重要讲话内容。2017 年 10 月 18 日，习近平同志在党的十九大报告中指出，实施健康中国战略，要完善国民健康政策，为人民群众提供全方位全周期健康服务。

7. 多元办医格局：顾名思义，就是多种通过多种途径办医。在乡、镇、社区、村等基层，基本医疗卫生建设以公益性为主导，同时鼓励社会办医、政府办医、个体办医等并存的格局。

8. 电子健康档案：是人们在健康相关活动中直接形成的具有保存备查价值的电子化历史记录。它是存储于计算机系统之中、面向个人提供服务、具有安全保密性能的终身个人健康档案。

9. 风险控制：是指风险管理者采取各种措施和方法，消灭或减少风险事件发生的各种可能性，或风险控制者减少风险事件发生时造成的损失。总会有些事情是不能控制的，风险总是存在的。作为管理者会采取各种措施减小风险事件发生的可能性，或者把可能的损失控制在一定的范围内，以避免在风险事件发生时带来的难以承担的损失。风险控制的四种基本方法是：风险回避、损失控制、风险转移和风险保留。

10. 数据安全：为数据处理系统建立和采用技术和管理的安全保护，保护计算机硬件、软件和数据不因偶然和恶意的原因遭到破坏、更改和泄露。通过采用各种技术和管理措施，使网络系统正常运行，从而确保网络数据的可用性、完整性和保密性。

11. 个人医疗健康信息：记录每个人从出生到死亡所有生命体征的变化，以及自身所从事过的与健康相关的一切行为与事件的档案。具体的内容主要包括：每个人的生活习惯、以往病史、诊治情况、家族病史、现病史、体检结果及疾病的发生、发展、治疗和转归的过程等。

12. 病例医疗数据：电子病历系统，是医学专用软件。医院通过电子病历以电子化方式记录患者就诊的信息，包括：首页、病程记录、检查检验结果、医嘱、手术记录、护理记录等等，其中既有结构化信息，也有非结构化的自由文本，还有图形图象信息，涉及病人信息的采集、存储、传输、质量控制、统计和利用。病例中的数据信息被称为病例医疗数据。

思考题

1. 云计算技术的主要优势有哪些？
2. 大数据理念如何助力健康保险客户服务？
3. 简要阐述电子健康档案的建设价值。
4. 风险社会的主要理论观点如何影响健康保险行业？
5. 健康保险风险控制的具体措施有哪些？
6. 个人医疗健康信息具有哪些基本特征？
7. 为什么说"在健康保险信息管理领域，安全和发展是相辅相成的"？

附录

健康保险信息系统与技术应用案例

案例1　A公司ERP成功案例

A公司人寿保险股份有限公司各分、支公司全部与总部采用专线连接,实现网络连通,业务系统、办公系统、邮件系统等共用一条线路。

一、系统选型

随着计算机技术的发展、公司业务的拓展和财务管理水平的不断提高,原有的财务系统已经不能满足公司财务管理的需要。特别近两年内分支机构在全国范围内快速发展,旧的财务软件在总、分公司之间的管理中存在着断层,总公司不能随时了解分公司的财务经营情况,无法深入进行财务工作的垂直化管理。根据自身的业务需要和实际情况,选择性能和价格都合理的产品,实现财务的集中管理,是泰康人寿进行系统选型的出发点。通过多方面的比较和论证,用友ERP-NC保险行业解决方案软件在系统功能、技术先进性、运行稳定性、安全性等方面都捷足先登,加上该产品在新华人寿的成功应用,顺理成章地成为A公司理想的选择。

二、系统目标

(1)统一规划、统一设计。从公司总体目标出发,把管理信息系统作为保险信息系统的一部分来考虑。

（2）高效实用、快捷方便。管理信息系统应当通过运用高技术手段、优良的设计和大规模的开发与实施来实现企业财务集中管理的目标，但从用户使用层次上讲，要求操作简便，适应现阶段分、支公司财务人员的使用，并得到他们的认同和支持。

（3）可升级、可扩展。随着市场经济体制的完善和保险、金融行业的改革，人寿保险业处在不断发展之中，应用系统必须留有一定的发展扩充空间，以适应系统的扩充和升级，避免软件的结构性变动；同时，在网络规划和硬件选型时，也要提供适应今后发展的较为经济的升级扩充方案。

（4）稳定性、安全性和保密性。

（5）高标准、高起点。虽然 A 保险公司信息化建设推进工作的进度要求比较紧、实施范围比较广，必须符合公司的整体部署，在实施过程中必须立足于长远发展，所使用的各种信息标准要尽量向保险行业国际标准、国家标准和部颁标准靠拢，适应今后发展的需要。

三、网络及硬件方案

（1）技术架构。应用系统采用三层架构，将应用服务器与数据库服务器分离，其间通过高速以太网（1000M）连接。在客户端只需安装微软的网页浏览器 IE；总公司内部以及北京分公司主干网为 100M 快速以太网；各外地分公司采用 1M 带宽的 DDN 或帧中继专线，与总部连通。

（2）服务器配置方案。总公司设置三台中心服务器，作为数据服务器、应用服务器和 Web 服务器。

（3）财务信息系统备份方案。采用双机热备方式，保证在系统崩溃时能够快速恢复。

（4）客户端配置。公司总部、各分公司、中心支公司由若干客户机组成，完成所属账套的财务处理业务，客户机负责人机交互，完成数据的录入、查询等界面操作。

（5）数据库。采用面向对象的大型关系数据库（Oracle 8i）。

（6）平台方案。系统网络平台基于当前极先进的浏览器/服务器应用模式，将传统的运行在客户端的应用软件移植到服务器端。

（7）安全机制。使用 JAVA 语言，在安全性方面做了严格限制，保证了浏览器操作的安全。大型关系型数据库均有着良好的安全性，并可与操作系统相结合。应用软件提供了多层次的安全控制功能。用户还可通过自设防火墙保证 Web 服务器的安全。

四、业务应用方案

A 保险公司以用友 NC 管理软件为平台，建设 A 保险财务管理信息系统。系统将公司总部及北京、武汉、广州、南京、成都、上海、杭州、沈阳、天津、郑州、济南 11 个分公司，沈阳分公司下属 4 家中心支公司全部纳入财务集中管理网络，统一设置账套，统一规划和分配权限。应用模块包括总账核算、项目管理、现金银行、固定资产、工资、财务预算、报表系统等七个模块。

（1）集中设置单位账套——财务集中管理的第一步。总公司统一设置整个公司的组织机构编码体系，新的分支公司在筹建阶段，就已经确定好了公司的编码。

（2）统一基础设置——实现财务集中管理的必要条件。统一的基础设置是指 A 公司所有公司的基础科目、会计期间、币种、险种、缴费方式、现金流量项目、报表格式和取数公司等都由总公司制定统一的编码、名称等标准，并集中进行设置。

（3）利用项目核算——精简科目体系，实现多角度查询和监控。保险公司的主要业务是受理各险种的投保、理赔、到期给付等业务，因此各业务部门、各险种是重要的成本费用中心和利润中心，保险公司需要考核和分析的指标很多，因此核算和统计的工作量也很大。通过用友 NC 财务的项目管理功能，所有需求都得到了圆满解决，通过科目和项目的结合，极大地精简了科目体系，减少了业务人员的日常和日后统计的工作量，同时所有查询都可以及时动态地生成，无需再进行收集、审核、汇总和上报等繁琐的工作。

（4）费用预算管理。费用的预算管理一直是保险公司的财务管理重点，用友公司利用报表的二次开发功能，结合 A 公司的实际需要，专门开发了一套费用预算执行情况分析的解决方案，实现了本期费用发生、累计发生与上年数、计划数的自动取数、自动计算和对比分析，执行进度分析，成为公司、部门费用预算执行情况考核的有力依据。

（5）统一的报表格式和取数原理——集中财务管理的表现形式。报表格式、取数公式由总公司统一设置，各分公司只需输入本公司的单位编码和会计期间，就可以轻松地生成月份报表。报表命名和报送都有统一的规则，为总公司进行数据采集、汇总和比较分析奠定基础。

（6）公共信息平台——信息共享、快速沟通。集中应用需要一个开放的信息发布平台，提高工作效率，项目组专门建立了一个信息平台，上面有公共栏、初始化文档、操作文档、软件补丁、日常工具等文档的下载，以及日常支持的联系方式等信息。

（7）业务接口——财务与业务的一体化。A 公司的个险业务采用的是 CSC 业务系统，覆盖 A 公司的所有分、支公司，为了将财务需要核算的业务数据及时准确地传递到财务系统，用友公司专门开发了针对泰康业务系统与用友财务系统的接口程序，实现财务与业务的一体化。

五、企业信息化的效果

用友 NC 财务在 A 公司的应用效果，突出表现在以下方面：

（1）实现了财务集中管理应用。使用用友 NC 财务后的 A 公司在财务管理上突破了空间的限制，实现了在分布异构环境下的信息和资源共享，将物理距离变成了鼠标距离。

（2）零工作站维护。由于用友 NC 财务软件采用了浏览器/服务器计算模式，软件系统的部署、升级维护和数据备份只需要在服务器上完成即可，客户端无需作应用软件的安装和调试，100%实现了客户端的"零维护"。

（3）实现了方案设计中的所有安全机制。

案例 2 B 人寿保险实施 Sybase IQ 数据仓库应用案例

一、方案背景

保险行业是建立在信任关系基础上的——客户在最需要帮助时依靠保险公司来支持他们。要建立这样的信任关系，保险公司必须致力于全面了解客户的需求。B 公司明白，为了更好地服务和满足客户的需求，保险业务系统的发展很大程度上受制于后台数据结构，受制于数据的集中和管理分析，同时为了使业务操作流程高速可靠，还必须给业务人员提供一个单一视图，帮助他们更好地进行数据查询和分析。

在 B 公司现有的数据平台架构上，这些工作需要通过集成各自独立运行的、不同用途的 10 个数据集市来实现。但是由于 10 个不同数据集市经常出现互不兼容问题，且不同集市常会存储大量冗余数据，因此迫切需要将它们加以整合，以便统一进行管理，并由此建立数据仓库。B 公司致力于建立一个数据仓库，并且更好地培训业务人员，使其可以通过单一的集成视图自己执行分析任务、获得高度一致的数据，而不必每次都亲自跑到微机室才能获得数据。

二、解决方案

在方案选型过程中,SYBASE IQ 很快因为其无与伦比的查询性能以及最低的总体拥有成本的优势进入了 B 公司的视野。Sybase IQ 是具有高度可伸缩的分析引擎,与传统数据库不同,Sybase IQ 在体系结构设计上是面向分析的,而不是面向事务的,它具有基于列的结构以及获得专利的索引技术,同时具有以下特点:

(1) 特殊查询性能比传统 RDBMS 快 100 多倍;

(2) 比传统数据库更容易维护,无需耗费过多的时间和资源进行优化就能够获得极佳的性能;

(3) 将数据压缩 30% 至 60%;

(4) 提供近似线性的用户和数据可伸缩性,支持数百至数千名用户以及若干 T 级字节的数据。

数据压缩比率越高,磁盘所能容纳的数据就越多。

三、方案实施

在负责 B 公司系统管理(SM)的 SDS 的鼎力协助和 Sybase 公司的全力配合下,从 2001 年 6 月到 2002 年 5 月 B 公司通过引入 SYBASE IQ,用一年的时间里建立起企业数据仓库(EDW),并于 2016 年 6 月正式将这个系统投入使用。随机整合 10 个不同数据集市中的所有数据,在未对原有数据集市做更改的情况下,B 公司就在 IBM DB2(平台系统)中实现了数据的抽取、转换和加载(ETL)。B 公司提取数据所使用的工具为 Informatica,数据集市延长使用 1 年,这样就确保了在建立 EDW 期间,业务不会中断。

迄今为止,B 公司已成功转移集成了 10 个不同数据集市中的 80% 的数据,并分成了 20 类,包括客户、资金、合同及组织机构等,以尽可能实现对数据的互操作。这些数据存储在数据仓库中。剩余的 20%,大部分是业务逻辑,如 4th P/L 系统、过去的风险比率等。它们在数据集市中单独加以管理,因为立即转移这些业务逻辑会遇到很多困难。B 公司为了按月、按周或按天重新组织其运营,必须以日志方式从 DB2 中提取数据,并以平面文件形式将数据发送到 SYBASE IQ。

截至目前,业务人员主要需要的,是关于已签保险合同最新状态以及潜在客户和现有客户的特征统计及分析数据。用 SYBASE IQ 建立 EDW 之后,这些数据的分析任务就从微机室转移到了业务人员手中。B 公司采用一种更高级的信息生成器,它基于 OLAP 工具构建,业务人员要使用它相当困难,因为使用者必须用不同于微机室中预定义的格式来构建查询和报告。为此，B 公司引入了一种名为"网络专题"（Web Focus）的认证管理规则，以鼓励其员工学习使用这种工具。通过此规则，公司要求员工学会构建自己的各类查询，提取必需的数据。执行此规则之后，员工主动使用 EDW 的次数明显增加。他们在尝试建立自己的查询时，对数据类型也提出了新要求。

同时存储数据和索引，对存储容量也提出了更高的要求。目前，B 公司每月需要净增磁盘空间 100 GB，这样一年需要增加的磁盘空间就超过 1 TB。2005 年，B 公司的磁盘容量十分充足，不用额外增加也能使用到下一年。B 公司目前使用的是 27 TB 容量的 EMC 磁盘。虽然实际所需磁盘大小只有 5 TB，但 B 公司还是采用了超过此容量四倍的磁盘，因为该公司在镜像和域管理方面使用了 RAID1 方法。

通过出色的数据压缩和独一无二的数据存储方法降低容量需求，这是 SYBASE IQ 最具特色的功能之一。与常见 DBMS（数据库管理系统）分别存储数据和索引不同，SYBASE IQ 不需要增加任何数据，因为它使用索引页处理并存储数据。因此，借助 SYBASE IQ，用户可以快速访问数据，最大限度减少在数据仓库中保存大型数据所需的空间。此外，B 公司也不必担心数据不断增长的问题，因为在经历了一定的时间后，新系统可以把旧数据转移到其他存储介质（如磁带）上。

B 公司已将其 EDW 升级到 SYBASE IQ 12.5，这是 2016 年 8 月发布的 IQ 最新版本。系统升级到新版本后从没有出现过延误业务处理的情况。现在从 ETL 抽取到数据仓库最终建立，新系统可以提供全程高质量的服务。

凭借对信息技术的创新应用，B 公司正在向世人证明其致力于提供更好的产品和服务的承诺。使用 SYBASEIQ 解决方案，帮助 B 公司的业务人员更好、更主动地了解客户分析客户需求，为客户提供更可靠的寿险产品。

案例 3 C 公司医疗保险管理信息系统解决方案

一、系统背景

为全面贯彻落实《国务院关于建立城镇职工医疗保险制度的决定》 [国发（1998）44 号] 的精神，推进各地城镇职工基本医疗保险制度改革和社会保险管理信息系统的一体化建设，C 公司凭着自己多年来在计算机系统集成、网络通讯、银行业务、证券业务、保险业务、IC 卡应用和人才方面的积累，凭着对社会公益事业的满腔热情，推出的一套适合于推动医疗保险及其相关行业管理信息化的整体解决方案

(见图1)。

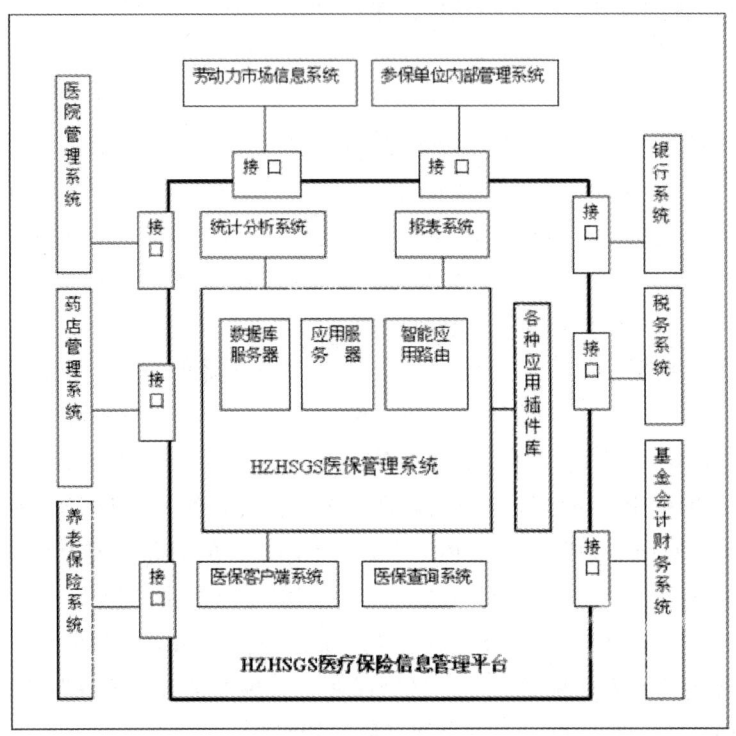

图1 HZHSGS 医疗保险信息系统平台

二、系统架构

该系统是适应医疗保险制度改革而建立的计算机网络管理信息系统，实现了医疗保险系统的技术现代化、管理科学化。它不仅保障了全体参保人员公平的获得基本医疗保险服务，又能有效调控浪费，合理利用医疗资源。该医疗保险管理信息系统将社保中心、结算银行、定点医疗机构、定点药店、财政、税务、参保单位以及参保个人对象在医保过程中的工作"一体化"设计，通过建立计算机管理信息系统，实现医保业务处理计算机化；通过与定点医疗机构、定点零售药店建立网络联结，实现参保人员在就诊、购药时，使用医保卡即可实现按基本医疗保险规定的内容实时支付。

系统利用统一的数据交换接口，为"五保合一"的业务拓展提供数据共享。同时利用医保信息系统日常收集到的数据进行综合统计分析，使医保管理从单纯的业务管理提升到分析、决策管理。各项工作定时、实时交互，各部门在社保中心的集中管理协调下工作，保证了系统功能的高度集成。

三、系统特点

(1) 稳定、高效、安全的通讯平台。网络联机交易类系统的基石是一个稳定、高效、安全的通讯平台。C 公司医疗保险系统采用恒生中间件技术,保证联机交易的稳定、高效与安全。C 公司中间件技术具有以下优点:独有的三层加密体系,确保通讯安全;网络负载均衡,保证整个系统运行的高可靠性和高效性;故障自动恢复;完善的日志管理。

(2) 三层体系结构。随着网络的发展,传统的二层 C/S 结构已不能满足应用的需要,并有太多不尽如人意的地方。因此 C 公司医疗保险系统采用三层体系结构,这样可以极大地提高系统运行性能,主要表现在:智能应用路由器完成负载均衡;可根据业务的大小,实现应用服务器并连;应用服务器处理业务,减少与数据库的连接数,极大提高了数据库的效率。

当一台应用服务器出现问题时,应用路由器会自动将请求发送给运行正常的应用服务器,提高了系统的可靠性。

方便系统其他客户接入,如 Web 接入、电话查询系统接入等。

(3) 插件技术。医疗保险系统是一个政策性很强的系统,由于种种原因,当政策改动,系统也必需作相应的改动,这就给系统维护带来了很大麻烦。C 公司医保系统采用插件技术也正是出于这种考虑,它的优点主要体现在:系统支持两类插件,用户功能插件与业务插件,利用这两种插件,在系统功能需要扩充或业务需要作适应调整时,只需修改(或新增)相应的插件,无需变动程序主体,极大地提高了系统的维护性与扩展性。

(4) 支持多种联机交易模式。系统支持以下几种模式:实时联机交易模式;脱机交易模式;混联交易模式。

(5) 采用多模式、组件化设计。系统采用这种设计方式在政策变动、功能修改、扩充、系统维护等方面具有独特的优势和"五保合一"的高扩展性。在系统功能扩充的时候,只要增加或者修改相应的模块后就可以实现,这样一方面可以避免整个系统的更换等繁重而耗时的工作;另一方面,在多模式设计的情况下,建立医疗保险参数字典,进行系统的参数设计,用户可通过改变参数来适应不同的医疗保险政策变化,使系统能灵活的根据政策和形势的变化而进行相应的设置。

(6) 多险种、多统筹区扩展支持。多险种支持是指通过一套基于医疗保险管理信息系统的平台,以插件的模式可以很方便将其他险种(如大病、医疗补助、养老等)集成到此平台中来。

多统筹区是指一套系统可以管辖多个统筹区的业务,做到数据集中而业务、政策分开。

（7）财务式记账体系。医疗保险系统涉及多种资金账户（如各险种统筹账户、个人账户等），因此一套科学、安全的记账体系是确定系统资金数据正确的根本。C公司医疗保险系统采用财务式记账体系，分别按统筹区、险种及科目逐层记账，使系统的账务信息准确、安全和明晰。

（8）支持多文档界面，用户可在不同功能间相互切换，适应灵活方便。

（9）支持多数据库。系统支持 SQL、ORACLE 等多种大中型数据库。

（10）接口设计标准化。系统提供标准化的接口设计，方便医保中心与各定点医疗机构、地税、银行以及上下级医保中心间的业务处理和信息交互，系统同时还提供与财务软件、其他社保软件的接口方案。

四、系统功能

（1）单位管理。
（2）个人管理。
（3）定点医疗机构管理。
（4）基金征缴。
（5）审核支付。
（6）系统维护。
（7）查询与报表。

五、系统运行环境

（1）系统组成：HZHSGS 医保通讯平台、HZHSGS 医保应用服务器系统、HZHSGS 医保智能应用路由器系统、HZHSGS 医保中心客户端系统、HZHSGS 医保定点医疗机构收费端系统。

（2）操作系统：Windows NT4 或 Windows 2000 Server 系列。

（3）数据库：SQL Server 2000 或 Oracle 8i 以上。

（4）硬件配置：数据库服务器1台（或2台），可选 PC 服务器或小型机；应用服务器1~2台（根据业务量的发展，自由增加），高档 PC 机，推荐配置：CPU 主频800以上，内存256M，硬盘40G；工作站用机3~10台（根据实际情况来确定），中档 PC 机，推荐配置：CPU 主频600，内存128M，硬盘20G；HUB（集线器）1台，100M、32口；UPS（不间断电源）1台。

（5）网络配置方案：电话拨号连接，Modem 池1台、Modem 若干（具体数量根据拨号端数量而定);DDN 专线,路由器 1 台、Modem + 路由器若干组(具体数量根据拨号端数量而定)。

案例 4　D 保险公司人身保险信息系统

一、系统特点

软件体系结构方面,D 保险公司人身保险信息系统在业务处理方面采用了三层的 Client/Server 的软件结构,而业务管理、系统管理以及业务统计功能则采用二层的 Client/Server 结构。

二、建网难点

保险业的信息技术应用主要集中在承保、核保和核赔三个阶段。数据处理是个难点,主要表现为:数据量大、数据种类多、保存时间长;数据结构复杂、调用频繁、运行量大等;安全性、可扩充性要求严格。

三、网络特点

以分公司为管理单位的二级体系结构。支持集中控制(审核)、分散(授权)处理的模式,支持系统上的一个和多个节点处理功能的分布性,支持系统上一个和多个节点处理数据的分布性。系统结构划分合理,条理清晰。整套系统由业务管理系统、业务系统和业务统计系统三个主要子系统组成。

四、需求:竞争驱动

首先是建立一个以分公司为管理单位、二级体系结构的人身险管理信息系统。这套系统首先要支持集中控制(审核)、分散(授权)处理的模式。所谓集中控制(审核),就是指经授权的用户可以在系统一个点或指定点上对各业务环节进行控制(审核)。各业务环节的处理必须由具有相应授权的操作者进行处理,系统通过操作员管理的授权模块在分公司人身险部主机中集中管理操作者的权限、密码以及授权等工作，而分散处理则是指经授权的用户可以在系统一个点或任意点上对各业务环节进行处理。

其次是支持系统上一个和多个节点处理功能的分布性。主要表现为一个连续事务的多个处理功能可以分布在一个或多个节点上；同时，一个连续事务的多个处理功能分布后，其处理应保持逻辑上的一致性。

此外，还要支持系统上一个和多个节点处理数据的分布性，即源数据、目标数据可以分布在相同或不同的节点上，其数据及对数据处理的结果应该保持一致性。

面对高速发展的保险行业，系统的可扩展性同样至关重要。这就要求系统支持应用功能和处理对象的集成（即可以不断地增加新的功能、新的险种、客户、合同），同时，系统的管理功能和应用功能是相互独立的。

最后，人身保险信息管理系统还要支持和其他应用系统，如财务系统、再保险系统及统计系统的信息交换。

对安全性的要求，细分为操作安全性、数据安全性、系统安全性等不同细节。主要通过操作口令、操作权限设置和应用功能管理保证系统操作的安全性；通过数据的备份、程序检查和相应维护功能避免和防止各种原因造成的用户数据丢失，并提供相应的恢复手段保证数据的安全性；通过系统操作手册等规定系统启定程序，避免和防止不当操作引起系统崩溃，保证操作系统、数据库管理系统和应用系统的运行，从而保证系统的安全性。

此外，在系统的可靠性、完整性等各方面，也同样采用了类似的细分设计原则，使整套系统在设计时就尽可能考虑到各种需求，从而使系统各方面都做到切实可用。

总体而言，保险业信息系统也应该尽可能地防患和化解风险，数据应当是越集中越好，这对今后的数据积累和数据挖掘以及多元化数据处理等都有好处。

五、选型：更要买服务

对于像 D 保险公司这样的应用来讲，数据库的选择至关重要。在引进和开发信息化系统的过程中，D 公司出现过两种数据库平台并存的局面，但后来逐步转向 Informix。原因是 Informix 软件的技术水平不错，整套数据库产品对于系统资源的占用比较合理，投资规模和成本比较合算；同时，对客户服务的态度也相当积极。此外，Informix 对终端 T 数据库产品未来的发展方向有一个长远的考虑。系统如果与这样的厂商合作，那么在将来仍然可以保持系统的先进性。Informix 的服务周到细致有特色，跟公司的需求很接近。

六、系统：应用为本

保险信息系统的难点不仅在于它的数据量大，还在于它的数据保存时间长、数据应用环境复杂、重叠应用等诸多因素。比如投保人进行变更保险时就需要调出该投保人以前的所有数据，进行综合处理。

从系统功能划分，D保险公司人身险信息管理系统主要由三个系统模块组成，分别为业务管理系统、业务系统和业务统计系统三个主要子系统组成。

在硬件方面，D公司小型机使用的是HP公司生产HP9000 K系列产品，并辅之以HP在Unix平台上的整体解决方案。D公司目前已经装备了最新的小型机10台、数百台PC服务器，还有上千台PC机。在软件体系结构方面，根据公司的应用特点，在业务处理方面采用了三层的Client/Server的软件结构，而对业务管理、系统管理以及业务统计功能则采用二层的Client/Server结构。

这里要加以说明的是，公司所有主要业务信息集中存贮于一级分公司主机中，在二级分公司主机中亦建立数据库存贮必要的本地信息。业务用户界面模块可以分别运行在一级分公司和二级分公司的主机中。业务管理、系统管理子系统在一级分公司主机中实现和运行。业务统计系统通过二层结构的前台开发工具（如：Power Builder）实现，并运行于分公司业务统计用微机，通过局域网与主机相连。

目前，公司整套系统采用Unix操作系统，数据库为Informix Online 7.2以上版本，包括InformixStar、ESQL/C、4GL、SQL。统计用PC使用的操作系统是Windows 95或Windows 3.1，工具软件是PowerBuilder 6.0以上。

案例5 E人寿再保险公司数据存储成功案例

随着金融保险行业业务的不断发展，每一家保险公司都面临一个大量客户数据如何存储和利用的问题。采取以往简单的磁盘和服务器存储的方法，不仅不能有效保障数据的存储安全，而且无法实现数据的集中管理和应用，这对于保险公司业务的发展是一个极大的障碍。因此，保险公司搭建统一化存储架构，实现数据的统一存储、管理、应用已经成为一个行业发展趋势。这其中，E公司提供的数据集中存储方案就是一个非常典型的保险行业数据存储成功案例。

一、客户背景

通过多年的信息化建设，E 公司已经建立了自己的数据中心，初步形成了自己直连式的信息化办公系统。但是随着业务的不断发展，这种直连式的信息系统已经无法满足业务数据的海量增长。为此，公司根据业务发展的规划，决定通过建设新的机房，并采购新的服务器和存储系统，构建全新的 IT 基础架构，实现业务数据的全面集中存储、保护和整合。

二、客户需求

通过对客户需求的分析，E 公司发现公司不仅需要架构一个统一的信息化存储架构，还需要将原有的 HP RX2600、SUN V880 和各种 Windows PC 服务器主机，以及 CX400 磁盘阵列等设备迁移至新机房，全面接入、整合到新构建的 IT 基础架构之中，在尽可能节约成本的基础上构建一个全新的高效信息存储架构。

简单来说，客户需要这个方案具有：

1. 实用性和先进性特点：要根据当前情况以及未来的发展建设需求，提供目前最先进的、具有针对性的、可行的、可实施的技术解决方案。

2. 开放性和拓展性特点：存储系统应该向用户提供符合国际国内标准，支持现有和各种主流计算机平台、操作系统以及数据库厂商的各类软硬件产品，并且预留各种拓展接口，为今后业务的发展提供更好的技术支持和投资保护。

3. 可靠性和易维护性特点：存储系统应该保证系统能够安全无故障运行，并且要提供简洁、方便、有效的管理工具和界面，以便于维护人员的日常管理和维护。

三、解决方案

通过需求分析，经过仔细的对比和慎重的筛选，决定推荐美国甲公司 CX500 企业级中端智能存储阵列、美国乙公司的 Silkworm DS–16B3 企业级 SAN 网络交换产品共同构成 E 公司存储扩展系统的解决方案。

四、总体架构描述

具体而言，方案建议通过 1 台甲公司 CX 磁盘阵列和 2 台乙公司光纤交换机 DS–16B3 组成 SAN 存储网络的基础架构，并将新增加的业务服务器和原有的 HP、SUN

和各种 Windows PC 服务器/主机等设备全面接入、整合到新构建的 SAN 架构之中，实现业务数据的全面集中存储、保护和管理。

五、方案优势

方案首先保证了系统数据全面的集中存储和管理，提高存储的利用效率和业务系统的可靠性水平，满足当前业务数据存储的需求。其次，方案为公司做好了信息生命周期的第一步工作，这为今后再保险业务系统实现数据的异地保护和业务系统的容灾做好了充分的技术准备，有利于 E 公司用户整体业务系统的扩展。另外，整体方案是完全根据客户需求设计，有效利用了客户现有资源，并且简单易用，这无形中降低信息系统的总拥有成本，并提高投资的回报率。

六、用户证言

E 公司该项目管理的负责人说："应用甲公司的数据集中存储方案之后，公司基本实现了信息的集中化管理。一直以来，甲公司都是整个存储行业的领先者，通过这次合作，甲公司在方案设计中充分考虑到了公司的实际情况，按照公司的需求，最大限度地利用了原有的设备，而且甲公司的产品既能够和这些设备实现无缝连接，又为未来业务发展预留了拓展接口，这让公司节省了大量成本，保证了公司的投资，让公司真正感到物有所值。"

通过上述案例的实施，E 公司就好像给自己的保险数据添加了一个新的"保险"，所有数据信息实现了集中统一的应用以及管理，信息的利用率明显提高，工作效率也大大增强，从而有效地促进了公司业务发展。

案例6 F 公司 CRM 系统寿险精确营销应用案例

在中国，随着各保险公司规模的不断扩大，如何管理现有客户，不断挖掘和扩展新的客户资源，提高效益，增强公司竞争力成为急需解决的问题，众多保险企业已经认识到建设客户关系管理系统的重要性。

一、公司概况

F 公司北京分公司主要负责北京地区的业务开展和经营管理工作，主要履行业务拓展、人员培训、技术支持、风险控制与管理及客户服务的职能。

F公司北京分公司管理制度严谨,人才储备丰富,拥有一大批高素质、专业化的员工。现有内勤员工217人,其中大专以上(含)学历的员工占92%,涵盖金融保险、投资、精算等各个专业,拥有多名寿险管理师、核赔师及精算师。

二、项目背景

国内保险行业的竞争日趋激烈,北京更是内资、外资保险公司的必争之地。要想在激烈的竞争中站稳脚跟,内资保险公司在挖掘自身管理潜力方面要付出更大的努力。根据自身所处发展阶段不同,我国保险企业在信息化应用方面呈现出多样性的特点。在数据大集中后,建立客户关系管理系统(CRM)成为新的亮点。F公司北京分公司在市场竞争日趋激烈的环境下,在公司内部开始进行CRM的建设。

在分公司,主要业务部门有三个:团险业务部、银行业务部、个险业务部。F公司北京分公司为了团险业务更好的拓展,开始进行管理创新,考虑选用优秀CRM产品厂商产品,实现业务高效管理和对客户无微不至的人文关怀。

三、客户需求

团险业务部的目标客户都是集团公司或者大企业,相对个险业务来说更注重业务的进展过程,并且强调团队合作共同开拓客户资源,因此在管理上要求更加精确。

具体来说,F公司北京分公司希望实现以下目标:

(1)领导可以对所辖员工的业务联系信息进行查看,同时可以随时进行相应的业务指导,最理想的状态是对每个客户的业务进展都能进行指导。

(2)员工可以对自己的客户进行相应的管理,团险业务部的员工每个月都要求有一定数量准客户录入系统,所以随着客户量的增长,需要一个软件对大量的客户信息进行有效的管理。

(3)协同工作。F公司的团险业务部,客户群主要是一些集团公司或者是一些相对比较大的客户,特别强调协同工作的重要性,提倡大家一起努力来跟踪客户并促成业务。

(4)实现保险公司与客户互动。公司希望能够在设定的时间(节假日等)给客户自动发短信和自动发送邮件,让客户体会到F公司无微不至的关怀,实现公司与客户之间的互动,让业务更加人性化。

四、系统简介

根据 F 公司提出的目标，提出解决方案，即将 CRM 和短信平台整合在一起，这样就可以实现对客户开拓的全过程的精确管理，对于业务人员的工作业绩考核也有据可查。同时，短信平台的开通，能够实现对客户定制发送短信，表达 F 公司对客户的人文关怀，体现公司"以人为本"的宗旨。

（一）CRM 网上客户关系管理系统

（1）客户关系管理：CRM 通过联系记录和事件记录功能，详细记录员工的业务拓展全过程，方便公司掌握客户的所有资料，同时领导可以随时对销售人员的销售环节进行指导，促成销售的成功。

（2）客户服务管理：CRM 系统将对所有销售业务进行全程记录与跟踪，并且可以通过该平台实现任务的转交和协同。通过任务的转交和协同等手段，协调多人加入对某一大客户的拓展，从而发挥出团队的优势，创造出更多更好的业绩。

（二）短信平台

实现保险公司与客户之间的互动。通过购买相应的短信设备就可以实现自由短信发送功能，每个使用 CRM 的用户都可以自由设置邮件和短信发送功能；可以按照定时、周期、生日、节日的方式为客户发送邮件；通过邮件短信的自由发送功能增强与客户的互动，提高客户的满意度。

五、应用状况

F 公司北京分公司自 2005 年 3 月开始正式使用 CRM，在团险业务部内推行 CRM 软件。目前，CRM 已经在公司内部得到了广泛应用。

六、行业影响

保险行业而言，对客户资源进行开拓和维护是十分重要的工作，因此如何准确把握客户信息，分析客户需求并促成业务，是所有保险业销售人员最关心的事情。CRM 产品的特点刚好能够满足公司这些方面的需求，一方面能够帮助保险公司员工准确记录工作进程，同时方便领导层对基层员工的及时指导，并且提供了协同工作的机制，让团队能在这一平台上合作拓展大的项目。另一方面，在 CRM 系统中添加短信平台，实现了保险公司定时、定制向客户发送问候的目标,体现出服务行业应有的人文关怀,增加客户的认同感。

七、产品不足

从整体来看,CRM 在功能和管理思想方面都和公司产品非常吻合。但是针对保险行业具体应用,也提出一些需要改进的地方。首先是称呼方面,比如:CRM 销售线索、销售机会,公司称之为客户需求、准客户;CRM 的技术支持,CRM 称为销售支持;销售单也进行了相应修改。

案例 7　G 公司:健康险的异军突起

一、G 公司健康险的现状与规划

截至 2017 年 1 月底,G 公司累计服务客户 5.35 亿,保单数量超过 75.55 亿份。作为一家以技术创新带动金融发展的金融科技公司,G 公司与传统保险公司相比,显得特立独行,例如坚持不设任何分支机构,完全通过互联网渠道进行承保和理赔服务。

G 公司从最初的电商场景中的保证金保险产品起步,近两年初涉健康险领域。虽然目前占保险总额比例很小,但健康险依然是各家保险公司必争之地。公司 2016 年的健康险保费规模急速增长。

二、反复迭代小步快跑

2016 年 G 公司健康险的销售额呈现爆发式增长。这得益于公司在 2016 年推出的一款国民医疗险产品"××e 生"。

该产品于 2016 年 8 月底推出,由于保障额度高、保障范围广、保费门槛低、产品设计亲民、投保便捷等优势,推出后即成为网络"人气爆款",被网友封为"国民医保"。上线三个月后,"××e 生"吸引了超过 10 万家庭投保,其中九成以上消费者为自己及家人一起投保。

2016 年底,"××e 生"进行产品扩容,向市场推出"××e 生·全保通"与

"××e生·重疾险"。"医保直付"落地为线上快速理赔：最快一天，理赔款通过银行卡、微信、支付宝等通道到账。

三、产品策略

G公司的通常做法是同时孵化多个产品，通过天猫旗舰店、蚂蚁保险及其他第三方合作平台的渠道，了解市场反馈选择佳者并做重度投入。

公司健康险的赔付率不高有其特殊性，互联网保险的背景使得公司健康险最早吸引的用户主要来自互联网、高科技企业。这些企业的员工平均年龄较低，属于保险的优质客户。目前，这类用户占到公司健康险保单的一半以上，因此有效控制了赔付率。此外，对于健康险可能出现的骗保行为，公司尝试与蚂蚁金服的芝麻信用进行跨界合作，用个人的信用分去分析评价其骗保的可能性，并基于此给予用户不同的线上理赔额度。

四、团险市场的精益创新

G公司在贴近C端上有优势，但实际上，公司在健康险上的突围依然是从企业客户入手，关键词是小企业与小创新。

公司从技术上为企业客户做了一些工具插件，帮助人力资源管理便捷地将公司人员的信息与公司的服务做互动与对接，降低人力资源管理的人力成本。在线上理赔方面，公司可以接入PC或微信等移动端；微信企业号出现后，公司迅速在企业号做了理赔插件，企业员工很容易在个人手机端看到保单；小额理赔只需用手机拍照上传即可完成，并可看到后续理赔进度；理赔费用通过微信、支付宝或者银行账号打给用户。

五、团险市场的精益创新

过去三年，G公司搭建了国内首个跑在云上的去IOE核心系统无界山，并打造了上帝之眼全网监控平台、神龙岛自动化运维平台及大力神安全分析平台三项工程。因此，公司可以处理超大规模、超多渠道、超高并发、超多金融业务融汇交叉的情况。这也成为公司健康险能够快速响应市场需求，服务不同行业的重要基础。

公司健康险并不想争夺传统保险公司的红海市场蛋糕，还是基于自身快速响应与快速迭代的特点去挖掘一些差异化的市场。

目前，团险是公司健康险业务的重要组成部分。公司通过直接与人力资源公司、保险渠道及交叉合作平台等合作，深入团险市场，并在激烈的竞争中谋得了一席之地。

六、垂直细分市场的医疗险

除国民医疗险"××e生"之外，G公司健康险也尝试各个细分垂直医疗市场的产品创新。在这些细分领域，互联网保险公司纷纷尝试与互联网医疗企业、线下机构等第三方结合的模式。这是真正从传统的保险产品向健康管理式产品转型的开始，然而不得不承认，现实的推进并不如想象的那么容易。

2016年下半年，一度火热的互联网医疗寻求商业保险公司作为闭环买单方抱团取暖，商保成了互联网医疗的希望。究竟这条路是否走得通？根据独角兽工作室的结论，目前很少有移动医疗公司实现保险变现，虽然有项目盈利，但尚不能规模化。

以G公司保险一款针对糖尿病患者的垂直医疗险"×小贝"为例，这款产品借助于腾讯旗下的智能监测设备"×大夫"，后端有××园的医生群体做咨询，旨在帮助患者更好的养成良好的生活习惯，并给予一定的激励，形成健康管理的闭环。

公司此款产品的运营中，患者用户如果一周不使用"×大夫"监测血糖，就会有人工客服电话跟进。如果用户血糖监测结果处于危急值范围，××园连接的专业医生会高频跟进用户，并给到用户用药、锻炼、饮食的建议。如果一段时间内，用户的健康管理监测数据得到改善，则公司保险用保费浮动的方式来鼓励用户的自我管理。

公司发现，这款产品在销售中并没有出现"××e生"般的爆发式增长。单纯通过线上销售对此类比较复杂的产品并不有效。基于这样的市场反馈，公司亦无法轻视经纪人的作用，故转而通过技术手段来帮助经纪人更方便地与潜在客户做更好的面对面沟通。

案例8　相互保险在医疗领域的发展前景

一、相互保险概述

近年来，国家高度重视发展相互保险。2014年8月，《国务院关于加快发展现代保险服务业的若干意见》（国发〔2014〕29号）提出要"鼓励开展多种形式的互助合作保险"。2015年1月，原中国保监会在借鉴国外经验和结合我国国情的基础上，发布了《相互保险组织监管试行办法》（保监发〔2015〕11号），初步确立了相互保险在我国的监管原则。2015年6月，国务院第93次常务会议审议通过了《关于大力推进大众创业万众创新若干政策措施的意见》（国发〔2015〕32号），进一步明确要"加快发展相互保险等新业务"。随着国家和原中国相关监管机构一系列支持文件的出台，我国出现了一股"相互保险热"。各路资本纷纷探讨筹建相互保险组织的可能性，网络互助平台更是蓬勃发展。

《相互保险组织监管试行办法》中指出，相互保险是指具有同质风险保障需求的单位或个人，通过订立合同成为会员，并缴纳保费形成互助基金，由该基金对合同约定的事故发生所造成的损失承担赔偿责任，或者当被保险人死亡、伤残、疾病或者达到合同约定的年龄、期限等条件时承担给付保险金责任的保险活动。相互保险组织是指在平等自愿、民主管理的基础上，由全体会员持有并以互助合作方式为会员提供保险服务的组织，包括一般相互保险组织，专业性、区域性相互保险组织等组织形式。美国加州保险法规定，相互保险公司是指没有股本而由全体保单持有人共同所有的保险公司。日本保险法提出，相互保险组织是指依法设立的以投保人为成员，并为其成员提供保险服务的组织。英国金融监管局认为，相互保险是指没有股本但具有法人资格的保险实体。总体而言，相互保险是一种区别于股份制的保险组织形式，由具有相同风险保障的全体投保人共同所有，并为其提供保险保障服务。

从历史上看，相互保险是一种传统的保险组织形式，历经数百年的发展演变，至今仍在全球保险业中占据重要的地位。为化解各类风险和相应外部环境的变化，相互保险组织经历了新组织设立、相互化、去相互化和重新崛起等历程。根据国际合作与相互保险联盟（the International Cooperative and Mutual Insurance Federation，ICMIF）发布的《相互保险全球市场份额2014（Global Mutual Market Share 2014）》的数据显示，截止到2014年，全球相互保险总资产已经达到8.3万亿美元，实现保费收入1.29万亿美元，占据全球保险市场份额的27%。同时，至少有5 000家相互保险公司或组织活跃在全球各地，其中拥有相互保险组织最多的是欧洲和北美洲，分别有约2 700家和1 900家。全球相互保险组织拥有员工111万人，为9.55亿会员提供保险服务。

二、医疗是相互保险应用的重要领域

相互保险之所以能够长期存在，必然有其优势所在。而相互保险最大的优势也是其最大的特色，即保险人和投保人身份的统一性。会员在购买保险时既是投保者，又是相互保险公司的所有者。正是由于这种特殊性，相互制保险公司对于解决保险人和投保人之间信息不对称的问题具有独特优势。

医疗领域一直是相互保险发展的重点领域。据《相互保险全球市场份额2014》统计，2014年，相互制寿险中失能和长期健康保险占据了9.3%的份额，保费收入为592.41亿美元；在相互制非寿险中，健康险占据25.3%的份额，保费收入为1 641.97亿美元，意外和责任保险仅占8.5%。

医疗保险是信息不对称的典型领域。无论是参保人员的逆向选择还是道德风险，抑或是保险人撇脂行为、惜赔问题，都有可能导致低风险者退出保险市场，保险产品费率不断提升，最终导致保险市场难以为继。在相互制这一组织形式下，投保者和保险人身份的统一性和利益的一致性，能很好地避免这种信息的不对称问题。保险人能够充分了解投保者的身体状态，进而可以达到减少道德风险和逆向选择的目的。同时，由于道德风险和逆向选择问题的降低，保险费率也会相应降低，加之相互保险组织不以盈利为目的，因此可以提供更低价的保险产品，使更多的中低收入人群能够购买商业保险。

除了传统的医疗保险之外，相互制在医疗责任保险中也大有作为。医疗责任保险作为一种风险转移手段，在一定程度上可以缓和医患之间的矛盾。但是反观我国医疗责任保险的发展现状，保险公司由于人才、制度等方面的原因，无法充分参与医疗责任或医疗事故的鉴定，一旦被动接受不合理的医疗鉴定结果，保险公司不得不支付高额的赔付。进而保险公司收缩医疗责任保险的责任范围和保障额度，最终陷入一种医疗机构不认可、保险公司不盈利的双重困境，不能为化解医患纠纷、构建和谐医患关系提供鼎力支持。而相互保险公司尤其是医疗机构作为会员的医疗责任保险公司，避免了投保双方的信息不对称，使得保险人能够更加充分的了解、识别医疗行业风险，全面参与医疗责任事故的鉴定与赔偿，因而不仅能够制定更合理的保费，设计满足投保人需求的保险保障产品，还能够帮助医疗行业更好控制风险，加强事前预防，避免医患纠纷。同时，由于相互制不以盈利为目的，使得保险公司免去中间代理人等较多的管理费用，降低了医疗责任保险的运行成本。

综上所述，包含医疗保险和医疗责任保险在内的医疗领域，是相互保险应用的重要范畴。原中国保监会统计，2014年，我国人身保险保费收入中12.18%由健康险构成，2015年则达到14.80%。由于保费统计口径和我国相互保险尚未真正起步等原因，当前我国相互制在医疗领域的应用还不能与全球总体发展状况相对比。但是在我国全民共建共享"健康中国"的今天，相互制的探索与健康险高速发展的浪潮奠定了相互制在医疗领域良好的发展前景。

三、相互保险在我国医疗领域的发展前景

2016年4月，国务院正式批准同意开展相互保险社试点并进行工商登记注册。

附 录
健康保险信息系统与技术应用案例

同年5月,原中国保监会批准筹建三家相互保险社,其中财险2家,寿险1家。由此可见政府对相互保险给予了高度的重视,并且大力鼓励相互保险在我国的发展。

国泰君安和中金公司都对我国相互保险市场份额进行了预测,虽然据国际合作与相互保险联盟统计,2013年我国相互保险市场份额只有0.3%,但国泰君安预测,到2020年,我国相互保险市场规模为1600亿元,占总体保费的3.3%。中金公司预测,到2024年,我国相互保险市场规模将达到7600亿元,占总体保费的10%。因此可以看出市场对相互保险在我国的发展保持着很乐观的态度,相互保险作为分享保险行业成长性机会的入口,将迎来它的春天。

2014年发布的《国务院关于加快发展现代保险服务业的若干意见》中提出要"发挥责任保险化解矛盾纠纷的功能作用",并指出希望将多种与公众利益关系密切的风险作为责任保险发展重点,其中多种风险就包括医疗责任和医疗意外。而通过上文的分析,本文认为结合我国医疗行业的现状,相互保险相比股份制保险将更适应于解决医患矛盾,减少医疗纠纷。相互保险能够充分发挥责任保险在事前风险预防、事中风险控制、事后理赔服务等方面的功能作用,通过更低的成本,提供弹性化的、多样化的保险产品来满足会员的需求,从而最小成本地化解医疗纠纷。下一步应鼓励有条件的医疗机构发起设立相互医疗责任保险组织,为化解我国医患纠纷、实现医疗责任保险的专业化探索新的方向。

四、众惠财产相互保险社获批开业初始运营资金10亿元

2017年2月15日,众惠财产相互保险社宣布获得原中国保监会同意开业批复,成为中国首家开业的相互保险社。开业批复显示,众惠相互初始运营资金为10亿元,住所为深圳市前海,营业场所在北京市朝阳区。业务范围包括:信用保险、保证保险、短期健康和意外伤害保险;上述业务的再保险分出业务;国家法律、法规允许的保险资金运用业务;经原中国保监会批准的其他业务。

案例9 保险行业移动信息化解决方案

保险行业是我国市场经济体系的重要组成部分,随着国际化竞争的加剧,对内降低组织的摩擦力,提升公司的运营效率,对外实现与客户更友好的沟通,提升服务水平,对客户需求给予迅速回应成为行业亟待解决的战略问题。而优化业务与管理流程在技术层面要更多地借助信息技术,特别使快速发展的移动通信技术为保险行业提升

管理和服务水平提供了有效手段。如客户对自身保费缴纳状况的动态查询,对保险公司推出的新产品的动态了解,对保险公司出台的保险优惠政策动态获取;公司业务人员需要随时随地地访问公司Intranet查询修改客户信息,随时随地地向客户传递公司相关政策,公司业务管理人员需要随时随地地了解公司业务状况等等。移动通信技术的发展为保险行业从业务到管理的移动信息化提供了更为便捷的技术条件。

一、解决方案

(1) 客服信息发布应用方案:通过短信等方式与为数众多的客户做好沟通,提升客户满意度。

(2) 无线核保应用方案:利用移动无线网络对业务人员递送的保单进行处理,提高业务处理效率。

(3) 无线投保系统应用方案:借助移动无线网络随时随地地接受客户的投保申请,迅速快捷地为客户办理投保业务。

(4) 无线保险代理人系统应用方案:借助移动无线网络对业务进行随时随地的处理,对客户的需求做出即时响应。

(5) 保险理赔系统应用方案:借助移动无线网络对理赔活动进行管理,提升业务流程处理效率。

二、保险行业信息化解决方案——客服信息发布应用方案

(一) 客户面临的问题

与其他行业不同,保险业具有自己鲜明的特点。其销售既有面对广泛个体客户的关系型销售,又有面对大客户的项目型销售。要管理好高价值客户,把一个新保/转保客户发展成为续保客户,并在此基础上扩大其他险种的销售,通过不断维护与管理,稳定并发展客户关系;对于一些企事业单位的大的项目,要通过严格的项目控制与多部门不同人员的工作协同来确保达到良好的效果与销售目标。怎样随时随地与客户保持联系,更好地维护客户关系呢?如何保证公司的利益呢?这样的工作仅仅靠有线通信显然不够,保险公司需要通过更为灵活的手段,时时发布产品信息,向保户以及潜在的保户传递公司产品信息、客户服务信息以及辅助进行产品研发市场测试。

(二) 解决方案

客服信息发布应用方案以移动优质的无线网络作为空中应用平台,为保险公司发

布客服信息提供安全与快捷的通道保证。保险公司可以利用移动通讯的无线网络，通过短信和 WAP 两种方式，完成向客户发布信息和进行客户关系互动的过程。移动信息发布适合小数据量信息实时查询。

（三）给客户带来的好处

客户服务信息发布——信息群发和信息定期发布对终端要求低，信息发布成本低，覆盖面宽，加强了保险公司和客户的合作和互动。

辅助办公流程管理——提供保险公司内部，面向客户的各个业务管理流程与客户交互的信息发布通知等，如会议通知、保险政策调整、续保提醒等。

三、保险行业信息化解决方案——无线核保应用方案

（一）客户面临的问题

保险公司的业务管理人员，如核保人员，目前基本采取有线方式访问企业 IT 系统进行业务审核处理，无法及时获取进入 IT 系统的保单信息，对自身负责的审核业务做出快速处理；在这种情况下，需要使用该通信集团的无线解决方案，实时查询公司信息，帮助核保人员随时随地查询险种相关政策，审核并确定保单的承保级别。

（二）解决方案

该通信集团利用其完善的通信网络为保险行业提供了方便成熟的无线业务处理，通过无线核保应用方案，保险公司可以随时随地对业务人员递送的保单进行处理，并对业务处理流程效率需求做出即时响应。与此同时，也能接收企业内部消息和各种通知事项。

（三）给客户带来的好处

无线核保：随时随地接收企业 IT 系统的核保通知，访问企业 IT 系统，按照相关政策审查进入核保流程的保单，把审核结果及时通知业务拓展人员和流程下一环节；辅助核保工作，查询公司相关险种的政策。

移动办公——为员工提供会议通知、工作安排、政策提醒、邮件到达通知等；为审核业务员提供保单状态查询、相关疑问查询等（双向）。

四、保险行业信息化解决方案——无线投保系统应用方案

（一）客户面临的问题

保险营销过程一般通过广告向潜在的受众传递产品信息，通过网站介绍具体的保险利益条款，通过保险代理人面对面的宣传讲述，但是，随着无线技术的发展、无线终端的普及，保户已经能够采取无线终端形式访问保险公司的门户。在这种情况下，为客户开辟新的购买渠道和了解公司产品信息，提供更加顺畅的服务通道，就成为获取市场竞争的新手段；保险公司可以利用该通讯集团的信息化解决方案，开辟更为灵活的销售渠道，突破地点时间的限制，时时接收客户的访问投保申请，同时向客户以及潜在的保户传递公司产品信息、客户服务信息。

（二）解决方案

无线投保系统应用方案是该通讯集团利用其完善的通信网络以无线投保的方式快捷地为客户办理投保业务，帮助保险公司的客户/潜在客户随时随地利用无线终端访问保险公司的业务系统，填写保单，跟踪保单处理状态，接收业务处理各个环节的信息反馈。

（三）给客户带来的好处

无线投保——为客户提供无线投保、缴费通知、新险种通知等业务。
保单无线查询——客户动态查询保单的处理阶段，保险公司相关政策信息。

五、保险行业信息化解决方案——无线保险代理人系统应用方案

（一）客户面临的问题

保险代理人工作性质流动性较大，业务拓展活动主要在公司办公室以外进行。在目前的情况下，保险代理人与保险公司之间存在信息沟通不便、保险代理人难以及时获取公司发布的信息的问题，容易导致代理人在展业过程中获取不到即时信息，在面对客户的时候，不能即时回答客户提出相关产品问题。另一方面，保险费率以及费率的计算比较复杂，保险代理人面对客户时，计算保费往往比较困难，人工计算导致的错误难以避免。业务信息支持不足，客户跟进服务不及时；业务人员对自己的保单了解不足，会造成保费流失。在这种情况下，一套能够实时查询公司相关政策信息，具

有强大信息处理能力，能够帮助用户查询数据并进行保费试算且便于携带的移动代理人查询试算系统的产生就具有了迫切的必要性。

（二）解决方案

无线保险代理人系统，是一个创新的系统，它辅助保险公司业务拓展人员随时随地利用无线终端访问保险公司的 Intranet，试算保费，查询相关信息处理投保、理赔、薪资查询等业务。

（三）给客户带来的好处

代理人针对不同的目标客户进行产品推介，在移动终端支持下时时在线，进行保费试算、费率查询、政策咨询等业务。

代理人通过无线终端访问业务处理数据库，进行核保查询，保单信息查询。

保险公司通过移动企信通向代理人和内勤人员发布公司信息（文件、通知、培训、互动式问答调研）。

代理人以无线终端接收保险公司的文件、通知等，进行工作安排。

保险公司为每位代理人员分配短号，客户通过访问保险公司的 IVR 系统，进行产品信息查询，与代理人进行互动，业务咨询。

六、保险行业信息化解决方案——保险理赔系统应用方案

（一）客户面临的问题

理赔环节得当的处理对保险公司的直接、继续保险经济过程有积极的意义。能否加快理赔工作的速度，提高理赔工作的效率，对于提高投保人对保险公司的满意度和忠诚度是极其重要的一环。保险公司的 IT 系统在建立之初基本采取有线的方式，而保险公司的（理赔）业务管理人员的理赔工作具有流动性特征，理赔管理工作更多需要借助无线的手段，在理赔操作环节中实现理赔管理人员与理赔操作人员充分互动，以便驱动业务管理流程。在这种情况下，一套能够克服有线系统的束缚，辅助理赔管理，实现保险公司在理赔活动中充分互动，确认相关信息，快速做出理赔决策，查询公司信息，具有强大信息处理能力的无线系统就显得尤为重要。

（二）解决方案

无线保险理赔应用系统突破时间和空间限制，以手持终端系统、无线通道的方式辅助保险公司理赔人员随时随地利用无线终端访问保险公司的 Intranet，查勘现场，

现场取样，发送出险现场信息，甚至与公司相关部门在线会议。

（三）给客户带来的好处

在接到客户报案后，理赔管理部门电话/短信联系外勤理赔人员，调度其中无任务的人员到现场查勘，并通知相关外勤业务人员现场听取客户需求。

理赔人员赶到现场后，对现场进行查勘，采用摄像、照片、短信等方式记录现场采集的各项信息并通过手机上传到公司。

理赔人员无线发送采集的现场信息，与理赔管理部门领导电话/短信进行互动，确认出险程度，做出初步决策，对案情定性。

案例 10　保险行业移动商务整体解决方案

作为一家一直致力于金融行业移动商务应用的专业厂商，H科技发展有限公司经过多年对保险行业的潜心研究与长期的业务实践积累，针对保险行业的移动应用需求制订了保险行业移动商务整体解决方案。该方案整合了目前各项流行的移动增值技术，为保险企业提供各类移动接入功能和各种系统接口功能，以高效、快速、灵活的特点帮助保险企业进行险种销售和客户管理。

一、方案概述

保险行业移动商务解决方案综合了目前移动通信领域中的短信、WAP、K-JAVA、BREW 以及 IVR 等各项技术，面向保险公司提供的移动商务整体解决方案，将移动用户和保险公司的业务系统、网站系统、办公自动化系统、客户服务系统等有机整合在一起，架构起一套功能强大、服务形式多样化的移动商务系统。它包括四个子系统：应用框架、移动接入子系统、功能子系统以及外部接口子系统。

二、主要功能模块

（一）移动客服系统

移动客服系统是客户在整个解决方案中能够直接感受的部分，通过该系统可以支持各种形式的短信服务，以实现客户需求的各类上行、下行短信服务。

系统提供的上下行服务的项目包括：新单祝贺、续期交费通知、续保银行划账不成功通知、催缴费通知、保单失效告知、保单永久失效告知、代理人生日祝福、晋升查询（警告、降级、晋升、除名等）、佣金查询、短信群发、服务定制与取消、新险种介绍、所属客户保单资料查询等等。

（二）E行销系统

通过电脑、智能移动终端（手机）、互联网络、无线数据网络及相关设备销售保险产品或提供售后服务支持的一种营销手段。该行销系统包括：客户关系管理、业务信息查询、业务状态提醒、投保方案书、利益演示及理财规划等功能。

该系统功能可实现客户资源的档案管理、工作日志管理、客户资源的系统分析、个人活动量分析及业务分析等；客户、保单、佣金等信息的综合查询功能；客户生日、客户缴费等事件提醒功能；强大的短信群发功能；灵活方便的邮件转发功能等。另外，该系统还提供投保方案书生成、险种管理、轻松理财等，极大地提高了代理人展业效率。

（三）移动办公系统

基于手机方式的移动办公自动化系统摆脱了以往基于定点办公的局限性，实现办公信息以无线方式进行流转，无论人员身处何处，都可以像本地办公人员一样进行日常办公，从而实现比传统模式更加灵活、更加高效的协作方式，为企业提供信息共享和信息集成的办公平台。

移动办公主要包括无线上网远程办公、短信辅助移动办公、WAP辅助移动办公三种方式，其中短信辅助办公是基于手机的移动办公的主要形式，它可以实现短信通知与查询、短信/邮件互动等功能。

（四）移动电子商务

移动电子商务就是利用手机、PDA等无线设备进行B2B或B2C的电子商务模式。目前，在保险行业中的应用主要是B2C的商务模型。根据保险企业的现实需求为保险企业客户提供随时随地的购买保单的移动平台。该系统分为手机保单激活、手机投保与手机支付等模块。

（五）移动广告

移动广告会随着时间的变化推陈出新，以前以短信、彩信、彩铃等个人为主的应用，经过研发也可以针对企业用户，作为全国跨地区电信增值服务提供商的H公司，结合在大型集团企业客户的移动应用经验，提出了集团商业彩铃解决方案。该方案为客户提供个性化集团彩铃服务，从而为企业提供创新性的企业宣传、业务推荐、险种发布、最新公告等。

三、技术特点

（一）便捷的操作管理

采用与 Windows 风格相同的操作方式，方便使用者快速掌握操作技巧，易学易用。

（二）简易的开发维护

采用开放式的面向对象设计，技术实现模块化组件开发。后台通过集中的模块对象管理，结合前台模板技术，实现内容和表现形式的完全分离，帮助客户快速定制开发业务应用。

（三）开放的体系结构

采用 Java 类代码为核心技术，提供了最大程度的开放性，系统基于组件的软件结构，灵活可扩展，金融企业可以根据业务发展的需求，与企业现有业务系统实现无缝对接，节约企业大量资源。

（四）严密的安全体系

为严格保证金融企业内部专网的安全性，系统采用了高强度的 RSA 非对称密钥算法、DES、MD5 算法等手段，实现方案的数据安全性和应用安全性。

四、方案价值

（一）提高内部沟通效率，降低业务成本

保险公司可充分利用移动商务平台的内部信息沟通功能，实现移动办公和互联网办公平台的有效对接，保证业务和管理消息的及时、快速和主动传输，使保险公司成为一个能快速适应、应对外界变化的金融企业，在市场竞争中赢得先机。同时，移动商务平台的利用，将部分改变内部业务流程，从而很大程度上降低业务成本，提高业务效率。

（二）由技术创新实现业务创新，打造保险企业市场竞争力

基于 SMS、WAP、BREW、K-JAVA 等移动通讯技术的保险行业移动商务平台，有效权衡功能与技术实现的关系、项目与终端客户需求发展的关系。移动商务平台可以整合客户服务的信息推送、信息查询和在线交易等功能，创新的客户服务渠道和方式为保险公司构建了一个创新的业务模式，并通过创新模式赢得在保险市场竞争中的优势地位，从而打造在行业中的竞争力。

（三）实现客户的快速拓展，为企业获得持续的经济效益与抗风险能力

为保险公司提供了一个创新的服务渠道和市场拓展渠道。通过充分发挥移动商务的便捷、快速、个性化、主动式、随时随地等优势，吸引更多的潜在客户。通过保险公司的多种渠道如营业厅、电话、网站、移动终端等获取保险服务。这样，可实现保险公司客户的快速拓展和增长，从而带动保险公司各种业务的收入。

（四）提高保险公司对市场的快速应变能力

有效的辅助营销业务开展，使公司通过各种报表、统计和提醒能够掌握各种保险险种的销售信息、实现销售信息的集中管理，对销售情况进行多维度分析并做出正确的决策。

（五）个性化、多样化的服务形式极大提升保险服务的知名度、美誉度及客户忠诚度

通过移动商务平台，保险公司可享受到个性化、多样化的服务，服务覆盖能力的增强，提升了保险公司的服务认知度，服务的便捷、服务的安全、服务内容的准确高质可增强客户美誉度。最终，保险公司的客户将热衷于持续的优质服务，从而成为公司的忠实客户。

参考文献

[1] 顾临风. 构建高效、规范的医疗保险计算机管理信息系统的思考[J]. 科技与创新, 2017 (21): 92-93.

[2] 王海洋. 社会保险业务一体化信息系统之档案管理子系统初探[J]. 中国管理信息化, 2017 (19): 160-161.

[3] 张靖. 东方公司社会保险管理信息系统一体化平台设计[J]. 信息与电脑 (理论版), 2017 (16): 127-130.

[4] 王艳茹. 基于数据信息模式的医院医疗保险综合管理模式研究[J]. 经济研究导刊, 2017 (20): 169-170+173.

[5] 张伟. 我省深化防灾减灾救灾体制机制改革[N]. 安徽日报, 2017-07-06 (002).

[6] 姜楠. 浅议信息技术在医疗保险档案管理中的应用[J]. 山东档案, 2017 (03): 59-60.

[7] 袁东明. 工伤保险信息管理系统设计与实现[J]. 中外企业家, 2017 (17): 126.

[8] 傅苏颖. 保监会: 严禁险资投资基础资产不清等多层嵌套产品[N]. 证券日报, 2017-05-08 (A01).

[9] 郑艺. 构筑行业信息共享生态助力保险业转型升级——专访中国保险信息技术管理有限责任公司董事长、总裁吴晓军[J]. 金融电子化, 2017 (04): 33-34.

[10] 张巨峰. 山西保监局推动重大项目"走出去"[N]. 山西日报, 2017-04-15 (001).

[11] 石容文. 浅析信息技术在社会保险管理中的应用[J]. 人力资源管理, 2017 (04): 308-309.

[12] 贺丹丹. 社会保险管理工作中信息技术的应用分析[J]. 人力资源管理, 2017 (04): 293.

[13] 姚瑞琪. 社会保险管理工作中信息技术的应用分析[J]. 中国管理信息化, 2017, 20 (06): 147.

[14] 王鹃. 我市城镇居民医疗保险和新农合将合二为一[N]. 攀枝花日报,

2017 - 02 - 19 (002).

［15］梁宇鑫. 浅析数据信息在医院医疗保险管理中的应用［J］. 财会学习，2017（02）：190.

［16］王婕. 医疗保险计算机管理信息系统的设计与实现［J］. 电子技术与软件工程，2017（01）：50.

［17］江乐盛，金志英，王业鸿. 以信息不对称为视角论健康保险风险管理的路径［J］. 现代经济信息，2016（24）：42 - 44.

［18］张业恒，贾晓云，张贺伟，高洪涛. 河南省城乡居民医保大病保险信息管理系统设计与实现［J］. 智慧健康，2016，2（12）：51 - 58.

［19］成双全. 中国人寿保险公司财务信息管理系统的设计与研发［D］. 吉林大学，2016.

［20］李远萍. 市级医疗保险缴费信息管理系统的设计与实现［D］. 吉林大学，2016.

［21］徐淑萍. 保险公司会计信息失真与管理会计的优化应用［J］. 中外企业家，2016（33）：53 - 54.

［22］金春兰. 信息管理在医疗保险管理中的应用［J］. 办公室业务，2016（22）：97.

［23］李俊杰. 华安财产保险运营信息管理系统设计与实现［D］. 大连理工大学，2016.

［24］丁萌. 加强行业信息共享服务保险业改革发展［N］. 中国保险报，2016 - 08 - 04（001）.

［25］李丽红，张军，郭琳. 互联网 + 时代背景下的保险行业信息安全管理［J］. 中国信息安全，2016（07）：88 - 89.

［26］包兴安. 29 部门出 41 项措施激励 A 级纳税人守信企业银行开"绿色通道"［N］. 证券日报，2016 - 07 - 13（A02）.

［27］董妍嫔. 医疗保险管理信息系统参保人员管理功能的设计与实现［D］. 吉林大学，2016.

［28］霍婧远. 人寿保险电话销售管理信息系统的设计与实现［D］. 吉林大学，2016.

［29］李画. 合作共建为"营改增"提供有效支持［N］. 中国保险报，2016 - 05 - 16（001）.

［30］李锋. 数据信息在医院医疗保险管理中的应用［J］. 中国高新技术企业，2016（16）：57 - 58.

［31］杜宝明. 医院医疗保险管理信息集成平台建设［J］. 人力资源管理，2016

(05): 264-265.

[32] 曲强. 大连市金州新区医疗保险管理信息系统的研究与实现 [D]. 电子科技大学, 2016.

[33] 裴旭. 基于 CRM 的保险业务信息管理系统的设计与实现 [D]. 吉林大学, 2016.

[34] 李廷萍. 基于 J2EE 的农村养老保险信息管理系统的设计与实现 [D]. 山东大学, 2016.

[35] 王剑. 城乡居民养老保险信息管理系统的设计与实现 [D]. 内蒙古大学, 2016.

[36] 赵琦. 社会保险管理信息系统建设中的问题 [J]. 电脑知识与技术, 2016, 12 (01): 35-36.

[37] 柴艳平. 信息技术在社会保险管理工作中的应用 [J]. 福建质量管理, 2016 (02): 18.

[38] 沙兴濛. 保险公司重要客户信息管理系统设计分析 [J]. 电脑迷, 2016 (02): 20-33.

[39] 王丽. 实时监控就医信息严禁伪造诊断证明 [N]. 中国劳动保障报, 2016-01-23 (006).

[40] 李健勋. 社会保险信息管理系统的决策分析子系统的设计与实现 [D]. 广西大学, 2015.

[41] 孙晶晶, 魏俊丽, 万昊, 赵冠宏. 数据信息在医院医疗保险管理中的应用 [J]. 中国医院, 2015, 19 (12): 44-46.

[42] 石斌. 社会养老保险管理信息系统在城乡居民中的研发 [J]. 现代经济信息, 2015 (22): 80.

[43] 刘小微. 完善基础设施服务保险现代化 [N]. 金融时报, 2015-11-13 (005).

[44] 苏向杲. 保险行业人力成本占总成本三成 人均人力成本17万元 [N]. 证券日报, 2015-11-12 (B01).

[45] 邹文韬. 长沙市社会保险信息管理系统的设计与实现 [D]. 湖南大学, 2015.

[46] 乔军. 医疗保险管理信息系统中的数据传输设计 [J]. 信息系统工程, 2015 (09): 94-96.

[47] 李波. 面向人寿保险企业的审计管理信息系统研究与设计 [J]. 经贸实践, 2015 (10): 93-95.

[48] 李瑞. 工伤保险信息管理系统的设计和实现 [D]. 吉林大学, 2015.

[49] 武万鹏. 建设规范高效的医疗保险计算机管理信息系统的构思 [J]. 信息系统工程, 2015 (05): 40-42.

[50] 尹志强. 天津社会保险档案信息管理系统 [D]. 天津大学, 2015.

[51] 黄华波. 从信息惠民看社会保险经办管理与服务 [J]. 中国信息界, 2015 (02): 68-69.

[52] 王振群. 济南市城乡居民医疗保险管理信息系统的设计与实现 [D]. 山东大学, 2015.

[53] 韩小松. 社会保险管理中信息技术实践探讨 [J]. 现代经济信息, 2015 (07): 407-409.

[54] 袁志杰. 甘肃省"五险合一"社会保险管理信息系统建设研究 [D]. 兰州大学, 2015.

[55] 刘鸿杰, 李文静. 职工医疗保险报销计算机管理信息系统 [J]. 中小企业管理与科技（中旬刊）, 2015 (02): 35.

[56] 胡蓉. 保险集团统一会计核算与信息管理体系应用研究 [J]. 当代经济, 2015 (03): 39-41.

[57] 蔡亚东. 医疗保险管理信息系统建设初探 [J]. 中国新通信, 2014, 16 (24): 42.

[58] 许佳, 黄玉伟, 邓娜娜. 个险再保险信息管理系统的设计与研究 [J]. 计算机应用与软件, 2014, 31 (12): 144-147.

[59] 翁成. 社会养老保险信息管理系统的设计与实现 [D]. 南昌大学, 2014.

[60] 郭龙. 保险理赔送修信息管理系统的设计与实现 [D]. 大连理工大学, 2014.

[61] 王建弘. 基于.net 的某人寿保险公司人力资源绩效管理信息系统的设计与实现 [D]. 吉林大学, 2014.

[62] 胡慧雅. 基于C/S体系结构的养老保险管理信息系统探讨 [J]. 通讯世界, 2014 (22): 232-233.

[63] 张敏. 机关事业单位社会保险信息管理系统的设计探讨管理 [J]. 信息技术与信息化, 2014 (11): 101-102.

[64] 高传伟. 给涉案财物"上保险" [N]. 检察日报, 2014-11-15 (002).

[65] 乔静文. 社会保险业务与档案信息系统"一体化"管理初探 [J]. 兰台内外, 2014 (05): 32.

[66] 李至韬. 新时期铁路社会保险管理面临的挑战和对策——应对"信息不对称"的思考 [A]. 改革发展新时期铁路社会保险管理研究交流论文集 [C]. 2014: 5.

[67] 李画. 车险告别"信息孤岛"时代 [N]. 中国保险报, 2014-09-17 (001).

[68] 郭莹莹. 加快医疗保险管理信息系统建设, 促进医保改革 [J]. 知识经济, 2014 (17): 71.

[69] 赵广道. 推进行业自律促进健康发展 [N]. 中国保险报, 2014-08-18 (003).

[70] 高德. 信息技术平台在保险公司客户关系管理中应用之初探 [J]. 财经界 (学术版), 2014 (13): 126.

[71] 郑治刚. 医疗保险管理信息系统建设的探究 [J]. 电子技术与软件工程, 2014 (11): 191.

[72] 宿晓丽. 论信息技术在社会保险管理工作中的应用 [J]. 化工管理, 2014 (14): 145.

[73] 胡彬. 探讨如何在社会保险管理工作中运用信息技术 [J]. 现代经济信息, 2014 (09): 67.

[74] 李平. 应用信息技术建立人身保险公司操作风险管理系统 [A]. 黑龙江保险 (2015年第2期总第175期) [C]. 2014: 6.

[75] 庄青, 陈亮. 药店信息管理系统与医疗保险业务系统对接应用 [J]. 信息化研究, 2014, 40 (02): 42-45.

[76] 陈海燕. 云南省社会保险基金报表管理信息平台的设计与实现 [D]. 山东大学, 2014.

[77] 韩鹏. 保险公司内部审计综合管理信息系统的设计与实现 [D]. 电子科技大学, 2014.

[78] 司瑜. 潍坊市养老保险信息管理系统设计与实现 [D]. 电子科技大学, 2014.

[79] 严小兵. 人寿保险信息系统项目进度管理研究 [D]. 华东理工大学, 2014.

[80] 朱巍. 保险企业年金信息管理系统的设计与实现 [D]. 湖南大学, 2014.

[81] 田项波, 李长青. 基于WebServices保险业务集成管理信息系统建设——以华泰保险公司为例 [J]. 经济研究导刊, 2014 (06): 152-154.

[82] 卢敏, 罗莉. 失业保险评估信息管理系统的构建及优化探究 [J]. 当代经济, 2014 (03): 12-14.

[83] 刘坤. 客户信息管理与保险消费者权益保护研究 [J]. 中国集体经济, 2014 (04): 59-60.

[84] 杜军政. 社会保险管理工作中信息技术的应用分析 [J]. 计算机光盘软件

与应用,2014,17(03):95-96.

[85] 张兰. 保险业首家"大数据"公司探密[N]. 金融时报,2014-01-22(010).

[86] 杜菲. 保险业首家大数据公司正式营运[N]. 中国保险报,2014-01-16(001).

[87] 徐晓祥,何和兵. 2013中国地理信息产业优秀工程金奖工程介绍中国太平洋保险产险企业客户保险风险管理系统[J]. 地理信息世界,2013,20(06):98-100.

[88] 高润涛. 医疗保险管理信息系统安全建设探讨[J]. 电子技术与软件工程,2013(22):250-251.

[89] 卢晓娟. 基于.net的市级社会医疗保险信息管理系统构建研究[J]. 电子世界,2013(21):15.

[90] 李萍. 社会保险管理信息系统的设计与实现[D]. 南昌大学,2013.

[91] 高润涛. 医院医疗保险信息管理系统设计与实现[J]. 硅谷,2013,6(21):19-20.

[92] 祁小龙. 东莞市社会保险信息管理系统的分析与设计[D]. 云南大学,2013.

[93] 宋强. 农村社会养老保险管理信息系统的设计与实现[D]. 山东大学,2013.

[94] 方杰. 保险公司客户信息管理系统的设计与实现[D]. 厦门大学,2013.

[95] 庞龙飞. 补充医疗保险管理信息系统的分析与设计[D]. 厦门大学,2013.

[96] 冯汉中. 城乡居民养老保险管理信息系统设计与实现[D]. 电子科技大学,2013.

[97] 罗云华. 云南粮油公司离退休医疗保险管理信息系统的设计与实现[D]. 电子科技大学,2013.

[98] 李画. 保险保障基金收缴管理信息系统上线[N]. 中国保险报,2013-06-28(001).

[99] 李光磊. 保险机构投资设立基金管理公司试点办法出台[N]. 金融时报,2013-06-22(001).

[100] 隋文靖. 保险券商信息披露加速"阳光化"[N]. 证券日报,2013-05-20(B02).

[101] 鞠铁锋. 保险企业计算机信息安全管理的体系构建探析[J]. 黑龙江科技信息,2013(14):145.

[102] 李画. 保监会规范人身保险电销业务 [N]. 中国保险报, 2013-05-03 (001).

[103] 单佳. 面向公众的社会保险管理信息系统的设计与实现 [D]. 山东大学, 2013.

[104] 徐喆. 城乡居民社会养老保险管理信息系统的研发 [D]. 山东大学, 2013.

[105] 岳发达. 创新管理模式 提高经办能力 积极推进城乡居民社会养老保险信息系统建设 [J]. 发展, 2013 (04): 85.

[106] 张兰. 保监会规范保险公司信息披露管理 [N]. 金融时报, 2013-03-19 (001).

[107] 边文宁. 我市出台《建筑业企业信用评价管理暂行办法》[N]. 巴彦淖尔日报（汉）, 2013-03-16 (001).

[108] 黄丽萍. 医疗保险管理信息系统在医疗监管中的运用 [J]. 海峡科学, 2013 (02): 28-29.

[109] 焦亚. 新型农村社会养老保险管理信息系统设计与实现 [D]. 南京理工大学, 2013.

[110] 王建林, 常鹏, 张树海. 医院医疗保险管理信息集成平台建设 [J]. 中国数字医学, 2012, 7 (12): 84-86.

[111] 刘刚. 社会保险管理信息系统的开发设计 [J]. 计算机光盘软件与应用, 2012, 15 (24): 192-193.

[112] 戴明. 社会保险财务管理信息系统的设计与实现 [J]. 科技资讯, 2012 (34): 248-252.

[113] 赵方平, 陈先国. 基于医疗保险管理信息系统的医保基金管理 [J]. 软件导刊, 2012, 11 (10): 116-119.

[114] 唐先华. 新型农村社会保险管理信息系统设计与实现 [J]. 电脑编程技巧与维护, 2012 (18): 54-55+63.

[115] 张兰. 信息技术或将掌舵险企未来 [N]. 金融时报, 2012-09-05 (012).

[116] 李涛. 社会保险信息管理系统的分析与设计 [D]. 云南大学, 2012.

[117] 刘兴勤. 某保险公司机动车保险管理信息系统 [D]. 电子科技大学, 2012.

[118] 殷楠. 交强险有待释放更大能量 [N]. 经济日报, 2012-08-20 (009).

[119] 保险企业信息安全管理框架体系的构建 [J]. 中国金融电脑, 2012

(08): 18-22.

[120] 王玮. 《保险公司信息系统安全管理指引（试行）》落实难点及对策建议[J]. 中国金融电脑, 2012 (08): 43-46.

[121] 高翔云, 王建军. 用 PB 存取社会保险管理信息系统中图片资料的方式[J]. 计算机光盘软件与应用, 2012, 15 (15): 8-9.

[122] 赵方平. 医疗保险计算机信息管理系统建设的实践与思考[J]. 软件导刊, 2012, 11 (07): 73-75.

[123] 赵方平. 建设规范高效的医疗保险计算机管理信息系统的构思[J]. 电脑知识与技术, 2012, 8 (17): 4057-4060.

[124] 张宝亮. 保险营销员管理信息系统的设计与实现[D]. 北京邮电大学, 2012.

[125] 魏军. 辽宁省城镇居民社会养老保险信息管理系统的设计与实施[D]. 吉林大学, 2012.

[126] 吴霖. 兖矿集团煤化分公司养老保险管理信息系统设计与应用[D]. 电子科技大学, 2012.

[127] 张弛. 医疗保险管理信息系统建设初探[J]. 中国新技术新产品, 2012 (04): 207-209.

[128] 胡俭. 医保刷卡: 余额一目了然[N]. 扬州日报, 2012-01-09 (A01).

[129] 胡广宇. 社会医疗保险管理信息系统建设刍议——基于《社会保险法》颁行的角度[J]. 中国卫生信息管理杂志, 2011, 8 (06): 21-24.

[130] 张华虎. 信息系统项目建设的进度管理研究[D]. 中国海洋大学, 2011.

[131] 李芳. 论信息技术在社会保险管理工作中的应用[J]. 现代商贸工业, 2011, 23 (23): 268-269.

[132] 裴伦. 基于 spring 框架的医疗保险管理信息系统的设计与实现[D]. 复旦大学, 2011.

[133] 刘树凯. 论保险公司合规管理信息系统建设[N]. 中国保险报, 2011-10-10 (002).

[134] 岳小莉. 区级养老保险信息管理系统的设计与实现[D]. 西安电子科技大学, 2011.

[135] 杨爱荣, 赵红梅, 方芳. 医疗保险管理信息系统安全建设探讨[J]. 中国管理信息化, 2011, 14 (15): 50-51.

[136] 王明, 许学军, 黄力明. 新型农村合作医疗保险信息管理系统的分析与设计[J]. 镇江高专学报, 2011, 24 (03): 45-47.

[137] 赵昌迁. 北京市社会保险管理信息系统基金收缴模块的设计与实现 [D]. 北京邮电大学, 2011.

[138] 靳彦丽. 河北积极提升两大核心业务信息化水平 [N]. 中国劳动保障报, 2011-04-16 (001).

[139] 郭燕. 成都市医疗保险信息管理中的结算和费用审核研究 [D]. 西南财经大学, 2011.

[140] 周红梅. 广西医疗保险异地就诊实时结算信息管理系统启动 [N]. 广西日报, 2011-03-27 (002).

[141] 李庆莉. 保险标准化"十一五"期间跨越式发展——专访中国保险监督管理委员会统计信息部主任吴晓军 [J]. 中国金融电脑, 2010 (12): 15-17.

[142] 赵会一. 社会保险管理信息系统核心平台三版数据模型分析 [J]. 劳动保障世界（理论版）, 2010 (12): 35-38.

[143] 汪志锋. 保险专业中介机构及高管人员信息管理系统的设计与实现 [D]. 北京邮电大学, 2011.

[144] 张蕊. 以服务标准化促进保险业IT管理水平提升——访中国太平洋保险（集团）股份有限公司信息技术总监黄雪英 [J]. 中国金融电脑, 2010 (11): 12-14.

[145] 许俊. XJ公司保险代理管理信息系统设计与实现 [D]. 电子科技大学, 2010.

[146] 李剑峰. 基于三层架构模式的新型农村合作医疗保险信息管理系统设计 [J]. 黑龙江科技信息, 2010 (28): 123.

[147] 王华. 社会保险管理信息系统中方法库的设计与实现 [D]. 湖南大学, 2010.

[148] 李复胜. 滨海区新型农村养老保险管理信息系统的设计与开发 [D]. 电子科技大学, 2010.

[149] 张春生. 保险公司财务管理较规范 [N]. 中国保险报, 2010-08-06 (001).

[150] 保险公司信息披露管理办法 [J]. 中国内部审计, 2010 (07): 72-73.

[151] 伍起. 险企懒做功课信息披露多数不合格 [N]. 证券时报, 2010-07-15 (A06).

[152] 徐涛. 保险公司再保险信息须详尽报告 [N]. 证券时报, 2010-07-01 (A10).

[153] 李淼. 兖矿集团养老保险管理信息系统的设计与实现 [D]. 西安科技大学, 2010.

[154] 张再生,马蔚姝. 医疗保险信息管理平台的运行模式与发展策略探讨 [J]. 电子科技大学学报(社科版),2010,12(03):36-40.

[155] 保险公司信息披露管理办法 [J]. 司法业务文选,2010(23):28-33.

[156] 中国保监会有关部门负责人就《保险公司信息披露管理办法》答记者问 [J]. 司法业务文选,2010(23):49.

[157] 梁慧轩. 规范信息披露制度,推动行业健康发展——中国保监会有关部门负责人就《保险公司信息披露管理办法》答记者问 [J]. 上海保险,2010(06):1-19.

[158] 保监会颁布《保险公司信息披露管理办法》 [J]. 中国保险,2010(06):6.

[159] 程晓蕾. SOA 技术在保险代理信息管理系统中的应用研究 [D]. 合肥工业大学,2010.

[160] 仝春建.《保险公司信息披露管理办法》颁布 [N]. 中国保险报,2010-05-27(001).

[161] 进一步增强透明度和市场约束力的重要举措 [N]. 中国保险报,2010-05-27(001).

[162] 丁冰. 年报需在公司网站和保监会指定报纸发布 [N]. 中国证券报,2010-05-27(A02).

[163] 赵裕端. 基于 C/S 模式的保险管理信息系统的设计与实现 [D]. 华北电力大学(河北),2010.

[164] 谷金山. 连云港市医疗保险管理信息系统建设历程 [J]. 知识经济,2010(09):37.

[165] 朱嘉珍. 被征地人员基本养老保险管理信息系统设计与实现 [D]. 云南大学,2010.

[166] 吕劲松. 社会保险信息管理系统中社保基金征缴管理的设计与实现 [D]. 湖南大学,2010.

[167] 医疗保险关系民生上海医疗保险信息管理系统 [J]. 中国信息界(e 医疗),2010(02):22-23.

[168] 熊心权. 失业保险实现实名制 [N]. 自贡日报,2010-01-27(A01).

[169] 李玉梅. 社会保险一体化信息管理系统启动 [N]. 金昌日报,2010-01-13(003).

[170] 陈明. 为社会保险数据应用插上信息化翅膀 [N]. 中国劳动保障报,2009-12-23(006).

[171] 金效辰. 惠州市医疗保险管理信息系统构建 [J]. 电脑知识与技术,

2009, 5 (35): 9897-9898.

[172] 李军慧. 抄录风险提示不碍确定利益 [N]. 华夏时报, 2009-11-28 (B12).

[173] 洪祥. 全过程多功能广适应 [N]. 中国劳动保障报, 2009-11-21 (006).

[174] 李强. 保险行业信息数据管理与方法浅谈 [N]. 网络世界, 2009-11-09 (014).

[175] 人身保险新型产品信息披露管理办法 [J]. 司法业务文选, 2009 (35): 17-27.

[176] 冯军. 农村社会养老保险管理信息系统的设计与实现 [D]. 山东大学, 2009.

[177] 景玺. 社保指标在社会保险管理信息系统核心平台三版中的变化 [N]. 中国劳动保障报, 2009-09-30 (006).

[178] 仝春建. 为进一步遏制销售误导提供制度保障 [N]. 中国保险报, 2009-09-28 (004).

[179] 宋京燕. 社会保险管理信息系统核心平台三版支持业务财务紧密衔接 [N]. 中国劳动保障报, 2009-09-23 (006).

[180] 赵寒伟. 社会保险管理信息系统核心平台三版业务流程的设计方法 [N]. 中国劳动保障报, 2009-09-05 (006).

[181] 王立峰, 陆婷娟. 医院医疗保险信息管理系统设计与实现 [J]. 计算机时代, 2009 (09): 42-43+46.

[182] 魏文麟. 社会保险管理信息系统核心平台三版的 LEAF 平台 [N]. 中国劳动保障报, 2009-08-29 (006).

[183] 景玺. 社会保险管理信息系统核心平台三版业务亮点介绍 [N]. 中国劳动保障报, 2009-08-26 (006).

[184] 魏文麟. 社会保险管理信息系统核心平台三版的 SOLP 方法 [N]. 中国劳动保障报, 2009-08-15 (006).

[185] 陆春生. 社会保险管理信息系统核心平台三版概述 [N]. 中国劳动保障报, 2009-08-08 (006).

[186] 程晓蕾. 基于 SOA 技术的保险代理信息管理系统的分析与设计 [A]. 中国仪器仪表学会（CIS）、中国系统仿真学会（CSSS）、中国仪器仪表学会微型计算机应用学会（CACIS）、中国系统仿真学会复杂系统建模与仿真计算专业委员会筹备处（CSSC）. 全国第 20 届计算机技术与应用学术会议（CACIS·2009）暨全国第 1 届安全关键技术与应用学术会议论文集（下册）[C]. 中国仪器仪表学会（CIS）、中国

系统仿真学会（CSSS）、中国仪器仪表学会微型计算机应用学会（CACIS）、中国系统仿真学会复杂系统建模与仿真计算专业委员会筹备处（CSSC）.2009：5.

［187］胡鸣.市直城镇职工医疗保险管理信息系统成功上线［N］.郴州日报，2009-07-07（A02）.

［188］华亚丽.浅谈社会保险信息系统管理审计［J］.天津社会保险，2009（03）：21-22.

［189］黄丽萍.福建铁路医疗保险管理信息系统容灾备份建设方案探讨［J］.海峡科学，2009（05）：75-77.

［190］李毅.山东夯实银邮代理保险客户信息管理［N］.中国保险报，2009-04-21（003）.

［191］徐铭.城镇居民医疗保险管理信息系统研发［D］.山东大学，2009.

［192］王真虎.农村社会保险管理信息系统的设计与实现［D］.山东大学，2009.

［193］赵元庆.城镇居民基本医疗保险管理信息系统的设计与实现［D］.华东师范大学，2009.

［194］潘玮光.合肥市社会保险管理信息系统设计模式分析［D］.合肥工业大学，2009.

［195］中国保险监督管理委员会政府信息公开办法［J］.司法业务文选，2009（07）：3-9.

［196］鲜力岩，孙黔茂.兖矿集团医疗保险管理信息系统［J］.今日科苑，2009（02）：178.

［197］《中国保险监督管理委员会政府信息公开办法》今年起实施［J］.思想工作，2009（01）：28.

［198］李广云.德州市社会保险管理信息系统的研究与实现［D］.中国海洋大学，2008.

［199］郑悦.中国保险（控股）有限公司信息技术管理部副总经理高宏不再推倒重来［J］.信息方略，2008（22）：35.

［200］卢晓平.保监会就人身保险新型产品信息披露管理办法征求意见［N］.上海证券报，2008-11-07（002）.

［201］周治中.建立多层次的劳动和社会保险管理信息系统构想［J］.硅谷，2008（20）：180.

［202］肖华.保险信息技术应规范管理［N］.中国保险报，2008-10-22（007）.

［203］李志林.城镇居民医疗保险管理信息系统的设计与实现［D］.山东大

学，2008.

[204] 连宏杰. 社会保险管理信息系统失业支付子系统的研究与开发 [D]. 山东大学，2008.

[205] 欧育民. 基于中心城市的城镇居民医疗保险管理信息系统 [D]. 山东大学，2008.

[206] 邹新国. 基于事务管理的医疗保险信息系统数据库设计研究 [J]. 福建电脑，2008（08）：130-136.

[207] 安保. 信息风险管理在保险领域的应用 [N]. 中国保险报，2008-07-23（007）.

[208] 王好男. 保险经纪综合信息管理平台分析与设计 [D]. 北京邮电大学，2008.

[209] 于穗娟. 病案信息管理在医疗保险理赔中的作用 [J]. 工企医刊，2008（03）：69-70.

[210] 彭晓娟，王健. 管理式医疗保险——多重信息不对称下的医疗行为 [J]. 兰州商学院学报，2008（03）：67-71.

[211] 杨靖伟. 用"五个同步"加快保险信息化 [N]. 中国经济导报，2008-06-17（B03）.

[212] 特木钦. 基于C/S模式的社会保险管理信息系统的设计 [D]. 内蒙古大学，2008.

[213] 方正. 保险信息化高峰论坛开幕呼吁制定信息安全管理标准 [N]. 网络世界，2008-05-19（005）.

[214] 施建忠. 保险信息系统必须上"保险" [N]. 中国保险报，2008-05-07（007）.

[215] 潘竑. 给保险企业上"保险" [N]. 金融时报，2008-04-30（009）.

[216] 李照林. 新建保险信息系统要"备份" [N]. 北京商报，2008-03-28（007）.

[217] 陈磊. 信息披露助推"阳光社保"——访劳动保障部社会保险事业管理中心负责人 [J]. 中国社会保障，2008（01）：22-24.

[218] 严建红. 资产管理监管透露新信息助中小保险公司长远发展 [N]. 中国保险报，2007-12-21（005）.

[219] 王勤光. 上海总队加强军人保险个人账户管理 [N]. 人民武警，2007-11-14（002）.

[220] 张燕. 基于J2EE多层框架的保险营销管理信息系统设计与实现 [D]. 中国地质大学（北京），2007.

[221] 汪雪元. 基于J2EE的保险经济公司企业信息管理框架设计 [D]. 北京交通大学, 2008.

[222] 邹新国. 医疗保险管理信息系统的分析与设计 [D]. 山东大学, 2007.

[223] 张睿. 劳动工资、养老保险统筹信息数据库集中统一管理浅析 [J]. 西部金融, 2007 (10): 84.

[224] 秦虹. 病案信息管理与医疗保险 [A]. 中国医院协会病案管理专业委员会. 中国医院协会病案管理专业委员会第16届学术会议论文集 [C]. 中国医院协会病案管理专业委员会, 2007: 2.

[225] 段云云. 关联规则挖掘在保险信息管理中的应用 [J]. 吕梁教育学院学报, 2007 (03): 63-66.

[226] 党晓雪. 一场严峻的考验 [N]. 铜川日报, 2007-08-17 (002).

[227] 乔志理. 元宝山区启动医疗保险计算机管理信息系统 [N]. 赤峰日报, 2007-08-09 (002).

[228] 新型农村社会养老保险管理信息系统——特色分析 [J]. 中国劳动, 2007 (07): 63-64.

[229] 卢阳源. 医疗保险信息管理系统风险和对策 [J]. 就业与保障, 2007 (06): 28-29.

[230] 新型农村社会养老保险管理信息系统——农保卡介绍 [J]. 中国劳动, 2007 (06): 63.

[231] 新型农村社会养老保险管理信息系统——项目进展 [J]. 中国劳动, 2007 (06): 64-65.

[232] 陆炜炜. 充分利用信息系统, 加强医疗保险管理 [J]. 科技信息 (学术研究), 2007 (16): 371-372.

[233] 田鹏. 社会保险管理信息系统的设计与开发 [D]. 湖南大学, 2007.

[234] 叶敦范, 刘敏. IC卡读写器在医疗保险管理信息系统中的应用 [J]. 现代电子技术, 2007 (10): 9-12.

[235] 新型农村社会养老保险管理信息系统——农保卡介绍 [J]. 中国劳动, 2007 (05): 64.

[236] 魏延庆. 城镇职工基本医疗保险管理信息系统的设计与实现 [D]. 华东师范大学, 2007.

[237] 黄健, 陈志刚, 姚昱旻. 基于C/S结构的农村社会保险保障信息管理系统的设计 [J]. 福建电脑, 2007 (05): 111-197.

[238] 王丽珍, 常胜利. "县级医疗保险信息管理系统"的设计与应用 [J]. 内蒙古科技与经济, 2007 (06): 94-74.

[239] 王琬. 管理式医疗模型与商业医疗保险——从信息不对称视角看管理式医疗模型的应用 [J]. 人文杂志, 2007 (02): 179-182.

[240] 黄金凤. 建设重复保险管理信息系统的探讨 [J]. 科技创业月刊, 2007 (03): 126-127.

[241] 新型农村社会养老保险管理信息系统——制度创新 [J]. 中国劳动, 2007 (03): 63-64.

[242] 新型农村社会养老保险管理信息系统——功能简介 [J]. 中国劳动, 2007 (02): 63-64.

[243] 颜红. 保险公司信息管理实现"大一统" [N]. 中国保险报, 2007-01-21 (007).

[244] 陈天翔. 上海出台保险营销员执业信息管理规定 [N]. 第一财经日报, 2007-01-18 (B02).

[245] 《保险公司信息披露管理暂行办法》征求意见 [N]. 财会信报, 2006-12-11 (A12).

[246] 尚晓阳. 保险公司须按时披露年报 [N]. 中国证券报, 2006-12-08 (A01).

[247] 许岩. 保险公司信息披露将有章可循 [N]. 证券时报, 2006-12-08 (A10).

[248] 孙宏伟. 建设工程劳动保险管理信息系统的开发与设计 [D]. 大连理工大学, 2006.

[249] 陈兆军, 邱艳, 杨光. 新型农村医疗保险信息管理系统实践 [J]. 中国卫生事业管理, 2006 (11): 677-686.

[250] 郑彬. 信息不对称、免赔额制度与汽车保险风险管理 [J]. 商场现代化, 2006 (32): 198-199.

[251] 汪蔚. 让亿万人安身立命老有所养 [N]. 中国计算机报, 2006-10-23 (B02).

[252] 任宝福. 辽河油田医疗保险管理信息系统的设计与实现 [D]. 大连理工大学, 2006.

[253] 冯珊. SQA 在"机关事业单位养老保险管理信息系统"项目中的应用 [D]. 四川大学, 2006.

[254] 胡丽莉. 医院信息系统在医疗保险管理中的应用 [J]. 湖北中医学院学报, 2006 (03): 77.

[255] 沈建苗. 关注 HIPAA 的三个方面 [N]. 计算机世界, 2006-09-11 (B05).

［256］杜左强．保险管理信息系统中决策模型的设计与实现［J］．哈尔滨商业大学学报（自然科学版），2006（04）：80-83．

［257］张长江．我市失业保险管理信息系统全面运行［N］．铜川日报，2006-08-08（002）．

［258］福建省医疗保险信息系统联网异地就医医疗费用结算管理试行办法实施［J］．就业与保障，2006（07）：20．

［259］曹京春．重视信息系统安全管理保护保险企业信息资源［N］．金融时报，2006-06-07（011）．

［260］徐涛．150万保险营销员信息可实时查询［N］．证券时报，2006-04-12（A02）．

［261］谢柳．深圳保险中介行业协会完善从业人员信息系统管理［N］．中国保险报，2006-04-07（003）．

［262］隋东．泰山区社会保险管理信息系统设计与实现［D］．山东科技大学，2006．

［263］王波．分布式数据库技术在社会保险信息管理系统中的应用［J］．福建电脑，2006（04）：186-187．

［264］于正林，谭微．企业职工保险管理信息系统设计［J］．长春理工大学学报，2006（01）：76-78+88．

［265］谢．IBM与泰康人寿携手研究成果用于保险信息管理实践［N］．电脑商报，2006-03-27（029）．

［266］区域性保险代理人信息管理服务平台［N］．电脑商报，2006-03-20（012）．

［267］缴志远．正品身份认证管理系统挡住造假者［N］．中国包装报，2006-03-13（005）．

［268］崔建喆．保险企业危机传媒信息管理策略探析［N］．金融时报，2006-02-27（007）．

［269］李庆莉．信息化水平是衡量保险企业核心竞争力的重要标志——访中国保险监督管理委员会统计信息部副主任吴晓军［J］．中国金融电脑，2006（02）：7-8．

［270］安丰涛．宣钢医疗保险信息管理系统［J］．冶金财会，2006（01）：30-31+15．

［271］陆海空．浅谈信息技术在保险公司经营管理中的应用［J］．长春金融高等专科学校学报，2005（04）：33-36．

［272］续勇刚．昆明铁路局养老保险管理信息系统设计与实现［D］．西南交通大学，2005．

[273] 汪卫军. 社会保险管理信息系统的设计和实现 [D]. 河海大学, 2005.

[274] 仇玉宝. IT 年龄 14 年 [J]. 每周电脑报, 2005 (43): 55.

[275] 张军, 李承铭, 樊文军. 包钢职工医疗保险信息管理系统改造 [J]. 包钢科技, 2005 (05): 59 – 61.

[276] 韩国勇. 工伤保险管理信息系统的研发 [D]. 山东大学, 2005.

[277] 卢晓平. 保险业全年收益率预计达 4% [N]. 上海证券报, 2005/08/31 (A01).

[278] 马立武. 浅谈医疗保险管理信息系统的建立 [J]. 中国科技信息, 2005 (11): 45.

[279] 吴江. 关于社会保险管理信息系统方案的研究 [D]. 四川大学, 2005.

[280] 顾晓锋. 保险信息化进程中的信息安全管理 [J]. 金卡工程, 2005 (04): 64 – 65.

[281] 姜伟. 基于 J2EE 架构的社会保险信息管理系统领导查询子系统的设计与实现 [D]. 山东大学, 2005.

[282] 本刊编辑部. 保险信息化的总结与展望——专访中国保险监督管理委员会统计信息部副主任吴晓军 [J]. 中国金融电脑, 2005 (01): 11 – 12.

[283] 黄桃源. 加强统计管理完善监管工作 [N]. 金融时报, 2004 – 10 – 16.

[284] 张绪风. 信息共享是发挥保险社会管理功能的重要条件 [N]. 中国保险报, 2004 – 08 – 03 (003).

[285] 邬亲敏. 建筑物地震保险评估方法与信息管理系统研究 [D]. 中国海洋大学, 2004.

[286] 朱继团. 城镇职工基本医疗保险信息管理系统建设和实施工作探讨 [D]. 广东工业大学, 2004.

[287] 刘晓蔚. 基于 WebServices 的保险信息管理系统的研究及实现 [D]. 西安建筑科技大学, 2004.

[288] 牟方松. 基本医疗保险管理信息系统浅探——湖北省应城市医疗保险改革实践调查 [J]. 科技进步与对策, 2003 (S1): 74 – 75.

[289] 郭文秀, 鲁琦. 计算机信息系统在河南油田社会保险管理中的应用 [J]. 江西行政学院学报, 2003 (S1): 197 – 198.

[290] 方银清. 城镇职工基本医疗保险信息管理系统的建设 [J]. 医疗装备, 2003 (12): 12 – 13.

[291] 孙迎霞, 方正, 马莉莉. 试论火灾保险管理信息系统的建立 [J]. 工业安全与环保, 2003 (12): 18 – 21.

[292] 陈瑜. 社会保险信息管理系统的研究和开发 [D]. 武汉理工大学, 2003.

[293] 李瑞. 抓好信息化建设, 促进社会保险事业健康发展——对绵阳市游仙区社会保险管理信息系统的探讨 [D]. 西南财经大学, 2003.

[294] 刘锦红, 刘宝贵. 社会保险管理信息系统中的小型机选型研究 [J]. 河北建筑科技学院学报（社科版）, 2003 (03): 98-99.

[295] 汪春香. 谈社会保险信息系统建设及技术业务职责管理 [J]. 新疆社科论坛, 2003 (04): 43-45.

[296] 张峰. 为了600万患者 [N]. 网络世界, 2003/08/11.

[297] 龚光敏. 调查显示深圳保险市场信誉度大幅提升 [N]. 深圳商报, 2003-08-07 (B08).

[298] 汪蔚. 千呼万唤终出来 [N]. 中国计算机报, 2003-08-04 (B03).

[299] 汪小萍, 童琨. 马钢养老保险管理信息系统的构建 [J]. 安徽工业大学学报（社会科学版）, 2003 (03): 59-61.

[300] 李滨. 浅谈电力医疗保险管理信息系统中结算模块的完善 [J]. 宁夏电力, 2003 (03): 42-45.

[301] 项庆坤, 孙梅青, 杨林. 城镇职工医疗保险管理信息系统的设计与实现 [J]. 河北省科学院学报, 2003 (02): 90-95.

[302] 张惠忠, 张春华, 贾素明, 张巍. 社会保险管理信息系统建设的难点及对策 [J]. 山东劳动保障, 2003 (05): 29-30.

[303] 逄福强, 张太海. 浅谈医疗保险计算机管理信息系统网络工程的建设 [J]. 劳动保障世界, 2003 (04): 13.

[304] 广文. 惠普五方案为平安上保险 [N]. 中国计算机报, 2003/03/24 (B11).

[305] 焦世东. 75万人享用的社保系统 [N]. 中国计算机报, 2003-03-03 (B08).

[306] 吕嘉. 医疗保险管理信息系统软件再工程 [D]. 南京航空航天大学, 2003.

[307] 孙立明, 孙祁祥. 保险代理人管理中的信息不对称问题——一个理论分析框架 [J]. 北京大学学报（哲学社会科学版）, 2003 (01): 38-48.

[308] 李晓瑞, 李旻昕, 蔺洪利. 关联规则挖掘在保险公司客户信息管理中的应用 [J]. 鞍山钢铁学院学报, 2002 (06): 440-442.

[309] 业务需求可分可合——清华同方社会保险管理信息系统解决方案 [J]. 每周电脑报, 2003 (01): 49.

[310] 元昌安, 柒炯林, 石刚. 医疗保险（IC卡）网络信息管理系统研究 [J]. 广西师范学院学报（自然科学版）, 2002 (04): 65-68.

[311] 李健忠. 论社会保险机构管理信息系统的稽核 [J]. 闽西职业大学学报, 2002 (04): 15-16.

[312] 刘云, 温晓霓, 张建荣. 职工医疗保险中医保机构信息管理系统设计与实现 [J]. 微电子学与计算机, 2002 (12): 10-11+24.

[313] 梦华. 稳定之本保障之源 [N]. 北京科技报, 2002-12-13 (A03).

[314] 王维, 郭新玲. 养老保险个人账户管理信息系统的开发与应用 [J]. 内蒙古煤炭经济, 2002 (05): 81-82+84.

[315] 稳定之本保障之源——清华同方社会保险管理信息系统解决方案 [J]. 每周电脑报, 2002 (42): 160-161.

[316] 曾云兵. 医疗保险信息管理系统软件设计方案 [J]. 四川师范学院学报 (自然科学版), 2002 (03): 286-291.

[317] 李宏权, 伍良坤. 基于四层体系结构社会保险管理信息系统的设计 [J]. 空军雷达学院学报, 2002 (03): 57-59.

[318] 任金霞, 黄运强, 方翔. 分布式数据库技术在保险信息管理系统中的实现 [J]. 计算机与现代化, 2002 (08): 30-32+36.

[319] 郭蔚蔚, 褚呈亮. 计算机在我院社会保险个人账户信息管理中的应用 [J]. 卫生软科学, 2002 (04): 29-37.

[320] 李兰若. 谈加强保险企业数据信息的综合管理 [J]. 中国保险管理干部学院学报, 2002 (04): 64-66.

[321] 林子禹, 邓靖荒, 唐胜群, 肖邵武. UML 在医疗保险管理信息系统领域模型设计中的应用 [J]. 计算机工程与应用, 2002 (15): 206-208.

[322] 项庆坤, 刘彦伟. 医疗保险管理信息系统中的数据传输设计 [J]. 计算机与网络, 2002 (13): 56-57.

[323] 杨静. 社会保险计算机管理信息系统建设中的问题分析 [D]. 大连理工大学, 2002.

[324] 蓝玉辉. 辽宁电力养老保险信息管理系统的设计 [D]. 大连理工大学, 2002.

[325] 信心与健康的保障 [N]. 计算机世界, 2002-04-15 (C10).

[326] 王娉. 社会保险管理信息系统的设计与实现 [J]. 金融电子化, 2002 (03): 35-36.

[327] 宋艳姝. 包钢医疗保险信息管理系统的构建 [J]. 包钢科技, 2002 (01): 45-47.

[328] 李茜琳. 充分运用信息技术创新保险管理 [J]. 中国保险管理干部学院学报, 2002 (01): 29-31.

[329] 孙光武. 社会保险管理信息系统设计方案 [J]. 华南金融电脑, 2002 (01): 45-47.

[330] 人身保险新型产品信息披露管理暂行办法 [N]. 中国保险报, 2002-01-01 (002).

[331] 张世英, 荣喜民, 张喜彬. 保险系统及其管理信息系统 [J]. 天津大学学报 (社会科学版), 2001 (04): 324-328.

[332] 常虹, 武跃华. 东风裕隆领跑汽车服务贸易领域 [N]. 中国机电日报, 2001-12-21 (A01).

[333] 刘宏宇. 社会医疗保险网络管理信息系统设计和实现 [J]. 电子工程师, 2001 (11): 39-41.

[334] 对社会保险管理信息系统建设中几个重要问题的讨论 [N]. 中国劳动保障报, 2001-11-29 (004).

[335] 周豪进. 信息管理系统在医疗保险管理中的应用 [J]. 中国卫生事业管理, 2001 (11): 698-699.

[336] 鲍毅杰. 保险管理信息服务平台方案 [J]. 中国金融电脑, 2001 (11): 32-36.

[337] 郑金灿. 运用现代管理手段加强组织管理——省机关社保养老保险管理信息系统建设之浅见 [J]. 福建劳动和社会保障, 2001 (07): 27-28.

[338] 李川, 孙巧珑. 病案信息在医疗保险中的应用与管理 [J]. 中国卫生统计, 2001 (04): 27.

[339] 社会保险管理信息系统产品大展台 [J]. 中国电子商务, 2001 (18): 52-55.

[340] 信息技术促管理应用——访新华人寿保险公司信息技术部副总经理裴芳 [J]. 中国计算机用户, 2001 (35): 44.

[341] 辅助业务流——记大众保险股份有限公司财务管理信息系统 [J]. 每周电脑报, 2001 (49): 24-25.

[342] 社会保险管理信息系统核心平台 [J]. 软件工程师, 2001 (08): 21-22.

[343] 徐旭. 蚌埠市社会养老保险计算机管理信息系统 [A]. 中国自动化学会系统仿真专业委员会、中国系统仿真学会仿真计算机与软件专业委员会. 2001系统仿真技术及其应用学术会议论文集 [C]. 中国自动化学会系统仿真专业委员会、中国系统仿真学会仿真计算机与软件专业委员会, 2001: 5.

[344] 方吉平, 付光金, 李刚, 赵昕. 城镇职工医疗保险信息管理系统在我院的应用 [J]. 医学信息, 2001 (07): 412-413.

[345] 大众保险贴近大众 [N]. 计算机世界, 2001-07-09 (C04).

[346] 王大林, 倪德明. 社会保险信息管理系统的数据模型及系统实现 [J]. 华南金融电脑, 2001 (05): 39-40.

[347] 阳辉. 医疗保险管理信息系统 [D]. 四川大学, 2001.

[348] 刘建红. 养老保险管理信息系统的设计与实现 [J]. 航空计算技术, 2001 (01): 37-39.

[349] 构建社会保险的强力后盾 [N]. 网络世界, 2001-03-19 (051).

[350] 赵玉明. 社会保险信息管理三要素 [J]. 中国社会保障, 2001 (03): 27.

[351] 吴伟. 《基本医疗保险管理信息系统》的设计 [J]. 计算机与网络, 2001 (05): 34.

[352] 秦保社. 社会保险管理信息系统的设计与实现 [D]. 西北工业大学, 2001.

[353] 黄远飞. 广州市社会保险管理信息系统的应用与开发 [J]. 现代计算机 (专业版), 2001 (02): 36-40.

[354] 刘杰. 说说基层养老保险个人账户信息管理系统的开发 [J]. 劳动世界, 2001 (01): 39-40.

[355] 陆林春, 管惠生, 江海春. 我国医疗保险管理信息系统现状及其建议 [J]. 卫生软科学, 2000 (06): 269-272.

[356] 林志东, 高弘. 福建省社会保险管理信息系统的设计与开发 [J]. 中国金融电脑, 2000 (11): 60-62.

[357] 刘小军. 信息技术——企业发展的推进器 [N]. 新华日报, 2000-11-22 (B04).

[358] 李宏权, 郑锋, 武青, 王卫疆. 一个社会保险信息管理系统的设计与实现 [J]. 计算机系统应用, 2000 (10): 40-42.

[359] 王筱慧, 项耀钧, 王寿萍. 医院信息系统适应医疗保险的管理对策 [J]. 解放军护理杂志, 2000 (04): 47-48.

[360] 黄远飞. 基本医疗保险管理信息系统的建设 [J]. 现代计算机, 2000 (08): 62-65.

[361] 于本海, 万鹏飞, 王峰, 苗国. 平庄矿务局医疗保险管理信息系统 [J]. 露天采煤技术, 2000 (03): 38-40.

[362] 田洪涛, 项庆琨, 李霞, 杨林, 武慧卿, 刘彦伟. 河北省医疗保险信息管理网络系统设计概要 [J]. 医学信息, 2000 (08): 430-432.

[363] 左惠强. 地理信息系统技术与保险巨灾风险管理 [J]. 中国金融电脑, 2000 (07): 1-4.

[364] 张广照. 政府上网：社会保险管理信息系统 [J]. 计算机与网络, 2000 (13): 3-5.

[365] 李天平, 宋蓬勃. 社会医疗保险信息管理系统的设计 [J]. 山东师大学报（自然科学版）, 2000 (02): 148-150.

[366] 张宏, 王铭旭, 李春燮, 施长胜. 建立保险决策管理信息平台 [J]. 中国金融电脑, 2000 (06): 56-59.

[367] 社会保险管理信息系统核心平台推出首版 [J]. 中国社会保障, 2000 (06): 9.

[368] 路婷. 寻求四海一家的解决之道——社会保险管理信息系统核心平台问世纪事 [J]. 中国社会保障, 2000 (06): 34-36.

[369] 范国胜. 基于保单管理的寿险再保险信息系统的基本框架 [J]. 中国金融电脑, 2000 (04): 47-48.

[370] 劳动保障部制定基本医疗保险管理信息系统建设指导意见 [J]. 劳动保障通讯, 2000 (04): 23.

[371] 李朝明. 论我国地市级医疗保险管理信息系统建设 [J]. 管理信息系统, 2000 (04): 24-28.

[372] 李钦辉, 黄宗斌, 詹旭宾, 何锦波. 医疗保险信息管理网络系统的设计与应用 [J]. 厦门科技, 2000 (01): 17-18.

[373] 关于在劳动和社会保险管理信息系统中使用公民身份号码的通知 [J]. 劳动理论与实践, 2000 (02): 46.

[374] 王利群. 网络环境下保险管理信息系统的设计 [J]. 中国金融电脑, 2000 (01): 45-47.

[375] 赵红芳, 刘波, 成彬, 王云丽, 程煜, 邵云霞, 李晋一. 失业保险信息管理系统 [J]. 河北省科学院学报, 1999 (04): 45-48.

[376] "社会医疗保险信息管理系统"通过省教委鉴定 [J]. 山东师大学报（自然科学版）, 1999 (04): 480.

[377] 李晓萍. 医疗保险管理信息系统设计及实现 [J]. 管理信息系统, 1999 (12): 42-43.

[378] 盛尤志. 十指化作千双手——孝感市医疗保险计算机信息管理系统见闻 [J]. 山东劳动, 1999 (11): 26-27.

[379] 关于印发《城镇基本养老保险管理信息系统建设实施纲要（1999—2001年）》的通知 [J]. 劳动保障通讯, 1999 (10): 40-45.

[380] 李军. 建立保险信息后台管理的设想 [J]. 中国金融电脑, 1999 (08): 25-26.

[381] 邹革非, 覃义. 武汉社会保险计算机信息管理系统概述 [J]. 现代计算机, 1999 (08): 93-96.

[382] 甘霖. 安徽劳动和社会保险管理信息系统——不尽关怀网中来 [J]. 中国计算机用户, 1999 (30): 53.

[383] 章国钧. 试论信息科技对提高保险公司管理效率的作用 [J]. 保险研究, 1999 (06): 39-41.

[384] 喻翔. 医疗保险综合管理信息系统设计 [J]. 河南科技, 1999 (06): 20-21.

[385] 邱小杉, 董峰, 何宁. 医疗保险管理信息系统的分析与设计 [J]. 医学信息, 1999 (05): 2-3.

[386] 李瑶光. 但愿人无恙何妨病床空——中青医疗保险管理信息系统解决方案 [J]. 中国计算机用户, 1999 (16): 53.

[387] 赵昆. 保险连万家北京市养老保险管理信息系统让你无顾之忧——老有所养 [J]. 每周电脑报, 1999 (16): 69.

[388] 张治国. 市级医疗保险信息管理系统的应用 [J]. 中国卫生经济, 1999 (04): 62-63.

[389] 樊宏. 财产保险计算机管理信息系统建设中的问题与对策 [J]. 现代金融, 1999 (04): 36-37.

[390] 赵明, 郁进. 基于 Client/Server 模式的保险公司管理信息系统的设计与实现 [J]. 安徽大学学报（自然科学版）, 1998 (04): 45-48.

[391] 马天蔚. 新华人寿保险公司信息系统采用 OLAP 保险管理数字化 [J]. 每周电脑报, 1998 (49): 79.

[392] 冯彦文. 安宁职工医院保险网络信息系统运行有成效医保管理建奇功 [J]. 每周电脑报, 1998 (49): 81.

[393] 沈浩, 苏文. 拿 IC 卡看病——铁路行业基于医疗保险制度的医疗信息管理系统 [J]. 中国计算机用户, 1998 (46): 51.

[394] 钟坚, 刘俊所. 面向客户的开发——广东省社会保险管理信息系统 [J]. 中国计算机用户, 1998 (44): 45.

[395] 李军义, 龙敏, 陈治平. 医疗保险管理信息系统的分析与设计 [J]. 计算技术与自动化, 1998 (03): 124-127.

[396] 冯关源. 医疗保险中的信息管理 [J]. 上海保险, 1998 (09): 43-44.

[397] 董士元. 建设上海医疗保险信息计算机管理系统的基本思路 [J]. 中国卫生资源, 1998 (04): 181-182.

[398] 城市职工医疗保险计算机网络管理信息系统 [J]. 医学信息, 1998

(06): 3-8.

[399] 张秋菊. 大连市医疗保险计算机管理信息系统 [J]. 上海微型计算机, 1998 (13): 35-36.

[400] 张秋余, 袁占亭, 陈志明, 徐嵩, 王志祥, 王明德. 养老保险管理信息系统的开发与实现 [J]. 甘肃工业大学学报, 1998 (01): 84-89.

[401] 马学骞, 来勇臣. 医疗保险管理信息系统的设计与实现 [J]. 石油工业计算机应用, 1998 (01): 40-42.

[402] 张秋余, 袁占亭, 陈志明. 基于 C/S 体系结构的养老保险管理信息系统 [J]. 计算机工程与应用, 1998 (03): 76-78.

[403] 廖开际, 易雁青. 新型保险管理信息系统 [J]. 中国金融电脑, 1998 (01): 41-43.

[404] 刘庄明. 浅谈深圳经济特区商业保险管理信息系统的规划 [J]. 特区经济, 1998 (01): 50.

[405] 李向阳. 社会保险管理信息系统的模式选择 [J]. 中国社会保险, 1997 (12): 28-29.

[406] 王永, 章辉. 澳大利亚的社会保险管理信息系统 [J]. 中国社会保险, 1997 (09): 38-40.

[407] 张浙亮, 肖国, 戴伟辉. 医疗社会保险管理信息系统的研究开发 [J]. 计算机系统应用, 1997 (04): 15-17.

[408] 朱小龙, 杨鹤标, 查杰民. 职工医疗保险信息管理系统的研制 [J]. 计算机应用与软件, 1997 (01): 40-46.

[409] 王玉岐. 有色总公司养老保险实行信息管理 [J]. 中国社会保险, 1997 (01): 34.

[410] 邱其海. 加快信息管理系统建设 促进社会保险事业发展 [J]. 特区理论与实践, 1996 (06): 21-22.

[411] 王长山, 查家喜. 涉外保险管理信息系统 [J]. 计算机应用研究, 1996 (03): 89-90.

[412] 辅强. 保险电子化的方向——计算机管理信息系统 [J]. 江苏金融, 1996 (01): 36-42.

[413] 何心远. 医疗保险信息管理系统的设计及实现 [J]. 中华医院管理杂志, 1995 (11): 694-696.

[414] 徐科. 保险业务管理信息系统的开发实践 [J]. 中国金融电脑, 1994 (09): 18-20.

[415] 王雪剑. 出口信用保险计算机管理信息系统 [J]. 国际经贸探索, 1994

(02): 72-73.

[416] 王朝英. 论保险信息管理系统的分布式模式 [J]. 中国金融电脑, 1994 (04): 20-22.

[417] 夏秀娟, 李哲. 医疗保险管理信息系统的设计及需注意的几个问题 [J]. 计算机与现代化, 2004 (02): 63-66.

[418] 庄建阳. ORACLE8 的分区管理功能及在社会保险管理信息系统中的应用 [J]. 医学信息, 2004 (02): 76-77.

[419] 孙韶光. 养老保险业务管理信息系统的设计与实现 [J]. 青岛建筑工程学院学报, 2004 (01): 89-91.

[420] 庞瑞江. 专访中国保险监督管理委员会统计信息部副主任吴晓军 [J]. 中国金融电脑, 2004 (06): 5-12.

[421] 蔡隽. 建议尽快将保险经营机构纳入外汇账户管理信息系统 [J]. 中国外汇管理, 2004 (05): 65.

[422] 孙微. 市级医疗保险微机信息管理系统开发平台的选择 [J]. 安徽电子信息职业技术学院学报, 2004 (04): 76-77.

[423] 王新荣. 社会保险管理信息系统设计及实现五险合一之道 [J]. 信息系统工程, 2004 (09): 66.

[424] 顾晓锋. 保险信息化进程中的信息安全管理 [J]. 中国金融电脑, 2004 (10): 32-34.

[425] 曾孟佳, 李明东, 程兆麟. 基于 C/S 模式的社会保险档案管理信息系统的设计与实现 [J]. 内江师范学院学报, 2004 (04): 49-53.

[426] 俞葵, 方永胜. 高校工资和社会保险管理信息系统的设计与实现 [J]. 安徽工程科技学院学报 (自然科学版), 2004 (04): 59-62.

[427] 章东吹. 2004 上海保险行业数据分析与信息管理专题研讨会隆重召开 [J]. 上海保险, 2004 (11): 49.

[428] 高轶, 柳惠玲, 李亚东, 赵昕, 汪洋. 医院医疗保险信息管理系统的程序设计 [J]. 中国卫生统计, 2004 (06): 39-40.

[429] 王蔚涛. 档案管理信息系统在医疗保险工作中的作用 [J]. 兰台内外, 2004 (04): 48-49.

跋

"完善国民健康政策，为人民群众提供全方位全周期健康服务"，这是中国共产党十九大对全国人民作出的深入民心的伟大承诺，是进一步实施健康中国、惠及万民的伟大战略。

中国共产党已经将保障人民健康当作了党和国家的一项重要工作，把为人民健康服务提升到了一个前所未有的高度。健康保险作为国家健康服务产业中的关键一环，在提升国民整体健康水平与健康保障方面，都面临着前所未有的发展机遇与空间，无论是现在还是将来，都会发挥着越来越重要的作用。

人食五谷，焉得无病？人的一生，总是在健康与不健康状态之间徘徊，但福寿安康是人们亘古通今的幸福期许。随着我国迈进上中等收入国家行列，人们对健康生活愈加渴望，对健康保障和健康服务的需求愈加多样，也自然会进一步提高对商业健康保险服务的要求。

已经成立十余年的我国首家专业健康保险公司——中国人民健康保险股份有限公司，以"让每一位中国人的健康更有保障、生活更加美好、生命更有尊严"为其崇高的使命，以"人民保险，服务人民"为其矢志不渝的追求，在"健康中国"建设的征程中，肩负着服务"国家治理体系和治理能力现代化"这一历史角色的重担，在建设"政府信任、人民满意的中国健康保险第一品牌"的道路上走出了成效。在近五年来，人保健康构建了清晰的发展模式；实现了多元化销售渠道建设和业务转型；达到了服务能力的明显提升；成为了国家医疗保障体制改革的积极参与者和重要推动力量。在实现两个一百年奋斗目标和中华民族伟大复兴中国梦的文化大背景下，人保健康将继续把握战略机遇，牢记时代赋予健康保险的重要使命，致力于打造成服务"健康中国"建设的领军企业，成为国际一流的健康保险供应商。

党的十九大报告提出要"加强应用基础研究"，要"建立以企业为主体、市场为导向、产学研深度融合的技术创新体系"。人保健康理应责无旁贷地承担起健康保险综合研究这一具有里程碑意义的开创性工作，因此，公司决定协调和组织一批知名专家学者，立足国内实际，借鉴国际经验，编著一套具有中国特色的《健康保险系列丛书》，系统梳理健康保险的基础理论和经营实践，初步构建相对系统、科学、完整的健康保险理论体系，为培养健康保险行业高水平人才奠定坚实的基础。

《健康保险系列丛书》项目由人保健康党委书记、总裁宋福兴同志亲自挂帅，组建了以公司高管为成员的高规格编委会，邀请保险、财税、公共管理、社会保障、医疗卫生领域近40位著名专家，共同编著。

为确保专业性和权威性，丛书编委会多次召开由多位专家学者参加的专题研讨会。整体来看，丛书既考虑了健康保险的既往经验、现实状况和未来发展趋势，体系上比较完善；同时又对健康保险的相关领域作了探索研究，拓宽了研究范围。从功能定位看，丛书体现了理论与实践并重的编写特色：既要有理论高度，具有一定的前瞻性，达到高等教育教材的编写水平；同时要有实效性，能满足专业健康保险公司经营发展中的现实需求。专家们认为，丛书对把握健康保险经营规律以及行业的可持续发展具有重大意义，充分体现了中国人保一贯以社会责任为己任的优良传统，利于当代、功在千秋。

在丛书的编著工作中，专家学者们都全情投入，科学严谨地为编著工作贡献着智慧。马海涛教授、王欢教授、王国军教授、王绪瑾教授、王稳教授、朱铭来教授、孙祁祥教授、李晓林教授、杨燕绥教授、张晓教授、卓志教授、赵尚梅教授、郝演苏教授、辛丹博士等专家学者负责各分册编著工作，李保仁教授、魏华林教授、庹国柱教授、李玲教授、孙洁教授、郑伟教授、于保荣教授、余晖教授、朱恒鹏教授、朱俊生教授、董朝晖博士等专家学者给予丛书编写许多指导和帮助，在此一并表示最衷心的感谢！

本丛书是对健康保险经营实践经验的阶段性总结和思考。但由于编写时间紧，难免有疏漏之处。而且随着健康保险专业化经营不断深化，还会有很多需要改进的地方。我们希望本丛书能构建起健康保险行业的理论体系与研究架构，对引领健康保险规范、良性和可持续发展起到积极作用。我们也希望借助本丛书，能培养出一批高素质的干部员工队伍，为"健康中国"的建设添砖加瓦，为实现两个一百年奋斗目标和中华民族伟大复兴中国梦贡献力量。